KB241358

대동여지도로
사라진 옛고을을 가다

대동여지도로 사라진 옛고을을 가다

고문헌과 옛지도에만 남아 있는 폐군·폐현의 흔적들

문화사학자 신정일이 직접 찾아 나선 옛고을 답사기

황금나침반

일러두기

* 현재의 10리＋里＝약3.93km이다. 『신증동국여지승람』에는 서울에서 동래까지의 거리를 962리로 기록한 것으로 보아 지금의 리 단위와 비슷하다. 그러나 10리=약5.4km였다는 옛기록도 있다.
* 척尺은 길이를 재는 단위의 하나로 자라고도 부르며 1척=약33.33cm이다.

"큰강과 샛강은 강, 호수, 바다를 이루는 근본이다"

古山子 김정호 『대동여지도』 서문

　"십년이면 강산이 변한다."는 말이 있지만 그것은 이미 옛말이 된 지 오래이다. 3년은커녕 1년도 안 지나서 다시 가보면 산山이 없어지고, 강江이 그 물길을 돌려 자취를 찾을 수 없는 것이 오늘의 현실이라서 시간을 거슬러간 백여 년 전의 모습은 그저 상상 속에나 남아 있을 뿐이다.

　우리 국토를 본격적으로 주제로 잡아 답사를 시작한 것은 80년대 초반부터였다. 지금도 그렇지만 길을 떠나기 전날 밤에는 답사 중에 찾아갈 현장들이 아스라이 떠올라 설레는 마음이 진정 되지 않았다. 그때마다 머리맡에 놓아 둔 김정호의 「대동여지도」와 이중환李重煥의 『택리지擇里志』 그리고 『한국지명총람』을 펼치고 답사해야 할 곳들을 들여다보면 잠은 저만치로 달아나곤 했다.

　하지만 막상 가서보면 그처럼 번성했던 고을이 내가 상상했던 것과는 달리 아무런 흔적도 없이 사라져버린 경우가 한 두 번이 아니었다. 반면에 예전에는 불모의 땅이라 여겨지던 곳들이 빌딩과 아파트 숲이 들어서며 땅값이 폭등하여 황금의 땅으로 변모해 있기도 하였다.

　변하고 또 변하는 시대의 흐름 속에서 사라져가는 것들 중에 특별히 마음을 아프게 하고 애잔한 상념을 불러일으키게 하는 곳들이 바로 고산자古山子 김정호金正浩가 제작한 「대동여지도大東輿地圖」에는 군현郡

縣으로 표시되어 있으나 1914년 이후 사라진 군과 현의 쇠락한 모습이었다.

유주현의 대하소설 『조선총독부』에는 1914년의 군·면 통폐합에 대해 다음과 같이 짧게 언급하고 있다. "1914년 3월 새로운 관제官制를 포고하여 조선의 부·군·면을 통폐합하고 97개의 군을 폐지해 버렸다."

물론 나라가 시작되고서부터 지방에 설치되었던 군현은 여러 차례 통폐합과 변천과정을 겪었다. 신라 경덕왕 때에 첫 번째 통폐합이 있었고, 조선 초기에도 여러 차례 통폐합을 단행했다. 그렇지만 행정구역이 지금의 상태로 만들어진 것은 조선 후기인 1895년이었다. 지방관제 개편에 따라 그때까지 군현이었던 것을 군으로 변경했던 것이고, 그것이 조선왕조의 마지막 행정 개편이었다.

그 뒤 일제가 이 나라를 강점한 뒤인 1914년 3월 1일 조선총독부는 조선 8도의 지방관제를 개편하면서 많은 수의 군을 폐하였다. 그때 군은 317개소에서 220개로 조정하고 4,338개의 면을 2,521개로 정리하였다. 그때부터 사라진 폐군현의 몰락이 가속화되기 시작했다.

김정호는 어느 고을에 가거나 먼저 그 지방의 지리, 명소, 산세山勢, 성城, 고적 등 필요한 모든 부분에 대해 물어보고 실제로 그곳까지 가서 하나하나 확인했다고 한다. 그래서 나 역시 김정호를 본받아 어느 고을에 도착하거나 먼저 읍사무소 또는 면사무소를 찾아가 옛날의 관아 터나 고적을 물어보았다. 그러나 대부분이 금시초문이라는 표정을 지으며 잘 모르겠다고 대답하기 일쑤였고, 나이든 어르신이나 그곳에 오래 살았던 사람들을 소개하는데 그 사람들도 모르기는 마찬가지였다. 불과 백여 년, 아니 30~40년 사이에 '경천동지驚天動地'란 말이 실감이 날 정도로 우리 국토가 변모하고 만 것이다.

그렇게 위세도 당당했던 고을의 관청이나 수령방백들이 올라서 휴식을 취하던 누정들이 겨우 몇 개만 남고 사라져 버려 그 흔적조차 찾을 수가 없었다. 조선 중기의 학자인 유몽인은 지리산 쌍계사에 있는 최치원이 지은 '진감선사비문'을 보고서 "여러 차례 흥망이 거듭되었지만 비석은 그대로 남아 있고, 사람은 옛 사람이 아니다." 라고 하였다. 그 말대로 가서 보면 여기저기 흩어져 있던 비석들은 모아져 그대로인데, 사람은 그때 사람이 아니고 세월 속에 그 고을도 사라져 버리고 말았다는 것이 왜 그리도 쓸쓸한 연민으로 다가왔던지. 나는 허물어진 담장에 기대거나 터만 남은 관아 자리에 망연자실한 채 앉아서 그 고을의 모습들을 속절없이 떠올리기도 했다.

고을 이름이 남아 있는 곳들은 그나마 다행이지만 어떤 경우는 고을 이름까지도 다른 이름으로 바뀌어 찾느라 애를 먹기도 했다. 다산 정약용과 면암 최익현이 유배를 갔었고, 김옥균의 팔 하나가 던져진 장기현은 1934년에 봉산면과 합하여 새로운 면을 만들 때 행정착오로 장기현의 옛 이름인 '지답'의 '답畓' 자를 잘못 써서 '행杏'이 되어 지행면이 되었다. 경기도의 지평현은 양근과 합치면서 양평군이 되었지만 지평이라는 이름은 지제로 바뀌고 말았다.

숭의전 때문에 군이 되었던 경기도의 마전은 또 어떠한가. 연천군에 편입된 마전은 미산면 마전리라는 이름으로 남아 서슬 푸르던 관아는커녕 향교의 흔적조차 남아 있지 않았다. 마전리라고 새겨진 표지석 곁에 가만히 서서 바라보면 그 옛날 이곳이 군청의 중심지였다는 사실이 믿기지 않게 인가들이 띄엄띄엄 있고 마을 한가운데로 자동차들만 쌩쌩 지나간다.

김정호는 「대동여지도」 서문에서, "큰강과 샛강은 강, 호수, 바다를 이루는 큰 근본이다. 그 사이에는 빙빙 돌아 흐르는 것도 있고, 갈라져 나가 흐르는 것도 있고, 한데로 아우러져 흐르는 것도 있고, 흐르다 말라버리는 것도 있다[經川支流 水之大端也 其間有雁流者焉 有分流者焉 幷流絶流者焉]"고 하였다.

사람의 한평생도, 그리고 세상의 이치도 흥망성쇠興亡盛衰가 거듭된다고 볼 때 별다른 역사의 흔적을 찾아볼 수 없는 마전의 현재가 나그네에게 주는 것은 그저 쓸쓸함뿐이다.

『대동여지도로 사라진 옛고을을 가다 1』에서는 과거에는 거대 상권이 형성되었거나, 교통의 요지, 군사적 요충지 및 국가적으로 중요한 의미를 지닌 지역들이었으나 지금은 쇠락해 바라보는 이들의 심사를 안타깝게 하는 고을을 보았다.

충남 논산의 은진이나 전북 정읍의 고부, 경남 창녕의 영산 등이 그 지역들인데, 은진의 강경포는 대구·평양과 함께 나라 안의 큰 상권을 이루었던 고을이었다. "은진은 강경 덕에 먹고 산다"는 말이 있을 정도로 번성했던 고을 은진은 지금 젓갈시장으로 겨우 명맥을 유지하고 있으며, 논산시에 딸린 조그만 면으로 옛날의 흔적을 찾아볼 수가 없다.

고부는 어떠한가? 전라도에서 전주 다음으로 번성했던 고을, 그래서 서울 당상관의 자제들이 서로 앞다투어 가고자 했던 자리가 고부군수 자리였는데, 1914년에 정읍에 소속된 하나의 면으로 전락한 뒤 현재는 다방 서너 개가 자리를 지키고 있는, 생기 잃은 조그만 면소재지가 되고 말았다.

경남 창녕의 영산 역시 창녕보다 더 긍지를 지니고 살았던 그 당시와 달리 지금은 영산줄다리기나 문호장굿 등 예로부터 전해 내려오는 민속놀이 이외에는 그 옛날의 활기를 찾아볼 수가 없다.

규모는 작았지만 삼남대로가 지나는 고을이라 수많은 빈객들을 접대하느라 살림살이가 항상 빠듯했다는 평택의 진위는 지금도 평택과 천안 사이에서 그만그만하고, 허균의 자취가 남아 있는 함열은 전라선 열차가 개설되면서 새로 생긴 '함열' 때문에 함라면으로 바뀌어 겨우 명맥만 유지하고 있다.

『대동여지도로 사라진 옛고을을 가다 2』에는 예로부터 자연풍광이 아름답기로 이름났으나 오늘날의 사람들이 잘 알지 못하는 고을들, 혹은 새로 건설된 댐과 같이 '국토개발사업'으로 인해 수몰되거나 지형이 변하여 더 이상 그 정취를 찾아볼 수 없는 고을을 담았다.

강화도의 한 면인 교동도는 역사 속에서 수많은 사람들의 영욕이 교차되었던 곳이다. 이규보의 아름다운 시詩 속에 남아 있는 교동도의 남산포는 송나라 사신들이 줄을 이었던 곳이고, 수양대군에게 밀린 안평대군과 폭군 연산군이 유배를 왔던 곳이지만 읍성은 무너지고 '연산군의 적거지' 라는 안내판만 남아 길손을 맞고 있다.

조선시대의 문장가인 김일손이 남한강변에 자리 잡은 청풍고을을 거쳐 단양으로 가던 길에 "그 경치가 아름다운 여인처럼 아름다워 열 걸음을 걸어가며 아홉 번을 뒤돌아보았다"고 감회를 피력했던 청풍은 충주댐으로 인해 수몰되면서 '청풍문화재단지' 가 만들어졌지만 그 역시 쓸쓸하기가 그지없다.

충남의 문의군 역시 대청댐에 의해 수몰되면서 옮겨지는 바람에 그 옛날의 자취는 물속으로 사라졌다. 퇴계 이황의 고향이자 청량산 가는 길목에 자리 잡고 있던 에안은 안동댐이 건설되면서 물속으로 숨어들고 말았고, 전북의 용담도 그 옛날의 아름다운 풍광을 물속에 묻어버렸다.

충남의 해미는 고색창연한 해미읍성이 남아 그 옛날을 증언해주고 있지만 사람이 살지 않는 성이라 오직 관광객들의 발길만 이어지는 죽은 성이 되고 말았다. 작은 서울이라고 일컬어졌던 경북의 용궁은 의성포 물돌이동이 아름답기로 소문이 나 많은 사람들이 찾는 곳이지만 용궁현청이 있던 항석리는 쓸쓸하기가 이루 말할 수가 없다. 동해 바닷가에 있는 영해는 한때 '도호부' 였다는 명성에 걸맞지 않게 자꾸자꾸 쇠락해가고 있는 고을이다.

『대동여지도로 사라진 옛고을을 가다 3』에는 "산천의 정기로 인물이 태어난다"는 옛말과 같이 널리 알려진 인물들이 많이 태어난 고을들, 그리고 역사적인 사건이나 전설, 믿기지 않는 신기한 이야기들을 풍성하게 가지고 있는 고을들을 담았다.

충북에 있는 연풍은 이화령 아래에 있는 고을로 죄인들을 귀양 보냈던 '유도'라는 곳이 있을 정도로 궁벽진 곳에 자리 잡고 있던 고을이다. 이 고을에 단원 김홍도가 고을 현감으로 부임해 왔는데, 그가 현감으로 있으면서 선정을 베풀었다는 기록은 보이지 않는다.

충남 결성은 청산리전투로 독립운동사에 길이 남은 김좌진金佐鎭이 1889년에 태어난 곳이며, 1879년에는 한용운韓鏞雲이 태어났던 곳이지만 홍성과 광천에 치여서 그냥 작은 면소재지로 전락하고 말았다.

경남 산청의 단성은 문익점이 원나라에서 목화씨를 가져와 최초로 심었던 면화시배지가 있는 곳이며, 솔거의 그림이 있었다는 단속사, 그리고 그 유래가 분분한 율곡사 등이 있는 곳이지만 그곳이 단성현이었다는 흔적은 찾을 수가 없다.

파주 교하는 그나마 '교하천도설'이나 북한과의 접경지역이라는 이유로 땅값이 올라 새로운 비약을 꾀하고 있는 곳이고, 화순 능주는 능주목이었다는 자부심으로 목사골이라는 표석도 세워놓았지만, 정암 조광조가 유배를 와서 사약을 마시고 세상을 하직한 유배지라는 역사를 담고 있을 뿐이다.

김정호는 『청구도범례靑丘圖凡例』에서 "지지地誌(어떤 지역의 자연, 사회, 문화 등의 지리적 현상을 기록하여 그 지역의 특색을 나타낸 것)는 지도에서 미진, 누락된 것을 고치기 위하여 필요한 것이다"하였고, "읍지邑誌(고을의 연혁, 지리, 풍속 등을 기록한 책)는 지방의 부府, 목牧, 군群, 현縣을 단위로 하여 지역에서 편찬한 지리지로 자기 고장을 단위로 하여 작성하므로 여지輿地(수레 같이 만물을 싣는 땅이라는 뜻으로 지구 대지를 말함)와 달리 널리 수집하여 모두 수록하고 작고 큰 것을 모두 빠뜨리지 않아[細大不遺] 한 읍의 실정을 상세히 기록함을 원칙으로 삼았다" 하였다. 나는 얼마나 정확하게 그 고을들을 기록하였는지 아직은 자신이 없다. 다만 앞으로도 그곳들을 계속 다시 답사해서 미진한 부분을 보완할 예정이다. 그 이유는 이 책이 사라져간 고을뿐만이 아니라 지금 이 순간에도 무수히 사라져가는 모든 것들에 대한 나의 사랑이자 그리움의 표시이며, 헌사獻詞이기 때문이다.

　답사 길에 동행했던 수많은 도반道伴들과 좋은 책을 만들어 주신 민음사출판그룹의 황금나침반 식구들과 책임편집자인 최가영 과장님에게 고마움을 전한다.

병술년 칠월 초사흘 온전한 땅 전주에서 신정일 올림

충청남도

경상북도

경상남도

전라북도

전라남도

부록

경기 김포 통진 ― 푸른 바다를 오른편에 두르고 한강을 왼편에 두르다
경기 안성 죽산 ― 단비는 촌마다 족하고 시내는 언덕마다 깊도다
경기 양평 지제 ― 왼쪽으로 용문산에 의지하고 오른쪽으로 호수를 베다
경기 용인 양지 ― 부산 동래에서 서울까지 영남대로의 길목에 놓인 고을
경기 평택 진위 ― 남양만을 통해 서울로 세곡을 운반하던 고을

1부
경기도

경기 김포 통진

一장

푸른 바다를 오른편에 두르고 한강을 왼편에 두르다

고려 때의 문장가 이규보는 통진현 수안산守安山의 산성 안에 있던 서화사西華寺라는 절에 들렀다가 다음 시를 남겼다.

섬은 자잘하여 주먹보다 작고, 배는 멀어져 잔이 뜬 듯 장기瘴氣가 무거운데, 안개가 끼는 듯 숲이 그윽함은 웅덩이를 꼈기 때문이네. 저녁 구름은 비 오려나 어둡고, 가을 풀은 서리 맞아 부드럽다. 어느 날에나 얽매인 벼슬 버리고 한가하게 갈매기와 친해볼거나.

수안산은 통진현의 동쪽 23리 지점에 있으며 이곳에 예전에 쌓은 둘레 약 786미터, 높이 약 3미터의 석성이 있다. 수안산성과 문수산성 등 군사적 요충지가 많았던 통진은 본래 고구려 평유압현平唯押縣(압현은 비

유도 옛날 홍수 때 떠내려오다가 이곳에 머물러 섬이 되었다는 전설을 가지고 있는 유도는 민간인의 출입이 통제된 지 오래이다.

사성比史城이라 하기도 하고, 별사파의別史波衣라 하기도 함)으로 신라 경덕왕이 분진分津이라 고쳐서 장제군長堤郡의 속현으로 만들었다. 그후 고려에서 지금의 명칭으로 고치고, 그대로 속현으로 하였다. 공양왕 때 감무를 설치하였고, 조선에서도 그대로 두었는데 태종 13년에 예에 따라 현감으로 고쳐 만들었다. 1694(숙종 20)년에 도호부로 승격시켰고, 1895년에 인천부에 속한 통진군이 되었다가 1896년에 경기도 관할이 되었으며, 1914년에 김포군으로 편입되었다.

고려 때 몽골군이 강화도를 공략하기 위해 이곳에 주둔하기도 했으며, 고려 말에는 왜구의 침입이 잦았다. 조선시대에는 군사적으로 서울 외곽을 방어하는 곳이어서 해안지방에는 덕포진이, 문수산·동성산·

수안산에는 옛 성이 있었다. 수안산과 남산에 봉수가 있었고, 김포의 북성산 봉수를 통하여 서울과 연결되었다.

서쪽으로 갑곶을 등지고, 동쪽으로 세 봉우리를 바라보는 통진은 푸른 바다가 오른편에 둘렀고, 한강이 왼편으로 지나간다. 통진의 진산은 현의 북쪽 6리 지점에 있는 비아산比兒山이다.

『신증동국여지승람』에 의하면 통진의 경계는 동쪽으로 김포현 경계까지 33리, 남쪽으로 부평부 경계까지 33리, 서쪽으로 강화부 경계까지 9리, 북쪽으로 풍덕군豊德郡 경계까지 15리이며, 서울과의 거리는 114리이다.

서울에서 강화로 가는 길목에 자리 잡고 있는 통진을 대동여지도에서 찾아보면 한강의 하구를 굽어보는 문수산 지락(지금의 월곶)에 통진이 있고, 바다를 건너면 강화가 있으며, 한강을 건너기 전에 김포가 있다.

1914년 군면 통폐합 당시 통진군의 관아가 있던 곳은 김포시 월곶면 군하리로 현재 월곶면사무소에는 통진을 거쳐간 수령방백들의 송덕비 여나믄 개가 일렬로 서 있어 이곳이 옛 시절 통진이었음을 짐작하게 할 따름이다.

김포시 월곶면 군하리에 있는 통진향교는 1127년(고려 인종 5)에 현유와 위패를 배향하고 지방민의 교육과 교화를 위하여 창건하였다.

수안산(146.8미터)은 김포시 대곶면 대명리와 율생리 경계에 있는 산으로 봉수대가 있어서 남쪽으로 백석산, 서쪽으로 강화부 대모산성 봉수에 응하였다.

한편 김포시 대곶면 오니산리와 양촌면 흥신리 경계에는 껌쩍신 또는 오니산이라 불리는 산이 있는데 그 이름에 얽힌 유래가 재미있다. 현재 높이가 60미터인 이 산은 원래 산세가 높고 험해서 어느 누구도 오르지 못했다고 한다. 그러던 어느 날 여러 장사들이 힘겨루기를 하여 누구든지 이 산에 먼저 오르는 사람을 우두머리로 하기로 하였는데, 한 사람이 "이 산 꼭대기에는 우리 마을을 지키는 용이 있으니 그의 노여움을 사면 안 된다"고 하면서 산에 오르는 것을 말렸다. 그러나 다른 장사들은 더욱 기가 나서 있는 힘을 다해 산꼭대기에 올라가서 한 바위를 밟자 갑자기 큰 폭음이 나며 눈 깜박할 사이에 산이 무너져 지금처럼 낮게 주저앉고 말았다고 한다.

이곳 통진에는 '암강화, 숫통진' 이라는 말이 전해온다. 그 말은 뭍이었던 통진에서 강화 며느리는 얻어도 강화 사위를 얻는 일은 흔하지 않았다는 뜻인데, 지금은 그것도 옛말이 되었다. 강화대교가 놓이고 강화도가 살 만한 땅으로 변했기 때문이다.

하성면 봉성산 밑에 있는 전류정顯流亭이라는 정자에는 두 가지 이야기가 서려 있다. 그 중 하나는 고려 공민왕 때 제학提學을 지냈던 민유閔愉가 학사 주사옹朱士雍과 함께 신돈의 개혁정치에 반대하여 이곳에 내려와 살면서 전류산 밑에 정자를 짓고 전류정이라고 하였다는 이야기다. 『신증동국여지승람』에 의하면 그들은 이곳에서 10리쯤 떨어진 곳에 집을 짓고 살았는데, 한 사람은 짚신 신고 한 사람은 지팡이 짚고 서로 방문하며 날마다 시를 읊고 술을 마시며 즐거워하였다고 한다. 일찍이 민유는 "가을이 오니 흥이 한없네. 향긋한 벼, 살진 고기 가는 곳마다 가득하구나. 배가 불룩한 술병에 막걸리 담고, 남촌南村 첨지가 북촌 첨지와 마주했다"고 노래하였다.

또 다른 하나는 인조 때 여천군 민지옥閔之鈺이 부인과 함께 강원도 처가에서 공부를 하다가 병자호란 후 집에 돌아와보니 온 가족이 순절하였으므로 부형과 같이 죽지 못한 것을 한탄하여 집을 돌담으로 쌓고, 두문불출하며 벼슬을 주어도 나아가지 않고서 전류산 밑에 정자를 지은 뒤 전류정이라고 하였다는 이야기다.

용바위 서쪽에는 진안현감으로 재직했던 태천苔泉 민인백閔仁伯의 별묘가 있다. 그는 조선 선조 때 일어났던 기축옥사의 주인공 정여립을 죽게 한 인물로 그 뒤 예조참의에 증직되고 여양군에 봉해졌다.

이곳 봉성리에는 가리밋고개가 있는데 그 고개에 얽힌 유래는 다음과 같다. 옛날에 덕칠이라는 이름을 가진 바보가 이 고개 밑에 살면서 어머니를 극진히 섬겼는데 안타깝게도 장가를 가지 못했다. 마을 사람들이 놀리는 말로 이 고개에서 기다리면 이내 될 사람이 온다고 하자 그는 그 말만 믿고 그 고갯마루에 앉아 하염없이 기다렸다. 여러 사람이 시나간 후 마침내 아름다운 처녀가 말을 타고 지나가는 것을 발견했다. 그러나 덕칠이는 차마 그녀에게 말을 못하고 집으로 돌아와서 달밤에 혼자 달을 보고 그 처녀를 생각하고 있었다. 그때 갑자기 그 처녀가 나타나 갈 곳이 없으니 함께 지내게 해달라고 간청했다. 그는 기쁜 마음에 반갑게 맞이해 같이 살게 되었고 훗날 큰 부자가 되었다고 한다.

『신증동국여지승람』에서 통진의 형세에 대해 "서쪽으로 갑곶을 등지고, 동쪽으로 세 봉우리가 바라다보인다. 큰 강은 왼편으로 스쳐간다"고 평하였는데, 큰 강은 염하와 조강을 가리키는 것이다.

통진의 옛 관아 터는 지금은 면사무소로 사용되고 있고, 월곶면 군하리 곰배 서남쪽에는 대나루로 넘어가는 대나룻고개가 있다.

또한 곰바위 약수터 근처에 용허리길이 있는데 그곳에 재미난 전설이 서려 있다. 옛날 곰배에 큰 부자가 살았다고 한다. 그 부잣집에 손님들이 날마다 구름같이 몰려들자 그 집 며느리는 손님 접대하기가 몹시 싫었다. 고민 끝에 시주를 받으러 온 스님에게 손님이 오지 않게 하는 방법을 물었다. 그 스님은 며느리에게 "사람을 시켜 마을 뒤에 길을 내고, 밤중에 머리를 풀고서 빗질을 하면 사람들이 오지 않을 것이다"라고 일러주었다. 며느리가 그 말을 믿고 시킨 대로 했더니 별안간 천둥이 치면서 그 부잣집이 없어지고 말았다고 한다.

또한 고양리에는 싱아골이라는 골짜기가 남아 있는데 박완서의 『그 많던 싱아는 누가 다 먹었을까』라는 소설에 나오는 싱아(수영)가 많이 났다고 하고, 용에머리 동남쪽으로 넘어가는 고개는 여우가 잘 나타났다고 해서 여우고개라고 부른다.

이곳 통진은 조선시대에 이천의 자채쌀과 함께 임금에게 진상했다는 밀다리쌀의 본고장이기도 하다. 쌀 한 톨마다 빛이 나서 자광미라는 이름을 가진 밀다리쌀은 1950년대에 하성면 석탄리의 권광옥 씨가 재배해서 수확한 후 이승만 대통령에게 보낼 만큼 그 맛이 빼어났다고 한다. 그러나 그 밀다리쌀은 소출이 워낙 적어 지금도 하성면 일대에서 소량이 재배되고 있을 뿐이다. 지금까지 김포쌀은 나라 안에서 품질이 좋은 쌀로 명성이 높다. 그 명성에 걸맞은 벌판이 홍도紅島펄이라는 평야로 고촌면 향산리와 걸포동, 사우동, 북변동에 걸쳐 있다.

통진읍 서암리에는 마치 처녀가 발가벗은 듯한 형상의 처녀바위가 있었다. 이 바위가 드러나면 귀전리에 음행이 자주 일어나므로 이곳 사람들이 그것을 깨버리려고 도끼와 정, 망치를 가지고 가기만 하면 청천벽력이 일어서 여러 번 실패하였다. 그래서 그 바위를 흙으로 묻었더니 이

번에는 서암리에서 그와 같은 일들이 자주 일어났다. 서암리 사람들이 파놓으면 귀전리 사람들이 다시 묻고 하여 그 바위가 마을 간의 시비 거리가 되었으나 1960년에 한강토지개발조합에서 물길을 따라 둑을 쌓으면서 완전히 묻힌 뒤로는 두 마을에 별다른 일이 일어나지 않게 되었다고 한다.

그 외에도 서암리에는 금바위라는 바위가 있다. 옥개울 서남쪽에 있는 이 바위에 오르면 사방이 훤히 보여서 '소가 누워 있는' 와우형의 명당이라고 알려져 있으나 이 바위가 심술을 부려 아무리 용한 지관이라도 그 명당자리를 찾을 수가 없다고 한다. 그래서 마을에서는 이 바위를 마을의 수호신이라고 하여 해마다 제사를 지내며, 걱정거리가 있는 사람이 이 바위에 가서 정성껏 기도를 드리면 소원이 이루어진다고 한다.

이곳 김포시에 높이 143미터의 애기봉이 있다. 보신암 서북쪽에 있는 애기봉은 일명 쑥갓머리산으로 이 산에는 평안감사와 사랑을 나누었던 기생 애기의 슬픈 사연이 깃들어 있다. 행복하게 살던 두 사람은 병자호란을 당하여 한양으로 피난을 떠나게 되었다. 그러나 피난 도중 평안감사가 종로에서 청나라 군사에게 잡혀가는 바람에 애기 혼자 남게 되었다. 그녀는 조강리에 머물면서 날마다 쑥갓머리산에 올라가 북쪽을 바라보며 평안감사가 돌아오기만을 애타게 기다렸다. 하지만 불행하게도 평안감사는 오지 않고 애기는 병이 들어 죽게 되었다. 동네 사람들은 "내가 죽거든 저 봉우리에 묻어주시오"라는 그녀의 유언에 따라 애기를 이 산 꼭대기에 묻었다고 한다. 그런데 이 애기봉이 1953년 휴전협정에 따라 휴전선 남쪽 끝자락에 놓이게 되자 1970년 이곳을 방문했던 박정희 대통령은 애기의 한이 우리 1천만 이산가족의 한과 같다고 하여 애기봉에 비를 세우고 노산 이은상에게 시를 짓도록 해 그 뜻을 기리게 하였다. 그후 그 옆에 30미터나 되는 철탑을 세워서 태극기를 달고, 해마다 석가탄신일과 성탄일에 오색 전구를 밝히고 있다.

애기봉 아래 한강의 어귀 조강포祖江浦는 통진에서 개성으로 건너던 큰 나루로 한강을 건너기 위해 나룻배를 기다리는 사람들과 개성이나 한양으로 세미稅米를 싣고 가기 위해 만조 시간을 기다리는 조선漕船의 사공들이 모이는 곳이었다. 조세를 납부하는 철이면 전국의 여러 곳에서 모여든 배들과 뱃사공들로 인산인해를 이루었으며, 포구에는 주막과 음식점, 숙박업소들이 성시를 이루었다.

그래서 이곳 조강에 들어서서 한강을 왕래하던 뱃사람들에게 밀물과 썰물, 곧 사리와 조금 현상은 중요한 관심사였다. 그런 연유로 이규보는 조강 일대의 밀물과 썰물이 드나드는 현상을 「조강의 날에 따른 밀물 썰물」이라는 시로 남겼다.

초사흘간은 토끼 때[卯時], 다음 사흘은 용 때[辰時]

또 다음 사흘은 뱀 때[巳時], 그 다음 1

조강포 통진에서 개성으로 건너던 큰 나루인 조강포 일대는 현재 논밭으로 변하고 조강포라는 석비만 서 있다.

일은 말 때[午時]

양 때[未時]가 사흘이요, 그 다음이 잔나비 때[申時]

달이 기운 후에도 이와 같으니라.

이규보가 살펴본 것처럼 바다 조수의 밀물은 매달 음력 초하루에서 보름까지를 주기로 하고, 그 주기가 다시 16일부터 되풀이된다. 조강 근처의 조수는 초하루부터 사흘간은 아침 5시에서 7시까지인 묘시에 밀물이 들고, 4일부터 6일까지 사흘간은 7시에서 9시까지인 진시에 들며, 7일에서 9일까지 사흘 동안은 9시에서 11시까지인 사시에 들고, 10일 하루만은 11시에서 오후 1시까지인 오시에 든다. 11일에서 13일까지 사흘 동안은 오후 1시에서 3시까지인 미시에 들고, 14일과 15일 이틀간은 오후 3시에서 5시까지인 신시에 물이 들어오는데 이 주기가 16일부터 그믐까지 반복된다.

통진과 교하, 그리고 풍덕 일대 조강 부근의 물살은 여느 곳과 달리 매우 세찼다고 한다. 그러나 1953년 휴전협정에 따라 조강포가 잠정 폐지되면서 그처럼 번성했던 조강포는 현재 형체도 없이 사라지고 기름진 들판이 되고 말았다.

갯물이 넘나드는 나드리 방죽, 선바위가 있는 선바윗골, 선창이 있는 선창모팅이, 울안이 동남쪽에 있는 골짜기 치맛골, 그리운 그 이름들을 간직한 곳은 어디쯤일까?

그뿐인가? 돌안에서 개곡리 말아으로 넘어가는 돌안고개, 울안에서 고막리로 넘어가는 방아고개, 울안에서 용강리로 넘어가는 분고개 등 고개 또한 헤아릴 수 없이 많지만, 지금은 그 이름조차 사람들의 기억 속에 희미해져가고 있다.

이곳 조강리에서 성동리로 넘어가는 고개가 서느재인데, 그 지세가 하도 가팔라서 올라가려면 기어가야 했다고 한다.

한편 산보다 들이 넓은 김포에는 이름난 고개와 한강변에 자리잡은 나루들이 많다.

고촌면 신곡리에는 동냥배미라는 논이 있는데 1901년 흉년에 비가 내리지 않아 이 논에 모를 못 심고 동냥을 다녔다고 하고, 신곡리에서 가장 큰 마을인 장차마을 남쪽에서 고촌면사무소 뒤로 넘어가는 고개는 옥녀가 거문고를 뜯는 형국이라는 뜨들재이다. 신곡리에서 김포시로 넘어가는 천둥고개는 강화도령이 임금에 올라 서울로 올라가는 길에 이곳에서 서울을 바라보고 "어서 가자" 하고 천둥 같이 호령을 했다고 해서 붙여진 이름이다.

고촌면 풍곡리에는 배대잇골이 있는데, 옛날 조숫물이 드나들어 배를 댔다고 해서 지어진 이름이고, 김포시의 감바위 나루는 고양시 장항동 이산으로 건너가던 나루였다. 특히 감바위 나루에서는 서울까지 길이 이어졌는데, 이곳 주민들은 일제 때만 하더라도 이 나루에서 배를 타고 건너편인 고양시 장항동의 이산포 나루로 건너가 그곳에서 일산까지 걸어간 뒤에 일산에서 경의선 열차를 타고 서울로 갔다. 그런데 한국전쟁이 끝난 뒤 배를 타고 서울로 가는 사람의 발길이 끊겨 나루의 기능을 잃고 말았다.

채미산採薇山은 어무루 서남쪽에 있는 산으로 강화도로 귀양가던 사람이 배를 대고 고사리를 캐어 먹었다는 산이고, 석정리石井里의 강계江界 집터는 강계 부사를 지낸 이씨라는 사람이 살았다는 곳이다.

석정리 앞에 있는 큰 우물은 돌로 만들어졌는데, 1627년(인조 5)에 인조가 그 아버지의 능(장릉)을 북성산(군산천)으로 옮길 때 장릉에 물이 많으므로 그 물의 맥이 되는 이 샘을 크게 확장하였다고 한다. 샘을 이룬 바위가 용마처럼 생기고, 신기하게도 옆에 암거북과 숫거북처럼 생긴 돌이 있는데, 아무리 가물어도 물이 줄지 않고 나라의 큰 변고가 생길 때에는 물이 뒤집혀 미리 알려준다는 말이 있다. 8·15 해방 때에도 사흘 전에 물이 뒤집혔고, 한국전쟁 때에도 똑같이 사흘 전에 물이 뒤집혀 흙탕물이 되었다고 한다.

대곶면 송마리 자장골 동남쪽에 있는 거리는 여덟 갈래의 길이 있어 여덟거리(팔가)라고 부르며, 쇄암리에 있는 다섯개고개는 신설미 서남쪽에 있는 고개로 아래에서부터 황사짓개, 가상굴개, 근개, 새빙죽개, 댐대깃개의 다섯 고개가 있다.

양촌면 유현리 굿들개 북쪽에 있는 들판은 나루가 있어 나루새기라는 이름이 붙었다. 월곶면 포내리의 대나루는 불꾸지산 동남쪽 한강 가에 있고, 하성면의 대동大同배미는 이곳에서 나는 곡식으로 대동세大同稅를 충당했으므로 지어진 이름이다.

한글학회에서 펴낸『한국지명총람』에 "보구곶리甫口串里는 본래 통진현 보구곶면의 지역으로서, 지형이 보습처럼 생겼으므로 보습고지, 보스곶, 보수꼬지, 보수구지 또는 보구곶, 보구꼬지라 하였는데, 1914년 행정구역 통폐합에 따라 보구곶리라 하고 월곶면에 편입되었다"라고 기록되이 있다. 이 보구곶리에서 민족의 대동맥이라고 불리는 한강의 강물은 서해바다에 몸을 풀게 된다. 보구곶리에는 머머루(머머리, 머머리심, 사도)리고 불리는 유도留島가 있다.

유도는 옛날 홍수 때 떠내려오다가 이곳에 머물러 섬이 되었다고 하며, 개가 누워 있는 형상을 하고 있다. 개의 입과 코 부분에 해당하는 곳에는 높고 깊은 동굴이 있어 사람이 서서 들어갈 수 있고 밑으로 바닷물이 드나드는데, 큰 이무기가 살았다고 한다. 유도에서 바라보면 여덟 곳의 바다가 우물같이 보이므로 '팔정지하구묘八井之下九墓'라고 알려졌다.

이곳 한강 가운데 월곶면과 개풍군 경계에는 노구라는 여(물 속에 잠겨 있는 암초)가 있는데, 뱃길 가운데에 있으므로 지나던 배들이 자주 부딪혀 파선되자 뱃사람들이 이곳을 지날 때에는 반드시 노구에 정성을 들였다고 한다.

월곶면 성동리와 포내리에 걸쳐 자리 잡은 문수산(376미터)은 일명 비아산으로 불리기도 한다. 이 산에는 문수산성文殊山城이 있는데 둘레가 약 2.4킬로미터로 사적 제139호로 지정되어 있다. 이 산성은 강화의 갑곶진甲串鎭을 마주보고 있는 문수산의 험준한 줄기에서 시작해 해안지대까지 이어졌으며 해안 쪽의 성벽과 문루가 없어졌는데 새로 보수했다.

이 성은 갑곶진과 더불어 강화를 지키는 성으로 1694(숙종 20)년에 축조되었고 1812(순조 12)년에 대대적으로 중수되었다. 다듬은 돌을 견고하게 쌓고 그 위에 여장女牆(성가퀴)을 둘렀으며 당시의 성문은 취예루, 공해루 등 세 개의 문루와 세 개의 암문이 있었다. 그 가운데 취예루는 갑곶진과 마주보는 해안에 있었으며 강화에서 육지로 나오는 관문 역할을 하였다. 특히 이 성은 1866(고종 3)년 병인양요 때 프랑스군과 치열한 격전을 벌였던 곳이기도 하다. 그 전투 당시 해안 쪽의 성곽과 문루가 모두 파괴되었고 지금은 마을이 들어서 있다.

이 산성 안에 있는 문수사는 한국 불교 태고종에 속한 절로 신라 혜공

왕 때 창건되었다. 그 뒤 퇴락한 것을 1613년에 도욱道旭이 중건하였고, 1809년에 광선光善이 중창했으며 1936년에 남성南星이 중수하였다. 현존하는 절 건물은 정면 3칸, 측면 2칸의 팔작지붕으로 된 극락전과 경기도 유형문화재 제91호인 풍담대사 부도가 있다.

김포시 대곶면 쇄암리에는 300여 년 전부터 나오기 시작한 쇄암리 약수가 있는데 일명 바석바위샘물이라고 부른다. 이 물을 마시면 귀가 밝아지고 속병에 좋다고 하여 전국 각지에서 찾아오는 사람이 많다. 고려 고종 때 몽골의 난을 피해 이곳에 온 임금에게 올린 샘물이라고 하여 성주정星主井이라고도 부른다.

김포 서쪽에 김포와 강화도를 경계 짓는 하천인 염하鹽河가 있다. 염

하는 조강을 따라 흘러온 한강과 김포의 서남쪽 앞에 펼쳐진 경기만 바닷물의 통로가 된다. 서해가 만조 때면 염하를 통해 조강으로 바닷물이 들고, 만조가 심할 때에는 그 바닷물이 경기만을 거슬러 김포와 서울의 경계 부근인 행주대교까지 밀고 들어온다. 그때 강물과 바닷물이 맞부딪치면서 일으키는 파도소리가 요란스럽게 났다고 하는데 그 소리를 해소海嘯라고 하였다.

물살이 세기로 소문난 염하는 원래 조선시대에 삼남에서 조세를 실은 배들이 서울 마포의 경창까지 가는 데 이용했던 뱃길이었다. 염하 사이를 들고 나는 조수 간만의 차가 10여 미터나 되고 물살이 워낙 빠르고 거센데다 바닷물이 들 때를 기다려야 했으므로, 조선 중종 때에는 이 뱃길 외에 김포 땅의 다른 곳에 운하를 파려고 시도하기도 했다.

대곶면 신안리에는 손돌목이 있다. 한강의 들머리인 손돌목은 신안리와 강화군 불은면 덕성리 경계에 있는데, 그곳에 이런 이야기가 전해온다.

고려 고종이 몽골의 난을 피하여 강화도로 건너가다 배가 광성나루에 이르렀을 때였다. 급한 물살이 빙빙 돌더니 배가 왼쪽으로 부딪히고 오른쪽으로 막혀 갈수록 뱃길이 험해지고 앞길이 없는 것 같았다. 아무래도 뱃사공 손돌이 자신을 속이는 것이라고 여긴 임금은 크게 노해 그의 목을 베라고 하였다. 그때 손돌이 강에 바가지를 띄우면서 "이 바가지를 따라가면 뱃길이 열릴 것입니다"라고 말한 뒤 죽었는데, 그의 말대로 하니 배가 무사히 강화도에 이르게 되었다. 손돌을 죽인 것을 크게 후회한 임금은 그의 시체를 거두어 묘를 크게 만들고 사당을 지어 제사를 지내게 하였고, 다른 배들도 이곳을 지날 때에는 반드시 제사를 지내라고 명하였다. 그 뒤 손돌이 죽은 음력 10월 20일이 되면 해마다 센 바람이 불고 추우므로 사람들은 이것을 손돌풍, 손돌추위라고 불렀다. 그러나 그때쯤이면 대개 날씨가 춥기 때문에 제사를 드리는 다른 성씨의 사람들이 "고놈 죽은 날은 춥기도 하구나" 하고 투덜대기 일쑤라고 한다. 손돌의 묘孫乭廟(손돌묘)는 신안리 산 9번지에 모셔져 있다.

1232년 고려가 강화도로 천도한 이후 1270년까지 몽골과 줄기친 항전을 벌였을 때 강화해협을 지키던 곳이 이곳 갑곶 요새였고, 삼남 지방에서 한양으로 향하던 배들이 줄지어 들어섰던 곳도 이곳 강화와 김포 사이 염하였다. 그러나 강 건너 개풍군으로 향하던 나룻배의 행렬은 이제 추억 속에만 남아 있을 뿐이고, 한강을 사이에 둔 강기슭에는 겹겹이 쳐진 철조망과 그곳을 지키는 젊은이들의 깊은 숨소리만 들릴 따름이다. 어제쯤 한강의 나루에서 황포 돛배를 타고 개성으로, 서울로 뱃놀이를 떠나고 한강으로, 예성강으로 나들이에 나설 수 있을까?

이렇듯 구구절절한 사연을 안고 있는 한강을 두고서 서거정은 다음과 같은 시를 남겼다.

계양의 가을 경치가 사람을 번뇌하게 하네. 물 맑고 하늘 먼데, 물결 같은 달빛

어느 곳 깊은 밤에 쇠 피리 분다. 반半 길 삿대 고깃배는 갈대꽃 넘어 있네.

경기 안성 죽산

二
장

단비는 촌마다 족하고 시내는 언덕마다 깊도다

이별은 항상 슬픔을 동반하고 그 이별 앞에서 담담한 사람은 드물 것
이다. 그래서 옛 사람들은 이별에 대한 글을 많이 남겼는데, 고려 때의
정치가이자 문장가인 정지상鄭知常이 소년 시절에 지었다는 「송인送人」
이라는 시만큼 두고두고 가슴에 절절하게 여운을 남기는 시도 흔치 않
을 것이다.

태평미륵 높이 3.9미터로 평범하고 친근한 얼굴에는 이름 그대로 태평스러움이 묻어난다.

비 갠 긴 언덕에는 풀빛이 푸르기도 한데,
그대를 남포에서 보내며 슬픈 노래로 울먹이네.
대동강 물은 어느 때라야 다 없어질 것인가.
이별의 눈물이 해마다 푸른 물결에 덧보태지니.

이렇게 눈물겹도록 아름다운 시를 남긴 정지상은 묘청의 난에 연루되어 비참한 최후를 맞이한 인물로 그가 이곳 죽산의 분행역을 지나며 다음과 같은 한 편의 시를 남겼다.

저물녘에 영곡봉靈鵠峯 앞길을 지나서 아침에는 분행루分行樓 위에 이르러 읊조린다. 꽃은 벌의 수염을 접하여 붉은 것을 반쯤 토하고, 버들은 꾀꼬리 나래를 감추어 푸른 것이 처음으로 깊도다. 한 툇마루의 봄빛은 무궁한 흥이요, 천 리의 사신은 돌아가고자 하는 마음이로다. 머리를 중원으로 돌이키매 사람은 보지 못하는데, 흰 구름은 땅에 나직하고 나무는 찝찝하도다.

죽산은 본래 고구려의 개차산군皆次山郡으로, 신라에서 고쳐 개산介山으로 일컬었다. 고려 초년에 죽주竹州로 고쳤고, 성종의 단련사團練使를 두었다가 목종이 폐하였다. 그후 현종 9년에 광주廣州에 붙였으며, 명종 2년에 감무를 두었다. 조선 태종 13년에 예에 의하여 지금의 이름으로 고쳐 현감으로 만들었다. 무릇 군과 현의 이름이 주자를 가진 것은, 도호부 이하는 모두 산과 천의 글자로 대신하여 부, 목과 구별하였기 때문이다. 1434년(세종 16)에 충청도에서 옮겨 경기에 예속시켰다. 1543년에 죽산도호부로 승격되었다가 1896년에 죽산군이 되었다. 1914년에 원일, 근삼, 원삼, 근일면이 용인에 편입되고, 나머지 서일, 서이, 서삼, 부일, 부이, 남일, 남이면이 양성과 함께 안성에 편입되었다.

죽산의 경계는 『신증동국여지승람』에 의하면 동쪽으로 음죽현陰竹縣 경계까지 22리이고, 남쪽으로 충청도 진천현鎭川縣 경계까지 26리이며, 서쪽으로 안성군安城郡 경계까지 49리이고, 서울까지 170리이다.

칠장사 대웅전 1014년 혜소국사가 왕명으로 중건했다는 설이 있는 이 절은 일곱 도적을 계도하면서 칠장사라는 이름을 얻었다고 한다.

『신증동국여지승람』「산천조」에는 건지산巾之山이 현의 북쪽 40리 지점에 있다고 하였고, 정배산鼎陪山은 현의 북쪽 15리 지점에 있는데, 한 봉우리가 우뚝 솟아 돌을 이고 있으며, 그 돌구멍에 흰 뱀이 있어 매년 큰물이 질 때를 기다려, 천민천天民川에 내려와 사람과 가축을 잡아가기 때문에 현의 우환이 되었다고 기록되어 있다.

죽산현의 남쪽 15리 지점에 있었다는 칠현산七賢山(516미터)에서부터 한남정맥이 시작되는데 이 산 이름이 칠현산이 된 연유는 다음과 같다.

바로 인접한 칠장산(492.4미터) 칠장사에 혜소국사라는 고승이 있었다. 혜소국사가 아미산 중턱에 조그마한 암자를 짓고 불도를 닦고 있던 중에 암자 근처에 우물을 파고 표주박을 띄워놓았다. 당시 칠장사 아래에는 일곱 도적들이 살고 있었다. 그들은 어느 날 밤 혜소국사의 암자에 있는 우물 터에서 현란한 빛줄기가 뻗쳐나오는 것을 보게 되었다. 일곱 도적들이 우물로 다가가보니 표주박처럼 생긴 황금덩어리들이 둥실둥실 떠다니는 것이 아닌가. 견물생심이라고 도적들은 금빛이 감도는 표주박들을 한 개씩 가지고 집으로 돌아왔다. 그러나 어찌된 일인지 집에 와서 꺼내놓자마자 조금 전만 해도 금빛이 찬란했던 표주박이 보통 표주박으로 변하고 말았다. 실망한 도적들이 표주박을 가지고 가서 우물에 띄웠더니 표주박은 다시 황금으로 변했다.

그러기를 몇 차례 하고서야 도적들은 무엇인가 설명할 수 없는 신령한 기운이 있는 것을 깨닫고서 이구동성으로 이렇게 말하였다. "오늘 일어난 일은 아무래도 부처님께서 우리를 시험하신 모양이네. 저 암자에서 도를 닦고 있는 스님에게 사실대로 말하고 용서를 구하세." 늦게나마 자신들의 잘못을 뉘우치고 혜소국사에게 찾아가 사실대로 이야기하자 혜소국사는 이렇게 말하였다. "헛된 욕심을 품지 않는다면 이 세상의 모든 것이 보물로 보이는 법입니다." 이 말을 들은 도적들은 수도승이 되었고 마침내 도를 닦아서 도통하게 되었다. 그 뒤부터 이 산을 칠현산이라고 부르게 되었고 이곳의 암자 이름을 일곱 힘센 장사가 스님이 되었다고 하여 칠장사라고 하였다고 한다.

『신증동국여지승람』에 "구봉산九峰山은 현의 서쪽 22리 지점에 있던 산이고, 비봉산飛鳳山은 현의 북쪽 4리 되는 지점에 있었으며, 천민천은 현의 동쪽 10리 지점에 있는 내로 그 근원이 건지, 정배 두 산에서 나와, 여주驪州, 여강驪江으로 들어간다"고 실려 있는데, 천민천은 현재 청미천으로 이름이 바뀌어 불리고 있다. 이 물줄기는 당시 죽산군이었던 용인 원삼면 좌항리 독조봉과 사암리 어두니 고개에서 발원하여 백암면과 안성시 일죽면을 지나면서 죽산천을 합하고 여주의 점동면에서 한강으로 들어가는 한강의 한 지류이다.

원삼면 독성리에 있는 원수골은 깊은 수렁이 있어서 논을 갈기가 원수 같다고 해서 생긴 이름이고, 두창리 용수말 서쪽에 있는 황토현은 황토가 많다고 하여 지어진 이름이다. 맹리에는 허균의 아버지 초당 허엽許曄의 묘와 신도비가 있는데, 비문은 노수신盧守愼이 짓고 글씨는 한석봉韓石峯이 썼다.

분행역은 서울에서 부산으로 가는 영남대로 상의 중요한 길목이었는데, 『신증동국여지승람』에는 다음과 같이 실려 있다.

분행역分行驛은 현의 북쪽 10리 지점에 있다. 고려 김황원金黃元이 대간이 되어서 여러 번 일을 말하다가, 임금의 뜻에 거슬려 성산星山에 있는 원으로 나가는데, 이 역말을 지나게 되었다. 마침 이재李載가 남방으로부터 돌아오자, 이에 시를 지어주기를, "나뉘어 행하는 길 위에서인들 어찌 시가 없을손가. 머물러 사신에게 주어서 생각하는 것을 부치노라. 갈대 잎은 소소하니 가을 물 나라요, 강산은 아득하고 머니 석양 때로다. 옛 사람을 볼 수 없으니 이제 부질없이 탄식한다. 지난 일을 좇기가 어려우니 다만 스스로 슬퍼하노라. 참으로 그렇구나. 죄를 당하여 장사로 귀양 가는 손이, 관직은 낮고 나이는 늙어 귀밑털이 세었도다.

나이 들어 머리는 하얗게 세고 육신마저 말을 안 듣는데 귀양 가는 그 마음은 오죽 서러웠을까?

고려 때의 문장가인 이규보도 이곳 분행역에서 가버린 세월, 다시 올 리 없는 그 세월을 회상하는 한 편의 글을 남겼다.

누른 진흙 벽 뒤에 옛날의 시를 남겼더니, 뭉개지고 자취가 사라져 기억할 수 없다. 수양버들은 아직도 일찍이 가던 길에 늘어져 있고, 강산은 오히려 옛날 놀던 때와 같구나. 젊은 미인은 어디 있는고 부질없이 추억만 한다. 흰 머리로 두 번 오니 가만히 슬프기만 하누나. 부절符節을 가지고 다른 해에 비록 이른다 하더라도, 누에 오를 만한 근력이 먼저 쇠할까 두렵다.

좌찬역佐餐驛은 현의 북쪽 50리 지점에 있었는데, 이곳 죽산에는 역 외에도 지나가는 행인들의 편리를 도모해주던 원집이 많았다. 보현원普賢院은 현의 동쪽 20리 지점에 있었고, 통리원通梨院은 현의 남쪽 20리 지점에 있었으며, 장항원獐項院은 현의 서쪽 20리 지점에 있었다. 이원梨院은 현의 서북쪽 15리 지점에 있었고, 태평원太平院은 현에서 가장 가까운 동쪽 5리 되는 곳에 있었는데 태평원 바로 근처에 태평미륵이 있다.

안성시 죽산면 매산리에 있는 태평미륵은 높이가 3.9미터나 되는 거대한 불상으로 머리에는 높이 솟은 커다란 보관을 썼으며, 이마를 덮고 있는 꽃 문양이 아름답다. 고려 초에 조성되었을 것으로 추정되는 이 불상은 평범하고 친근감 있는 풍만한 얼굴이 이름 그대로 보는 사람에게 태평스러움을 전해준다. 이 미륵의 오른손은 두려움을 없애준다는 시무외인施無畏印을 하고 있으며, 왼손은 중생의 소원을 모두 받아들인다는 뜻의 여원인與願印을 취하고 있다.

이 태평미륵은 고려 말 몽골의 난이 일어났을 때 죽주산성에서 적을

물리친 송문주宋文胄 장군과 처인성에서 살례탑을 살해한 김윤후의 우
국충절을 기리기 위해 건립했다는 설과 조선 후기 영조 때 이 지역에 살
고 있던 최태평이라는 사람이 조성했다는 설이 전해오고 있다.

태평미륵 뒤편에 있는 매산리 비봉산에 쌓은 산성이 죽주산성이다. 정
확하게 언제 축성되었는지는 알려지지 않았지만 통일신라시대에 처음
쌓았고 고려시대에 크게 중수한 것으로 추정된다. 본성 1.7킬로미터, 외
성 1.5킬로미터, 내성 279미터, 세 겹 돌로 쌓은 성으로 보존 상태도 대단
히 양호하다. 신라 말기에 기훤箕萱이 이 성을 본거지 삼아 9년간 버텼
고, 고려 말에 몽골군이 쳐들어왔을 때 죽주산성의 방호별감을 맡고 있
던 송문주 장군이 주민들과 함께 몽골군을 물리친 역사적인 장소이다.
『신증동국여지승람』에는 그때의 상황이 다음과 같이 실려 있다.

고려 고종 13년에 송문주가 죽주 방호별감이 되었는데, 몽골군이 죽주성에
이르러 항복을 권유하므로, 성 중의 사졸이 나가 쳐서 쫓았다. 몽골군이 다시
포로 성의 사변을 공격하자 성문은 곧 무너졌다. 성 중에서도 또한 포를 가지
고 마주 공격하자 몽골군이 감히 가까이 오지 못하였다. 몽골군은 또 사람의
기름을 준비하여 짚에 부어 불을 놓아 공격하므로 성 중의 사졸이 일시에 문
을 열고 돌격하니, 몽골군의 죽은 자가 이루 셀 수가 없었다. 몽골군은 여러
방법으로 공격하였으나 마침내 함락시키지 못하였다. 문주가 귀주에 있을 때
에는, 몽골의 성에 공격하는 술책을 익히 알았기 때문에 그 계획을 먼저 알지
못하는 것이 없어서 문득 군사들에게 고하기를, "오늘은 적이 반드시 아무 기
계를 쓸 터이니, 우리는 마땅히 아무 기계를 준비하여 응해야 한다"고 하였
다. 적이 이르러 과연 그 말과 같으니, 성 중에서 무두 귀신이라고 일렀다.

조선 선조 때 이덕형이 올린 상소에서 "죽산 취봉은 형세가 매우 든든하여 단 한 명의 군사로도 길을 막을 수 있는 험한 곳"이라고 썼던 성이 바로 죽주산성이었다.

죽산에는 아름답고도 재미난 지명들이 많이 남아 있다.

삼죽면 내장리의 서낭당 고개는 지통말에서 죽산면 죽산리로 넘어가는 고개로 서낭당이 있었다고 하며, 미장리의 십리골(신미동)은 미장리에서 으뜸 되는 마을로 골짜기가 깊어서 10리나 된다는 곳이다. 비선거리는 미륵당 남쪽에 있는 마을로 선정비가 많았던 곳이고, 떡전거리는 매산리에 있는 들로 길손들에게 떡을 파는 떡전이 있었다고 한다.

용설리에 있는 매봉재는 사냥할 때 매를 놓았던 곳이며, 주거리고개는 주막거리 동쪽에 있는 고개로 시집가던 색시가 이 고개에서 죽었다는 이야기가 전한다. 장고개는 장계리에서 죽산장으로 넘어가는 고개이다.

죽산리竹山里는 본래 죽산군 부일면의 지역으로 죽산 읍내가 되므로 읍내, 또는 죽산이라 하였다. 관음당觀音堂은 구교동 남쪽에 있는 마을로 관음보살당이 있었다고 하며, 구교동舊交洞은 향교골 서쪽에 있는 마을로 향교가 있었던 곳이다.

동부 북쪽에 있는 매곡梅谷마을은 매화꽃이 많이 피었다고 하며 생겻말(향교골, 향교말, 교동)은 죽산 북쪽에 있는 마을로 이곳에 경기도 문화재자료 제26호로 지정된 죽산향교가 있는데, 문은 굳게 닫혀 있었다. 죽산향교로 가는 길 옆에 죽산고등학교가 있다. 옛 시절 죽산현의 관아가 있었을 죽산면사무소와 죽산초등학교에는 관아의 흔적이 아무것도 남아 있지 않았다.

구왕궁림舊王宮林은 칠장리에 있는 산으로 황실의 임야였던 곳이라 하고, 칠장리에 있는 사정산은 네 장수가 진을 쳤던 곳이라고 한다.

은석 북쪽에는 선조와 인목대비의 아들로 광해군에게 죽임을 당한 영창대군永昌大君의 무덤이 있고, 일죽면 월정리月井里는 본래 죽산군 남이면 지역으로 산 밑에 우물이 있으므로 달우물 또는 월정이라 하였으며, 내뚠이에서 월정리 달우물로 넘어가는 고개는 달우물고개라고 부른다.

신흥리 스니바위(선유암)는 말바위 북쪽에 있는 바위로 옛날에 신선이 바둑을 두며 놀았다는 곳이고, 화봉리의 너더리골(판교동)은 태봉골 북쪽에 있는 마을로 앞 개울에 널다리를 놓았다고 한다.

화봉리에 있는 태봉胎峯(태봉산)은 어느 왕의 태를 묻었다는 곳이고, 수리태고개(차현)는 화봉리에서 충청북도 음성군 삼성면 대사리로 넘어가는 고개이다.

국사봉은 안성 삼죽면 기솔리에 있는 산으로 국사 신앙의 터로서 유명하다. 이곳 국사봉 자락에는 미륵사가 있고, 그 미륵사에는 높이가 5미터에 이르는 거대한 쌍미륵불(경기도 유형문화재 제36호)이 기솔리를

죽산향교 1533년에 창건된 이 향교에는 명륜당, 대성전, 동무, 서무 등의 건물이 남아 있다.

굽어보며 서 있는데, 이
러한 거구의 석불들은
고려시대의 전형적인 지
방 양식으로 안성 일대
에 여러 개가 남아 있다.

이곳에서 국사봉 정상
쪽으로 한참을 올라가면
국사암이 나오는데, 대
웅전 뒤편에 궁예미륵이
라 불리는 아담한 미륵 세 기가 모셔져 있다. 미륵이라 불리기는 하지만
미륵보다는 문인석에 가까운 석인상을 닮은 이 미륵불은 어느 곳 하나
상한 데 없이 완전한 형태로 남아 있다. 그러나 정작 어떠한 연유로 궁
예미륵이라 불리고 있는지에 대해서는 자세한 기록이 남아 있지 않다.
다만 이곳 죽산 지방이 신라 말기 진성여왕 5년에 기훤이 봉기했던 곳
이고, 그후 궁예는 태봉국을 세워 이곳까지 다스렸는데, 미륵의 나라를
세우고자 했던 궁예의 꿈이 깨지자 그를 기리는 사람들이 이 미륵을 궁
예미륵이라고 부르며 추억했을지도 모른다고 추정할 뿐이다.

이규보는 이곳 죽산에 있는 만선사萬善寺를 두고 "절은 푸른 풀에 싸
여 침침하고, 길은 푸른 덩굴 속에 들어가 깊숙하다. 골이 좁으니 한가
한 구름이 모이고, 정원이 거치니 모진 물길이 침노한다. 새벽 바람에
목탁 소리 잦고, 저녁 달은 못 가운데 잠겼도다. 푸른 산아 잘 있거라.
벼슬을 그만두면 다시 찾아오련다"라고 노래하였고, 조선의 개국공신
함부림咸傅霖은 연창관延昌館에 대해 "내가 편평하니 들이 넓은 것을 알

겠고, 꽃이 떨어지니 봄이 깊은 것을 깨닫도다. 손의 길 연창관에 소나무 바람이 내 꿈을 밝혀준다"고 읊었는데 만선사나 연창관은 어디에서도 그 모습을 찾을 길이 없다.

그뿐만이 아니다. 안성시 죽산면 비봉산飛鳳山 아래에 있던 봉업사奉業寺는 고려 때에 태조의 진영을 봉안하였던 큰 절로 "공민왕 12년 2월에 거가가 청주를 떠나서, 이 절에 들러 진진에 참알하였다"라고 기록되어 있지만 지금은 보물 제435호로 지정되어 있는 오층석탑과 경기도 유형문화재 제89호로 지정되어 있는 봉업사 터 당간지주만 남아 있고, 보물 제983호인 봉업사 터 석불입상은 현재 칠장사에 모셔져 있다.

홍여방洪汝方이 그의 시에서 "산과 물은 구름과 연기가 늙었고, 뽕나무와 삼은 세월이 깊도다. 봄 노래와 나무하는 피리 모누가 태평한 마음이로다"라고 묘사하였고, 최사로崔士老가 "단비는 촌마다 족하고, 시내 흐름은 언덕마다 깊도다. 나는 것, 잠겨 있는 것, 움직이는 것, 심어져 있는 것, 모두가 한결같이 봄 마음이로다"라고 칭송하였던 죽산이, 변화와 개발이 화두로 떠오른 21세기에 어떤 모습으로 변화해갈지 자못 궁금해진다.

경기 양평 지제

三章

원쪽으로 용문산에 의지하고 오른쪽으로 호수를 베다

정근鄭謹은 조선 중기의 문신으로 1613년(광해군 5)에 양근군수를 지내면서 국사의 어지러움을 목격하고 벼슬을 사직한 뒤 향리로 돌아갔던 사람이다. 관직에 있을 때에는 몸을 돌보지 않으며 직무를 수행하였고, 외직에 나아가서는 자신의 일보다 주민의 일을 더 소중하게 생각하여 처리하였다. 주민들은 정근을 명관으로 존경하였고, 선비들은 그의 청렴성을 높게 평가하였다. 그 당시뿐만 아니라 요즘에도 보기 드문 공직자라고 할 수 있다.

정근은 지평에 있는 용문산에 대해 이렇게 읊었다.

> 큰 뫼 뿌리가 하늘을 꿰뚫어 등이를 엎은 것 같은데, 거주하는 백성들이 언덕을 끼고 있으니 물이 편평하게 나뉘었다. 창에 임한 붉은 잎새는 바람 앞에서

용문산 경기도에서 화악산, 명지산, 국망봉에 이어 네번째로 높은 산으로 기암괴석과 고산준령을 고루 갖추고 있으며, 옛날엔 '미지산'이라 불렸다.

춤추고, 골짜기에서 울리는 드문 종소리는 달 아래에 들린다. 고요한 가운데 소리가 있으니 돌 시내가 어여쁘고, 한가한 가운데 일이 많으니 산 구름이 웃는다. 주인은 맑은 절개를 장차 누구에게 비교할꼬. 문득 영재鈴齋에 차군此君 없는 것을 한하노라.

지금의 경기도 양평군 지제면 지평리는 조선시대에 지평현의 중심지였다. 1914년 행정구역을 개편하면서 양근군과 지평현을 합해 양평군으로 만들어서 지평은 양평군에 딸린 하나의 면이 되었다. 지평은 본래 고구려의 지현현砥峴縣이었다. 신라 경덕왕 때 지평현으로 이름을 고치면서 삭주朔州(지금의 춘천)의 영현으로 만들었다. 고려 현종 때 지평을 광주廣州에 이관시켰는데, 우왕은 유모 장씨의 고향이므로 감무監務(고려 시대에 지방의 군·현에 파견한 관직)를 두었다가 뒤에 파하였다. 1391년(공양왕 3)에 현의 경내에 철장鐵場을 두고 감무를 설치하여 겸하게 하였는데, 조선 1413년(태종 13) 전례에 의하여 현감으로 고쳤다.

1895년에 강원도 춘천부의 관할이 되었으며 그 다음 해에 경기도의 지평군으로 되었다. 남한강의 지류인 흑천黑川이 흐르는 곳에 낮고 넓은 들판이 형성되어 있기 때문에 지평이라는 이름이 붙었다. 고려시대에는 야별초夜別抄 출신들이 몽고병을 격파하는 데 큰 공을 세웠다고 하며, 조선시대에는 평구도平丘道에 속하는 전곡역田谷驛과 백동역白冬驛이 있어 원주를 거쳐 영남과 영동 지방으로 가는 교통의 중심지가 되었다. 이곳을 흐르는 흑천은 을사년 홍수 때 느닷없이 물빛이 검게 변해 그때부터 흑천으로 부르기 시작했다고 한다.

지평은 『신증동국여지승람』에 "동쪽으로 강원도 원주原州 경계까지

47리, 남쪽으로 여주驪州 경계까지 16리, 서쪽으로 양근군楊根郡 경계까지 21리, 북쪽으로 강원도 홍천현洪川縣 경계까지 43리이며, 서울까지 162리이다"라고 기록되어 있다.

지평군의 읍내면이었던 지제면 지평리의 배암산에는 9년간 계속된 홍수 때에 배를 맨 바위가 있고, 장군바위에는 옛날 장수가 밟았다는 큰 발자국이 남아 있다. 중앙선 열차가 지나는 지평역 앞에 있는 마을은 역 전말이라고 부른다. 지평 고을의 죄수를 가두었던 옥터에는 현재 지평 초등학교가 들어섰고, 지평리에는 지평 사진실, 지평 떡방앗간 등의 이름들이 남아 있어 그 옛날 지평현의 흔적을 유추해볼 수 있을 뿐이다. 지평 읍내 북쪽이라서 성북면으로 불리다가 청운면으로 이름이 바뀐 청운면 도원리는 무릉도원과 같이 궁벽한 곳이라 해서 지어진 이름인데 그래서인지 고개들이 많다.

승지골에서 강원도 횡성군 서원면 유현리 떡갈무기로 넘어가는 고개가 떡갈무기고개 또는 떡갈고개이고, 성재동에서 강원도 홍천군 남면 신대리로 넘어가는 고개가 발귀너머(발귀현)고개이다. 승지골 남쪽에 풍류산 또는 야산이라고도 불리는 풀무산이 있는데 그 산 밑에 있는 풍수원골은 횡성군 서원면 풍수원과 가까운 곳에 있다.

한편 청운면 비룡리의 수리너머고개는 다리골에서 단월면 보룡리 재 인동으로 넘어가는 고개이고, 비룡산에 있는 애기능은 조선 제11대 임 금인 중종의 양가아 약혼했다가 결혼 전에 죽은 정씨 처녀가 묻힌 곳으 로 나라에서 이곳에 정명동을 세우고 친정에서 제사를 지내게 했다고 한다.

청운면 가현리는 지평군 성북면 지역으로 벗고개 밑이 되므로 벗고개

또는 내현, 가현이라고 불렀고, 갈운리 아랫가루개 서쪽에 있는 동동산
은 옛날 조그마한 산이 동동 떠내려오다가 이곳에 머물러 산이 되었다
는 유래가 있다.

최항崔恒이 지은 지평의 「동헌기東軒記」에는 "동으로 원주를 접하고
남으로 여흥驪興을 이웃하며, 북으로 홍천洪川에 닿았다"라고 실려 있
다. 또 『신증동국여지승람』에 기록된 당시 지평의 산천을 보면 "미지산
彌智山은 현 서쪽 20리 되는 곳에 있는데 곧 용문산龍門山이다. 부동산不
動山은 현 북쪽 30리에 있다. 소산所山은 현 남쪽 7리 되는 곳에 있다. 송
현松峴은 현 동쪽 30리 원주 경계에 있다. 구질현仇叱縣은 현 동쪽 15리
지점에 있다. 전곡천田谷川은 현 서쪽 10리 지점에 있다. 근원이 부동산
에서 나와서 양근군 대탄으로 들어간다"고 하였는데, 이 기록으로 보아
그때까지 용문산을 미지산으로 불렀음을 알 수 있다.

용문산(1,157미터)은 경기도에서 가평군에 있는 화악산과 명지산 그리
고 국망봉 다음으로 높다. 북쪽의 봉미산, 동쪽의 중원산, 서쪽의 대부
산을 바라보고 있는 용문산은 산세가 웅장하고 빼어나며, 골이 깊어서
예로부터 경기의 금강산으로 알려져 있다. 미지산이 언제부터 용문산으
로 불렸는지는 정확하지 않다. 『대동여지도』나 『동국여지도』에는 용문
산으로 나와 있지만, 그보다 앞선 신경준의 『산경표』에도 일명 '미지'
라고 부른다고 하였고, 『동국여지승람』에서는 "용문사는 미지산에 있
는데, 그 산 이름은 용문이라는 절 이름에 따라 그렇게 부른다"라고 밝
히고 있다.

「용문사중수기」나 이색이 지은 「대장전기」 또는 정지국사 비문이나
원증국사비문에도 미지산 용문사, 미지산 사나사로 표기되어 있다. 그

미지산을 스님들은 "용문산의 고승 대덕들의 덕풍지광德風至廣이 충만해 있었다"라는 말로 풀이한다. 그러나 우리말 어원으로 풀어보면 미지란 바로 미르, 곧 용이 된다. 『동국여지승람』에 의하면, 양평군은 "용문에 의지하고 있는 곳이며, 용문이란 곧 용문산을 의미한다"고 하였고 양평의 진산, 용문산을 두고 조선시대의 시인 이적은 "왼쪽으로는 용문산에 의지하고, 오른쪽으로는 호수를 베었다"라는 시를 남겼다.

산세가 지리산에 비할 바는 아니지만 북한강과 남한강이 산을 에워싼 채 흐르고 사방으로 뻗어내린 산줄기에 계곡들이 깊고 도처에 기암괴석 사이로 흐르는 시냇물이 절경을 이루고 있다.

이색은 「용문사 중수기」에서 용문사의 풍광에 대해 이렇게 읊었다.

지평의 용문산은 세상이 아는 바인데, 그 이름은 미지이다. 옛날에 암자가 있었는데 이름은 개현開峴으로 이 암자에 있으면서 도를 깨달은 자의 이름은 잊었으나, 군왕에게서 대 지팡이를 하사받았기 때문에 죽장으로 편액하였다. 산 가운데 사람들이 서로 전하는 것이 이와 같다. 암자가 산 가운데 높은 곳을 차지하여 마치 심장의 위치에 있다면, 상원사는 무릎에 있는 것 같다. 암자의 시원스럽고 깨끗한 것이 나무숲과 봉우리가 창울한 밖으로 뛰어나다. 굽어보면 치악산雉岳山과 여강이 손바닥 가운데 있는 것 같고, 가까운 봉우리들이 나직이 읍하여 좌우에 둘러 있으니, 빼어나고 온자하여 사랑스럽고 구경할 만하며, 시찰의 경치가 컴컴했다 밝았다 하는 것이 또 말할 것도 없다.

용문산의 동쪽 기슭에 용문사가 있다. 용문사는 1300여 년의 역사를 지닌 고찰로 그 옛날의 흔적들을 찾아보기란 쉽지 않다. 그러나 절의 추입에 들어서자마자 한눈에 들어오는 큰 은행나무가 절의 역사를 어렴풋이나마 짐작케 해준다. 마치 절을 수호하는 사천왕상처럼 늠름하게 버티고 선 용문사의 은행나무는 높이가 62미터이고 둘레는 어른 팔로 일곱 아름이 훨씬 넘는 14미터쯤 된다. 사람의 나이로 치면 1,300여 살이 되었음에도 불구하고 해마다 열다섯 가마쯤의 은행이 열린다고 한다. 이 은행나무는 동양에서는 제일 큰 은행나무이고 세계에서는 두 번째라고 알려져 있으며 천연기념물 제30호로 지정되었다. 조선의 세종은 이 나무에 정3품의 당상직을 하사하였다. 용문사의 흥망성쇠를 묵묵히 지켜보았던 이 은행나무는 여러 가지 사연들을 간직하고 있다.

신라의 경애왕은 927년 10월 신하와 궁녀들을 데리고 경주 포석정에서 술을 마시다가 후백제의 견훤군에게 붙잡혀 자결하였고 경애왕의 뒤를 이은 김부가 신라의 마지막 임금 경순왕이다. 그는 후백제의 견훤과 고려 왕건의 세력에 눌려 더 이상 나라를 지탱할 수 없게 되자 935년에 천년 역사의 신라를 고려에 넘긴다. 그때 경순왕의 아들 마의태자는 "나라의 존망에는 반드시 천명이 있거늘 어찌 힘을 다하지 않고 천년사직을 남의 나라에 가벼이 넘겨줄 수 있습니까" 하고 반대하였다. 그러나 경순왕은 시랑 김봉휴를 시켜 국서를 보내 고려에 나라를 넘기고 만다.

경순왕은 신라 천년의 역사를 그렇게 허망하게 버렸고 이를 서러워한 마의태자는 통곡하며 서라벌을 하직하고 금강산 길에 오른다. 마의태자는 그곳에서 바위에 의지하여 집을 짓고 풀을 뜯어 연명하며 베옷을 입은 채 일생을 마쳤다. 마의태자가 금강산으로 가는 길에 이 용문사에 들렀는데, 그때 마의태자가 심은 나무가 이 절의 은행나무라는 이야기가 있다.

한편 의상대사가 지니고 다니던 지팡이를 꽂아놓은 것이 뿌리를 내려 자란 나무가 이 은행나무라는 설도 있다. 또한 원효대사가 이 절을 창건한 후 중국을 왕래하던 중 가져다가 심은 것이라는 이야기도 있다.

용문사 은행나무에는 여러 가지 전설이 서려 있다. 나무를 베려고 톱을 대자 톱에서 피가 나고 하늘이 흐려지면서 천둥이 치는 바람에 나무 베기를 중지하였다는 설도 있고, 정미의병이 일어났을 때 일본군이 불을 질렀으나 이 나무만 타지 않았다는 이야기도 있다. 또 구한말에 고종이 세상을 뜨자 이 나무의 큰 가지 하나가 부러졌다는 이야기와 나라 안에 큰일이 있을 때마다 이 은행나무가 소리쳐 운다는 이야기도 전해온다.

은행나무를 뒤로하고 계단을 오르면 절 마당이 나온다. 용문산의 동쪽 기슭에 자리 잡은 용문사는 649년(신라 진덕여왕 3)에 원효대사가 창건하고, 892년(신라 진성여왕 6)에 도선국사가 중창했다고 한다. 그러나 913년(신라 신덕왕 2)에 대경화상이 창건하였다는 설도 있다.

『양평군지』에 의하면, 창건 당시 당우가 304칸에 300여 명의 스님들이 머물렀다고 하지만, 절의 앉은 모양새나 그 터의 형세로 보아서 300여 칸의 당우는 지나치게 부풀려진 것 같다. 그 뒤 몇 백 년의 기록은 찾을 길이 없다. 다만 고려가 기울어가던 우왕 때 지천대사가 개풍 경천사의 대장경을 이곳으로 옮겨 대장전을 짓고, 봉안했다는 기록과 1395년

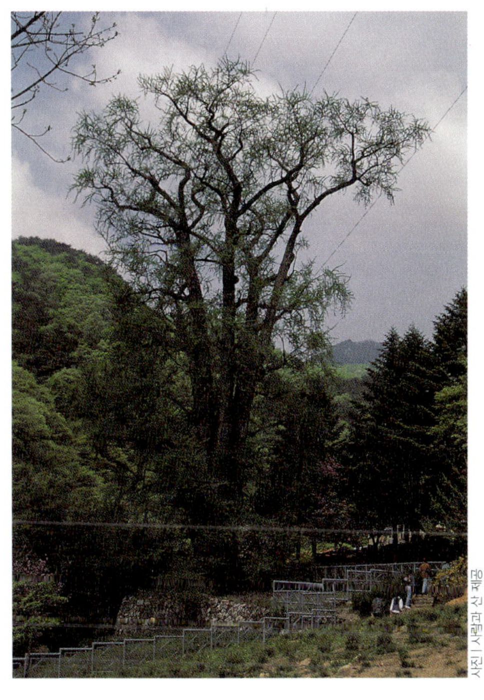

용문사 은행나무 우리나라에서 제일 큰 용문사 은행나무는 나이가 1,300여 살이 넘었다고 전해오는데 지금도 해마다 열다섯 가마쯤의 은행이 열린다.

에는 조안대사가 용문사를 중창하면서 그의 스승 정지국사正智國師의 부도와 비를 세웠다는 기록이 있을 뿐이다.

그후 세종 29년에 수양대군이 부왕의 명으로 모후인 소헌왕후의 명복을 빌기 위해 보전을 짓고 불상 2구와 보살상 8구를 봉안하였으며, 이듬해에 이곳에서 경찬회를 베풀었다. 그가 왕으로 등극한 3년 뒤에 용문사를 크게 중수하여 소헌왕후의 원찰로 삼았으나, 1907년 의병봉기 때 일본군에 의해 불태워지는 수난을 겪었다. 그후 취운스님이 중창하였으나, 한국전쟁 때 용문산 전투의 와중에 큰 피해를 입고 말았다. 지금 남아 있는 절 건물들은 1958년 이후에 지어진 것들이며 정지국사의 부도와 비를 비롯하여 몇 개의 부도와 석축들만이 옛 모습 그대로일 따름이다. 비교적 잘 보존된 부도는 팔각원당형의 기본 틀에서 많이 변형된 편이지만 주위의 산세와 어우러져 여전히 아름다움을 간직하고 있다.

속명이 김지천인 고려 말의 고승 정지국사는 1324년 황해도 재령에서 태어나 열아홉 살에 장수산 현암사에서 삭발한 뒤 참선공부에 들어갔다. 서른 살이 되던 해에 무학대사와 함께 연경의 법원사로 지공선사를 찾아가 그곳에 먼저 와 머물러 있던 나옹화상을 만났다. 중국의 여러 지역을 돌아다니며 수도하던 정지국사는 1356년(고려 공민왕 5)에 귀국하여 무학대사나 나옹화상과는 달리 세상에 이름 알리기를 기피한 채 수행에만 힘쓰다가 1395년(태조 4) 천마산 적멸암에서 입적하였다. 입적후 사리 수습을 미루고 있던 중에 제자 지수의 꿈에 정지국사가 나타나 사리를 거두라는 분부를 내린다. 때마침 제자 조안스님이 용문사를 중창하던 중에 다비 때 나온 사리를 모셔다가 부도와 부도비를 건립했다. 태조 이성계는 대사의 높은 공덕을 기려 정지국사라는 시호를 내렸고,

비는 당대의 명신이며 학자인 권근의 글을 받아 세웠다.

유방선柳方善은 용문산을 두고 "벽을 격한 빠른 바람은 샘돌에 떨어지고, 처마에 가득찬 찬 기운은 나무에서 구름이 나는 듯하다"라고 하였으며 서거정은 "제비가 집을 찾는 것을 봄 뒤로 보고, 두견의 피맺힌 울음을 밤 깊어 듣는다"라는 시를 지었다.

용문면 광탄리는 흑천의 물이 넓게 여울져 있으므로 너븐여울 또는 광탄이라 불렀는데, 위너븐여울 동쪽에 봉황정鳳凰亭이라는 정자가 있다. 이 정자는 1460년(세조 6)에 눌재訥齋 양성지梁誠之가 단월면 보룡리 보산정 밑에 있는 황룡이 봉황대 밑으로 돌아온 것을 위로하고 오래 머무르도록 하기 위해 지었다. 1790년(정조 15)에 중건하고 한국전쟁 때 화재로 소실된 것을 1967년 양씨 송진회에서 나시 시있다.

다문리에는 옛날 주막이 있었다는 구주막거리가 남아 있으며 벌땀(용문) 서남쪽에 있는 어수御水 물은 물맛이 좋아서 세조가 이곳을 지날 때 마셨다고 한다. 양평군 청운면 삼성리에는 백고개가 있는데, 원골에서 양평읍 대흥리 황골로 넘어가는 고개로 이곳에 도둑이 하도 들끓어 100사람이 모여야 넘어갈 수 있었다고 한다.

이계수李桂遂라는 사람은 지평현을 두고 "동쪽 시냇물은 서쪽 시냇물과 합하고, 남쪽 고개 구름은 북쪽 고개 구름과 연하였도다"라는 시를 남겼는데, 맑은 물과 높은 산들이 연이어 있는 지평현은 중앙선 열차가 지나가며 내는 소리가 간간이 들릴 뿐 옛날의 영화는 찾아볼 길이 없다

明倫堂

경기 용인 양지

四장

부산 동래에서 서울까지 영남대로의 길목에 놓인 고을

유사눌柳思訥은 그의 시에서 "고을 문은 적적하여 산기슭에 의지하고, 백성의 집은 쓸쓸하여 물가에 접하였다. 반벽의 쇠잔한 등잔은 손의 꿈을 불사르고, 궁벽한 마을 쌓인 눈에 사람의 연기가 끊어졌다"고 묘사하였고, 안숭선安崇善은 그의 시에서 "십리의 시내와 산은 작은 고을을 둘렀고, 두어 촌락의 뽕나무와 산뽕은 연기 이는 것이 드뭇하였다"라고 노래하였던 경기도 용인 양지면은 조선시대의 현이었다.

양지는 본래 수주水州의 양량陽良 부곡인데, 1399년(정종 1)에 지금의 이름으로 고치고 현으로 승격시켜 감무를 두었다. 태종 13년에 예에 의하여 현감을 만들고, 현의 읍내를 광주 추계향秋溪鄕으로 옮겼다. 이때 죽주의 고안, 내곡, 목악, 제촌의 4부곡을 떼어 양지현에 편입시키고, 충청도 관할에서 경기도로 이관하였다. 1895년에 충청도 관할로 옮겼고,

양지향교 명륜당 1523년에 창건된 양지향교에는 현재 대성전, 명륜당, 내삼문이 남아 있다.

양지사거리 이곳은 부산 동래에서 서울까지 영남대로의 중요한 길목이었다.

다음해에 경기도의 양지군이 되었으며, 1914년에 용인군에 편입되었다. 그 당시 양지는 이천, 음죽, 죽산, 진위, 용인 등지와 연결되는 도로가 발달하였고 영남대로가 지나던 길목으로 현재의 용인시 양지면, 백암면, 원삼면의 일부와 안성시 일죽면 일부가 양지군의 관할이었다.

양지는 1914년 군면 통폐합 때에 주동朱東, 주북朱北, 주서朱西 등 3개 면과 읍내면을 병합하여 하나의 면을 만들면서 읍내리의 '내' 자와 4개 면의 '사' 를 합하여 내사면이라는 이름으로 바뀌었다가 다시 옛 이름 양지로 환원되었다.

지금의 양지면사무소 담벼락에는 양지를 거쳐간 수령방백들의 영세불망비들이 남아 있어 이곳이 오랜 시절 양지의 중심지였음을 짐작케 할 따름이다.

『신증동국여지승람』에 실린 양지의 경계는 동쪽으로 이천부利川府 경계까지 12리, 남쪽으로 죽산현 경계까지 47리, 안성군 경계까지 81리,

서쪽으로 용인현龍仁縣 경계까지 17리, 북으로 광주 경계까지 40리이고, 서울까지 111리이다.

『세종실록지리지』에 기록되어 있는 그 당시의 호수는 346호, 인구는 609명, 군정은 시위군이 37명, 선군이 68명이었다.

양지의 진산은 정수산定水山으로 현에서 북쪽으로 2리 떨어진 곳에 있는데, 다른 이름으로는 대해大海라 한다. 양지면 대대리와 정수리에 걸쳐 있는 이 산은 동남쪽에 용화사가 있으며, 정상 주변에는 활석에 흰 점이 박힌 바위가 많이 있다. 서쪽 대대리로 흘러내린 한 줄기의 능선 가장자리에 현성전顯聖殿이라는 묘가 있는데, 이곳은 조선시대에 관우신장關羽神將을 모시고 제사하던 곳이었으나 지금은 폐허가 되고 말았다.

대개 사람의 머리 정문頂門을 '정수리' 또는 '쥐구멍'이라고 하듯이, 이곳에 있는 마을이 용인 내에서는 가장 높은 곳에 자리 잡고 있어 '하늘 아래 정수리'라고 부르다가 지금의 이름인 정수리가 되었다고도 하고, 또 다른 이야기로는 용인에서 제일 맑은 물이 나오는 곳이라서 지금의 이름인 정수산이 되었다고도 한다.

신화산神花山은 현의 동쪽 32리 되는 곳에 있고, 어은산御隱山은 현의 남쪽 7리에 있으며, 구봉산九峰山은 현의 남쪽 30리 지점에 있었는데 신화산과 구봉산은 보이지 않는다. 양지현의 북쪽에 정수산과 말치고개 등이 솟아 있고, 남쪽에 형제봉과 어두니 고개, 그리고 독조봉獨朝峯이 솟아 있다. 양지면 남곡리와 평창리, 원삼면 좌항리에 있는 독조봉은 독지봉 또는 독정봉이라고도 부르는데, 이 산은 높이가 420미터로 독사가 낳다고 하며, 용인 양지면 대대리와 광주 도척면 추곡리 경계에는 용화산(380.4미터)이 솟아 있다. 이곳 양지를 흐르던 내가 추계천秋溪川으로 그 발원지는 정수산이며, 어은산 앞을 지나 용인현의 금령천과 몸을 합쳐서 소천小川으로 들어가는 내였다.

이곳에 있던 역원은 두어 개쯤 되는데, 현의 40리 지점에 있던 승보원承寶院이나 산리원酸梨院은 지금 그 이름조차 찾을 수가 없다.

이곳 양지에 있던 성륜산聖輪山에는 쌍령사라는 절이 있었고, 신화산 밑에는 신림사가 있었으며, 구봉산에는 용암사가, 정수산에는 보해암이라는 암자가 있었다는데, 그 또한 사라진 지 오래이다.

양지면 양지리의 등촌마을에는 마을과 관련해 전해오는 이야기가 있다. 옛날 이 마을에 원님이 부임하여 올 때는 "내가 무엇을 잘못하였기에 이 산골로 귀양을 보내나" 하고 통곡하며 들어왔다가 막상 부임하여 몇 해를 지내다보면 장작불에 쌀밥을 먹을 정도로 풍족한 물산에다가, 살고 있는 사람들의 인심까지 좋아서 그 원님이 다른 곳으로 부임하러 갈 때는 섭섭한 마음에 다시 통곡하며 떠났다고 하여 이 마을을 '들 통곡 날 통곡' 이라고 하였다고 한다. 경기도 유형문화재 제23호로 지정되어 있는 양지향교는 중종 18년인 1523년에 창건되었고, 현재는 대성전과 명륜당 그리고 내삼문이 남아 있다.

양지면 남곡리의 골배마을은 천주교의 성인인 김대건이 어렸을 때 살았던 마을이고, 벌티 동남쪽 깊은 골짜기에 있는 은이마을은 160여 년 전에 천주교도들이 들어와 숨어 살았다는 곳이다.

또한 이곳 양지면 남곡리에는 용인 골프장이 있다. 51만 평에 27홀을 갖춘 이 골프장은 산이 병풍처럼 둘러싸고 나무가 울창하여 경치가 매우 아름다운 곳으로 소문이 자자하다. 2004년 가을 영남대로를 걸을 때 지역 주민들에게 들은 바로는 양지현이 자리 잡은 용인시에 30여 개의 골프장이 들어서는 바람에 나라 안에서 골프장이 가장 많은 곳이 되었다고 한다. 이렇게 골프장이 많이 들어선 것은 지방세를 많이 거두어들일 수 있기 때문이라고 하는데, 하나의 골프장에서 30억 원쯤의 세금이 들어오니 용인은 골프장에서 들어오는 세금만도 1천억 원에 육박할 것이라고 하였다.

나는 답사를 다니면서 우리나라 곳곳의 이름 있는 골프장 옆을 스쳐 지나가긴 했지만 한 번도 현대적 개념의 골프를 쳐본 적이 없다. 그러나 유년시절에 서양식 골프와 비슷한 것을 많이 쳤다. 첫 번째는 뒷간에서 큰일을 본 다음 처리하는 것이고 두 번째는 자치기인데 처음 것은 경쟁이 필요 없이 혼자서 하는 연습과 같다면 두 번째 자치기는 승자와 패자가 존재하는 골프라고 할 수 있다.

우리 집뿐만 아니라 대개의 시골집의 뒷간에는 재가 작은 산만큼 쌓여 있었다. 큰일을 해결하면 남는 것은 누런 황금 같은 똥이었다. 그 황금을 뒤에 있는 재를 끌어내 묻혀서 골프채가 아닌 작대기로 힘껏 치면 닿아야 할 곳에 닿기 전 도중 하차를 하고 만다. 멎으면 다시 치고 또다시 치고 서너 번에 걸쳐 치고 난 뒤에야 홀 컵이라고 부를 수 있는 알맞은 곳에 가닿는다. 그 골프 아닌 골프를 치면서, 나는 똥이 거름이 되어 밥이 되고 그 밥이 다시 똥이 되는 우주 순환의 원리를 배웠던 것이다.

그 다음이 자치기다. 편을 갈라서 한 편은 방어하고 다른 한 편은 공격하는 것이 자치기인데 윤이 번들번들 나는 막대기를 딱 하고 맞히면 그것이 공중에 날아오른다 하늘을 날아가는 막대기를 바라볼 때 느끼는 그 황홀감. 그 막대기가 어디쯤 떨어졌을까? 그때부터가 문제다. 그것은 수학의 미적분을 푸는 것보다 어렵다. 두 편의 아이들이 다 고민 아닌 고민에 빠진다. 저곳이 파인 구멍에서부터 몇 자쯤 될 것인가? 스무 자 혹은 서른 자 하고 부른 그대로 맞히면 점수가 되지만 맞히지 못하면 숫제 꽝이다. 천당과 지옥의 차이인 그 선택이 찰나에 이루어진다. 한 자, 두 자 세면서 그 지점에 가까이 가기까지 그 긴장감을 뭐라고 표현하랴. 그런데 전통적 의미에서의 그런 '골프'는 위험하고 고루한 것이라는 편견에 밀려 어느샌가 자치기 놀이는 사라지고 그 자리를 골프가 비집고 들어왔다. 내가 만나는 사람들 중 몇 사람만 빼고는 대다수가 만나면 골프 타령이다. 하지만 역사 속에서 대대로 이어져온 전통적 골프에 매료되었던 나는 현대식 골프에 그다지 흥미를 못 느낀다.

용화산 밑에 큰 터라는 뜻으로 한터 또는 대대라고 부른 대대리의 용화사 북쪽에 있는 높은 고개는 말치고개라고 부르며, 음달안 동북쪽 깊은 골짜기에 있는 마을은 미나지골 또는 면란지곡이라고 부른다. 미나지골 동남쪽에는 사기를 만들던 사기점이 있었고, 대대리에서 정수리로 넘어가는 고개를 중세고개 또는 정수고개라고 불렀다.

송문리의 물탕골에는 약물이 나오는 샘이 있었고, 주막거리는 옛날에 주막이 있었던 곳이다.

식금리의 가루쟁이는 식금리에서 가장 큰 마을로 용인, 광주, 이천으로 통하는 갈림길이 있었고, 가루쟁이 서남쪽에는 옛날에 놋그릇을 만들던 놋점이 있었다. 식금리에 갑자사화 때 죽은 박언의 묘가 있으며, 소일에서 정수리로 넘어가는 고개를 정수리 고개라고 부른다.

양지리에 있는 군량골은 임진왜란 때 군량을 쌓아두었던 곳이고, 양지리에 있는 둔덕인 금베틀은 고려가 망할 때 금베틀을 묻었다는 곳으로 이곳을 파면 천둥이 일고 비가 온다고 하여 지금도 가뭄이 심하면 마을 사람들이 이곳을 파헤쳐서 비가 오게끔 한다고 한다.

학촌이라고 부르는 황새말은 바위실 동북쪽에 있는 마을로 황새가 많이 내려앉았던 마을이며, 황새말에서 제일리로 넘어가는 마수고개는 샘물이 있어서 오가는 말과 소가 물을 마시고 쉬어가던 곳이다. 양지리에 있는 숫우물은 물이 많이 솟아나는데 여름에는 차고 겨울에는 따뜻해 빨래하기 좋다고 한다.

양지 읍내에 수여선(수원-여주 간) 협궤열차가 지나던 양지 정거장에는 현재 폐건축 자재가 산더미처럼 쌓여 있어서 그 옛날의 자취를 찾을 길이 없다. 제일리는 본래 양지군 주동면의 지역으로 마을이 두 내 사이가 되므로 개나리 또는 제일이라고 하였으며, 개나리 서북쪽에 있는 공세貢稅리는 공서울 또는 공서농으로 부르는데 예전에 세금을 거두어 모아두던 창고가 있었던 곳이다. 선유대仙遊臺는 제일리에 있는 버덩으로 옛날 신선이 노닐던 곳이라 하고, 주북리 고래실에서 양지리로 넘어가는 고개가 양지고개이다.

원삼면 목신리는 본래 양지군 목악면의 지역으로 구봉말에 미륵이 하나 있는데 그 미륵에 얽힌 사연이 재미있다. 언청이 미륵이라고 불리는 이 미륵은 높이가 1.64미터에 가슴둘레가 2.30미터로, 아들을 못 낳는 여자가 코를 떼어다 먹으면 득남한다는 대부분의 미륵과 달리 특이하게도 아이 밴 처녀가 이 미륵의 코를 먹으면 애가 떨어진다고 하여 자주 떼어가서 코가 움푹하게 들어갔다고 한다. 해마다 음력 10월 10일이 되면 마을에서 서 말 서 되의 쌀떡을 만들고 술을 빚어서 정성스럽게 이 미륵에 제사를 지낸다.

추계리는 추씨가 많이 살았으므로 추계리라고 부르는데, 추계리의 금

남곡천 다리 양지에서 용인으로 가는 옛길인 영남대로 상에 있는 남곡천에는 옛 다리와 새 다리 세 개가 연이어 놓여 있다.

박산 밑에는 금박산 골짜기가 있고, 내 건너 쪽에는 물건너산이라는 이름의 산이 있다.

평창과 도창을 합해서 이름 지은 평창리에서 가장 큰 마을은 벌판이 넓기 때문에 벌말이라 부르고, 무수막산에는 옻 오른 데 효험이 있다는 약물 터인 옻물이 있다. 평창리와 제일리에 펼쳐져 있는 들이 평창들이고, 용구리에 있는 들을 용구릿들이라 부르며, 용구리에서 도창으로 넘어가는 고개를 용구릿고개라고 하였다.

백암면 백봉리는 원래 양지군 고안면 지역으로 새터말 맞은편에는 대궐이 있었다고 해서 대궐터라는 마을이 있고, 샘들고개는 갓골에서 새터말로 넘어가는 고개이다.

갓골 북쪽에 있는 마을은 잣나무가 많아서 잣나무골이고, 잣나무 서쪽에 있는 고개는 숫돌이 많이 나서 숫돌고개라고 부른다.

양지에서 용인으로 가는 옛길 영남대로 상의 남곡천에는 옛 다리와 현대식 새 다리 세 개가 함께 놓여 있어서 세월의 흐름 속에 사라지고 생겨나는 것이 무엇인지를 눈으로 확인하게 한다. 이곳을 다녀간 최숙정崔淑精은 다음과 같은 시를 남겼다.

소조한 닭과 개는 십여 집이로구나. 땅은 궁벽하고 사람은 드물어 고요하여 시끄럽지 않다. 이로부터 성군 조정에 약한 정사가 없으니, 날이 긴 영각에 아침 아참(아전들의 아침 출근)이 늦도다.

양지는 현재 수원, 안성, 인천 등과 영서지방을 이어주는 교통의 요지로 늘 자동차들이 밀리는 현장으로 변모하였다.

전위

경기 평택 진위

五장

남양만을 통해 서울로 세곡을 운반하던 고을

진위의 행정구역은 경기도 평택시 진위면이다. 본래 고구려의 부산현
釜山縣(옛 연달부곡인데, 혹 금산金山이라 하기도 하고, 송촌활달松村活達이라
하기도 함)이었다. 신라 경덕왕이 지금의 이름으로 고쳐서 수성군水城郡
의 속현으로 만들었고, 고려시대에도 그대로 두었다. 1172년(고려 명종
2)에 감무를 두었고, 그 뒤에 현령으로 승격시켰다. 1398년(태조 7)에 충
청도 관할에서 경기도로 이속시켰고, 1895년(고종 32)에 진위군이 되었
다. 1914년에 수원군의 일부와 평택군을 병합하였다가 1924년 평택군
으로 개칭하면서 평택군에 소속되었다.

『신증동국여지승람』에 의하면 진위가 현이었던 당시에는 동쪽으로
양성현 경계까지 13리, 남쪽은 충청도 직산현 경계까지 37리, 서편으로
수원부水原府 경계까지 12리, 북쪽으로 용인현龍仁縣 경계까지 33리이고,

진위천 이동면과 기흥면의
경계에 있는 부아산負兒山
에서 발원하여 진위에 접어
들어 진위평야를 만들고서
충청남도 아산시 둔포면과
영인면의 경계를 거쳐 아산
호로 흘러 들어간다.

서울과는 118리의 거리였다.

진위, 송탄, 고덕, 병남, 청북, 포승, 현덕, 오성, 부용, 서면 등 11개 면을 관할하였던 진위의 진산은 부산釜山으로 현의 동쪽 2리 지점에 있었다. 장호천변의 북쪽에 자리 잡고 부산을 등지고 있는 진위는 남쪽에 해창海倉이 있어 남양만을 통하여 서울로 세곡을 운반하던 곳이다.

진위면 동천리에 있는 무봉산舞鳳山은 마치 봉황이 춤을 추는 것 같다고 하여 붙여진 이름이다. 소나무가 울창한 경치 좋은 산으로 봄에는 진달래가, 가을에는 단풍이 아름답다. 무봉산 정상에 오르면 사방으로 펼쳐진 넓은 평야와 멀리 서해가 한눈에 보이는데, 이 산 아래 동쪽에 만기사萬奇寺라는 절이 있다. 이 절은 942년(고려 태조 25)에 남대사南大師라는 사람이 창건하였으며 조선 세조 때 왕명으로 중수하였다. 그 뒤 퇴락한 채 명맥만 이어오다가 1972년 주지인 혜송慧松이 대웅전, 삼성각, 요사채 등을 중수하였다. 그러나 1980년에 일어난 불로 요사채가 전소되자 그해에 확장·중수하였다. 정면 4칸에 측면 2칸의 대웅전에는 보물 제567호로 지정된 철조여래좌상을 비롯, 후불탱화와 신중탱화 등이 봉안되어 있다.

만기사의 철조여래좌상은 높이가 1.43미터인데 개금불사를 하면서 불상 전체에 두껍게 칠을 하여 세부 모습을 뚜렷하게 볼 수 없으며 오른손과 왼쪽 손목 이하는 새로 주조한 것이다. 약간 긴 얼굴은 눈을 반쯤 뜨고 있는데, 널찍한 코에 인중은 짧고 턱도 짧은 편으로 양감이 풍부하지만 무표정한 인상을 준다. 두 귀도 넓적하고 얼굴에 비해 크게 표현되는 등 전체적으로 경직된 느낌이다. 목에는 좁은 간격으로 삼도三道를 표현하였으나 두꺼운 칠 때문에 각선刻線이 분명하지 않다.

손 모양은 오른손을 무릎에 대어 항마촉지인降魔觸地印을 하였고, 왼손은 길상좌吉祥坐를 한 오른쪽 발 위에 대고 엄지와 장지를 맞대고 있다. 전체적으로 안정된 자세와 균형 있는 불신을 보이고 있지만 얼굴에 긴장감이 결여되고 신체에 탄력성이 없는 편이다. 고려 초기에 제작된 다른 불상보다 격이 떨어진다.

만기사에는 어정御井이라고 부르는 우물이 있다. 세조가 이곳을 지나다가 물을 마시게 되었는데, 물맛이 특이하므로 샘 이름을 감로천甘露泉이라고 명명하였고, 후세의 사람들이 세조가 마신 물이라고 하여 그 물을 어정수라고 부르게 되었다.

한편 이산 동천리에는 동천리 은행나무라고 불리는 오래 된 은행나무 한 그루가 있다. 높이가 25미터이고 넓이가 20미터, 둘레가 9미터인 이 은행나무의 나이는 약 650여 년쯤 되는데, 100여 년 전부터 음력 정월 보름에 백로와 왜가리 100여 마리가 찾아와 살며 새끼를 길러서 돌아간다. 그런데 이상하게도 그 새들이 오고 가는 것이 해마다 일정하다고 한다. 또한 가을에 단풍이 하루, 이틀에 걸쳐 똑같이 들면 그 다음 해에 풍년이 되고, 여러 날에 걸쳐 들면 그 다음 해에 흉년이 된다는 말이 전해온다.

봉남리에 있는 옥거리는 읍내 동쪽에 있다 하여 동부 마을로 불리는데 그곳에 진위군의 감옥이 있었다. 진위면 봉남리 267번지에 있는 진위향교는 조선 초기에 창건되었는데, 자세한 기록은 별로 없지만 그 터가 풍수지리상 신묘한 곳이라고 한다. 현존하는 건물은 6칸의 대성전과 6칸의 명륜당 그리고 외삼문과 서재西齋 등인데, 경기도 문화재자료 제40호로 지정되어 있다. 하지만 진위향교 역시 다른 지역의 향교처럼 옛날의 활기는 찾을 길이 없다.

진위향교 조선 초기에 창건된 진위향교는 경기도 문화재자료 제40호로 지정되어 있는데, 진위향교가
자리 잡은 터는 오늘날까지도 풍수지리상으로 주목받는 곳이라고 한다.

당시에는 진위 앞을 흐르는 냇가를 장호천長好川이라 불렀는데 그것은 진위현에 장호원長好院이라는 원이 있었기 때문이다. 현재 모든 기록에는 진위천으로 기록되어 있으며 진위의 남쪽에 있다. 진위천의 발원지는 두 곳으로, 하나는 용인의 속현으로 되어 있던 처인 동쪽이고, 다른 하나는 옛 양지현 서쪽이다. 이 두 곳에서 나와서 합류한다. 당시에는 객관 남쪽을 지나 다시 서쪽으로 흘러 수원부 다라고비진多羅高飛津으로 들어갔다.

장호원 터에 얽힌 이야기 한 편이 있다. 세종 때 진위현령과 양성현감이 고불古佛 맹사성孟思誠 정승이 고향 온양으로 간다는 소식을 듣고서 그를 영접하기 위해 이곳에서 기다리고 있었다. 그런데 어떤 초라한 늙은이가 소를 타고 시동이 고삐를 잡고 오는 것이 보였다. 그들은 촌 늙은이가 관행 길을 먼저 지나가는 것이 괘씸하여 하인을 시켜 못 오게 히였다. 그러자 그 늙은이는 시동을 시켜서 두 현의 원님에게 "내가 바로 온양 맹 고불이다"라고 전하게 했다. 그러자 두 사람이 어찌나 놀랐던지 달아나다가 도장[印]을 깊은 못에 빠뜨리고 말았다. 그때부터 그 못을 도장을 빠뜨린 못이라 하여 인 빠진 못 또는 인침연이라고 부른다고 한다.

조선의 개국공신 하륜이 지은 「객관 중수기」에는 다음과 같은 글이 실려 있다.

진위는 한길 옆이어서, 노력과 비용이 다른 고을보다 갑절이나 든다. 원이 된 자가 진실로 마음을 지극히 쓰지 아니하면, 민생을 편하게 하여 사공을 이룰 수 없다. 내가 전에 전라도 관찰사로 가던 날에 이 고을을 지나게 되어 객사에 유숙하였다. 터가 낮고 습하며, 기둥과 서까래가 썩고 위태한 것이 거의 반이나 되었다. 밤에 비가 왔는데, 밑으로 젖어들고 위로는 샐까 염려되어 누워서 잠들 수 없었다. 날이 밝아 떠날 참에 늙은 아전 두어 사람이 문 밖까지 전송하였다. 내가, 객사가 어찌해서 이 지경에 이르렀는가를 물었더니, 대답하기를, "30, 40년 이래로 고을에 사고가 많아서 백성이 살 수 없었고, 더구나 우리 고을은 남북으로 통하는 큰 길이므로, 사신과 빈객의 행차가 잇달아서 영접·전송하고 공궤하느라고 넉넉하지 못함을 염려하는데, 관사 수리까지 어찌 바라겠습니까. 우리가 진실로 몸둘 곳이 없습니다"라고 하였다. 나는 그 말을 듣고 한참 동안 민망해하다가 떠났는데, 손꼽아보니 지금 벌써 6년이나 되었다.

서거정이 지은 「기문」에는 이렇게 기록되어 있다.

진위는 작은 고을로서 3도의 요충이 되는 지점에 위치하였다. 사신과 빈객들의 왕래로 말발굽과 수레바퀴가 서로 엇갈렸다. 빈한한 백성과 궁핍한 아전이 번거로운 영접과 전송에 곤란을 받고, 수령된 자는 대접하기에 고달픈데, 또 무슨 다른 일을 할 겨를이 있으랴? 객관이 비좁고 협소하여도 우물쭈물하기만 할 뿐 수리하지 않은 지가 여러 해 되었다.

이처럼 궁핍하고 빈한한 고을 진위에서 진위민란이 일어난 것은 1217년(고종 4)이었다. 1216년 몽골에 쫓긴 거란족이 압록강을 건너 고려를 침략하여 황해도 지방에까지 이르렀다. 이 사건으로 나라가 소란해지자 1217년 진위현의 영동정令同正 이장대李將大, 직장동정直長同正 이당필李唐必, 별장동정別將同正 김례金禮 등이 무리를 불러모아 현령부인縣令符印

을 겁탈하고 창고를 열어 촌민에게 나누어주었다. 그리하여 굶주린 농민들을 규합하는 한편, 이웃 군에 통첩을 보내어 정국병마사靖國兵馬使라 하고 군대를 의병이라 하였다. 그들은 종덕宗德, 하양河陽 두 창고를 풀어 군사를 먹이면서 광주廣州를 침범하려 하였다.

이에 조정에서는 낭장郎將 권득재權得材, 산원散員 김광계金光啓 등을 보내어 안찰사 최박崔博과 함께 광주·수주水州의 군대로 이들을 쳤으나 진압하지 못했다. 그리하여 다시 충청도, 양주도楊洲道의 군대를 징발하여 겨우 난을 진압했다.

이 난은 불평 관료층인 동정직同正職을 지닌 산관散官들이 생활이 피폐한 농민들을 이용하여 일으킨 대규모의 민란이라 할 수 있다. 비록 눈앞의 탐관오리를 척결하고 재산을 약탈하는 데 그쳐 보다 근본적인 해결을 요구하는 데까지는 이르지 못했지만, 그들의 뭉친 힘을 과시함으로써, 일시적이나마 조세 감면, 탐관오리 척결 등 농민들을 위한 시책을 실시하게 만들었다.

한편 그 당시 진위군 관할이었던 포승면 원정리에는 수도사라는 절이 있었는데 창건 연대가 분명하지 않은 이 절에 원효대사와 의상대사에 대한 전설이 서려 있다. 650년(진덕여왕 4)에 원효와 의상 두 스님이 불교를 공부하기 위해 당나라로 가는 길에 배를 기다리며 이 절에서 하룻밤을 묵었다. 원효대사가 밤중에 목이 말라 절 뒤로 가서 그릇에 담긴 물을 마시니 시원하기가 이를 데 없었다. 그런데 아침에 깨어보니 그 물이 남겨 있던 그릇이 해골바가지였다. 그 해골과 해골에 남아 있는 물을 바라보자 메스꺼움이 밀려와 구역질을 하다 문득 생각하니, 그렇게 맛있게 먹었던 물이 구역질 나는 물로 변하는 것처럼 세상의 모든 것들은 마음먹기에 달려 있음을 깨닫게 되었다. 깨달음을 얻은 원효대사는 곧바로 집으로 돌아왔고, 의상대사만 당나라로 가 공부를 계속한 뒤 영주 부석사를 비롯한 화엄십찰을 세웠다.

평택시 현덕면 덕목리의 광덕산에는 심복사深福寺라는 절이 있다. 이 절 능인전 안에 모셔진 불상은 1549년(명종 4)에 파주 문산포에 사는 천을문千乙文이라는 어부가 배를 타고 아산만까지 와서 고기를 잡다가 그물에 걸려 건져올린 것이라고 한다. 그가 그 부처를 공손히 모셨더니 그날 밤 꿈에 돌부처가 나타나 현몽하기를 "내가 있을 곳은 심복사이니라. 파손된 뱃조각을 거두어 절을 지을 때 임자 없는 검은 소 세 마리를 끌어다가 부리도록 하라"고 해서 그 말대로 하였다. 그 뒤 그 부처님이 아주 영험하여 나라에 불행한 일이 일어날 때마다 아랫도리에서 많은 땀이 흐른다고 한다. 그 불상은 보물 제565호로 지정되어 있다.

진위면 은산리 텃골 뒤에 조선을 건국하는 데 일등공신이며 빼어난 문장가이자 혁명가인 삼봉三峯 정도전의 묘와 봉화 정씨 정도전을 모신 정씨사당鄭氏祠堂이 있다.

역사의 시대적 소명에 따라 뛰어난 역할을 담당했으면서도 비운으로 인생을 마감한 사람들 가운데 한 사람이 정도전이다. 바람 앞에 촛불 같던 고려 말에 태어나 조선 건국에 절대적 공헌을 했던 정도전은 대다수의 사람들에게 반란을 꾀하다가 발각되어 생애를 마감한 인물로 알려져 있다.

『태조실록』의 「정도전졸기」에는 "(정도전은) 도량이 좁기 때문에 남을 시기하고 겁이 많았다. 자기보다 나은 사람이 있으면 꼭 해치려 하고, 옛날에 품었던 감정이 있으면 기어코 보복하려 하였으며, 언제나 임금에

게 권하기를 사람을 죽여서
위엄을 세우자고 하였다. 하
지만 임금이 다 듣지 않았
다"라고 기록되어 있다. 또
한 광해군 때 『홍길동전』을
지은 허균이 역모죄로 체포
되었는데, 그가 정도전의 시
를 좋아했던 것이 역모의 증
거로 채택되기도 했다.

 역사의 시대
적 소명에 따라 뛰어난 역할
을 했음에도 후세에 반란의
주동자로 기억되는 정도전
의 묘는 진위면 은산리 텃골
뒤에 위치해 있다.

영조·정조 때 정도전을 재평가하는 움직임이 일면서 정조는 정도전
의 문집이었던 『삼봉집』을 다시 간행하여 탐독하였고, 경복궁 설계이
공을 인정한 대원군 대에 와서야 복권될 수 있었다.

조선의 건국을 반대했던 정몽주는 충신의 표상으로 뭇사람들에게 귀
감이 된 반면 조선 건국의 초석을 놓았던 정도전은 모반을 꾀하다 죽은
역신으로 알려져 그에게는 시호도 내려지지 않았고, 그가 어느 해에 출
생했는지 기록조차 남아 있지 않다.

정도전이 청장년의 시기를 맞았던 고려 말기는 밖으로는 왜구와 홍건
적의 침입으로 어수선하였고, 안으로는 명문귀족의 횡포로 정치기강이
무너지고 민생은 도탄에 빠져 있었다. 『고려사』에 "재상마다 원수로 자
칭하였고 백성치고 한 사람이라도 그들에 속하지 않은 자가 없었다"고
할 만큼 어지러운 시기에 9년 동안 겪은 시련에 찬 유배·유랑 생활은
정도전으로 하여금 나라를 사랑하고 백성들을 위하는 길이 무엇인가를
깨닫게 했으며, 역성혁명운동은 그러한 개혁의지에서 비롯된 것이었다.

그에게 조선 건국은 단순한 정치적 실천운동으로서만 의미가 있는 것이 아니라, 그것을 이론적으로 뒷받침하고 정착시켜 제도상으로 조선 왕조의 초석을 놓았다는 중요한 의미가 있다. 조선 개국을 끝까지 반대했던 목은 이색은 정도전에 대해 "벼슬에 나가면 해야 할 일은 반드시 하고, 어떤 일을 당해서도 회피할 줄 몰랐으니 옛날의 군자 중에도 정도전과 같은 사람은 많지 않다. 하물며 지금 사람이야 말할 것이 있겠는가. 이것이 내가 그를 존경하는 까닭이다"라고 평했다.

이성계는 왕위에 오른 뒤 술이 취할 때마다 "삼봉이 아니었으면 내가 오늘 이 자리에 오를 수 있었겠는가" 하며 정도전의 공을 치하했지만, 그의 아들 이방원에게는 제거해야 할 정적일 뿐이었다. 그나마 다행인 것은 태조 이성계는 그를 끝까지 신뢰해서 공민왕의 배반으로 비참한 최후를 맞은 신돈이나 중종에게 버림을 받고 사약을 마신 조광조 같은 경우는 면했다는 정도일 것이다.

조선 초의 학자였던 권근은 『삼봉선생진찬』에서 "정도전이야말로 이단을 배척해서 우리 도의 정대함을 밝히고, 정의에 입각해서 일어나는 나라의 운을 도와 문장이 영구히 썩지 않고, 감화가 끝없이 흡족하니, 진정 나라의 중신이고, 후학의 스승이로다"라고 하였다.

신숙주도 "개국 초기에 실시된 큰 정책은 다 선생이 구상한 것으로 당시 영웅호걸이 일시에 일어나 구름이 용을 따르듯 하였으나 선생과 더불어 견줄 자가 없었다"고 정도전을 평하였다.

또한 역사학자 한영우는 「정도전의 정치개혁 사상」이란 논문에서 "백성이 나라의 근본이므로 모든 문제를 백성의 입장에서 풀어가야 하고, 백성을 위하고, 백성을 사랑하고, 백성을 존중하고, 백성을 보호하고, 백성을 기르고, 백성을 편안하게 해야 한다는 것이다. 이러한 민본 사상은 그의 개혁사상의 기저이자 출발점을 이루는 것으로서 민본정신의 정치적 구현이 그의 정치사상으로 전개되었다"라며 조정암, 이율곡으로 이어져온 정도전의 민본정신을 높이 평가하였다. 하지만 그렇게 한 시대에 빼어난 인물 정도전은 비참하게 생을 마감한 채 진위면 텃골에 누워 가끔씩 찾아오는 후학들을 맞고 있을 뿐이다.

충남 금산 진산 — 대둔산 자락, 아늑한 분지에 자리 잡은 고을

충남 논산 연산 — 계백 장군과 태조 왕건의 격전장

충남 논산 은진 — 강경포구로 조선의 3대 시장중 하나가 되다

충남 보령 남포 — 뱃길이 편리하고 난리를 피하기에 적당했던 고을

충남 부여 석성 — 돌로 쌓은 성이 즐비한 군사·교통의 요지

충남 부여 임천 — 백제의 혼과 한이 서려 있는 고을

충남 서천 한산 — 피를 베어 짠 모시가 어쩌 이리 곱고 희냐

충남 아산 신창 — 도고온천과 청백리 맹사성의 고을

충남 천안 직산 — 경기에서 호서로 들어오는 첫 관문

2부
충청
남도

珍山

충남 금산 진산

一 장

대둔산 자락, 아늑한 분지에 자리 잡은 고을

지금은 충청남도 금산군에 딸린 면인 진산은 조선시대에는 군이었다. 본래는 백제의 진동현珍同縣이었는데, 신라 경덕왕 때에 와서 전라도에 소속된 황산군의 영현이 되었다. 고려시대에는 진례현에 속했고, 공양왕 2년에는 고산 감무를 겸임하여 두었다. 1393년(조선 태조 2)에 왕의 태胎를 관내 만인산에 봉안하였기 때문에 지진주사로 승격되었다가, 1413년(태종 13)에 지금의 군으로 고쳤다. 1895년에 공주에 속하였다가 이듬해에 전라북도로 속하였고, 1914년에 금산군에 병합되었다.

옛 진동의 치소는 백제가 탄현을 지키기 위하여 설치하였던 것으로 고려 때 현 위치로 옮겼고, 서쪽의 배티에서는 임진왜란 때 치열한 전투가 벌이지기도 했다.

충청남도 기념물 제122호로 지정되어 있는 진산향교는 조선 초기에 창건되었는데 1684년에 비호산 아래에 중건하였으며, 현존하는 건물은 대성전·명륜당·전교살 등이 있다.

『신증동국여지승람』에 의하면 조선시대 진산군의 경계는 동으로 충청도 옥천군沃川郡 경계까지 41리, 금산군 경계까지 36리, 남으로 금산군 경계까지 16리, 서쪽으로 전주부 경계까지 8리, 북으로 충청도 공주公州 유성현儒城縣 경계까지 39리, 충청도 진잠현鎭岑縣 경계까지 39리인데, 서울에서 449리 떨어져 있다.

『신증동국여지승람』 진산군의 「풍속조」에는, "순후한 풍이 있고, 경박한 습속은 없다"라고 기록되어 있으며, 「산천조」에는 "대둔산은 군의 서쪽 10리에 있는데, 진산이다. 고산현 편에도 있다. 서대사西臺寺는 서대산西臺山에 있다. 옛날에는 상·중·하 세 개의 서대가 있었는데, 중서대사는 지금 없어졌다. 봉서사鳳棲寺는 만인산萬仞山에 있다. 미륵사彌勒寺는 천비산에 있다. 대둔사는 대둔산에 있다"고 기록되어 있다.

진산군의 제영을 두고 조선 중기의 문신인 조박趙璞은 "구름사다리 길 다한 곳에 촌락이 열렸고, 태실봉胎室峯이 높으니 군명을 고치었네" 하였고, 조선 초기의 문신 윤향尹向은 "푸른 봉우리는 누각을 두르고, 구름은 들보에서 일어나니, 푸른 나무는 처마 밑에 낮고 바람은 기둥에 찼네"라고 묘사하였다.

본래 진산군 북쪽이라서 북면이다가 지금은 금산군 복수면이 된 복수면 곡남리 뒤에 위치한 끝내미는 외따로 골짜기 가운데에 서 있는 산으로, 버드내가 태극을 이루어서 경치가 매우 아름다운 곳이다. 은내 서쪽에 있는 마을인 수심대水心臺는 버드내가 마을을 돌아 흐르는 곳에 있는 수심대라는 바위에서 따온 이름이다. 수심대라는 석 자가 송시열의 글씨로 새겨져 있으며 바로 그 옆에 중봉 조헌趙憲의 위패를 모신 사당이 있다.

은내 서쪽에는 연흥燕興이라는 마을이 있는데 뒷산에 뒷산에 제비집을 닮은 연소형燕巢形의 명당이 있다고 하며, 은내 서쪽에는 각시바위와 신랑바위가 있다.

구리가 많이 나므로 구례리라는 이름이 붙은 구례리 적기말에서 백암리 배미로 넘어가는 고개가 비애미재이고, 적기말에서 대덕구 산내면 어남리로 넘어가는 고개가 산막재이며, 절골에서 진산면 막현리로 넘어가는 고개가 졸골재이다.

지형이 목처럼 생기고, 소가 있으므로 목소라 지어진 목소리의 가랑이 마을은 옛날에 고高씨들이 번성했다는 마을이고, 목소리에서 대덕구 산내면 어남리로 넘어가는 고갯길은 하도 험해서 말이 굴렀다는 말구리재이다.

원목소 서쪽에 있는 지소마을에는 종이를 만드는 지소紙所가 있었다고 하고, 원목소 북쪽 개울가에는 커다란 바위가 두 조각으로 쪼개져 있는 바위가 있다.

지형이 비암(뱀)처럼 생겼으므로 비애미 또는 백암이라 부른 백암리 분동에서 진산면 지방리 산직촌으로 넘어가는 고개가 개티이고, 백암리에서 대덕구 산내면 어남리 느내미로 넘어가는 고개가 느내미재이다. 산이 유독 많은 곳이라 고개들도 많은데, 신대리 맨산이 서북쪽에 있는 앞재는 대덕구 기성면 장안리 용암으로 넘어가는 고개이고, 앞재에서 대덕구 기성면 신직티로 넘어가는 고개가 우갱이재이다.

문암 어귀에 말발굽처럼 생긴 자국이 남아 있는 바위는 옛날에 장수가 이곳에서 말을 달렸다는 장수바위이고, 용진리의 용진에서 추부면 마전리로 넘어가는 고개가 수리미재이다.

땅의 생김새가 지렁이처럼 생겼으므로 지랑이 또는 지량이라고 부른 지량리의 동쪽에 있던 미륵사는 1964년에 소실되었고, 구만리에서 대전시로 넘어가는 횟고개는 백회가 많이 난다고 해서 지어진 이름이다.

진산군의 읍내면 지역이었던 진산면 교촌리에 진산향교가 있고, 지형이 뒤주처럼 생겼다는 두지리 두지골 동쪽에 다릿골이라는 마을이 있다. 이 마을 앞에 다리가 있고 뒤에 덤박산이라는 산이 있는데, 예전부터 가구수가 14호 이내라야 잘살고, 15호가 되면 마을에 불상사가 난다는 말이 전해온다. 그런 이유로 14호만 살고 있는데, 이를 풀이해보면 달이 열닷새 보름이 지나면 기우는 이치와 같다고 한다.

다릿골에서 행정리로 넘어가는 고개가 방고개이고, 긴 밭이 있어 진밭들이라고 부른 진밭들 북쪽 골짜기에 있는 윙골마을은 지형이 우묵하게 생겨서 지어진 이름이다.

막티미산 밑에 자리 잡은 마근대미는 아랫매케미 서쪽에 있는 마을로 지형이 아늑해서 바람을 막아주고, 장안재는 대덕구 기성면 장안리로 넘어가는 고개이며, 하막현리에서 기성면 장안리 질울로 넘어가는 고개가 질울재이다.

만약리의 놋종골은 괸돌 서북쪽에 있는 마을로 놋그릇점이 있었던 곳이고, 태석동에서 금성면 상가리로 넘어가는 고개를 소라니고개라고 부른다.

조선시대에 먹을 만들던 곳이 있어 먹미 또는 멍미묵산이라 부른 묵산리에는 권율 장군의 대첩비가 있는데, 1944년에 일본인들이 파괴한 것을 1963년 12월에 다시 세웠다. 을음실乙音谷 동쪽에 있는 마을로 앞에 서낭당이 있어서 당디로 불리는 당디마을 뒤에는 바람이 몹시 세게 분다는 바람산이 있고, 바람산 밑에 있는 들을 바람산들이라고 부른다. 묵산리에서 완주군 운주면 산북리로 넘어가는 고개가 배티재이다. 배티재는 선조 25년인 1592년 임진왜란 때 금산에서 조헌과 고제봉 등 700명의 군사들이 전사한 뒤를 이어 권율 장군이 각처에서 의병을 모아 경상도와 전라도를 휩쓸고 올라오는 왜병들을 섬멸했던 곳이다.

부암리浮岩里는 뜬바위가 있어서 지어진 이름인데, 부암 동쪽에 있는 뜬바위는 큰 바위 위에 작은 바위가 얹혀져 있어서 긴 실을 마주잡고 바위 틈에 넣으면 그 실이 거침없이 빠져나간다고 한다. 예전에 물길을 내느라고 그 바위를 부숴버렸더니 그 뒤부터 마을에 상서롭지 못한 일이 잇달아 일어나서 마을 사람들이 원래대로 다시 만들어놓자 그런 일이 사라졌다고 한다. 세 갈래 길이 있으므로 삼가리라고 이름 지은 섬가리의 방각골에서 부암리 목골로 넘어가는 고개는 다랭이 논이 많아서 다랑챙이고개라고 부르고, 삼가리 남쪽에 있는 청징연淸澄淵은 그 깊이를 알 수 없을 만큼 물이 맑고 깊어서 용이 살고 있다고 하여 가뭄이 심할 때면 기우제를 지냈던 곳인데, 현재는 메워져서 깊이가 한 길밖에 되지 않는다.

돌이 많아 돌매기 또는 석막이라는 이름을 가진 돌매기 동쪽에는 아들바위가 있는데, 바위에 구멍이 뚫려 있어서 임신한 여자들이 막대기를 어림잡아 잘라가지고 와서 이 구멍에 넣었을 때 막대 길이와 구멍의 길이가 똑같으면 아들을 낳는다는 이야기가 전해진다. 뱃속의 아기가 아들인지 딸인지 궁금했던 것은 예나 지금이나 다를 게 없는 듯하다.

석막리에서 오항리 춘경동으로 넘어가는 고개를 채덕바우재라고 부르는데, 채덕바우는 채덕바우재 맨 꼭대기에 있는 바위다. 이 바위에 불빛이 비치면 그 빛이 반사되어 화재가 난다고 하므로 이 바위에 불빛이 못 비치도록 주위에 나무를 심어서 숲이 매우 무성하다. 그런데 채덕바우 밑에 소금을 묻으면 그런 화가 사라진다는 어떤 스님의 말을 듣고 소금단지를 묻은 뒤로 마을에 화재가 일어나지 않는다고 한다.

엄나무 정자가 있어서 엄정리라고 이름 지은 엄정리의 상엄정에서 금성면 화림리 월곡으로 넘어가는 고개는 월봉산 밑에 있으므로 월봉재라고 부르고, 상엄정에서 금성면 상가리 순목으로 넘어가는 고개를 순목재라고 부른다.

지형이 오목하게 생겨서 이름 붙여진 오항리의 바깥이랑골은 이랑골 바깥쪽에 있는 마을이고, 원 오항동 서남쪽에 있는 봄가리골은 춘경동이라고도 부르는데 지대가 높고 기후가 차서 봄갈이를 주로 한다고 한다. 원 오항동 동쪽에 있는 열두 봉 산줄기에 열두봉재가 있고, 오항리에서 석막리로 넘어가는 고개는 비들목재라고 한다.

진산군 군청이 있으므로 읍내라고 부른 읍내리의 성산에는 길이가 2킬로미터에 높이가 4미터 되는 석성이 있는데, 이 성은 백제 제13대 임금인 근초고왕 때 쌓았다고 한다.

암석골에 있는 바위인 장수바위는 옛날에 어떤 장수가 산 위에서 던졌다는 바위이고, 당산재는 읍내에서 부암리로 넘어가는 고개로 산제당이 있다.

행정리는 본래 살구나무 정자가 있으므로 살구정이(살구쟁이) 또는 행정이라 불렀다. 이곳 행정에서 두지리 다릿골로 넘어가는 고개가 밤고개이고, 청림골에서 북산리로 넘어가는 고개가 비고개이다. 푸른 숲이

멀리 보이는 대둔산 잉어바우, 선녀림, 뚝성내 등 독특한 모양과 이름을 가진 바위들이 많은 대둔산은 두부침식에 의한 기암괴석으로 유명하다.

많이 우거져서 이름 붙여진 청림골 서남쪽 대둔산에는 상여처럼 생긴 상여바우가 있고, 살구쟁이 남쪽 대둔산에는 선녀들이 춤을 추고 놀았다는 선녀암이 있다. 대둔산 중턱에는 중이 염불을 외우는 듯한 독경대가 있고, 살구쟁이 남쪽에는 예전에 용이 바위에서 나와 하늘로 올라갔다는 용바위가 있다.

살구쟁이 남쪽에는 원효대사가 도를 닦았다는 원효암이 있다. 금남정맥의 줄기가 전라도 땅에 그 맥을 떨구면서 가까이는 금산, 멀리는 김제와 만경평야를 굽어보며 솟구쳐 천하의 절승을 이룬 곳이 대둔산이다.

대둔산 동쪽 중복에 자리한 태고사太古寺는 금산 땅에 들어 있는데 절 뒤에 의상봉·관음봉·문수대 등의 기봉들이 절묘하고, 옆에는 오대산이, 앞에는 운치 있는 향로봉이 솟아 그야말로 명당이다. 전면은 금산벌을 넘어 천황봉이 아득히 마주 보인다. 전국 12승지의 하나인 태고사를 발견한 원효대사가 하도 기뻐서 사흘 동안 춤을 덩실덩실 추었다고 전해지며, 만해 한용운은 이 절을 두고 "대둔산 태고사를 보지 않고 천하의 승지를 논하지 말라"라고 하였다고 하나 그 외에는 내세울 만한 자랑거리를 별로 찾아볼 수 없다. 그나마 절 아래 150미터쯤 되는 곳의 석문에 우암 송시열이 한때 머물며 수학했다는 흔적이 남아 있어 단조로움을 덜어준다. 석문은 한 사람이 드나들 정도의 바위틈으로 '석문'이라는 송시열의 글씨가 왼쪽 바위 면에 새겨져 있는데, 이 바위문을 지나가면 불로장생한다는 설화가 전해온다.

태고사는 신라 신문왕 때 원효대사가 창건하고 고려 말 보우 태고국사가 2창, 조선 중엽 진묵스님이 3창하여 내려오다가 한국전쟁 때 전소된 것을 이 절에서 30년 동안 주석한 김도호 주지가 온갖 고생을 무릅쓰고 최근에야 법당인 무량수전과 요사채를 준공하였다. 또한 이 절에는 높이가 215센티미터, 너비 104센티미터에 이르는 태고사사적비가 있다.

진산군 동쪽에 있으므로 동일면이라 부르다가 추부면이 된 추부면 마전리 미사기는 마전 북쪽에 있는 마을로 '매화꽃이 땅에 떨어진 형국'이라는 매화낙지형의 명당이 있다고 하며, 위진도리에서 복수면 용진리로 넘어가는 고개가 수리너머고개이다.

추부면 비례리에 있는 꼬부랑재는 골말에서 대전시 산내면 상소리로 넘어가는 고개로, 산이 높고 험한 탓에 길이 여러 번 꼬부라졌다고 해서 생긴 이름이다. 마음동 서쪽에 있는 골짜기는 바람이 세서 바람골이라고 부르는데, 바람골 위에 자리 잡은 고개를 바람골고개라 부른다.

충청남도에서 제일 높은 서대산西臺山 자락에 자리 잡은 서대리의 수통골 동쪽에는 원흥사라는 절이 있고, 동석리에서 군북면으로 넘어가는 고개가 민재이다.

성당리 검동 동쪽에는 강참봉굴이라는 굴이 하나 있다. 예전에 강참봉이라는 사람이 이곳에서 공부를 하여 깨달음을 얻었다고 하는데, 강참봉이 농민들을 희롱하고 주모를 놀라게 하려고 요술로 이무기가 되어 주모에게 대들다가 주모에게 술 벼락을 맞고 환신하지 못해 결국 이 굴에서 살게 되었다는 재미있는 일화가 있다. 승덕이 동남쪽 서대산 중턱에는 모양이 방망이처럼 생긴 방맹이바우가 있고, 서대산 동쪽에는 모양이 두부처럼 네모지게 생긴 두부모대기가 있다.

금동 서북쪽에 있는 지경나바을은 전라북도, 충청북도, 충청남도 세 게 도의 경계가 되는 곳이다.

요광리는 조선시대 제원역에 딸린 요광원要光院이 있던 곳이고, 행정리 앞에는 천연기념물 제84호로 지정된 금산행정은행나무가 있다. 이 나무는 매우 영험해서 나라에 변이 생기면 반드시 운다고 하며, 또한 시절이 불안할 때 기도를 하면 효험이 있다고 하여 매년 정월에 이 은행나무 앞에서 제사를 지내고 있다. 요광리에서 대덕구 산내면 삼괴리로 넘어가는 큰 고개인 마달령馬達嶺은 조선시대에는 금산에서 대전으로 통하는 큰 길이었고, 복호산은 박오재 뒤에 있는 산으로 호랑이가 엎드려 있는 형국이라고 한다.

성불산 밑이라서 자불이라고 이름 지은 자부리의 옥대 앞에는 조선시대에 남산천의 돌로 구름다리를 놓고 지나다녔다는 구름다리가 있고, 남산 서남쪽에 있는 들인 시계들은 흙이 매우 메말라서 이 들의 농사가 잘 되면 이 마을 전체에 풍년이 든다는 얘기가 있다.

상촌 서쪽에 있는 옥대마을에는 예전에 감옥이 있었고, 자부리 동남쪽 성불산에 있는 골짜기인 절두골은 예전에 절이 있다가 하도 빈대가 많아서 망하고 말았는데, 지금도 돌 밑에 빈대가 남아 있다고 한다.

진산면 부암리와 삼가리에 걸쳐 있는 백마산은 높이가 496미터에 이르는 산으로 다음과 같은 이야기가 서려 있다.

옛날 이곳에 살던 부부가 장사壯士를 낳았는데, 나라에서 이를 알면 화가 미칠 것을 두려워하여 그 아이를 죽이고 말았다. 그러자 별안간 백마가 나타나서 주인을 찾아 헤매다가 이 산에서 죽었다고 한다.

추부면 자부리와 장대리 경계에 있는 철마산은 높이가 392미터에 불과하지만, 무쇠로 만든 철마가 있었다고 한다.

장대리의 배틀바우는 하수암 서남쪽에 있는 바위로, 전란 때 이곳에 피난온 여자가 베틀을 놓고 베를 짰다는 바위다.

고려 말의 문장가 이곡의 시에 "시절과 더불어 흥폐를 민정에서 볼 수 있는데, 옛 고을에 다시 오니 홀연 눈이 밝아지누나. 무성했던 풀들은 기장과 피로 변하였고, 가시덤불은 마루와 밑둥을 이루었네" 하였고, 정이오가 그의 시에서 "점점한 봉우리는 빼어나고 영령한 간수는 맑도다"라고 노래하였던 진산은 옛날의 번성함은 간데없고 한적한 면 소재지가 되어 현재 오가는 사람들조차 뜸한 고장이다.

충남 논산 연산

二장

계백 장군과 태조 왕건의 격전장

연산은 충남 논산 지역에 있던 조선시대의 현이다. 본래 백제의 황등야산군黃等也山郡이었는데, 경덕왕 때인 757년에 황산군黃山郡으로 고쳤다. 고려 태조 23년인 940년에 연산으로 고쳐 현이 되었고, 1018년(고려 현종 9)에 공주의 속현이 되었다가 후에 감무를 두고 1413년에는 현감을 두었다. 1646년(인조 24)에 이성과 은진을 합하여 은산현恩山縣이 되었다가 1656년(효종 7)에 다시 갈라졌다. 그후 1895년(고종 32)에 예에 따라 군이 되었다가 1914년 군면 통폐합에 따라 논산군에 편입되었는데, 연산·부적·양촌·벌곡·두마의 다섯 개의 면이 관할 지역이었다.

연산이라는 지명은 큰 산들이 연이어 있어서 국방상의 요지라는 뜻에서 나온 것이다. 연산향교 기문을 지은 정이오鄭以吾가 "산천이 웅장하고 수려하다"고 하였던 연산은 조선시대에는 노성, 은진, 고산, 진산, 진

신도안 일대 계룡산 자락에 자리 잡은 신도안은 민족 종교를 비롯한 수많은 종교들이 밀집되었던 곳이었으나 새마을운동의 여파로 사라지고 말았다.

잠 등지와 연결되는 도로가 발달하였던 곳이다.

이첨李詹이 의창義倉「기문」에서 "땅이 적고 편평하며 넓은 지대가 드물다"고 묘사한 연산의 경계가 『신증동국여지승람』에 실려 있는 바로는 동쪽으로 진잠까지 22리, 진산군 경계까지 35리, 은진현 경계까지 26리, 산현 경계까지 19리이며 서울과의 거리는 398리였다.

연산현의 산천에서 계룡산은 아주 중요한 위치를 점하고 있는 산이다. 조선을 건국한 태조 이성계가 무학대사를 거느리고 계룡산에 친히 와서 이 산 남쪽에 길지吉地를 택한 뒤 공사를 시작했던 곳이 바로 신도안의 대궐터(대궐평, 신도안, 신도내)였다. 대궐터는 부남 북쪽에 있는 큰 마을인데, 이곳에 대궐을 지으려고 역사를 시작하였다가 하륜을 비롯한 조정의 신하들이 조운漕運의 길이 멀다고 한사코 반대하므로 이를 포기한 후 한양에 도읍을 정하였다. 지금도 사람들은 그곳을 신도新都라고 부르며, 당시 궁궐을 짓기 위해 다듬었던 주춧돌들과 석재들이 아직도 그대로 남아 있다.

이곳 연산현 관내에는 반야원般若院, 초포원草浦院, 평천역平川驛 세 군데 역원이 있었는데, 평천역을 두고 정추鄭樞는 치설시値雪詩에서 다음과 같은 시를 남겼다.

가고 또 가고 질펀한 들을 지나니 등륙藤六(눈을 맡은 신의 이름)이 하늘 꽃을 뿌려준다. 말 앞뒤에서 성기다가는 다시 빽빽하고, 사람을 맞이하면 바로 내리다가도 다시 비껴서 내리네. 내일의 먼 이별을 애석해하는 기러기는 추위를 무릅쓰고 날 저문 모래 위에 자는구나.

함지봉咸芝峯은 연산면 관동리官洞里와 덕암리德岩里에 걸쳐 있는 산으로 높이가 387미터인데 봉우리의 경치가 매우 뛰어나다. 황산벌(황산평)은 연산면 연산리, 표정리, 관동리, 송정리, 천호리에 걸쳐 있는 들로 백제 의자왕 때 계백 장군이 신라의 김유신 군사와 격전을 벌였던 싸움터였으며, 고려 태조가 이곳에서 후백제를 세운 견훤의 아들 신검에게 항복을 받았던 곳이기도 하다. 『신증동국여지승람』에 "황산은 일명 천호산天護山이라고도 하는데, 현 동쪽 5리에 있다. 신라의 김유신이 군사를 거느리고 당나라 소정방蘇定方과 더불어 백제를 공격하니, 백제의 장군 계백이 황산벌판에 신라의 군사를 방어할 때, 세 개의 병영을 설치하고 네 번 싸워 모두 이겼으나 끝내 군사가 적고 힘이 모자라서 죽었다. 견훤이 고려 태조를 따라 그의 아들 신검神劍을 토벌하니 신검이 씨움에 패하여 항복하였다. 견훤이 빈민하고 우만憂滿하다가 능창이 발생하여 수일 만에 황산에서 세상을 마쳤다"라고 기록되어 있다. 이처럼 이곳 연산은 역사 속에서 수많은 싸움이 벌어졌던 비운의 전쟁터였다.

천호산은 연산면, 벌곡면, 두마면 경계에 있는 산으로 높이가 352미터이며 산의 지형이 용마루처럼 길게 6킬로미터가량 남쪽에서 북쪽으로 뻗어갔으므로 누르기재 또는 황산이라 하였다. 고려 태조 왕건이 후백제이 신검을 일리천에서 크게 이기고 세속 추격하여 이곳에 이르러 항복을 받아서 마침내 삼한을 통일하여 고려 왕조를 세우자, 황산을 하느님이 도와주신 산이라 하여 이름을 천호산으로 고치고 산 밑에 개태사開泰寺를 크게 지어서 고려 왕조의 무궁을 빌었다. 그러나 조선시대에 폐사되어 500년을 내려오다가, 1930년에 김광영이라는 여승이 오승납과 매몰된 석불을 찾아 세우는 동시에 절을 건축하여 도광사라 하였다

개태사 고려 태조 왕건이 황산에서 신검을 이기고 후백제의 항복을 받아낸 후 이곳을 하늘이 도운 곳
이라 하여 이름을 천호산이라 고쳐 짓고 그 산 밑에 개태사를 세웠다.

가 다시 개태사로 바꾸었다.

연산현에 있던 산으로 충장봉忠壯峯(수락산)은 부적면夫赤面 충곡리와 연산면 고정리 경계에 있는 높이 140미터의 산이다. 계백 장군이 나당 연합군과 마지막 싸움을 벌이다 이곳에서 전사하고, 매죽헌梅竹軒 성삼문成三門이 이 산 밑에서 살았으므로 그들의 충절을 찬양하여 충장봉이라 하였다.

광석리光石里는 원래 연산군 식한면의 지역으로, 넓은 돌이 있어 너분돌 또는 광석이라 하였고, 두마면豆磨面은 현재 계룡시에 딸린 지역으로 본래 광소부곡의 지역이었다. 두계리豆溪里는 본래 연산군의 지역으로 이성계가 신도안에다 도읍을 정하고 역사를 시작할 때, 이곳이 신도안의 바깥쪽이 되므로 밭거리라 하던 것이 변하여 팥거리 또는 두계리로 불렸다. 그후 1914년 행정구역 통폐합에 따라 장대리, 구로곡, 동서암 일부를 병합하여 두계리라 하고 논산군 두마면에 편입하였다. 보종保宗들(보종평)은 구례실 앞에 있는 들로 이곳에 광산 김씨의 대종가가 있으며 김씨들이 그 종가를 보호하기 위하여 이 들을 차지했다고 한다.

고개의 이름도 재미난 것들이 많다. 은삼백량재는 밭거리 뒤에 있는 고개로 예전에는 밭거리에서 연산으로 가는 큰 길이었다. 어떤 사람이 은 300냥을 가지고 이 길을 가다가 도둑에게 빼앗겼다고 해서 그때부터 그렇게 불리기 시작했다. 백암동白岩洞(백암리)은 대궐터 북동쪽에 있는 마을로 계룡산 아랫자락인데, 흰 바위가 있으며 대궐 터 앞에 흩어져 있는 큰 바위는 이 태조가 대궐을 지을 때 주춧돌로 쓰려고 갖다놓은 것이라 한다.

종로터(종로대)는 석계 동쪽에 있는 마을로 대궐 터의 남동쪽이며, 신도안이 수도가 되면 이곳에 종을 달려고 했다 한다. 신도안의 중앙인 중봉中峯은 계명중학교 뒤에 있는 산으로 높이가 144미터에 이른다.

양정고개(양정티)는 팥거리에서 연산으로 넘어가는 고개로 백제 의자왕 때 백제군과 신라군이 이곳에서 크게 접전을 벌였다고 하며, 앞으로 신도안의 운이 돌아오면 두 정씨가 이 고개에서 최후의 결전을 치르게 될 것이라는 이야기가 전해진다.

생명수는 원효사 북서쪽에 있는 우물로 바위 틈에서 나오는데 이 물을 먹으면 모든 병이 사라져 생명을 연장한다는 전설이 있고, 연화산蓮花山은 연화동 뒤에 있는 산으로 높이가 149미터쯤 되는데 '연꽃이 물위에 떠 있는 형국'이라는 연화부수형蓮花浮水形의 명당이 있다 한다. 용동리龍洞里는 동문(동문고개, 동문턱, 동문현)으로 불리는데 신도안에서 대덕구로 넘어가는 고개로 신도안의 동쪽이고, 북문(북문고개, 북문턱)은 과목정 위에 있으며 신도안에서 반포면으로 넘어가는 고개로 신도안의 북쪽에 있다. 이곳 신도안의 상원 가운데에 있는 큰 능만한 봉우리는 터리봉이라 불리는데, 신도안에 도읍을 정하고 대궐을 지을 때 일꾼들이 신에 묻은 흙을 털어서 이 봉우리가 만들어졌다는 이야기가 있다. 용추(자용추)는 우적골 위에 있는 못으로 옛날에 이곳에서 암용이 나왔다고 하며 물이 매우 깊고 서쪽에 수용추가 있다. 제자봉帝字峯은 신도안 뒤에 있는 봉우리로 대궐터의 주봉이라고 한다.

벌곡면 대덕리의 오양실(용암)은 마르돌 남쪽에 있는 마을로 모양이 외양간같이 아늑하므로 오상실이라 하며, 풍수설에 의하면 승상이 날 명당이 있다는 곳이다. 물한이재(물한티)는 중버실에서 양촌면 반암리로 넘어가는 고개로 물한산 남쪽에 있는데, 높이가 298미터쯤 되어 누구든지 이 고개를 넘어가면 겨울에도 땀을 흘린다고 한다. 작은물한이

재는 영은사에서 양촌면陽村面 반암리半岩里로 넘어가는 고개로 물한이
재 남쪽에 있는데, 오히려 물한이재보다 더 높다.

　덕목리德木里는 본래 연산군 벌곡면의 지역으로 그곳에 늙은 떡갈나무
한 그루가 있는데, 나라에 변란이 있으면 소리를 내어 미리 알려주므로 덕
나무라 하였고 그 이름을 따서 덕목이라고 부른다. 만목리晩木里는 본래
연산군 벌곡면의 지역으로, 높은 산 아래 좁은 골짜기에 있는 마을이므로
만목골 또는 만목이라 하였다. 바랑골(사삼암)은 보름터 동쪽에 있는 마을
로 바랑바위가 있으며, '늙은 스님이 예불을 드리고 있는 형국' 인 노승예
불형老僧禮佛形의 명당이 있다 한다. 반월산은 위 만목 뒤에 있는 산으로
모양이 반달과 같은데 '구름 사이로 반달이 보이는 형국' 의 운중반월형雲
中半月形의 명당이 있나고 하며, 보름티(망티, 망월)는 망티 밑에 있는 마을
로 열다섯 집이 넘으면 아들이 쇠망한다는 말이 전해 내려온다. 독뱅이(독
방리)는 바랑골 동쪽에 있는 마을로 '신선이 독서를 하고 있는 형국' 인 선
인독서형仙人讀書形의 명당이 있다고 하며, 선인봉仙人峯은 독뱅이 뒤에 있
는 산으로 높이가 350미터인데 그 모양이 신선과 같이 영특하게 생겼다.

　양산리陽山里에는 기호학파의 중심인물이었던 신독재 김집의 묘소가
있고, 장군봉將軍峯은 뒤텃골 동쪽에 있는 산으로 산 모양이 준엄하여
장군과 같으며 장군대좌형의 명당이 있다 한다.

　조령리鳥嶺里는 연산군 벌곡면의 지역으로 새재가 있어 새재 또는 조
령이라 하였으며, 새재는 새재마을에서 두마면 산소리로 가는 고개이
고, 큰 내가 있어 한삼내 또는 하삼천이라고 부른 한삼천리에서 연산면
으로 넘어가는 높은 고개를 누르기재(황령, 황령터) 라고 부른다.

　논산시 북쪽에 있는 마구평리馬九坪里는 평천역의 말을 먹이던 벌판으

로 마굿들 또는 마구펑이라 하였으며, 주막뜸은 마구펑 남쪽 큰 길가에 있는 큰 마을이다.

반송리盤松里는 옛날에 있던 은산현의 터로 1646년(인조 24)에 토적 유탁이 이산, 연산, 은진을 병합하여 은산현이라 하고, 세 고을 중심지인 이곳에다 읍을 정하였다가 1656년(효종 7)에 세 고을을 각기 분리시켰다.

부인리에서 가장 큰 마을인 지밭(계전, 제밭, 제전)마을은 고려 태조 왕건에 관한 일화가 서린 마을이다. 왕건이 견훤과 며칠간 격전을 벌이던 어느 날 꿈을 꾸었다. 서까래 세 개를 짊어지고 깊은 못으로 들어가자 뭇닭이 요란하게 울었다. 잠에서 깨어난 왕건이 이를 이상히 여겨 이 마을에 사는 무당에게 물어보려고 하였다. 그런데 마침 무당은 급한 볼 일이 생겨 그 딸에게 "오늘 귀한 손님이 오실 것이니, 여러 말 말고 내가 올 때까지 기다리도록 하라"고 이르고 나갔다. 그러나 그 딸이 어머니의 당부를 까맣게 잊어버리고 왕건이 찾아오자 그가 꾼 꿈이 흉몽이라며 잘못 해몽해주었다. 태조가 매우 불쾌하게 여기고 돌아가던 길에 그 무당을 만나서 다시 물었다. 그러자 무당은 꿈 풀이를 다음과 같이 해주었다. "서까래 셋을 진 것은 임금이 될 징조요, 깊은 못에 들어감은 용상에 오를 징조요, 뭇 닭이 우는 것은 높은 지위를 찬양하는 징조입니다." 이 말을 들은 태조가 크게 기뻐하면서, "만일 그대의 말이 맞으면 뒷날에 이 은혜를 크게 갚겠노라" 하였는데, 과연 태조는 삼한을 통일하였고 약속대로 그 무당에게 후한 상을 내렸다. 그리고 그녀가 죽은 뒤에는 부인당을 짓고 제전을 주었다. 그 무당이 살았던 곳을 부인처면이라고 하고 마을 이름을 제밭 또는 제전이라 하였는데, 이것이 변하여 지밭 또는 계전이 되었다.

부황리夫皇里는 본래 연산군 외성면의 지역으로 부영산이 있었으므로 부

엉이 또는 부황이라 하였고, 다오개多
五介는 부엉이 남동쪽에 있는 마을로
다섯 고개가 있는데 감·대추·밤·호
두·은행의 다섯 과실나무가 잘 된다
고 한다. 정계뜸은 부엉이와 다오개
사이에 있는 마을로 전에 부엉이와 다
오개 농민들이 농기 싸움을 할 때 이
곳을 경계로 정하였다.

부적면 신풍리 볼마루 북쪽 산기슭에는 백제 의자왕 때의 명장 계백
장군의 묘소가 있다. 계백 장군이 5,000명의 결사대를 거느리고 신라 군
사를 맞아 황산벌에서 싸우다 진사하자 이곳에 묻었다고 한다. 그 이야
기에 따라 1966년 여름에 그곳을 파보았으나 별 증거물은 나오지 않았
다. 그래도 역사적 의의가 있는 장소일 뿐 아니라 계백 장군의 넋을 기
린다는 계백 장군의 묘를 성역화하고, 매년 5월에 묘제를 지내고 있다.

부적면 금성리錦城里의 성안 북서쪽 벌판에는 예전부터 이곳에 장차
금성철벽 같은 성이 생길 것이라는 말이 있었는데, 그 말을 증명이라도
하듯 1931년에 논산저수지의 제방을 성처럼 웅장하게 쌓았다.

양촌면 거사리居士里는 선비들이 많이 살기 때문에 거사리라 하였고,
남산리의 갓점말은 당골 동쪽에 있는 마을로 삿갓을 만드는 집이 많이 있
었으므로 갓점말 또는 입촌이라 불렀다. 높이 280미터의 목단봉牧丹峯(모
란봉)은 남산리 뒤에 있는 산으로 산세가 수려하고 그 모양이 모란꽃과 같
다고 하며, 명암리의 왕대旺垈골(왕대, 왕대리)은 왕이 날 터가 있다는 곳이
다. 뒷목(곰터, 웅티)은 장골 뒤 북동쪽에 있는 마을로 곰티재 아래이며, 수

백 년 된 떡갈나무가 있어서 나라가 어지러운 때를 당하면 소리를 내어 미리 알려주므로 덕목이라 하였던 것이 변하여 뒷목이 되었다 한다.

사기소는 용두산 남쪽 골짜기에 있는 마을로 옛날 사기를 만드는 사기소가 있었던 곳이다. 아리랑고개는 사기소에서 전라북도 완주군 운주면 완창리 안심마을로 넘어가는 고개인데 일제강점기 때 안심금광이 번창하자 이 고개에 술집을 차리고 아리랑 노래를 불렀다고 해서 그렇게 부른다고 한다. 여울목은 전기리 동북쪽에 있는 여울로 인천천의 냇물이 이곳에 이르러 큰 여울을 이루었다.

오산리梧山里는 본래 전주군(현재의 전주) 양량소면의 지역으로서 사방에 높은 산이 둘러 있는 가운데 낮은 곳에 있기 때문에 오미, 또는 오산鰲山이라고 하였다. 무수재는 바랑산 남동쪽에 있는 고개로 상리에서 벌곡면 수락리로 넘어가는데 선인무수의 명당이 있다고 하고, 임화리의 범아니재는 상고에서 전라북도 완주군 운주면 송티리로 넘어가는 고개로 좁고 험하여 낮에도 칠흑같이 어두웠다고 한다. 빼재(수티)는 임화리 남쪽에 있는 큰 고개로 임화리에서 전라북도 완주군 운주면 수청리로 통하였는데, 골짜기가 좁아 8킬로미터를 올라가야 겨우 빠져나가는 답답하기 이를 데 없는 고개라고 한다.

연산면 고양리의 괭이다리(고양교)는 고양리 앞 괭잇들 내에 있으며 연산에서 공주로 통하는 다리이다. 고정리의 쇠머리산에는 선조 때 유학자인 사계 김장생金長生의 무덤과 신도비가 있으며, 묘소 밑에 그 7대 조모인 허씨 부인의 묘소가 있다. 거정터 남쪽에 있는 쇠머리마을은 쇠머리산 밑에 있으므로 우수·우두촌이라고도 불리며, 고려 광종 때 은진미륵을 이곳에 있는 돌로 만들었다고 한다.

관동리官洞里는 본래 연산군 식한면食汗面의 지역으로 그 이름에 이런 사연이 얽혀 있다. 백제 의자왕 때 계백 장군은 신라의 소년 장군 관창을 사로잡았다가 그 의기를 가상히 여겨 살려 보냈다. 그러나 그후 관창이 다시 침입하자 부득이 잡아 죽일 수밖에 없었고, 그런 연유로 이곳을 관창골이라 불렀으며 그것이 변하여 관청골 또는 관동이라 불렀다. 다시 말해 이곳은 신라가 어린 관창을 죽음으로 내몬 뒤 그 죽음을 기화로 백제군을 무찔렀던 역사적 현장인 셈이다.

여단터는 관동 남동쪽에 있는 무주고혼無主孤魂의 제사를 지내던 여제단의 터이고, 향교골에는 연산향교가 있다. 어은리 일음골(일음동)은 은골 동북쪽에 있는 마을로 사방에 높은 산이 둘러 있는 탓에 해가 늦게 뜨고 일찍 넘어가 그늘이 많이 신나고 해서 지어진 이름이다. 연산리(연산읍내, 읍내리)는 본래 연산현의 소재지로 현재 연산객사 자리에는 연산초등학교가 들어섰으며, 연산공원 아래에 있던 연산동헌은 1914년 군면 폐합에 따라 연산면사무소가 되었다가 청동리로 옮기고 현재 농촌지도소가 들어서 있다.

사직터 동쪽에 있는 우물로 물이 청경하고 달아서 사직단 제사를 지낼 때에만 썼던 단샘(감천)이나 사직재에 있던 연산군의 사직단터도 그저 옛날의 이름만 남아 있을 뿐이다. 동헌터 앞으로 지나는 길을 삼문거리라고 부르며 그곳에 연산아문連山衙門이 있다. 충청남도 유형문화재 제9호인 연산아문은 정면 3칸, 측면 3칸의 2층 누문으로 초익공계初翼工系 건물이다. 기둥 모양의 초석 위에 둥구 기둥을 세워 누마루를 깔았고, 하층은 삼문을 달아 통행로로 사용하였다. 이 건축물은 조선시대 연산현의 관아를 출입하던 문루였지만 지금은 그저 그 자리를 지키고 있을 뿐이다. 1887년에 창건된 연산향교의 대성전은 충청남도 문화재자료 제77호로 지정되어 있고, 연산 화악리에는 천연기념물 제265호로 지정되어 있는 오골계가 있다.

예전에 연산공원에 있다가 지금은 원래 있던 자리인 개태사로 옮겨간 큰 철솥이 있다. 지름 3미터, 높이 1미터, 둘레 9.3미터의 이 가마솥은 본래 천호리天護里 개태사에 있었다. 그후 개태사가 폐하자 큰 장마에 떠내려와 4킬로미터 지점인 연산리 앞 냇가에 묻혀 있던 것을 연산공원에 옮겨두었다. 제2차 세계대전 때 일본인들이 이 솥으로 무기를 만들려고 솥을 깨는데, 일하던 사람이 갑자기 병들어 죽고 이 일에 관계했던 사람이 모두 중병에 걸리자 솥 깨는 일을 중지했다는 일화가 전해온다. 죽어서 염라국에 가면 염라대왕이 "네가 연산의 가마솥과 은진의 미륵과 강경의 미내다리를 보았느냐" 하고 물어본다는 이야기 때문에 이 지역의 사람들은 반드시 논산에 있는 이 세 곳을 구경한다고 한다.

서원말에는 사계 김장생을 모신 돈암서원이 있다. 1634년(인조 12)에 이 마을에 서원을 창건하여 김장생을 모시고, 1658년(효종 9)에 그 아들 신독재 김집을 배향하면서 임금으로부터 돈암서원의 사액을 받았다. 1681년(숙종 7)에 동춘 송

준길을 배향한 뒤에 우암 송시열을 배향하였는데, 1880년(고종 17)에 큰 장마가 지자 범나미로 옮겼다. 효종이 하사한 자색의 포도연과 『황강집』 『사계집』 『신독재집』의 각판이 보관되어 있다.

둠벙배미는 개태사 앞 철로 서쪽에 있는 논으로 여덟 마지기가 되는데, 전에 둠벙(작은 연못이나 물웅덩이를 가리키는 사투리)이었던 곳으로 개태사의 큰 가마솥 뚜껑이 묻혀 있다 한다.

목은 이색이 그의 시에서 연산을 이렇게 읊었다.

연주連州 연산이 평야를 꼈으니, 밭 많아 예로부터 곡식 많다 일러왔다. 봄바람엔 보리의 푸른 물결 가득 넘치고, 가을날엔 누런 구름이 벼의 무더기네. 뽕나무 숲 멀리 뻗쳐 여름 그늘 서늘하고 잔바蠶箔 층게 매어 집 안에 가득하다. 부부가 근고勤苦하여 생계를 꾸려가니 베짱이는 달 밝은 밤에 우는구나. 어린 아이 소 이끌어 우리 밖에 나오고, 큰 아이 말 먹일제 고삐를 놓아둔다. 마을 안 늙은이들 번갈아 청해가니, 취하고 배부른 것을 언제 사양하였던가. 풍속의 순박함을 절로 알겠으니, 용모 의절儀節이 깔끔하지 못하다 한하지 않노라. 복사꽃 흐르는 물이 어디에 있다던가. 이 마을 옛 주진과 다를 것이 없도다. 머리 흰 목은옹牧隱翁이 기어이 한 번 가서, 격앙가를 부르면서 풍화風化를 찬미하련다.

이제 연산은 많은 사연을 간직한 채 멀리 계룡산을 바라보며 고즈넉하게 그 자리를 지키고 있을 뿐이다.

충남 논산 은진

三
장

강경포구로 조선의 3대 시장중 하나가 되다

이중환의 『택리지』에 '바닷가 사람과 산골 사람이 모두 여기에서 물건을 내어 교역한다. 매양 봄여름 동안 생선을 잡고 해초를 뜯는 때에는 비린내가 온 마을에 넘치고 작은 배들이 밤낮으로 두 갈래진 항구에 담처럼 벌여 있다. 한 달에 여섯 번씩 열리는 큰 장에는 먼 곳과 가까운 곳의 화물이 모여 쌓인다"라고 등장하는 강경의 당시 이름은 강경포였고, "은진현은 강경 덕에 먹고 산다"라는 속담이 있을 정도로 번창했던 곳이다. 그 당시 강경의 번성함을 목격했던 이중환은 강경포구가 한 눈에 내려다 보이는 팔괘정에서 말년을 보내며 『택리지』를 저술했다고 한다.

조선시대에 은진현에 딸린 큰 포구였던 강경은 대구, 평양과 함께 조선의 3대 시장의 하나였다. 당시에는 중국의 무역선도 직접 이곳으로 입항하였고, 장날에는 100여 척의 상선과 10여만 명의 상인이 몰려 성시를

관촉사 석조미륵보살입상 일명 은진미륵이라고 하는데, 고려 광종 때인 969년에 조성하기 시작하여 37년 만인 1006년에 완공된 높이 18.12 미터의 커다란 불상이다.

이루었다. 상권은 충청도 일원과 경기도 일원 그리고 전라 남북도를 아울렀으며, 일제강점기에는 식민지 수탈의 전초기지로 이용되었다. 그러나 1889년 군산항이 개항되고 1905년 경부선이 개통되면서 금강 상류 지역인 공주와 청주가 강경 상권으로부터 떨어져나갔다. 그후 금강의 수심이 흙모래로 점차 낮아지고, 1914년 호남선 개통과 더불어 해방과 한국전쟁을 겪으며 강경 상권은 결정적으로 쇠퇴하고 말았다.

육로나 수로를 이어주던 강경이 한적한 읍내로 전락해버린 가장 큰 이유를 1982년 강경읍에서 발행한 『읍세일람』은 이렇게 적고 있다. "해방 후부터는 군산 국제항이 황폐화되고 설상가상으로 6·25 동란시 시가 중심지의 7할 이상이 파괴되다 보니 황량한 돌바람이 더욱 장연한 바 있었으니……."

이처럼 큰 포구를 거느리고 있던 은진현은 1914년 행정구역이 통폐합되기 전까지만 해도 논산 강경을 아우르는 독립된 현이었다.

은진이라는 지명은 덕은德恩과 시진市津 두 현이 합쳐져 생긴 것으로 덕은군德恩郡은 본래 백제의 덕근군德近郡이었다. 신라 경덕왕 때 덕은으로 고쳤고, 시진현은 본래 백제의 가지내加知奈 또는 가을내加乙乃인데, 신라 경덕왕이 시진으로 고쳐 덕은군의 영현으로 삼았다. 고려 현종 때인 1018년 덕은과 시진을 모두 공주에 붙였다가 1397년(태조 6)에 다시 현을 두었다. 1406년에 양현을 합하여 덕은에 감무를 두었으며, 1419년에 은진으로 고쳐서 현감을 두었다. 1646년(인조 24)에는 이성 연산과 합하여 하나의 현이 되었다가 1656년(효종 7)에 다시 나누었다. 1895년에 군이 된 후 1914년에 논산군에 병합되었는데, 은진면, 가야곡면, 채운면, 논산읍, 강경읍, 연무읍의 지역이 그 관할 지역이었다.

조선시대에 은진은 금강 유역에 있었으므로 이곳 강경포의 강창江倉에 은진의 세곡을 모았고, 시진포 지역에 있던 노성, 연산의 창고는 금강 유역의 물자를 수송하는 데 큰 역할을 하였다. 또한 황화대와 강경대에는 봉수가 설치되어 있었다.

또한 시진포는 그 당시만 하더라도 장삿배가 모여들어 돛대가 연접하고 사람들이 부산하게 왕래하며 물화를 매매하던 곳이라 시진市津이라는 이름이 붙었다고 한다.

윤회尹淮는 이곳을 두고 "옛날에 이루진移樓津이 있었다는데, 혹시 이곳이 아닌가 한다"고 하였다. 은진고을의 진산은 마야산摩耶山이며 황화산皇華山은 시진에 있는데, 지금 현의 치소와는 10리쯤 떨어져 있다. 이 산에 편편하고 넓찍한 큰 돌이 시진의 물을 굽어보고 있는데, 이를 황화대皇華臺라고 부르며, 세상에 전해오기를 백제 의자왕이 잔치하고 놀았던 곳이라고 한다.

은진의 경계는 『세종실록지리지』의 기록에 따르면 동쪽으로 연산까지 8리, 남쪽으로 전라도 여산군 경계까지 17리, 서쪽으로 석성현 경계까지 13리, 임천군의 경계까지 25리, 북쪽으로 이산현 경계까지 21리, 서울과의 거리는 412리였다.

반야산般若山(96미터, 성재)은 은진면 관촉리와 내동리 경계에 있는 산으로 그 아래에 미륵불이 있고, 꼭대기에 20칸 규모의 토성인 반야산성이 있는데, 이곳에서 석기시대의 돌칼, 돌숟가락들이 많이 나왔다. 건지산乾止山은 은진면 교촌리와 내동리 경계에 있는 산으로 높이가 64미터이며, 그 밑에 은진향교가 있다. 은진향교는 고려말인 1380년(고려 우왕 6)에 현유의 위패를 봉안하고 지방민의 교유과 교화를 위해 창건되었다. 1642년

강경포구 "은진은 강경 덕에 먹고 산다"는 말이 있을 만큼 번성했던 강경포구에
지금은 고깃배 몇 척이 매어 있다.

용산리에서 지금의 자리로 이건한 은진향교는 여러 차례 중수를 거쳐 오늘에 이르렀는데 충청남도 기념물 제120호로 지정되어 있다.

바로 근처에 있는 은진면의 관촉리(관촉)는 원래 은진군 화지산면花枝山面의 지역으로 이곳에 관촉사灌燭寺가 있다.

관촉사은진미륵의 왼쪽에 있는 사적비에는 이 미륵부처의 유래를 자세히 적어놓았는데, 그 내용은 다음과 같다.

969년(고려 광종 20)에 혜명대사慧明大師가 왕명을 받들어 부처를 조성하기 시작하여 37년 만인 1006년(고려 목종 9)에 완성되었다. 찬란한 서기가 삼칠일(21일) 동안 천지에 가득하여 불공하러 오는 사람이 저자를 이루고, 송나라의 혜안대사慧眼大師가 이 빛을 따라 와서 예배한 후 말하기를 "중국 가주 땅에도 큰 부처가 있어서, 그 광명의 빛이 동시에 합해졌다" 하므로 절 이름을 관촉사라 짓고, 앞 내를 서진강이라 하였다 한다.

또한 이 부처를 조성하던 당시의 신비한 일도 적혀 있는데, 968년(고려 광종 19) 봄의 일이었다. 이 마을 사제촌(사다리내)에 사는 한 여인이 반암산 서북쪽에서 나물을 뜯다가 아이 울음소리를 듣고 찾아가본즉, 아이는 없고 그곳에 큰 바위가 솟아나오므로 크게 놀라 곧 사위에게 말했다. 이에 그 사위가 곧 조정에 고하니 조정에서는 "이것은 큰 부처를 조성하라는 큰 길조다"라고 하여 금강산에 있는 혜명대사에게 그 일을 명했다. 혜명대사는 그 솟아나온 바위로 허리 이하의 부분을 만들고 그 윗부분은 연산 우두촌에 있는 바위로 만들어서 세우려고 했으나 너무 거대하고 무거워서 세울 길이 없었다. 그렇게 걱정하던 어느 날 사제천가에 나가보니, 어린아이 둘이 "부처님 모신다" 하며, 밑 부분을 세운 후 모래를 쌓아올려 덮고, 그 위에 가운데 부분을 올려놓고 또 모래를 쌓은 후 맨 윗부분을 올려놓으며 노는 것을 보고 크게 깨달았다. 그런 방식으로 이 부처를 세웠는데, 그 아이들이 바로 문수보살과 보현보살의 화신이었다 한다.

띠바우(배바위, 거북바위)는 대바우 앞에 있는 큰 바위로 모양이 큰 거북과 흡사하며, 전에는 이 바위 밑으로 표진강이 흘러서 이 바위에다 배를 매었으므로, 배바위라 하던 것이 변하여 대바우가 되었다 한다. 보냇다리는 관촉리 1번지에 있는 돌다리로 은진에서 연산으로 가는 길목에 있으며, 옛날 군계가 되어 관장들을 이곳에서 전송하였으므로 보냇다리 또는 송군교라 하였는데, 지금도 돌다리 세 칸이 남아 있다.

성덕리의 연계골(영계골, 연계동)은 섭포 서남쪽에 있는 마을로 본래 연산군 석사곡면의 지역으로서 연계가 많이 나는데, 그 맛이 썩 좋아서 나라에 진상하였으므로, '연계노해蓮鷄魯蟹'라는 말이 있을 만큼 노성의 게와 함께 유명하였다.

연서리蓮西里는 본래 은진군 대조곡면大鳥谷面의 지역으로 은진고을의 터이다. 은진동헌이 있던 곳은 은진초등학교가 들어서 있고, 그 자리에 나이 든 느티나무 여섯 그루가 남아 있다. 북문거리(북문리)는 객사 터 북쪽에 있는 마을로 현재 은진파출소가 들어서 있으며, 비석거리는 북문거리 고개에 있는데, 은진을 거쳐간 수령방백들의 선정비들이 여러 개 서 있다. 사직단 터는 길마재에 있는 은진현의 사직단 터이고, 옥거리 앞에는 연정 터가 남아 있으며, 예전에 연못을 파고 정자를 세우던 곳이다. 옥거리는 은진 감옥이 있던 곳이고, 홍문거리(홍문리)는 객사 터 앞에 있는 마을로 홍문이 서 있었다.

은진의 연무읍에 후백제를 창건했던 견훤甄萱의 묘가 있다. 『신증동국여지승람』에 "견훤의 묘는 현의 남쪽 12리 풍계촌風界村에 있다. 속칭 왕묘王墓라 한다"라고 기록되어 있다. '전 견훤묘'라는 푯말이 붙은 견 훤묘는 연무읍 금곡동의 서촌마을과 모청마을 사이에 있는 큰 무덤으로 지름이 약 9.1미터, 높이가 4.5미터쯤 된다. 견훤은 그 아들 신검에게 왕 위를 빼앗기고, 금산사에 유폐되어 있다가 탈출하여 고려 태조 왕건에 게 투항하였고 결국 왕건에게 후백제가 멸망하자 분통이 터져 등창이 나서 죽고 말았다. 그가 황산사라는 절에서 죽기 전에 "내가 죽거든 내 가 가장 사랑하는 완산이 보이는 곳에 묘를 써달라"는 유언을 남겼으므 로 완산이 환하게 바라다 보이는 이곳에 묘를 썼다 하며 그 뒤에 유행했 던 참요讖謠가 "가련토다. 완산애기 애비 잃고 눈물짓네"라는 노래였다.

은진군 구자곡면의 지역이었던 연무읍의 고내리에는 소대배기가 있 는데, 태종 때 함양이 고향인 오치선이라는 사람이 과거에 급제하여 솟 대를 세웠으므로, 솟대배기 또는 효죽, 효죽동이라 부른다.

닭다릿들은 현재 육군 제2훈련소 연무대가 있는 곳인데 이곳은 예전 부터 치열한 격전지였던 터라 지금도 옛날에 묻힌 말방울과, 말굽쇠 등 이 많이 출토되고 있다. 정조 때 이인異人이자 문장가였던 이서구李書九 가 전라감사가 되어 이곳을 지나가다 보고 칭찬하기를, "금계포란형으 로 길 위로는 옥관자가 서 말이 나고, 길 아래로는 겉보리 천 석이 나리 라" 하였는데, 지금 육군 훈련소가 되어 수천의 훈련병들이 아침에 나갔 다가 저녁에 돌아오는 것이 마치 병아리 떼 같으므로 사람들은 그의 예 언이 그대로 들어맞았다며 신기해한다.

무데기는 화석 남쪽 들 건너 쪽에 있는 마을로 돌무더기가 있었으므 로 무데기 또는 무동이라 하는데, 이곳에서 무사가 많이 배출된다는 전설이 있다. 칠년고라실은 서촌 북쪽에 있는 골짜기로 이곳의 땅이 비옥하여 1년 농사지은 것을 가지고 7년을 먹을 수 있다는 말이 있다.

동산동의 택리澤里는 동산 서쪽 밑에 있는 마을로 못이 있는데, '연꽃이 물 위에 떠 있는 형국'이라는 연화부수형 명당이라고 알려져 있다. 이중환이 지은 『택리지』는 '살 곳을 가려서 정한다' 라는 뜻을 가지고 있으므로 그의 글에서 가장 사람이 살 만한 곳으로 소개된 마을이 이곳 택리이다.

팔괘정 이중환이 이곳에서 『택리지』를 쓰며 말년을 보냈다고 한다.

진등(장등)은 마산 남서쪽 들 건너에 있는 낮은 산으로 산등성이가 길고 넓으며 육군 제2훈련소의 구내가 되어 있고, 마전동의 양재良才는 마전리 동쪽에 있는 마을로 조선시대 때 양재역이 있어서 삼례도찰방에 딸렸으므로 양재 또는 역말이라 하였다.

서당골은 하봉 서쪽에 있는 마을로 묵암墨嵒 이계맹李繼孟이 서당을 짓고 후진들을 교육하였던 곳이고, 전라북도 여산군의 지역이었던 안심동의 모래내(사천, 도곡)는 구상동 북쪽에 있는 마을로 이곳이 연무, 은진, 채운의 세 읍면의 이름이 되었다. 앞고라실(안심들)은 안심 앞에 있는 들로 땅이 매우 비옥하고, 물이 좋아서 첫째로 두여, 둘째로 아시들이라는 말이 생겼다. 차돌배기(신흥동)는 삼거리 남쪽에 있는 마을로 차돌이 많이 박혔던 곳인데, 육군 제2훈련소가 들어서는 바람에 갑자기 발전하여 큰 마을이 되었다.

　　매화당梅花堂 터는 매화산에 있던 신당 터로 매화산성을 쌓은 백제 제8대 고이왕의 셋째 딸 매화공주를 제사지내던 곳이며, 매화산梅花山(매화산성)은 양지편 남쪽에 있는 높이 370미터의 산으로, 백제 매화공주가 문무재文武才를 겸비하여 장수다운 지략으로 신라를 치려고 이 산에다 성을 쌓았으므로, 매호산 또는 매화산성이라 하였다. 황화정동皇華亭洞은 본래 전라북도 여산군 합선면의 지역으로 황화정이 있었는데, 이곳은 예전에 충청도와 전라도의 접경으로 전라도 신구 관찰사가 임무를 교대하던 곳이다. 황화정 앞에 있던 황화정의 비는 예전에 황화정의 큰 길가에 있었는데, 동래 정씨들이 자기 조상이 쓴 것이라 하여 고내리 효죽동으로 옮겨갔다.

　　채운면 삼거리에 있는 미내다리(미교)는 돌을 사다리꼴로 쌓아올려 세 개의 무지개 모양을 하고 있는데, 길이 30미터이고, 넓이 2.8미터, 높이 4.5미터로, 그 위에는 돌난간을 두르고 난간 기둥마다 용을 새겼다. 그 솜씨가 매우 치밀하고 교묘하여 보는 사람들의 감탄을 자아낸다. 본래 이곳은 전라도에서 서울로 통하는 큰 길목으로 큰 내가 있어서 조수가 드나들고 장마철이나 눈이 많이 오면 교통이 막히고 인명 피해가 자주 나자, 강경에 사는 사람들이 돈을 내고, 미나라는 승려가 감독하여 1728년(영조 4)에 이 다리를 설치하였다. 정월대보름날 이 다리를 밟으면, 1년 동안 몸이 건강하고 소원을 성취한다 하여, 매년 정월 대보름달이 뜨면, 남녀노소들이 이곳으로 모여들어 밤늦도록 다리를 왕래한다. 이 부근 사람들은 죽어서 저승에 가면 염라대왕이 "은진미륵과 개태사 큰 솥과 강경에 있는 미내다리를 보았느냐"고 묻는다 하여 누구든지 이 세 가지 명물은 꼭 보아야 한다고 한다.

야화리野花里는 본래 은진군 화산면花山面의 지역으로 들꽃뫼가 있으므로 들꽃미 또는 야화라고 하였고, 원목다리(원항교, 원항다리)는 들꽃미 서남쪽에 있는 다리로 돌을 사다리꼴로 쌓아올려 홍교(무지개다리)를 만들었는데, 규모만 좀 작을 뿐 그 모양이 삼거리에 있는 미내다리와 똑같아 미내다리와 함께 은진의 명물이 되었다.

용화리의 용머리산(용꽃미, 용두산)은 용꽃 옆에 있는 산으로 용의 머리처럼 생겼다고 하는데, 백제의 마지막 임금인 의자왕이 이 산에 화초를 많이 심어 놀이터로 만들고, 꽃이 한창 필 무렵이면 이곳에서 풍류를 즐겼다고 한다.

오화지지五花之地는 채운면彩雲面과 연무읍錬武邑에 걸쳐 있는 '화' 자가 들어간 다섯 마을을 일컫는 말로, 채운면의 하산리, 야화리, 8화리, 화정리와 연무읍의 신화리를 가리킨다. 이곳에 만 사람을 살릴 수 있다는 만인가활지지萬人可活之地와 아홉 승상과 여덟 명의 판서가 날 명당자리가 있다고 하는데 그 자리가 연무읍 안심리 북쪽에 있는 구상동九相洞(팔판동)이라고 한다.

가야곡면 강청리의 밤준논은 빈마루 앞에 있는 네 마지기짜리 논으로 지나가던 사람이 밥 한 그릇을 얻어먹고, 그 은혜로 이 논을 사서 주었다고 하며, 허구배니는 오야닛들에 있는 일곱 마지기짜리 논으로 하룻밤을 자고서 사준 논이라고 한다.

가야곡면 삼전리의 덕은당德恩堂 터는 더운댕이재에 있던 성황당으로 앞에 큰 길이 있어서 지나가는 사람이 정성을 드려 제사를 지내면 매우 영험하였다 한다. 옛날 서관이라는 진사가 말을 타고 이 앞을 지나나가 말이 즉사하자 말 가죽으로 신상神像을 씌워 끌어내어 은평리 앞들 진흙

에다 버렸다. 그때 마침 어떤 스님이 고개를 지나는데 신당에서 우는 소리가 나더니 스님을 부르며 내가 "서진사에게 욕을 당하여 이곳에 있을 수가 없으니 임천 땅으로 옮겨달라" 하므로 스님이 그 말대로 옮겨준 후 그 폐단이 사라졌다고 한다. 말목재는 삼박골에서 마지막 높은 고개로 만목리에서 전라북도 완주군 화산면으로 넘어가는 고개이다.

둘논은 둠벙들 옆에 있는 논으로 돌이 많아서 나무꾼들이 돈치기하던 터였으며, 율곡리의 덕은골은 행정 앞 서쪽에 있는 마을로 백제 때 덕은 고을이 있었으며 현재 덕은농업중학교가 있다. 돈구불은 덕은골 남쪽에 있는 들로 예전에 돈을 만들던 곳이라 하며, 옥터거리는 독선거리 서쪽에 있는 길거리로 예전에 덕은군의 감옥이 있었던 곳이다.

양지 쪽에 있어 양촌리陽村里라고 부른 사송思松재는 구리개 서쪽에 있는 고개로 사육신의 한 사람인 성삼문의 묘가 있다. 당시 그의 시체를 팔도에 조리 돌리다가 이곳을 지나던 중에 시체가 땅에 붙어 떨어지지 아니하므로 할 수 없이 자리를 정하여 산소를 썼다. 그 뒤부터 이 묘를 성삼문의 송죽 같은 충의를 사모하여 사송재, 사송티 또는 성삼문재라 불렀다.

종연리의 물높은댕이 뒤에 있는 약물터는 바위 밑에서 물이 나오는데, 정성을 들여 청소를 하면 물이 나와서 효험을 보고, 만일 정성이 부족하면 거머리가 나와서 효험이 없다는 말이 전한다. 까치재(작티)는 우항리에서 전라북도 완주군 화산면 까치말로 넘어가는 높은 고개이고, 함적리咸積里는 본래 은진군 갈마면의 지역으로 나라의 환곡창고가 있으므로 환적골이라 하던 것이 변하여 함적골, 또는 함적곡이라 하였다. 강경읍 북망산北邙山은 남교리 뒤에 있는 산으로 모양이 북과 같이 생겨

북산 또는 사산이라 하다가 일인들이 묘를 많이 쓴 뒤로는 무덤이 많은
산이란 뜻의 북망산이라 불렀다.

북옥리의 용영대龍影臺는 옥녀봉 꼭대기에 있는 바위로 작은 바위 면
에 '용영대' 석자를 새겼는데, 강경포에 드나드는 뱃사람들이 이곳에서
용신에게 제사를 지내어 뱃길의 안전과 사업의 달성을 빌었다. 포영대
泡影臺는 용영대 아래에 있는 큰 바위로 바위 면에 '포영대' 석 자를 새
겼으며, 이곳에서 바라다보면 금강이 발 아래 흘러서 바다로 들어가고,
눈 앞이 탁 트인데다가 명산이 사방으로 둘러 있어 경치가 매우 아름답
다. 조수바위는 포영대와 나란히 서 있는 큰 바위로 바위 면에 조수의
드나드는 시각을 알리는 시를 새겼다.

**용영대와 수백년 된 느
티나무** 옥녀봉 정상에 서
면 논산천과 금강이 만나는
모습이 한폭의 그림처럼 보
인다.

산양리의 벼락바위는 산양동 서쪽에 있는 바위로 큰 바위가 두 쪽으로 갈라져 있는 형상이다. 옛날 어떤 도둑이 채운면 삼겹리의 미나다리에 달았던 금으로 만든 풍경을 훔쳐가지고 오다가 이곳에서 벼락을 맞았다는 이야기가 남아 있다. 강경 사람들이 이 바위를 잘 쳐다보는 탓에 무심히 무엇을 보고 있는 사람을 가리켜 "강경 놈 벼락바위 쳐다보듯 한다"는 속담이 생겼다.

서창동의 강창 터는 이 부근 고을에서 받는 조세를 걷어다가 서울로 가는 배로 실어나르기 전에 쌓아두었던 창고가 있던 다리이다. 염천리鹽川里는 본래 은진군 김포면의 지역으로, 앞에 강경포가 있어서 배들이 드나들며, 소금을 많이 쌓아두어서 염촌이라 하였다.

채운리의 무너미고개는 채운리에서 전라북도 익산 망성면望城面 지역으로 넘어가는 고개로 고개가 낮아서 이쪽 물이 저쪽으로 넘어가게 된다고 하며, 홍교동의 무지개다리(홍교)는 웃장터에서 남교리로 건너가는 다리로 둥그런 아치형이다.

논산論山시는 본래 은진 땅으로, 넓은 들 가운데 외딴 산이 있고 그 앞에 개가 흐르므로, 놀미(논미, 논산, 논산포)라 하여 강경포와 함께 어물, 소금, 곡식의 집산지로 유명하였다. 논산석교 중수비는 큰 다리 남쪽 머리뚝에 있는 비로 논산에서 남쪽 공주와 부여로 가는 가장 큰 다리에 서 있는 비이다. 이 중수비는 은진현감 서중보가 큰 장마로 유실된 이 다리를 돌로 놓아서 이 지방의 발전과 전라도에서 서울로 가는 통행에 큰 편의를 준 것을 기념하기 위해 1858년(철종 9) 3월에 세운 것이다. 산막은 큰 다리 서남쪽에 있는 마을로 소금을 산처럼 쌓아두었으므로 염산막이라 하였고, 둔전들(둔전평)은 덕지 동쪽에 있는 들로 옛날 부적면 마구평에 평천역이 있을 때 이곳에 둔전을 두었다고 한다.

논산시 등화동登華洞은 마을이 낮은 산등성이에 있으므로 등말 또는 등리라 불렀고 구강펄은 골말 앞에 있는 넓은 들로 예전에는 이곳에 강이 있어서 상선들이 떼를 지어 들어오고 시장이 섰다. 그러나 100여 년 전에 큰 장마로 강이 딴 곳으로 흐르게 되었으므로, 구강펄이라고 부르게 되었다. 노적바위(범바위)는 황화대에 있는 바위로 노적더미와 같이 크기 때문에 생긴 이름이고, 해창海倉은 부창동富倉洞에서 가장 큰 마을로 앞에 개울이 흐르고, 전에 나라의 창고가 있었으므로 해창이라 하였다.

지산동芝山洞에 있는 연산뜸은 본래 연산군 적사곡면赤寺谷面에 소속되었던 것인데 1914년 행정구역 통폐합에 따라 지산동으로 병합되었으므로 연산뜸이라 한다. 종종개(종포)는 연산뜸 북서쪽에 있는 마을로 전에는 이곳으로 표진강漂津江이 흘렀다 한다. 주래(수천)는 관촉리灌燭里에서 지산동으로 흐르는 내로 예전에는 큰 갯고랑이 되어서 배가 드나들었다는데 현재는 길로 변하고 말았다.

김주영의 대하소설 『객주』에 "충청도와 전라도 사이에 끼어 있는 바닷사람과 내륙의 사람들이 여기에 모여 교역이 활발하였던 곳이 강경이다. 봄과 여름 동안은 생선을 잡고 해초를 뜯느라고 비린내가 넘치고 5월의 황새기젓과 7월의 새우젓이 풀릴 때는 오륙십 척의 배가 몰려들어 화장들이 내뿜는 연기로 포구와 하늘은 암회색의 바다였다"라고 묘사되었던 강경포구. 지금은 몇 척의 고깃배와 낚시꾼들만 그 자리를 지키는 쓸쓸한 곳이 되었다. 게다가 금강 하구둑이 막히면서 뱃길이 끊어진 채로 온갖 젓갈의 주산지로만 남아 있을 뿐이다.

충남 보령 남포

四
장

뱃길이 편리하고 난리를 피하기에 적당했던 고을

지금은 충청남도 보령 남포면으로 변한 남포의 형승을 두고 김환金丸은 "청연포青淵浦는 바다와 통하고, 옥마산玉馬山은 하늘을 떠받치고 있다"고 하였으며, 고득종高得宗은 그의 시에서 "땅이 다함에 창망한 바다에 면하였고, 마루 창을 여니 푸른 산과 마주본다"고 묘사했다.

남포는 조선시대에 남포면 일대에 있던 현이었다. 남포현藍浦縣(사포, 마산)은 본래 백제의 사포현寺浦縣인데, 신라 경덕왕이 남포로 고쳐 서림군西林郡(서천)의 영현으로 삼았다. 그 뒤 1018년(고려 현종 9)에 가림현嘉林縣(임천)에 속하였다가 그후에 감무를 두었다. 1380년(고려 우왕 6)에는 왜구의 잦은 침입으로 사람들이 사방으로 흩어져 마을이 사라질 위기에 처했었으나 1390년(고려 공양왕 2)에 비로소 남포진을 두어 흩어진 백성을 소집하였다.

남포읍성 조선 초기의 석축 양식을 그대로 간직하고 있는 남포읍성 위로 지금은 휘어진 소나무들이 자라 있다.

1398년(태조 6)에 병마사를 두어 현사를 겸하게 하다가 1466년(세조 12)에 진을 혁파하고 현감을 두었으며, 1895년(고종 32) 지방관제 개정에 따라 군이 되어 심전, 고읍, 습의, 불은, 웅천, 신안, 군내, 북대, 북외의 9개 면을 관할하다가 1914년 군면 통폐합에 따라 보령군保寧郡에 편입되어 남포, 웅천, 주산, 미산 4개 면의 지역이 되었다.

『신증동국여지승람』에 이 지역의 진산은 구룡산九龍山으로 나와 있는데 현의 서쪽 15리 지점에 있다고 한다.

조선 전기의 문신 최숙생崔淑生은 남포의 객관을 바라보며 이런 시를 남겼다.

우뚝한 새 관우館宇에 단청이 타오르는 듯, 안중에 가득한 기관奇觀이 저 멀리 접하였구나. 사면으로 싸안은 것이 모두 푸른 산봉우리인데, 반쪽으로 보이는 광대한 물결은 바로 창망한 바다. 봄빛 흐르는 사이에 나도 모르게 양쪽 살짜기 세였고, 나그네 길 분분紛紛한 속에 몇 단정短亭을 지났던고. 홀로 마루 창가에 의지하여 저 멀리 바라보니, 이 몸이 진정 한 개의 부평浮萍이로구나.

남포의 옥마산玉馬山 산마루에는 신라의 마지막 임금인 경순왕, 즉 김 부대왕을 모시고 있는 김부대왕사金傅大王祠가 있다는데 왜 백제의 옛 땅에 신라의 마지막 임금으로 고려에 귀순한 경순왕을 모시고 있는지 그 또한 모를 일이다.

『신증동국여지승람』에 "이곳 토산품은 성구산 서쪽에서 나는 연석硯 石(벼룻돌)이 좋으며, 지금도 남포지방에서 나는 까마귀처럼 검은 오석烏 石은 나라 안에서 가장 질이 좋다"고 전한다.

남포현 서쪽 33리 지점에 있는 마량진馬梁鎭에는 우도 수군첨절제사 의 영문營門이 있었고 그가 관장하는 곳은 서천포까지였다.

보령 남포면 읍내리에 충청남도 유형문화재 제65호인 남포 관아문인 진서루가 있다. 진서루는 옛 남포현의 출입문으로 낮은 기단 위에 지은 서향의 2층 분루이다. 정면 2칸, 측면 2칸의 규모로 둥근 기둥을 세우고 아래층은 삼문을 달았다. 위층 기둥은 팔각으로 모를 접었고, 주위에는 난간을 돌렸다. 공포는 출목이 없이 초익공初翼工으로 구성하였고, 창방 昌枋으로 짜여진 주간柱間에는 운공雲工을 배치한 팔작지붕의 오량집이 다. 내삼문은 동헌의 출입문으로 대문을 달고 좌우 각 3칸은 익실로 꾸 몄다. 외동헌은 정면 5칸, 측면 3칸으로 정면 중앙에 2칸의 대청이 있고,

좌우는 온돌방으로 꾸몄다. 이 건물들은 모두 조선 후기에 지어진 건물로서 남포읍성 내에 자리 잡고 있다.

중뜸에 있는 시장거리를 남포장이라 부르며 2일과 7일에 장이 선다. 동문밖은 동리, 동문외, 동문외리라고 부르며 중뜸 동쪽에 있는 마을로 남포읍성의 동문 바깥쪽이다. 말재(마티)는 읍내에서 미산면嵋山面으로 넘어가는 큰 고개로 옥마산의 줄기가 되고, 냇가말은 남포읍성의 남문이 있던 곳이라 남문거리 또는 남리라고 부르며, 중뜸 남쪽 냇가에 있는 마을이다. 성바끼(성밖)는 중뜸 서쪽에 있는 마을로 남포읍성의 서문 바깥쪽이라 서문외리, 서리라고 부르며, 현재 면사무소 정문 앞이다. 으릅내(어읍내, 이천)는 창등 북쪽에 있는 마을로 한가운데에 내가 흐르는데, 이 내가 보령과 남포 땅의 경계가 되었다.

충청남도 기념물 제10호로 지정되어 있는 남포읍성은 보령시 남포면 읍내리에 있는 석축으로 고려시대 쌓은 읍성이다. 현재 동, 서, 남문과 적대, 수구 등의 시설이 남아 있는 이 읍성은 문종 1년인 1451년에 둘레 900미터, 높이 3.5미터의 성벽에 높이 0.8미터의 여장女檣(성가퀴) 377개를 두었으며, 옹성을 갖춘 성문이 세 곳이나 되고, 적대가 5개나 되는 규모로 축조되었다는 기록이 남아 있다. 그 당시 읍성들은 대부분 내륙의 요충지와 해안가에 세워졌는데, 이 남포읍성도 조선 초기에 쌓은 모습을 그대로 보여주고 있다.

성 안에는 샘이 세 군데나 있었고, 성 밖에서 물을 끌어들여 저수하도록 되어 있었으나 지금은 수구 하나가 배수구로 이용되고 있을 뿐이다. 현재 성 안에는 동북쪽에 관아문과 진서루가 남아 있으며, 이웃한 마량진馬梁鎭에 진성이 축조되어 남포읍성은 2차적인 방어선 역할을 하게 되면서 성으로서의 가치를 잃어버리게 되었다.

충청남도 기념물 제111호로 지정되어 있는 남포향교는 보령시 남포면 옥서리에 있는데, 조선 태종 때에 창건하여 1530년에 중창하였으며, 1732년에 현재의 위치로 이건하였다.

옥녀봉玉女峯은 미산면 삼계리, 내평리, 옥현리, 풍산리에 걸쳐 있는 산으로 높이는 380미터이며 바로 옆에 신랑봉新郎峯이라는 이름의 산과 맞붙어 있다. 동달산東達山(통달산)은 웅천읍熊川邑 소황리와 황교리 경계에 있는 산으로 조선 초기에 통달산 봉수가 있어서 남쪽으로 비인현의 칠기산, 북쪽으로 여도점 봉수에 응하였는데, 그 뒤에 옥미산으로 옮겼다.

칠성바위는 내송 북쪽에 있는 바위로 바위 일곱 개가 북두칠성처럼 나란히 있어서 칠성바위라고 불리고, 신흥리의 바람재는 웅천으로 넘어가는 봉촌 동남쪽에 있는 고개로 바람이 몹시 세다고 한다.

양기리의 참샛골은 윗텃골 동쪽에 있는 골짜기로 찬 샘이 있으며, 텃굴(기둥)은 양기리에서 가장 큰 마을로 큰 소나무가 많이 있었는데, 나라에서 궁궐의 기둥으로 쓰기 위해 베어냈다고 한다. 양항리의 밤섬(율도)은 개목 북쪽 200미터 지점에 있는 섬으로 그 모양이 밤처럼 생겼으며 바닷물이 빠지는 썰물 때에는 걸어서 다닐 수 있다. 월전리의 병풍바위(맥도유적, 자마석)는 보리석 서쪽 바닷가에 있는 바위로 높이가 3미터, 너비가 1.8미터 되는 바위 8개가 병풍처럼 서 있고 이 바위 앞 평평한 돌 위에 자시子時가 되면 도는 자마석이 있었다고 하는데, 현재는 없으며, 신라 때 최고운(최치원)이 공부하였던 곳이라고 한다.

보령 성주면의 개화리開花里는 '성주산의 목단牧丹이 이곳에 와서 꽃이 핀다'고 해서 화개 또는 개화라고 부르는데, 한때 수많은 사람들의 삶의 터전이던 성주 탄광이 있었던 곳으로 시간의 흐름 속에서 지금은 이름이 개화라고 바뀌어 개화초등학교가 서 있다. 골짜기가 그윽하고 들이 넓게 펼쳐진 이곳 개화리의 여러 마을에는 대를 이어 사는 부자들이 많았는데, 그것은 이 마을이 대부분 여러 고을들과 가까이 자리 잡고 있는데다 뱃길이 편리하여 서울과 가깝기 때문이었다. 이중환뿐만 아니라 조선 후기 실학자들이 이러한 지역들을 살 만한 곳으로 본 것은 서울에 살고 있는 사대부들이 모두 이런 곳을 통하여 재물을 운반했고 거둬들였기 때문이다. 또한 높고 깊은 산이 없어 큰 골짜기는 없지만, 바닷가에 자리 잡은 한적한 지역으로 큰 난리를 피하기에 적당했기 때문이다.

삼거리 중개 아래쪽에 있는 마을에는 대천, 웅천, 도화담으로 가는 세 갈래 길이 있으며, 남심리는 골이 깊으므로 깊은 골 또는 심동이라고 부른다. 가루고개(갈현, 서낭댕이)는 깊은골 동남쪽에 있는 고개로 서천군 판교면 마대리로 넘어가는데 이곳에 서낭당이 있다.

마장산馬場山은 음지뜸 동남쪽에 있는 산으로 조선시대에 말을 키웠다는 산이고, 내평리에 뜸부기재는 안터 동북쪽에 있는 고개로 은현리의 뜸부기 마을로 넘어간다. 안터 동쪽에 있는 골짜기는 전에 역적이 살았다 해서 역적굴이라고 부르고, 도화담桃花潭은 도화담 마을 남쪽에 있는 못으로 아미산峨嵋山 밑이며 둘레에 복숭아꽃이 많았다고 한다. 비끼내는 성주의 백운사 밑에서 발원하여 남쪽으로 흘러 개화를 지나 도화담리에서 웅천으로 흘러 들어가는 내이며, 소금강산은 도화담 동북쪽에 있는 산으로 금강산처럼 경치가 매우 아름다워 붙여진 이름이다.

도홍리의 백제고개는 여홍에서 부여군 외산면外山面으로 넘어가는 고개이고, 아홉사리고개는 재명 동쪽에서 부여로 넘어가는 고개로 높고 험해서 아홉사리가 되었다. 봉성리의 새재고개는 봉성리 동쪽에서 부여군 옥산면으로 넘어가는 큰 고개다.

성주산 밑에 구산선문九山禪門 중 하나인 성주사지가 있다. 성주산파의 중심 사찰이었던 이 절은 보령 성주면 성주리에 자리 잡고 있다. 1960년 이곳에서 기왓조각이 출토됨으로써 『삼국사기』에 기록되어 있는 백제 법왕 때 창건된 오합사烏合寺가 바로 성주사라는 사실이 확인되었다. 백제가 멸망하기 직전에 적마赤馬가 나타나 밤낮으로 이 절을 돌아다니면서 백제의 멸망을 예시했다고 전해지는 이 절은 신라 문성왕 때 당나라에서 돌아온 낭혜화상을 맞아 더욱 크게 중창하였다.

『숭암산 성주사 사적』에 성주사의 규모가 불전 80칸에 행랑채가 800
여 칸, 수각 7칸, 고사 50여 칸이 있었다고 기록되어 있는 것으로 보아
전체적인 규모는 1천여 칸에 이르렀을 것으로 추정된다. 성주산파의 총
본산으로 크게 발전하였던 이 절에서 한때 2,500명쯤의 승려들이 도를
닦았다고 하는데, 임진왜란 때 불에 탄 뒤 중건하지 못하고 폐사지만이
사적 제307호로 지정되었다. 성주사가 번창하였을 때는 절에서 쌀 씻은
물이 성주천을 따라 10리나 흘렀다고 하지만, 지금 절 건물은 간 데 없
고 석조물만이 큰 절터를 지키고 있을 뿐이다.

성주사지에는 최치원崔致遠이 지은 사산비문四山碑文 중의 하나이자
국보 제8호로 지정된 낭혜화상백월보광탑비郎慧和尙白月寶光塔碑가 있
다. 이 비의 주인공인 낭혜화상을 두고 당나라의 여만선사如滿禪師는
"내가 많은 사람을 만나보았지만 이와 같은 신라 사람을 만나본 적이 없
다. 뒷날 중국이 선풍禪風을 잃어버리는 날에는 중국 사람들이 신라로
가서 선법을 물어야 할 것이다"라며 크게 칭찬했다고 한다.

신라 진성여왕 4년에 세워진 낭혜화상의 비는 전체 높이가 4.5미터에
달하는 거대한 외형에 듬직하고 아름다운 조각 솜씨를 발휘하여 신라시
대의 비석을 대표하고 있는데, 이 비는 귀부龜趺의 일부에 손상이 있을
뿐 거의 완전한 형태로 남아 있다. 비신碑身은 성주가 주산지인 남포 오
석으로 되어 있으며, 낭혜화상의 행적이 모두 5천여 자에 달하는 장문으
로 적혀 있다. 이 비의 글은 최치원이 지었고 글씨는 최치원의 사촌동생
이었던 최인곤崔仁滾이 쓴 것으로, 고어 연구에 귀중한 자료가 되고 있
다.

나머지 사산비문은 하동 쌍계사의 진감선사부도비眞鑑禪師浮屠碑, 경

주 초월산의 대승국사비大乘國師碑, 봉암사의 지증대사부도비智證大師浮屠碑이다.

성주사지에는 이 탑비 외에도 신라 말에 건립한 4기의 석탑이 있다. 보물 제19호인 성주사지 오층석탑과 보물 제20호인 성주사지 중앙 3층석탑, 조각수법이 뛰어난 보물 제47호 성주사지 서西삼층석탑, 그리고 충청남도 유형문화재 제26호인 성주사지 동東삼층석탑과 석불입상이 그것이다.

상수리재는 심연동 동쪽에 있는 고개로 성수리에서 부여군 외산면 수신리의 상수리로 넘어간다. 수람치기는 성주골 동쪽 심연동으로 가는 도중에 있는 모롱이로 바람이 많이 분다고 한다.

옥현리 서당골(금당리)은 옥현리에서 으뜸 되는 마을로 고정 서기가 가르치던 서낭이 있었으며, 쇠개울과 못이 있었다 한다. 용수리의 물줄(수현)은 용바위 북동쪽에 있는 마을로 뒤쪽에 산이 있어서 어디든지 물이 잘 난다고 한다. 오백량짜리논은 물줄 앞에 있는 논으로 전에 오백 냥을 주고 샀다고 하며, 천뱅이는 물줄 서쪽에 있는 마을로 옛날 이곳에 방이 천 개가 있는 큰 절이 있었다 한다.

미산면 풍계리豐溪里는 뒷굴에 있으며 예전에 광산이 있던 곳으로 이곳에서 불을 때면 웅천에서 연기가 난다고 하며, 풍년골(풍년동)은 풍계리에서 가장 큰 마을로 큰 부자가 많이 살았다고 하고, 방구바위는 주정이 동쪽 들에 있는 바위로 두드리면 쇳소리가 난다고 한다.

보령 웅천읍 관당리와 독산리 일원에 걸쳐 있는 무창포 해수욕장은 원래 조선시대에 군창지였다. 이곳은 1928년 서해안에서 최초로 개장된 해수욕장으로 백사장의 길이가 1.3킬로미터에 이른다. 경사가 완만한 무창포 해수욕장은 인근 해안가에 해당화가 만발하며 한적한 곳으로 알려져 있다. 이곳 무창포 바다가 사람들에게 알려진 것은 4월초에 무창포에서 석대도까지의 바닷길이 모세의 기적처럼 갈라진다는 것이 언론에 알려지면서부터다.

독산리獨山里의 홀뫼는 서북쪽에 있는 섬으로 옛날 지나가던 배가 파선되어 많은 시체가 떠 있어서 지게로 지어냈다고 하며, 불근댕이(부근당, 부당)는 수부리에서 으뜸 되는 마을로 전에 마을 앞에 연못이 있고 그 옆에 부군당이 있었다. 수안水岸은 불근댕이 남쪽에 있는 마을로 두 내가 마을을 둘러싸고 흐른다.

황교리의 구진舊鎭(구마량진기, 옛마량진터)은 광암 남쪽에 있는 진 터로 원래 이곳에 충청수군첨절제사영에 딸린 마량진이 있어 1510년(중종 5)에 둘레 385미터, 높이 2.7미터의 돌성을 쌓았는데, 효종 때 이상진이 순무 차 이곳에 이르러 지세를 살펴보고 선박의 내양이 불편하다 하여 진을 비인으로 옮겼다. 배다리(주교, 주교리)는 무석골 서북쪽에 있는 마을로 옛날 이곳까지 배가 드나들었다 한다.

주산면 동오리의 선돌은 세 개의 돌이 서 있는 형상인데, 이 돌에 얽힌 사연이 있다. 예전에 여장사가 고깔바위를 쓰고 마당바위를 치마에 싸 안은 채, 지팡바위를 짚고 가다가 치마폭이 터져서 마당바위가 떨어지는 바람에 고깔바위와 지팡바위도 함께 놓쳐서 세 바위가 한꺼번에 우뚝 서 있게 되었다는 얘기다.

유곡리柳谷里(버들, 유곡)는 본래 남포군 습의면의 지역으로 버드나무가 많이 있으므로 버들 또는 유곡이라 하였고, 숫골(수곡)은 버들 남쪽에 있는 마을로 옛날에 노인들이 많이 살고 장수하였다고 한다.

창암리의 남전역 터는 남전에 있는 조선시대의 역터로 도찰방에 딸려 말 10필, 노비 95명이 있었는데, 1896년(고종 1) 정월에 폐지되었다. 창말(창촌)은 역말 서남쪽에 있는 마을로 조선시대에 남포현의 남창고가 있었다.

화평리의 배챙이는 화산 북쪽에 있는 모롱이로 전에 배를 매던 곳이라 하고, 삿갓재(약현)는 화산 서쪽에 있는 마을로 모양이 갓처럼 생겼다고 한다. 함정고개는 황성에서 금암리로 넘어가는 고개로 예전에 호랑이를 잡으려고 함정을 팠다고 한다.

이안우李安愚는 그의 시에서 "북녘을 돌아보니 구름이 깊은 구렁에서 생겨나오고, 남쪽으로 굽어보니 바다 물결이 하늘과 접했구나. 좋은 바람 때마침 이르니, 마음도 쾌하여 변방의 일을 주획籌劃하는 다락에 앉아 있네"라고 노래하였고 이승소는 "마고에 외로운 옛 성이 있는데, 바깥 바다와 안의 산이 웅장하도다. 산 아지랑이 깊어 항상 비를 지어내고, 바다가 가까우니 바람 많은 것이 괴롭다. 소금 굽는 가마에선 불 때는 연기 하얗게 오르고, 어부의 마을은 반조返照로 붉게 물들어 있다. 대나무 숲 속을 뚫고 지나가니, 푸른 눈 조각이 분분히 길 가운데 흩어지네"라고 묘사하였던 남포가 그 옛날의 남포가 아니듯 이곳을 오가는 사람들도 옛날의 그 사람이 아닌데, 나는 지금 이 남포에서 무엇을 찾으려고 두리번거리고 있는가?

충남 부여 석성

五장

돌로 쌓은 성이 즐비한 군사 · 교통의 요지

지금은 부여군에 딸린 하나의 면이 된 석성현의 객관에서 최숙생崔淑 生은 다음과 같은 시를 남겼다.

석성향교 충청남도 기념물 제126호로, 현재 대성전, 명륜당, 동재 등이 남아 있다.

비 온 뒤 마루와 창에 찬기운 생겨나니, 나그네 회포 고적해서 홀로 난간에 의지했다. 숲을 뚫으며 회롱하는 까치 날아서 서로 쫓고, 섬돌에 눌린 떨기 대는 젖어서 마르지 않았구나. 세상일 분분한 것은 원래 정한 분수 있고, 봄 시름한 것은 까닭도 없어라. 내일 아침 예와 같이 동풍 길에는 좋은 청산 안 세가 브이겠는가?

부여군 석성면은 조선시대의 현이었다. 석성현石城縣은 본래 백제의 진악산현珍惡山縣이었는데, 686년(신라 신문왕 6)에 석산石山이라고 고지고, 757년(신라 경덕왕 16)에 부여군의 영현으로 삼았다. 940년(고려 태조 23)에 지금의 이름인 석성으로 고치고, 1018년(고려 현종 9)에 공주에 예속시켰으며, 1172년(고려 명종 2)에 감무를 두었다가 후에 이를 혁파했다. 1371년(고려 공민왕 20)에 부여 감무로 이를 겸임하게 하였다가 1390년에 다시 감무를 두었으며, 조선 태종 14년인 1414년에 이산과 합하여 이성이 되었다. 다음해에 이곳이 고다진古多津으로 통하는 요충지라 하여 다시 나누고 현감을 두었다. 1895년(고종 32)에 군으로 승격하였고, 1914년 군면 통폐합에 따라 석성천을 경계로 동부 5개 면을 논산군에 이관하고 서부 4개 면이 부여군에 편입되었다.

지세는 서쪽으로 금강에 연하여 있고, 동쪽의 봉황산, 등골산 등의 구릉성 산지를 제외하고는 석성천과 그 지류 유역에 접하여 충적 범람원이 발달되어 있다.

예로부터 금강의 수운을 이용하여 곡물을 강경, 군산 등지로 출하하는 등 수상교통이 중심을 이루었으나 육상교통이 발달하면서 그 기능을 잃게 되었다. 석성이라는 지명은 백제 때 이곳이 부여의 외곽지대로 군사·교통상의 요지여서 돌로 쌓은 석성이 즐비하다 하여 지어진 것이라 한다. 또한 이곳은 백제 의자왕 때 백제군과 나당연합군과의 치열한 격전지이며 고려 우왕 때에는 두 차례에 걸쳐 왜구가 침입했던 곳이기도 하다. 조선시대에는 금강의 지류인 수탕천水湯川 변 저포猪浦에서 이곳의 물자를 모아 금강을 통해 경강京江으로 운반하였고, 노성, 부여, 홍산, 임천, 용안 등과 연결되는 도로가 발달했던 곳이다.

『신증동국여지승람』「산천조」에 "망월산望月山은 현의 북쪽 13리에 있다. 파진산波鎭山은 현의 서쪽 4리에 있다. 장군봉은 현의 북쪽 9리에 있으며 태조봉과 마주보고 있는데, 가운데에 큰 길이 있다. 골 어귀가 곡절이 많고 좁아서 행인들이 볼 적에는 골이 없지 않은가 의심하나 들어갈수록 그 안이 극히 광활하여 만여 명의 군병을 감출 만하다. 세상에서 전하기를, ‘당나라 장수 소정방이 백제를 칠 때에 군병을 이곳에 감추었다고 하였기 때문에 장군봉이라고 하였다’ 고 한다”라고 기록되어 있다.

석성현의 경계는 『신증동국여지승람』에 의하면 동쪽으로 이산현 경계까지 16리, 남쪽으로 은진현 경계까지 24리, 임천군 경계까지 12리, 북쪽으로 부여현 경계까지 17리이고, 서울과의 경계는 392리이다.

충청남도 기념물 제126호인 석성향교는 부여군 석성면 석성리에 있는데, 고려 말이나 조선 초기에 창건된 것으로 보인다. 임진왜란 때 불타버린 것을 인조 14년인 1636년에 중건하였고, 현존하는 건물로는 대성전을 비롯하여 명륜당, 동재, 내삼문, 외삼문, 수복청 등이 있다.

부여군 석성면은 석성군의 현내면이었는데, 봉정리鳳亭里는 백제 때 군대가 주둔하던 봉두정이 있었다고 해서 봉정리라고 이름 지어졌다. 사포라 부르는 개사리는 봉두정 남쪽에 있는 마을로 동남쪽에는 석성천이 흐르고 서쪽에는 금강이 흐른다. 반조원 나루는 아랫가사리 남쪽에 있는 금강의 나루로 세도면 반조원으로 건너가며, 봉두정이 나루는 장암면으로 건너가는 나루이다. 봉두정 서쪽 금강 가에는 속이 비어서 밟으면 통통 울리는 통통바위가 있고, 개사리 뒤에 있는 산은 그 산의 형세가 매와 같다고 해서 매산이라고 부른다.

충청남도 부여군 석성면 현내리에 있는 **부여 석성산성**石城山城은 삼국시대의 석축 산성으로 둘레가 약 1.5킬로미터이며 사적 제89호로 지정되어 있다. 현재 문지, 수구문, 우물터, 건물지 등이 남아 있는 이 성의 이름은 석성현이라는 옛 지명에서 유래된 것으로 백제의 국도인 사비 남쪽의 관문을 방어하기 위하여 축조된 산성이다. 이 산성은 안쪽에 성을 세운(테뫼형 산성) 후 다시 성 밖에 두 개의 골짜기를 따라 성(포곡형 산성)을 쌓았다. 그 중 테뫼형은 높이 160미터의 산봉을 중심으로 하여 그 동북쪽에 인접한 높이 160미터의 또 하나의 산봉을 포용한 뒤 동남쪽을 향한 산상의 경사면을 따라서 쌓은 것으로 현재 석축의 성벽은 모두 무너졌는데 석괴가 5미터 정도 너비로 산 중턱의 경사면을 돌아간 것을 볼 수 있다. 이 테뫼형 산성의 둘레는 약 580미터이며 현재 성문 터와 성 밑으로 개울물이 흐르게 하던 서구문, 남쪽 모퉁이의 우물 터 1개와 건물 터 등이 남아 있다.

포곡형 산성은 테뫼형 산성의 동남쪽 산 아래에 있는 두 개의 깊은 골짜기를 따라 축조되었다. 이 두 개의 골짜기는 동남쪽을 향하여 기다랗게 병행되었으므로, 그 중앙과 좌우 양편에 각각 높은 산등성이가 형성되었다.

이 테뫼형 산성과 포곡형 산성의 선후 관계는 정확하게 알 수 없으나, 테뫼형 산성 아래에 있는 두 개의 골짜기를 포괄하기 위하여 포곡형 산성이 뒷날에 축조된 것으로 판단된다. 또한 테뫼형 산성은 이 고장을 수호하기 위한 목적으로 먼저 축조된 지방 산성에 불과한 데 비하여, 포곡형 산성은 국도 사비의 방위를 위하여 확장·축조된 것으로 보이며, 그 시기는 대략 7세기 전반으로 추정되고 있다. 전반적으로 보아 이 산성은 연산의 황산성, 노성의 노성산성 및 금강 건너의 성흥산성, 배후에 있는 금성산성과 연결되는 백제의 수도 사비의 최후 방비성으로 여겨진다.

비당리의 배고개
는 소반촌 뒤에서
석성리로 넘어가는
고개이고, 산악골은
사냥골이라고 부르
는데, 아랫비당 서
북쪽에 있는 마을로
동쪽을 향해 있어서
햇빛이 바로 비친다
고 한다.

석성초등학교 옛 시절 석
성현의 객사가 있던 자리에
지금은 석성초등학교가 들
어섰다.

비당 남쪽에 있는 소롱골은 '등잔을 걸어놓은 듯하다'는 괘등형掛燈形
의 명당이 있다고 하며, 상리 북쪽에 있는 소반촌은 소반챙이라고도 불리
는데 뒷산이 소반처럼 생겼고, 금반형金盤形의 명당자리가 있다고 한다.

석성리의 갈마루는 남산 동쪽에 있는 들로 수원이 없어서 들이 건조
하기 때문에 갈(풀)이 많았다고 하며 조선시대에 객사가 있던 곳은 1912
년에 석성초등학교가 들어섰고 조선시대에 동헌이 있던 곳은 석성면사
무소가 들어서 오늘에 이르고 있다.

그때부터 이런 풍경을 예감했을까? 최숙생은 객관에서 나그네의 쓸쓸
함을 한 폭의 풍경화처럼 그려냈다.

황혼에 날리는 비 다시 하늘에 자욱한데, 뚝뚝 떨어지는 처마 물소리 나그네
베개 가에 들려오네. 반짝거리는 파란 등불 때로 어두우려 하고, 짙고 얕은
나그네 시름이 꼬리 물고 찾아든다. 동풍 방초芳草 천리에 아득한데, 흰 머리

타향에서 한 해를 보냈네. 만 번 죽을 몸 돌아와서 성군聖君을 만났으니, 이 몸 어찌 편안히 구름 연기 속에 늙으랴.

양지뜸 동쪽에는 과능개라는 다리가 있고, 남산 북쪽에는 수원水原이 없어서 들이 건조하여 갈풀이 많았다는 사직단이 있다. 현감들이 집무를 보던 석성동헌의 문은 굳게 닫혀 있고, 이틀과 이레에 장이 서면 성시를 이루었다는 석성장터는 그 흔적조차 사라진지 이미 오래이다.

석성 서쪽에서 봉정리로 넘어가는 고개가 꽃고개인데 연화부수형의 명당이 있다고 하며, 양지뜸 남쪽에는 도깨비가 살았다는 도깨비방죽이 있다. 양지뜸 앞에는 옛날에 배로 왕래했다는 배다리가 있었던 곳이다.

남산 북쪽에는 조선시대 석성현의 감옥 터가 남아 있고, 양지뜸 북쪽에는 석성향교가 있어 향곳골이라고 불리고 있다. 양지뜸 앞에 있는 터진목은 석성천의 물이 모두 이곳으로 빠지기 때문에 지어진 이름이고, 향곳골 안쪽에는 황소가 누운 것과 닮았다는 황소바위가 있다. 정각리의 갓점마을은 절골 서쪽에 있는 마을로 예전에 산짐승의 가죽을 다루는 점이 있었다고 하고, 정각리와 중산리 근처에 자리 잡은 숯골은 옛날에 숯을 구웠던 곳이다.

정각 서북쪽에 있는 지경고개는 지경티라고도 불리는데, 조선시대 부여군과 석성현의 경계가 되었던 곳이다.

뒷산이 시루처럼 생겨서 증산리라고 이름 지어진 증산리의 군장동軍藏洞은 시르메 북서쪽에 있는 큰 골짜기로 태조봉 아랫자락에 있으며 부여에서 논산으로 가는 큰 길가에 있었다. 이곳은 백제 때 군사 만여 명을 이곳에 감추었다가 나당연합군을 쳤던 곳이라고 하고, 소정방蘇定邦이 이곳에 군사를 감추었다는 얘기도 전해온다. 증산 북쪽 길가에 있는 오줌바위는 옛날 나들이 하던 사람들이 오줌을 누며 쉬어 갔다는 바위이고, 시르메 서쪽에 있는 세거리 마을은 세 갈래의 길이 있었던 곳이다.

현내리 북쪽에는 당산성지라고 불리는 당재성터가 있고, 현내리 동쪽에는 그 모양이 봉황처럼 곱게 생긴 봉황산이 있다.

논산시 성동면은 군면 통폐합이 되기 전까지 석성군의 현내면이었으며, 석성면 개척리는 마을 앞에 개가 있고, 낮은 산등성이에 마을이 있으므로 개재 또는 개자라고 불리기도 하였다.

금성마을은 마을 서남쪽에 외따로 펄이 있어서 딴펄이라고도 불리며 높이가 58미터인 금성산에는 흙으로 쌓은 토성이 있다.

병촌리는 그 생김새가 병과 같아서 지어졌고, 증리와 까치말 중간에

석성동헌 현감들이 집무를 보던 석성동헌은 충청남도 유형문화재 제124호로, 태종 15년인 1415년에 처음 짓고 1628년에 중건되었다.

있는 삼잿골은 낮은 재가 셋이 있는 마을이다.

삼호리의 오미는 오산이라고도 하는데, 예전에는 이곳 창倉 터에 나라의 창고를 두고 석성 고을 주변에서 받은 조세를 이곳에 쌓아두었다가 배로 운반해 서울로 가져갔다고 한다. 장호 서쪽에 있는 장급마을은 예전에 논산천이 길게 굽이져 있으므로 긴굽이 또는 장굽이라고 부르던 것이 변하여 장급이 되었고, 오미 서남쪽에 있는 장호는 장급의 작은 마을로 앞에 입석천이 길게 호수처럼 펼쳐져 있는 곳이다.

우곤리 소곤 북쪽에 있는 다르매는 월산이라고도 부르는데, 반달 모양으로 되었고, 다르매 북쪽 석성천에 있는 도치개다리는 전에는 돌로 다리를 놓았으나 홍수로 인해 떠내려가자 배로 대신 다리를 놓았다가 나중에 나무로 놓았다.

밧소곤 남쪽에 있는 낮은 산은 그 모양이 돼지 같다고 해서 도치매이고, 소곤 북쪽에 있는 밧소곤 마을은 갯가에 있기 때문에 포전이라고 부른다. 원남리의 영남촌은 영남지방 사람들이 와서 살았던 마을이고, 원남리에서 가장 큰 마을인 하서 마을은 성터라고도 불리는데 마을 뒤에 옛 토성이 있다.

원봉리의 돌다리는 선돌 동쪽 들 가운데에 있는 다리로 한 칸에 돌 세 개씩 세 칸을 놓았다. 산돌 중앙 산부리에는 선돌이 줄지어 서 있는데, 고종 때 박제원이라는 사람이 바위를 파내고 그 이름을 바위에 새겼다고 한다.

원북리의 군계다리는 석성천에 있는 다리로 부여군 석성면의 경계가 되며, 새갈미 앞에 있는 산은 높은 등이라고 불리는 고봉산인데, 높이는 47미터로 높진 않지만 매우 수려하게 생겼다.

군계다리 서남쪽에 있는 쇠죽골은 '소가 누워 있는 형상'이라고 하는 와우형의 명당이 있다고 하며, 쇠죽골 서쪽에 있는 원터는 예전에 지나가는 여행객의 편의를 도와주기 위하여 수탕원을 두었던 곳이다.

새갈미 서남쪽에 있는 장구매는 부산리라고 부르는데 뒷산의 지형이 장구와 같다고 하고, 양지뜸 서쪽에 있는 장뚝골은 마을 앞에 장군석이 서 있어서 생긴 이름이다.

지창이 다리는 수탕원 앞에 있는 다리이고, 구방죽 앞에 있는 찰밥논은 12마지기가 되는 논으로 땅이 매우 걸어서 거기서 생산되는 쌀은 맵쌀이라도 찹쌀처럼 차지다고 한다. 월성리 북쪽에 있는 월명산은 매년 정월 대보름이 되면 마을 사람들이 산에 올라가 달을 맞이하며 소원을 빌었던 곳이고, 정지리의 구등재는 정지리에서 가장 큰 마을로 산이 눌러 있어서 우묵하므로 구등재 또는 구등현이라고 하였다.

이맹상李孟常이 석성을 두고 "남자는 밭 갈고 여자는 베를 짜며 아침저녁을 보내니 뽕나무 숲 연기 깊은 곳에 한 마을을 이루었네"라고 노래한 석성의 풍경은 이제 그 어디에서도 찾을 수 없고 이리저리 바쁘게 달려가는 자동차들의 경적 소리만 요란하다.

六
장

충남 부여 임천

백제의 혼과 한이 서려 있는 고을

오랜 세월이 유장하게 흘렀음에도 백제를 떠올리면 백마강과 함께 삼
천궁녀가 연상된다. 봄날 우수수 떨어지는 꽃잎처럼 백마강 물결 위로
몸을 던진 궁녀는 과연 얼마나 되었을까 생각하며 웅포대교를 지나 금
강이 한눈에 내려다뵈는 유왕산에 오른다. 부여군 양화면 암수리와 원
당리 경계에 있는 유왕산留王山에는 백제 멸망의 한이 서려 있다.

의자왕 20년인 660년에 나당연합군에 의해 백제의 사직이 무너지고,
의자왕과 대신 93명 그리고 백성 1만 2,807명이 소정방에 의해 사비성
을 나와 당의 노예로 끌려가며 금강을 따라 내려갈 때, 백제의 남은 백
성들이 이 산에 올라가서 임금과 가족들을 머무르게 해달라고 애원하였
다. 그로부터 1,300여 년 동안 해마다 8월 17일이 되면 인근 고을의 부녀
자들이 음식을 장만해가지고 몰려와서 다음과 같은 노래를 부르는 것이

대조사 석조미륵보살입
상 미래세계에 나타나 중생
을 구제한다는 미륵보살을
형상화한 것으로, 고려시대
유행한 거대 석조미륵보살
의 대표적인 작품이다.

하나의 풍습으로 자리 잡았다.

"이별 말자 설워마소, 만날 봉자 또다시 있네. 명년 8월 17일에 악수 논정 다시 하세."

뒤를 이어 개벽의 꿈을 담은 산유화가를 불렀다.

"추여봉에 해 뜨고 사자강에 달 진다. 저 전날에 떠나서 들에 나와 저 달 져서 집에 올라간다. 어널널 상사 뒤어여 뒤여 상사 뒤, 부소산이 높아 있고, 구룡포가 깊어 있다. 부소산도 평지 되고 구룡포도 평원 되니, 세상사 뉘가 알꼬. 어널널 상사 뒤어여 뒤여 상사 뒤……."

백제의 땅이었고 백제 멸망의 현장이었던 임천군은 본래 백제의 가림군加林郡이었다. 신라 때에 가加자를 가嘉자로 고쳐 가림嘉林으로 하였으며, 고려 성종 때에 임주자사를 두었고 현종 때에 가림현으로 고쳐 현령을 두었다. 고려 충숙왕 때 원나라 평장사 아패해阿孛海의 아내 조씨의 본관이라 하여 지림주사로 승격되었으며, 1394년(조선 태조 3)에 명나라 조정으로 들어간 환자 진한룡陳漢龍의 청으로 다시 부로 승격되었다. 1401년(태종 1)에 환원되었다가 1403년(태종 3)에 또 명나라로 들어간 환자 주윤단朱允端의 청으로 부로 승격, 다음 해에 환원되었으며, 1413년(태종 13)에 지금의 이름으로 고쳐 군으로 만들었다. 1895년(고종 32)에 지방관제 개정에 의하여 행정구역을 고쳤다가 1914년에 군면 폐합에 따라 부여군에 편입되었는데, 임천·세도·장암·충화·양화의 5개 면과 부여 논산의 일부가 임천군의 소속이었다.

임천군은 『신증동국여지승람』에 의하면 동쪽으로는 석성현 경계까지 29리, 은진현 경계까지 31리, 전라도 용안현 경계까지 16리, 한산군 경계까지 27리, 서쪽으로는 홍산현 경계까지 16리, 북쪽으로는 부여현 경계까지 16리이고 서울과의 거리는 419리였다.

임천군의 풍속을 두고 조선초기의 학자인 하륜은 그가 지은 「악산루기樂山樓記」에서 "모시를 심어 이익을 보아 기내에 남은 풍속이 있다"고 하였다. 악산루는 지금의 임천군청 자리에 있던 누각으로 지금은 찾을 수 없다. 임천군청의 뒤편에 진산인 성흥산聖興山이 있고 산을 둘러싼 성흥산성聖興山城이 있다.

성흥산성의 문루가 있었을 성심은 성문을 지나면 오른쪽으로 성벽이 휘돌아가고 왼쪽에는 500여 년은 되었음직한 잘생긴 느티나무가 서 있다. 언제나 산성 앞에 서면 시공을 뛰어넘어 그 시절로 돌아간 듯한 환상에 빠져든다. 그 시절 이 땅의 백성들은 절박한 심정으로 이 성을 쌓았을 것이다. 성흥산성은 세월에 부서시고 흩어졌다가 다시 그 세월 속에서 이끼 낀 옛 돌들과 새로 식구가 된 반듯한 새 돌들이 맞물린 채 질서도 정연하게 쌓여 있다.

성흥산성은 부여군 임천면 군사리에 있는 백제시대의 토석혼축 산성으로 둘레는 600미터, 면적 12만 916평방미터로 사적 제4호로 지정되어 있다. 데뫼형(산의 정상 부분에 머리띠를 두른 듯이 쌓은 성) 산성으로 남·서·북문지와 군창지, 우물터 세 군데 및 토축보루의 방어시설을 갖추고 있다. 이 성에 관해서 『삼국사기』 「백제본기」 제24대 동성왕 23년(501) 조에 "8월에 가림성(임천의 옛 이름)을 쌓고 위사좌평 백가로 하

성흥산성의 느티나무 성흥산성 정상에 있는 이 나무에서 바라보면 강경 웅포 일대의 금강이 훤히 보인다.

여금 이를 지키게 하였다"라고 기록되어 있다. 이러한 사실로 보아 이 산성은 백제시대의 성곽 중에서 축조 연대와 당시의 지명을 알려주는 하나뿐인 예로 귀중한 유적이 아닐 수 없다.

당시 이곳이 가림군加林郡이었으므로 가림성加林城이라고도 부르는 이 성의 성벽 높이는 대개 3~4미터이며, 축조 방식은 일부는 석축으로 일부는 토축으로 되어 있다. 안으로 흙을 다져 내탁內托을 하고 외면은 석축을 하였으므로, 흙을 파낸 곳은 자연히 호壕를 형성하고 있다. 서쪽 성벽의 석축 부분이 가장 잘 남아 있는데, 그 기초 부분을 견고하게 하기 위해 성벽보다 약 1.5미터 정도 앞의 부분까지 넓혀서 기초를 만들었고 토축 부분은 산의 능선을 따라 지그재그식으로 축조했다. 주문이었던 남문지의 너비는 4미터이며 초석이 그대로 남아 있다. 이 남문지 앞에 있는 토성산土城山에 둘레 약 200미터의 토축보루가 있는데 이 토축보루에 소보루小堡壘가 부속되어 있다. 이와 같은 대·소 성의 배치는 백제 산성의 특징이라고 볼 수 있다.

이 성을 쌓은 동성왕은 문주왕의 동생인 곤지의 아들로 담력이 뛰어나고 활을 잘 쏘았다. 그는 삼근왕 때 일어난 해구의 반란을 평정한 뒤 실권을 장악한 진씨 귀족세력에 의해 왕이 되었다.

동성왕은 고구려의 남진정책을 효과적으로 막기 위해 신라와 혼인동맹을 맺으면서 신라 이찬 비지의 딸을 왕비로 맞이하였고, 도읍지를 웅진으로 옮긴 뒤 나성을 축조하고 새로운 도읍의 면모를 갖추었다. 금강 남쪽의 웅진에 임류각이라는 정자를 지은 동성왕은 가림성, 우두성, 사현, 이산 등의 성을 쌓으며 신라나 고구려와의 관계에 적극적으로 대처하였다.

그러나 동성왕은 이 가림성을 축조한 뒤 비운의 죽음을 맞는다. 『삼국
사기』에 따르면, 동성왕의 명을 받아 이 성의 성주로 부임한 백가는 이
성의 중요성을 고려하고 산성을 지키도록 임명받았음에도 자신을 한직
으로 보냈다는 생각에 앙심을 품게 된다. 백가는 그 일을 못마땅하게 여
겨 병이라 칭하고 사직하고 말았는데 동성왕은 허락하지 않았다. 때마
침 사냥을 좋아하던 동성왕이 그해 11월 사비의 서쪽 들에서 사냥을 하
다가 큰눈이 내려 길이 막히는 바람에 마포촌이라는 곳에서 머물게 되
었다. 기회를 엿보고 있던 백가는 이때를 틈타 자객을 보내 왕을 시해했
다. 백가의 반란은 25대 무령왕이 즉위하자마자 보낸 해명에 의해 진압
되었고 백가는 참형되어 백마강에 버려졌다.

그러한 역사적 사실을 간직한 성흥산성은 무왕의 아들 성왕이 도읍지
를 부여로 옮긴 뒤에는 더욱 중요한 요새로 자리 잡았다. 그러한 연유
때문인지 나당연합군에 의해 부여가 함락될 때의 일화가 전해진다. 그
무렵 몇날 며칠을 두고 깊은 안개가 이 산성을 둘러싸고 시야를 가리자,
수비장이 마음이 이상하게 설레어 하산해보았더니 안개는 산성만 에워
싸고 있었다. 불길한 예감에 말을 달려 부여에 다다르니 이미 왕성은 함
락되었고 이에 통분한 그는 그 자리에서 자결하고 말았다. 그 뒤 성흥산
성은 백제부흥운동군의 거점이 되기도 했는데 그때의 기록이 『신증동
국여지승람』에는 다음과 같이 실려 있다.

당唐나라 유인원劉仁願의 군사와 손인사孫仁師의 군사가 서로 합세할 때 손
인사가 말하기를 부여풍夫餘豊을 공격할 때 모든 장수와 의논하매, 어느 장
수가 말하기를, "가림성은 수륙의 요충이므로 마땅히 먼저 이를 공격하여야

한다" 하니, 유인궤劉仁軌가 말하기를, "병법兵法에 이르기를, 실實한 곳을
피하고 허虛한 곳을 치라 하였다. 가림성은 험준하고 견고하니, 이를 치려면
군사의 손상을 볼 것이요, 대치하고 있으려면 오랜 시일이 소요될 것이다"
하여 드디어 주류성周留城으로 달려갔다.

그날의 역사가 세월 속에 흐릿하게 남아서인지 산성에는 안개가 자욱
하게 끼었다.

이 성흥산성 안에는 태조 왕건을 도와 고려를 세운 유금필庾黔弼의 사
당이 있다. 평주(지금의 황해도 평산) 출신인 유금필은 태조를 도와 고려
를 건국하는 데 큰 공을 세워 개국공신이 되었다. 그는 920년 북쪽의 골
암진이 여진족에게 침략당하자 개정군 3,000여 명을 거느리고 골암진의
동산에 성을 쌓은 후 여진족 추장 300여 명을 복종시켰다.

925년에는 정서대장군으로 임명되어 후백제의 연산진을 공격하여 길
환을 죽이고 임존성을 공격하여 후백제 군사 3,000여 명을 무찔렀다. 조
물성 전투에서는 계속 몰리고 있던 왕건을 도왔고, 공산 전투에서 왕건
을 대신해 죽은 신숭겸의 시신을 찾는 데 어려움을 겪자 "신숭겸의 왼쪽
발 아래에 북두칠성 같은 사마귀가 있다"고 알려줘 시신을 찾는 데 도움
을 주기도 했다. 전투가 있을 때마다 혁혁한 전공을 세운 그는 931년 그
를 시기한 사람들의 모함으로 곡도(지금의 백령도)에 유배되기도 했으나
왕건의 도움으로 유배에서 풀려났다. 그후 운주성 싸움에서부터 나주
전투에 이르기까지 수많은 싸움에서 무패를 자랑했다.

그 무렵 백제와 싸움을 벌이기 위해 내려가던 유금필은 임천면을 지
나던 중 임천 지역 사람들이 기아에 허덕이는 것을 보고 가엾게 여겨 빈

민들을 구제하였다. 그것을 감사하게 여긴 임천 사람들은 그 덕을 기리기 위해 성흥산성 안에 유금필이 살아 있는데도 그의 사당을 세워 해마다 제사를 지냈다고 한다. 941년에 세상을 떠난 그는 충절이라는 시호를 받았고 994년(성종 13)에는 태사 벼슬이 추증되었다.

백제의 옛 땅이며 후백제의 땅인 이곳에 살아 있는 고려 장군 유금필의 사당까지 세워진 것을 보면, 역사는 항상 승자의 역사이고 기록 또한 그들의 기록이라는 것을 새삼 실감하게 된다.

서거정은 그의 시에서, "들으니 당나라 군사 일찍이 이곳에 주둔했을 때, 어찌하여 신라 장수 침범해 괴롭혔나. 웅진강 한 줄기는 하늘과 함께 맑은데, 마을의 뭇 봉우리 땅에 연해 그늘졌네" 라고 노래하였다.

성흥산성을 보호해주듯이 그늘을 드리운 느티나무 아래에 서자, 문득 멀리 띠를 두른 듯한 금강이 강경 웅포를 지나 서해바다로 들어가는 것이 눈에 들어온다. 이 성흥산 중턱에는 대조사大鳥寺가 있다.

대한불교조계종 제6교구 마곡사의 말사인 대조사는 『부여읍지扶餘邑誌』에 따르면, 인도에 가서 범본梵本을 가지고 백제로 돌아와 백제 불교의 방향 제시에 큰 역할을 하였던 고승 겸익謙益이 창건했다. 지금까지 남아 있는 건물로는 용화보전龍華寶殿과 요사채, 산신각 등이 있다.

한편 사적기를 참작하여 적은 현판에는 527년(백제 성왕 5) 담혜曇慧가 창건하고 고려 원종 때 진전장로陳田長老가 중창한 뒤 여러 차례의 중수를 거듭하면서 오늘에 이르렀다고 되어 있다. 이 절의 여러 창건설에 따르면 6세기 초엽에 창건되었으므로 우리나라에서 가장 오래된 절 가운데 하나임을 알 수 있다.

법당 뒤에 있는 대조사석조미륵보살입상은 고려시대 작품으로 추정되며 보물 제217호로 지정되어 있다. 양식과 규모로 볼 때 한눈에도 관촉사은진미륵이나 연산 개태사삼존석불 그리고 홍성의 상하리미륵불과 닮았다는 것을 느낄 수 있다. 그러나 이 불상은 관촉사 미륵보살의 부리부리한 눈과는 달리 온화한 눈빛을 하고 있어 부드러움을 자아낸다. 이 석불은 화강암으로 조성되었으며 높이가 10미터, 둘레가 4.8미터나 되어 몸체가 다소 둔중한 듯하지만 청아하고 차분한 멋이 있다. 머리에는 원통형의 높은 관을 쓰고 그 위에 사각형의 보관寶冠을 두 개 올려놓았는데, 보관 네 귀퉁이에는 동령同鈴이 달려 있다. 석불 옆의 바위에는 수령이 500년에 가까운 노송老松이 마치 푸른 용이 용트림하며 올라간 듯한 자세로 석불 쪽으로 가지를 뻗어 우산처럼 드리우고 있어서 운

치가 있을 뿐 아니라 경건한 분위기를 자아낸다.

전설에 따르면 고승 겸익이 수도를 하는 중에 큰 새 한 마리가 날아와 바위 위에 앉는 꿈을 계속 꾸었다고 한다. 며칠 동안 같은 꿈을 계속 꾸자 겸익은 괴이한 일이라 여겨 그 바위에 가보았더니 바위가 석불로 변해 있었고, 그로부터 이 절을 대조사라 부르게 되었다고 한다.

대조사석조미륵보살입상의 아름다움에 흠뻑 빠져 있는 사이 어느새 구름이 걷히고 햇살이 부드럽게 온 대지를 에워싸고 있다. 성흥산성은 이제 구름 속에서 벗어나 있다.

임천면 군사리는 본래 임천군의 군청이 있으므로 임천 읍내 또는 군사郡司라 하였는데, 임천군의 동헌 자리에는 임천 파출소가 들어섰다가 옮겨가고 그 자리에는 현재 주춧돌만 남아 있다. 그 바로 앞에 잘 자라 그늘을 드리운 소나무가 그 시절을 떠올리게 할 뿐이다. 동헌 바로 아래에 있던 임천군의 객사는 임천초등학교로 변모하여 아이들 재잘거림에 묻혀버렸고, 임천객사를 지키고 있던 강산루江山樓는 군수郡守 심노숭沈魯崇이 지었다는데 그 터만 남아 있을 뿐이다.

병목처럼 생겨서 호리동이라고 부르는 호리동의 관아터는 임천군의 내아가 있던 곳이고, 호리동 중앙에 있는 만포정이라는 우물은 임천 관아에 딸린 우물이었다. 지금은 임천 포목집, 임천 철물 건재, 임천 문구사 등의 이름들이 한가하기 그지없는 임천을 지키고 있다. 임천 장터 서북쪽에 있는 국자동 마을은 누룩구석으로 불리고, 장터 북쪽에 있는 마을은 모퉁이에 돌이 박혀 있어서 돌팍모랭이라고 부른다. 오가래 남쪽에 있는 길은 문둥다리이고, 군사 남쪽에서 만사리로 넘어가는 고개는 엿통고개이며, 군사 서편에서 충화면으로 넘어가는 고개는 소나무가 많아서 솔고개라고 부른다.

구교리의 구교 남쪽 들가에 있는 터를 마장터라고 부르는데, 예전에 마장馬場이 섰다고 하며, 향교골 남쪽에 있는 오류정은 조선시대에 임천 군의 오리정이 있었던 곳이다. 임천면 칠산리는 들 가운데에 낮은 일곱 봉우리의 산이 있어서 지어진 이름이고, 왜마루 서쪽에 있는 선돌은 예전에 입석이 있어서 지어진 이름이다. 탑리 북쪽에 있는 매봉재(100미터)는 예전에 매사냥을 할 때 이곳에서 매를 풀어놓아 꿩을 잡았다고 하며, 초일 서쪽에 있는 사거리 길은 초일, 달산, 양화면, 임천으로 가는 네 갈래 길이다.

장암면 원문리 빙말은 원문리에서 가장 큰 마을인데, 빙말 북쪽에서 석동리로 넘어가는 대문다리고개는 산 양쪽을 깎아 길을 내서 마치 대문처럼 보인다고 한다. 장정과 하곡의 이름을 따서 이름 지은 장하리에는 부여읍으로 건너가는 장정진나루라고도 부르는 두래미나루가 있으며, 장암리의 맛바위에는 범허정이라는 정자 터가 남아 있다. 조선 명종 때 영의정을 지낸 상진尚震이 범허정汎虛亭이라는 이 정자를 짓고 즐겼다 한다.

부여군 양화면 벽룡리에서 가장 큰 마을인 벽절[碧寺]은 예전에 벽돌로 지은 탑이 있어서 그렇게 불리고, 벽절 동남쪽에 있는 건드래마을은 돌이 많아서 늘 내가 말라 있다고 하여 지어진 이름이다. 덕룡골 동쪽에 있는 사수막沙水幕마을은 모래가 많아서 지어진 이름이고, 뒤에 토성이 있는데 백제 때 성을 지키는 막사가 있었다고 한다.

양화면 시음리에서 전북 익산시 웅포면 곰개로 건너가는 나루가 시름 개나루, 아래갓개 동쪽에서 익산시 웅포면으로 넘어가는 나루가 갓개나루이고, 위갓개 북쪽에 있는 마을이 북간도마을이다.

임천면 가산리의 보광골에는 보광사 터라는 폐사지가 있다. 고려 원종 때의 스님 기숙耆宿, 혜담惠湛, 달한達閑 등이 상서尙書 전충용田沖用과 함께 원명국사圓明國師를 이 절에 머무르게 하였는데, 그 문하생이 3,000여 명이나 되어 수용할 집이 모자랐다. 그러자 양광도陽廣道 안렴사按廉使 최현우崔玄佑가 주선하여 집 100여 칸을 짓고, 원명국사의 맏형인 판전객사사判典客寺事 김영인과 둘째형 평양군 김영순이 협력하여 심부름꾼 100명과 논밭 1만 이랑을 절에 붙여주어 보광사가 큰 도량이 되었다. 그러나 조선 선조 때의 임진왜란으로 소실되고, 보광선사 부도와 대보광선 시비만 남아 있다가 1963년 1월에 국립부여박물관으로 옮기고 지금은 그 터만 남아 있다. 보광선사 부도에서는 1950년대에 사리가 발견되어 그것 역시 국립부여박물관에 보관되어 있다. 이제 길은 장암면 장하리로 이어진다. 백마강이라 부르는 금강 제방을 따라 달리다 보면 언덕을 뒤로하고 서 있는 장하리삼층석탑이 보인다. 멀리서 보아도 부여 읍내에 있는 정림사지오층석탑을 연상시키는 장하리 삼층석탑은 높이가 4.85미터이며 보물 제184호로 지정되어 있다.

전체적인 균형미와 세련미 면에서는 정림사 탑과 비길 수 없지만 작고 소담한 아름다움은 나름대로의 품격을 드러낸다. 이 석탑 1층 몸돌에서 1931년에 범문다라니경梵文陀羅尼經 조각과 은제합 및 상아로 만든 불상이 발견되었고, 1962년에 해체 수리할 때는 2층 몸돌 윗부분의 사리공에서 사리 11과가 들어 있는 금동사리병이 발견되었다. 그것은 어쩌면 백제 땅에 몇 개밖에 없는 백제 탑의 아름다움을 제대로 보여주고지 한 장하리 탑의 안쓰러운 한 변이 아니었을까?

충남 서천 한산 七장

피를 베어 짠 모시가 어찌 이리 곱고 희냐

조선 전기의 문신으로 한산이 본관인 이파李坡는 자신이 지은 「취읍
정翠挹亭기문」(『신증동국여지승람』)에서 "산이 기이하고 물이 고와 기린
봉은 북쪽에 진산이 되어 있고, 웅포는 그 남쪽을 둘러 흐른다"라고 묘
사했는데, 한산의 명물은 뭐니 뭐니 해도 한산세모시이다. 토질이 모
시 기르기에 좋아서 모시로 얻는 이익이 전국에서 첫째라고 알려져 있
을 만큼 한산면의 세모시가 서천군의 명물로 자리 잡은 것은 꽤 오래
전이다.

『삼국사기』에 따르면 모시옷은 삼국시대부터 우리나라 사람들이 즐
겨 입었다고 한다 1123년(고려 인종 1) 고려에 사신으로 온 송나라 사람
서긍徐兢이 보고 들은 풍물을 쓴 『고려도경高麗圖經』에는 "임금도 서민
들과 마찬가지로 흰 모시옷을 평상복으로 입었다"라고 기록되어 있다.

한산모시관 이곳에서는
한산지방의 중요 특산물인
한산세모시를 옛 방식 그대
로 제작하고 있다.

또한 『고려사』에 따르면 원나라가 바치라고 요구한 조공 가운데는 모시 2,000필이 들어 있었으며, 그 뒤로도 조선이 중국에 바친 조공 속에는 언제나 흰 모시가 들어 있었다.

경상도 동래지방에 전해오는 민요에 "모시야 적삼 아래 연적 같은 저 젖 보소. 많이 보면 병납니다. 담배씨만큼만 보고 가소"라는 구절이 있다. 모시옷 아래로 은은하게 비치는 여자의 젖가슴을 훔쳐보기는 하되 조금만 보라며 은근히 충동질하는 민요가 있을 만큼 모시옷이 민간에서도 널리 이용됐음을 알 수 있다. 삼베와는 또 다른 옷감으로 고급 옷감에 속하는 한산의 세모시는 『택리지』「복거총론」의 '생리生利' 편에도 "진안의 담배밭, 전주의 생강밭, 임천과 한산의 모시밭, 안동과 예안의 왕골논"이라는 구절이 있을 만큼 나라 안에 널리 알려져 있었다.

이 지역의 세모시는 그 품질이 우수하고 섬세하며 단아하여 모시의 대명사로 알려졌는데, 특히 이곳의 모시는 다른 지방의 모시보다 섬세하게 제작되어 밥그릇 하나에 모시 한 필이 다 들어간다는 말이 있을 정도였다. 모시풀은 일년에 세 번을 수확하는데 첫 번째 수확은 유월 하순에서 칠월 상순까지 하며, 두 번째 수확은 팔월 중하순에 하고, 세 번째 수확은 시월의 중하순에 한다. 이 가운데 두 번째 수확한 것의 질이 가장 좋다.

모시의 기원은 두 가지가 있다. 신라 때 한산의 한 노인이 산에 유별난 산초가 있어 그 풀껍질을 모시짜기에 이용했다는 전설과 고려 때 충청도 사람이 중국에서 뿌리를 얻어다가 한산에서 재배했다는 설이 그것이다. 그러나 섬유공업의 발달로 한산의 모시짜기가 점차 쇠퇴하여 한산모시의 명성은 중요무형문화재 제14호로 지정되어 그 기능보유자에

의해 명맥이 이어지고 있을
뿐이다.

　"우리 아베(아버지) 관솔 패
고 우리 울배(어머니) 관솔 놓
고 이내 나는 비비치고 우리
성님 나리치고 밤새도록 삼
고 나니, 열 손가락 반을 축
여, 단손가리 반 남았네. 달은
벌써 다 졌는데, 닭은 어이 또

모시풀 한산모시의 주원료로 일년에 세 번 수확하는데 팔월 중하순에 수확한 모시풀이 품질이 가장 우수하다고 한다.

우는가. 잔말 많은 시어머니, 이 내 잠을 또 깨우네"라는 노랫말은 개성
지방에서 전해오는 길쌈노래이다. 이 노랫말을 듣노라면 며느리들의 딱
하고 눈물겨운 사연들이 전해져오는 듯하고, 어린 날의 기억 속에 아련
하게 남아 있는 할머니와 어머니가 삼을 삼던 모습이 떠오른다.

　한산의 백제 때 이름은 마산현馬山縣으로 마읍 또는 한주, 아주라고도
불렸다. 신라에서는 그대로 쓰다가 가림군嘉林郡에 딸린 현이 되었고, 고
려에서 지금의 이름으로 고쳐 그대로 예속시켰다. 명종 때에 감무를 두
어 홍산을 겸임하게 하였다가, 뒤에 이를 지한주사知韓州事로 승격시켰
다. 1413년(태종 13)에 예에 따라 한산군이 되었고 1914년에 서천군에 편
입되었는데, 한산·화양·마산·기산 등 4개 면이 한산군의 소속이었다.

　조선시대에는 한산이 금강 하류에 있어 바다와 만나는 강의 하구에는
강변에는 우포, 외포, 사포 등이 해창海倉(바닷가 창)이 있었고, 홍산·임
천, 서천, 함열, 임피 등지와 연결되는 도로망이 발달해 있어서 교통상
중요한 요충지였는데, 한산이라는 명칭은 이 지역을 흐르는 한산천에서

따온 것이다.

한산은 『신증동국여지승람』에 의하면 동쪽으로는 임천군 경계까지 15리, 남쪽으로는 전라도 임피현 경계까지 14리, 같은 도의 함열현 경계까지 13리, 서쪽으로는 서천군舒川郡 경계까지 19리, 북쪽으로는 홍산현 경계까지 29리이며 서울과의 거리는 459리였다.

건지산乾至山은 군 서쪽 1리에 있는 한산의 진산이다. 해발 150미터인 이 산에 올라서면 한산면 일대는 물론이고 멀리 장항으로 흐르는 금강과 서해바다를 바라볼 수 있다. 산봉우리에는 1939년에 사적 제60호로 지정된 건지산성乾至山城(일명 주류성周留城)이 있다. 고창의 모양성이나 전남의 낙안읍성, 서산의 해미읍성처럼 잘 정돈된 성은 아니지만, 백제 말기 부흥운동의 중요한 거점으로 보는 학설이 있을 만큼 역사적으로 중요한 가치를 지닌 성이다.

둘레가 624미터로 샘이 일곱, 연못이 하나에 군창이 있었던 이 성은 백제 초기 또는 통일신라 때에 축성되었을 것으로 추정하는데, 역사학자 이병도李丙燾 씨는 이 성을 임존성과 함께 백제가 망한 뒤에 의자왕의 넷째 아들 풍과 백제의 장군 복신과 도침 등이 백제 부흥운동을 벌였던 주류성일 것이라고 추측한다. 그러나 한국전통문화학교 이도학李道學 교수는 오히려 부안의 우금산성禹金山城에 더 후한 점수를 주고 있다.

건지산 계곡에서 흐르는 맑은 물로 빚는 청주인 한산 소곡주는 진도 홍주, 선산 약주, 서산 두견주, 안동 소주, 동래산성 막걸리와 함께 임금에게 올리는 진상주였다. 하루 종일 앉아서 마시다가 다음 날 봇짐까지 잃었다고 하여 앉은뱅이술이라고 불릴 만큼 감칠맛 나는 소곡주를 빚으

건지산 건지산 봉우리에는 흙과 돌로 축조한 건지산성이 있는데, 이 성이 백제 말기 부흥운동의 주요
거점인 주류성이라 추측하는 설도 있다.

며 "방아야 방아야 소곡주 방아야, 이 소곡주 먹고서 노래나 불러보세" 라고 노래했다고 한다. 『신증동국여지승람』에 따르면 한산읍성은 돌로 쌓았으며 둘레가 4,070척이요, 높이가 11척이며, 그 안에 도랑 하나와 우물 넷이 있었다지만 현재 남아 있는 것은 별로 없다.

한산면 지현리는 건지산의 고개 이름을 따서 지현이라고 하였는데, 읍내리는 지현리에서 가장 으뜸인 마을로 조선시대 한산군의 읍내였다. 읍내 동쪽에 있는 옥거리마을은 조선시대 한산군의 옥이 있었던 곳이고, 탑동 서쪽에 있는 사직단 터는 한산군의 사직단이 있었던 곳이다.

한산면사무소 정문 앞에는 몇 개의 비석들이 서 있고, 한산 읍내에는 한산식당과 한산 소곡주 등의 이름이 걸린 간판들이 보이는데, 한때 번성했을 한산의 삼일장이나 팔일장은 말 그대로 겨우 명맥만 이어가고 있었다. 불과 몇십 년 전만 해도 흥청거렸을 한산 읍내에 있는 한산장에서는 한산모시를 비롯 한산 소곡주 등이 거래되었다고 하는데, 지금은 한산세모시는 보이지 않고 생선을 파는 아주머니와 채소를 파는 사람들 곁에 나이든 손님 두서넛이 이리저리 돌아다닐 뿐이다. 한산면의 원산리는 가늠바위 또는 가남바위, 원매라고 부르는데, 이 바위로 한산군과 임천군의 경계를 가늠하였으므로 가늠바위라고 부르다가, 그 이름이 변하여 가남바위로 불리고 있다.

한산면의 온동리溫洞里는 더운 샘이 있었으므로 온수굴이라고 하였는데, 온수굴과 그실매(기산) 사이에 있는 고개가 삼년고개이다. 신성리에 있는 공개나루는 신성리 남동쪽 금강에 있는 나루로 신성리에서 전라북도 익산시 웅포면 곰개로 건너가는 나루이고, 단하리 장중 뒤에 있는 왕재산은 산봉우리가 임금 왕王자를 닮았다고 한다.

이 지역의 빼어난 인물로 이색이 있는데『신중동국여지승람』에는 그
에 대해 이렇게 기록되어 있다.

이곡의 아들로서 타고난 자품이 총명 민첩하고 널리 많은 서적을 보았으며,
시문을 지을 때는 붓을 잡으면 곧 내려썼다. 공민왕 때 장원으로 급제하였으
며, 또한 정동행성 향시에 수석으로 합격하였다. 서장관書狀官으로 원나라에
가서 정시에 응시하였는데, 구양현이 이색의 대책문을 보고 크게 칭찬하여
제이갑제이명第二甲第二名에 발탁되었다. 본국으로 돌아와 여러 벼슬을 역
임하고 문하시중에 이르렀으며, 국가의 문한을 수십 년 동안 맡아보았는데,
여러 차례 중국 사람들에게 격찬을 받았다. 후학을 인진하기에 힘썼으며, 유
학을 일으키는 것을 자기의 임무로 삼으니 학자들이 모두 우러러 사모하였
다. 본조에 들어와서 한산백에 봉하였고, 시호는 문정文靖이다.『목은집』50
여 권이 세상에 간행되었다.

조선 왕조에 참여하지 않은 이색은 여강에 물놀이를 갔다가 이성계가
보냈다고 알려진 술 한 잔을 마시고 세상을 하직하고 말았다.

고려 말의 문신 김자수金子粹가 지은 글에는 "동국의 문장을 집대성하
였으니, 가정의 그 부자가 모든 문인에 으뜸이었네. 산천의 품은 정기
지금도 옛 같으리니, 묻노니 어느 사람 그 이름을 이을꼬"라고 기록되어
있고, 조선 전기의 문신 子계생神啓生이 지은 시에는 "산은 웅진강을 끼
고 첩첩 병장 이루어 마침내 이씨 일문 그 영기 타고났다. 저 멀리 원나
라에서 부자가 과거한 후, 온 천하가 이 고을을 알게 되었네"라고 노래
했지만 그의 밀로末路는 다시 없는 슬픔이었으니 역사는 항상 불확실하

시계를 축으로 돌고 도는 것인지도 모른다.

　고려 말의 성리학자인 목은 이색은 한산지방의 아름다운 풍경 여덟 가지로 「한산팔경」을 지었으니, 그 내용은 다음과 같다.

제1경은 숭정암송崇禎巖松으로 "숭정산 봉우리의 푸른 돌의 솟아났고 소나무 끝에 흰 구름 연하였네. 나한당羅漢堂 적적도 한데. 거주하는 중들은 교종敎宗와 선종禪宗이 섞였네."

제2경은 일광석벽日光石壁으로 "우뚝히 평야에 서서, 저 까마득히 긴 하늘 굽어보네. 푸른 석벽 작은 승방僧房에 불등佛燈이 반공半空에 걸렸네."

제3경은 고석심동孤石深洞으로 "평평한 들판이 장차 다하려는데. 회봉回峯을 바라보니 다시금 높구나. 한 구역 궁벽한 곳에 , 절간이란 본래 외롭네." 라고 노래한 것이고,

제4경은 회사고봉回寺高峯의 높은 봉이다. "뒷 고개는 삼각을 이루었고, 앞 봉우리 반공에 치솟았다. 가는 배 쇠닷줄 내리니, 혹시 광풍狂風이나 있을 건가.

제5경은 원산수고圓山戍鼓로 "바다 위 높은 산에 봉화烽火 전하고, 여염閭閻은 바다를 눌렀네. 백년 간 난리 없는 이 땅에 수자리 목소리 석양이 짙다.

제6경은 진포귀범鎭浦歸帆은 "춘 삼월 가는 비 복사꽃 물결과, 찬 서리 갈대 잎 가을, 돌아가는 저 돛대는 어느 곳에 떨어지려나. 아득한 저 조각배,

제7경이 압야권농鴨野勸農으로 "압야는 읍 북쪽 3리에 있다. "냇가에 들판은 반반하기 숫돌 같고, 가득히 심은 벼, 질편하게 구름 같네. 권농하는 원님은 행차를 재촉하고, 들판을 돌아다보니 땅거미 지려 한다.

제8경이 웅진관조熊津觀釣이다. "마읍馬邑 산봉우리 병풍 비켜 컸고, 웅진 강

물은 이끼 빛으로 물들었다. 물에 드리운 낚시 실바람 받아 간들간들, 때마침 달 밤에야 돌아오네."

또한 한산은 서재필과 함께 독립협회를 조직하여 자주독립운동을 펼친 월남月南 이상재李商在 선생이 태어난 곳이기도 하다.

한산향교는 1518년(중종 13)에 창건되어 1669년(현종 10)에 유산由山에서 현재의 자리로 옮겨졌다. 한국전쟁 때 소실되었던 것을 다시 복원하였는데 경내에 있는 건물 중 충청남도 문화재자료 제124호로 지정된 대성전과 여러 부속 건물들이 있다. 홍살문을 지나면 오래 묵은 느티나무 두 그루가 서 있고, 바로 그 앞에 사리 잡은 한산향교는 그리 크진 않지만 단아한 멋을 풍긴다. 한산군에 딸렸던 기신면 산정리는 마을 중간에 산이 있어서 산넘말이라고 하였고, 외산리 동쪽에 있는 옥녀봉은 그 모양이 영락없이 옥녀가 단정하게 앉아 거문고를 타는 모양이라고 한다.

기산면 월기리 달구내 뒷산에는 한산 이씨의 시조비가 있는데, 한산 이씨들이 이곳에 자리잡고 번성했던 이야기가 무리야미지준[村山智順]의 「조선의 風水」에는 다음과 같이 실려 있다.

어느 때인지 분명치 않은 시절에 신분이 낮은 이李씨라는 사람이 한산군청의 사환使喚을 하면서 근근이 그날그날을 살아가고 있는데, 군 청사 중앙에 깔아둔 널판이 헤매다 썩어 매년 한번씩 갈아야 했다. 이를 신기하게 여긴 사환이 그 고을의 유식한 사람에게 묻자 그 사람이 말하기를 "그 군청의 터가 길지이며, 생기가 왕성하기 때문에 군의 터로 정했던 것이고, 그 널판이 써는 것은 바로 그 땅 중의 생기가 흘러 넘쳐서 새어나오기 때문"이라고 했다. 그는 곧바로 자기 조상의 뼈를 파내어 남몰래 군 청사의 중앙 밑에 묻었다. 그 뒤로 한산韓山 이씨 집안에서 많은 인재를 배출했고 집안도 잘되었다고 한다.

영모리의 기자고개에 이색의 묘소와 함께 그의 신도비가 있다. 신도비는 우암 송시열이 글을 짓고 문곡文谷 김수항金壽恒이 글씨를 썼다. 기산면 원길리의 질매마을에는 조선시대 신곡역에 딸린 길산원이 있었고, 원논은 길산원에 딸린 논이었다. 마산면 묘곡리 허뭇골 남쪽 앞에 있는 논은 살인배미라는 이름이 붙어 있고, 허뭇골 동쪽에 있는 산은 지세가 평평해서 나무꾼들이 씨름을 했다고 해서 씨름판재라고 불린다.

서천군 화양면 망월리 신아포 동남쪽에 있는 망월산은 해마다 정월 보름날 이곳에서 망월을 보았다고 해서 지어진 이름이고, 망월산 서쪽에 있는 선소船所 마을은 예전에 이곳에서 배를 만들었다고 하여 붙여진 이름이다. 죽산리의 천하샘은 샘이 아주 깊어서 명주 꾸리 세 개가 들어간다고 하고, 창외리의 남창터는 조선시대 한산군의 남창南倉이 있었던 곳이다.

한산면에서 부여군 양화면을 지나면 임천이고 서쪽으로는 서천읍이며, 진강鎭江(금강의 옛 이름)이 인접해 있다. 불과 100여 년 전만 해도 금강과 서해 사이에 위치하여 뱃길의 편리함이 한양에 뒤지지 않았고 금강 남쪽은 곧 전라도와 경계를 이루어 교통의 요충지였던 한산은 이제 한적한 시골 면 소재지로서의 기능을 하고 있을 뿐이다. 어둠이 내리는 한산을 떠나올 때 이 고장의 아낙네들이 한산세모시를 짜며 불렀다는 노래 한 곡조가 들리는 듯했다.

"살을 째고 피를 베어 오뉴월 짧은 밤을 왈캉 달캉 베를 짜서, 논을 살까 밭을 살까. 베를 걸어 한 필 짜면, 닭이 울고 날이 샌다. 피를 베어 짠 모신데, 어찌 이리 곱고 희냐. 베틀에서 허리 펴니, 이 내 몸은 백발이라."

충남 아산 신창

八장

도고온천과 청백리 맹사성의 고을

신창현의 객관 북쪽에 있던 공북정控北亭을 두고 조선 전기의 문신 서거정은 다음과 같은 기문을 지었다.

신창향교 대성전, 명륜당, 내삼문, 동재, 서재 등의 건물이 남아 있으며 충청남도 기념물 제113호로 지정되어 있다.

무송茂松 윤상국尹相國이 거정에게 말하기를, "신창 태수 조침趙琛이 새 정자를 짓고 공북이라 편액하고는 그 기문을 요구해 왔으니 그대의 말이 있기를 바란다" 하였다. 내 추억하건대 병자년 여름에 서원의 공성으로부터 이른바 신창이란 땅으로 길을 들어 지나는데, 나의 동년인 태수 김율金慄이 길로 나와서 나를 맞아주었다. 때는 바야흐로 흑열이었는지라 잠깐 나무 그늘에 앉아 술잔을 나누면서 이내 그 고을의 대략 형편을 물었더니, 김이 말하기를 "이 고을이 지역이 좁고 백성도 적으며 토질이 박하고 산물이 적은데, 아전들은 교활, 완만하고, 백성 역시 시끄럽고 또 송사를 좋아합니다, 반면 나는 서리고 얼킨 것을 다스려 부석변별할 만한 재간이 없어, 다시 요동하지 않도록 할 따름이요, 너그럽게 대할 따름입니다"라고 하였다. 이에 내가 말하였다. "옛 사람이 이르기를, '작은 고을을 다스리려면 생선을 삶을 때와 같이 해야 한다' 고 했소. 군의 고을 다스리는 방법이 거의 그 대체를 얻은 것이오. 군의 뒤를 이어오는 자로 하여금 군의 마을을 마음으로 하고, 군의 정사를 그대로 실행한다면, 어찌 다스려지지 않을 이치가 있겠소. 그리고는 나의 급박으로 말미암아 드디어 거기서 고별하고 가버렸다.

신창은 본래 백제의 굴직현屈直縣이었는데, 신라 때에 기량으로 고쳐 탕정군湯井郡의 속현으로 삼았고, 고려 초기에 지금 이름으로 고쳤으며, 1018년(고려 현종 9)에 다시 천안부에 이속시켰다. 1391년(고려 공양왕 3)에 본현 서쪽 장포에 성을 쌓고서 당성溏城이라 이름하고, 부근 주현州縣의 조세를 여기에 수납해두고는 이를 해상으로 조운하여 서울로 수송하였으므로 만호 겸 감무를 두었다. 1392년(태조 1)에 만호는 감생하고, 1414년(태종 14)에 온수와 병합해 읍호를 온창溫昌이라 하였다가 1416년에 다 쪼개어 다른 예와 같이 현감으로 하였다. 1895년(고종 32) 지방관제 개편에 따라 천안군 돈의면의 가락, 채신언, 홍관의 3개 리와 같은 군 덕흥면 대정의 5개 리를 편입하여 신창군이 되어 군내, 소동, 대동, 소서, 대서, 남상, 남하, 북면의 8개 면을 관할하다가 1914년 군면 통폐합에 따라 아산군에 편입되었는데, 현재의 신창, 둔포, 도고 3면이 그 관할 지역이었다.

조선시대에는 이곳이 아산만으로 유입되는 무근성천과 선화천이 합치는 곳으로 해운이 번창하였으며, 천안, 덕산, 면천에 산재한 창슬이 많

아서 해마다 많은 세곡선이 이곳에서 출발하여 경강京江으로 향하였다. 특히 신창현은 삽교천과 곡교천이 만드는 해안 평야지역에 있어서 그 당시에는 예산, 온양, 아산, 면천 등을 연결하는 육상교통이 발달하였던 곳이다.

성산城山(183미터)은 신창현 서쪽 1리 지점에 있는 진산이다. 신창면 읍내리와 선장면 죽산리에 걸쳐 있는 산으로 일명 학성산이라고 부른다 이 산은 그 모양이 학과 같다고 하며, 산에는 둘레 367.5미터, 높이 4.5미터쯤 되는 석성이 있는데, 이 성은 고려 초에 도둑을 막기 위해 쌓은 것이라고 한다. 금성당산은 현의 동남쪽 11리에 있으며, 도고산은 현의 남쪽 16리 지점에 있는데 그 산 밑에 도고온천이 있다. 이곳을 흐르는 하천으로 도고천이 있는데 그 발원지는 도고산으로 봉농리에서 무한천과 합하여 삽교천으로 들어간다.

『신증동국여지승람』에 실린 이곳 신창현의 경계는 동쪽으로는 온양군 경계까지 10리, 북쪽으로는 아산현 경계까지 14리, 서쪽으로는 면천군 경계까지 26리, 남쪽으로는 예산현 경계까지 21리이고, 서울과의 거리는 253리이다.

신창현 관내에 있던 창덕역은 신창현 동쪽 3리 지점에 있었고, 명암원鳴巖院은 현의 동쪽 11리 지점에 있었으며, 마장원馬場院은 현의 동쪽 15리 지점에 있었다. 용정원龍頂院은 현 남쪽 15리 지점에 있었고, 지금도 그 이름이 그대로 사용되어 사람들에게 알려진 신례원新禮院은 신창현의 서쪽 20리 지점에 있었다.

망덕 아래쪽에는 말의 무덤이 있다. 임진왜란 때 교위 남국걸이 경기도 삭녕에서 전사하였는데, 그가 타던 말이 그의 의관을 물고 고향인 이곳으로 와서 죽었으므로, 의관장으로 망덕 위에 묘를 쓰고, 그 밑인 이곳에 그 말을 묻었다. 목당날은 신유리의 도고저수지 왼쪽에 있는 산부리로 그곳에 방씨 성을 가진 사람의 무덤이 있었다. 그 무덤을 두고 풍수지리를 하는 사람이 "이곳에 배가 뜨면 망할 것이다"라고 하였는데, 훗날 도고저수지를 만드는 중에 이곳에서 옛날 유물들이 많이 나왔다고 한다.

와산리의 망턱은 안피미 동북쪽에 있는 고개로 안피미의 백호白虎(혈의 오른 쪽에 있는 산)가 되는데, 이곳이 낮아지면 안피미가 쇠해진다 하여 가끔 흙으로 보충한다고 한다. 자라실에 있는 자라바위는 자라 형상의 둥글고 큰 바위로 거기에 말발굽 자국이 하나 있는데, 옛날 장사가 말을 타고 선바위에서 뛰다가 말의 앞굽이 이 바위에 닿아서 생긴 자국이라고 한다. 용산리龍山里(바깥피미)는 용호원龍湖院 북동쪽에 있는 마을로 와산리에 있는 안피미 바깥쪽이 된다. 용호원은 향산리에서 으뜸인 마을로 전에 용호원이 있어서 여행하는 사람의 편의를 도왔으며, 도고 면사무소와 경찰지서가 있다가, 해방 후에 신언리의 궁밭으로 옮겼다.

효자리의 갈티고개는 금새골 동쪽에 있는 고개로 전에는 이곳에 큰 길이 있어 신창읍에서 예산으로 통하였다. 연봉정(대소정)은 효자리에서 가장 큰 마을로 연화부수형의 길지가 있다고 하며, 또 예전에 이곳에서 예산원의 친영맞이를 했다는데, 아산과 예산군으로 갈라지는 경계이다. 연화봉蓮花峯은 연봉정 뒤에 있는 산으로 연꽃 모양이라 한다. 원골은 관터 뒷산 너머에 있는 골짜기로, 이쪽으로 큰 길이 나고 원집이 있었던 자리라 옛날 기왓조각이 많이 남아 있다.

둔포리芚浦里는 본래 아산 심복면의 지역으로 소금을 매매하는 곳이어서 소금 배들이 많이 드나들었으므로 둔포 또는 둔포장이라 하었다.

몽재리의 말씹샘은 마정리에 있는 우물로 말의 음부처럼 생겼다는데, 물이 많이 나서 옛날에 마부들이 이 샘물을 말에게 먹였다고 한다. 오릿골 동남쪽에 높이 2미터, 둘레 1.5미터의 미륵이 있는데 당을 지어 보호하고 있다. 죽텃골(죽대 마정리)은 장재울 동쪽에 있는 마을로 옛날 말몰이꾼들이 이곳에서 말에게 죽과 샘물을 먹였다 한다.

신창군 대서면 지역이었던 군덕리의 군자동은 노래골이라고 부르는데, 다실기 남쪽에 있는 마을로 선도중학교가 있다. 1391년(고려 공양왕 3)에 성을 장곳리 노루지에 쌓을 때, 노루가 놀라서 이 마을 앞 깊은 내에 빠져 죽었으므로 노루골이라 하던 것이 변하여 노래골이 되었다 하며, 300여 년 전에 전주 이씨가 살면서 군자동으로 고쳤다 한다.

신성리의 거사리居士里(성조동)는 가등거리 동북쪽에 있는 마을로 신라 태자가 초정에 왔다가 들렀다는 곳이고, 신라리新羅里(시라리)는 신성리에서 가장 큰 마을로, 신라 태자가 초정에 와서 물을 먹고 목욕을 하였다는 곳이다. 태자평太子坪은 신라리 앞에 있는 들로 신라 태자가 초정의 물을 먹으며 이곳에서 머물렀다 한다.

지형이 노루의 머리처럼 들 가운데에 깊이 들어가서 갯가에 인접해 있으므로 장곶리獐串里라 이름 지은 신창말은 평창말 남쪽에 있는 마을로 아래, 위 두 마을이 있는데 이곳이 전에 신창 땅이었고, 북쪽에는 아산뜸이 있다. 아산뜸은 신창말 북쪽에 있는 마을로 고려 공양왕 때 근처 읍들의 조세를 받아 쌓아두던 창고가 있었다.

신창면 가내리 가리울(가리)은 가내리에서 가장 큰 마을로 지형이 가리와 같으며, 신창 맹씨의 본거지라 한다. 꽃단봉(화란봉)은 조원동 뒤에 있는 봉우리로 산이 꽃처럼 아름답고 진달래꽃이 많이 핀다고 한다.

남성리 처녀물(천여수, 사창말, 두성리)은 남방재 남쪽에 있는 마을로 찬우물이 있어 찬우물이라 하던 것이 변하여 처녀물, 또는 천여수라 한다. 이곳에 옛날 신창군의 복사창이 있었다.

수장리의 무너미(수여리)는 수장리에서 가장 큰 마을로 산부리에 있는데, 홍수가 지면 곧바로 곡교천의 물이 넘어 들어온다고 하며, 신곡리의 귀애나루는 새원장 북쪽에 있는 나루터로 새원장에서 인주면 해암리 귀애로 건너간다. 새원장(하창)은 여무시 서북쪽 들 가운데 있는 마을로 예전에는 곡교천의 갯고랑이 쪽으로 굽어 흘렀는데, 100여 년 전에 큰 장마로 갯고랑이 북쪽으로 변경되어 새로 뚝을 막고 마을을 이룩하여 새원장이라 하며, 옛 갯고랑은 그대로 남아 있어 하창이라 한다. 새원장

들은 새원장 주위에 있는 들로 시수물 높은원
장 아래쪽에 있다.

　읍내리의 신창초등학교 서쪽에 신창현의 객
사가 있었다. 서울에서 온 관리들이 묵어가던
객사는 사라진 지 오래여서 그 터만 남아 있고,
객사 북쪽에는 공북정이라는 정자가 있었다.
아사터 아래에는 신창현의 동헌이 있었는데,
1914년 군면 통폐합에 따라 신창군이 아산군에
병합되자 동헌을 학성면사무소로 쓰다가 1922
년에 면소를 오목리로 옮기고, 그 터만 남게 되
있다. 비식거리는 신창초등학교 앞 읍내리 297
번지에 있는데 대동법을 만든 영의정 김육을
비롯하여 현감 남언창, 이관하, 이시술, 박상우,
박순의, 군수 서병익의 선정비가 서 있다.

흥선대원군 척화비　예전
에 길가에 있던 것을 신창초등
학교 교정 앞으로 옮겨왔다.

　현유賢儒의 위패를 봉안하여 지방민의 교육과 교화를 위해 창건된 신창
향교는 신창면 읍내리에 있는데, 조선 숙종 때 창건되었다는 설도 있지만
확실하지는 않고, 신창현감 왕경렬王景烈이 도고산에 있던 진주사를 이건
하여　1872년에 건립하였다는 기록이 가장 확실하다. 1969년 이후 여러
차례 보수한 신창향교의 현존하는 건물은 정면 3칸, 측면 2칸의 맞배지붕
으로 된 대성전과 명륜당, 내삼문 그리고 동재와 서재가 있으며, 충청남
도 기념물 제113호로 지정되어 있다. 읍내 남쪽 곧 학성산 남쪽에는 신창
읍 사직단 터가 있고 인취사 남쪽는 전 신창현 여단 터가 있다.

　예산고개(한티고개, 대티)는 읍내 남서쪽에 있는 고개로 읍내에서 예산으로 넘어가는 고개이다. 옥디는 옛날 신창현의 옥터 앞에 있는 논이다.

신창초등학교 교정에 흥선대원군이 남긴 양이洋夷를 배척하는 척화비斥和碑가 있다. 처음에 큰 길가에 세워졌던 것을 이곳으로 옮겼다.

홍문거리는 아사터 앞에 있는 마을로 신창현 동헌의 홍문이 있었던 곳이고, 역말(창덕리)은 창암리에서 가장 큰 마을로 조선시대에 온양 시흥도역에 딸린 창덕역이 있었다. 오리정고개는 울바위에서 읍내리로 가는 고개로 읍내리에서 5리 거리이므로, 전에 오리정이 있었다. 그 근처에 울바위라는 큰 바위가 있는데, 옛날에 전염병이 심하여 한 집에서 아홉 사람이 죽어서 장사를 지내고 오던 어떤 사람이 그 처지가 너무 서러워서 이 바위에 앉아 한없이 울었다고 하여 붙여진 이름으로, 지금도 이 바위 부근에 아홉 개의 무덤이 있다.

이곳 출신의 인물로 『신증동국여지승람』에는 맹희도孟希道와 맹사성孟思誠이 실려 있다. 맹희도는 고려 공민왕 때에 과거에 합격하여 조선 초에 들어와 벼슬이 검교檢校 한성윤漢城尹에 이르렀고, 우의정에 증직되었다.

그의 아들인 맹사성은 고려말 최영 장군의 눈에 들어 손녀사위가 되었고 최영이 살던 집(맹씨 행단)을 물려받기도 했는데, 고려 우왕 때에 과거에 급제하고, 세종 13년에 우의정에 임명되었다. 우의정 재임시에 『태종실록』 편찬이 완료되자 감관사監館事로서 감수를 맡았다. 그때 세종이 한 번 보고자 하였는데, 맹사성은 "왕이 실록을 보고 고치면 반드시 후세에 이를 본받게 되어 후세에 사관史官이 두려워서 그 직무를 수행할 수 없을 것입니다"라고 반대하자 세종이 그 말에 따랐다고 한다.

그가 안동부사로 갔을 때의 일이다. 그는 당시 그 마을에 젊은 과부가 많은 것을 보고 늘 걱정스러웠다. 풍수에 뛰어났던 그는 젊은 남자들이 자주 요절하는 것은 낙동강의 물 기운 때문이라는 것을 알게 되었다. 그래서 안동 지역에 나무를 심고 안동 뒷산의 물길을 돌려서 젊은 남자들의 요절을 막자 그후로 젊은 여자의 울음소리가 그쳤다고 한다.

그는 사람됨이 소탈하고, 조용하며, 엄하지 않아 비록 벼슬이 낮은 사람이 찾아와도 반드시 공복公服을 갖추고 대문 밖에 나아가 맞아들여 윗자리에 앉히고, 돌아갈 때에도 역시 공손하게 배웅하여 손님이 말을 탄 뒤에야 돌아왔다. 또한 효성이 지극하고 청백하여 살림살이를 늘리지 않았고, 식량을 늘 녹미祿米로 하였으며, 출입할 때에는 소牛 타기를 좋아하였으므로 보는 사람들이 그를 재상으로 알아보시 못하였다. 영의정을 지낸 성석린成石璘 때문에 죽임을 면한 석이 있었는네, 그의 집 가까이 살았던 맹사성은 항상 그의 집을 오고 갈 때에는 그 집 앞에서는 말에서 내려 걸어갔다고 한다. 그는 품성이 어질고 부드러웠으나 조정의 중요한 정사를 논의할 때에는 과단성이 있었다고 한다.

수많은 사람들이 쉬어간 도고온천과 청백리 맹사성의 자취 외에 옛 시절의 흔적이라곤 그다지 찾을 수 없는 신창, 지금 신창은 서해안 개발 바람을 타고 이리저리 부침의 세월을 보내고 있다.

충남 천안 직산

九장

경기에서 호서로 들어오는 첫 관문

조선 초기의 문신 서기정은 현재의 충청남도 천안시 직산헌의 객관 동북쪽에 있던 제원루濟源樓에 대해 다음과 같은 기문을 지었다.

내가 사신으로 영남에 갈 제, 직산을 지나게 되었다. 직산객관 동북쪽에 한 누각이 있기에 올라가서 조금 쉬다가 주인에게 묻기를, "이 누각 이름을 무어라 하는가" 하자, 주인은 알지 못하여 좌우 사람에게 물으니, 고을 사람이 '제원'이라 하였다. 그러나 그 자리에 앉아 있는 손들은 제원이란 뜻을 알지 못하였다. 이에 내가 말하기를, "이 고을은 백제의 옛 도읍이니, 이 누각을 제원이라 한 것은 백제의 근원이 여기에서 시작했다는 말이 아니겠는가" 하였다. 대개 백제의 시조 온조는 본래 고구려 동명왕 주몽의 아들로서 난을 피하여 남쪽으로 도망했는데, 사서史書에 쓰기를 온조가 부아악負兒岳에 올라가서 살 만한

만일사 성거산 마일령의 뒤쪽에 자리 잡고 있는 만일사는 여말 선초에 창건된 절로 왼쪽에 보이는 건물이 대웅전이고 가운데 높은 기단 위에 있는 탑이 만일사 오층석탑이다.

곳을 잡다가 하남 위례성에 도읍을 정했으니, 이곳을 세상에서 직산이라 한
다. (중략) 지난해에 『삼국사절요三國史節要』를 편찬하면서 여러 가지 책을 상
고해보니, 직산이 첫 도읍지였던 것은 의심할 여지가 없었다. 온조왕은 뒤에
직산에서 남한산성으로 도읍을 옮겼으니, 곧 지금의 한도漢都이다. 뒤에 금강
으로 옮겼으니 지금의 공주요, 또 사비하로 옮겼으니 지금의 부여다.

입장면 호당리와 북면 경계에 있는 위례산慰禮山은 일명 위례성 또는
검은산으로도 불리는데, 금남정맥의 한복판에 자리 잡고 있다. 북쪽 면
이 급경사라서 천연 성벽을 이루고 있는 이 산에는 그러한 산세를 이용
하여 둘레 약 550미터, 높이 약 3미터의 산성이 축조되어 있다. 서쪽 기
슭에는 산신을 모셔놓은 당집이 있는데, 직산 주민들은 예로부터 가뭄
이 심하면 이곳 또는 위례산성에 있는 용샘에서 제사를 지내왔다.

이 성은 백제를 건국한 온조溫祚가 고구려(졸본부여)에서 남하하여 이
곳에 첫 도읍을 정하고, 위례성이라고 불렀다는 기록이 『신증동국여지
승람』 『직산현지』 『대록지大麓誌』 등에 전해오며 『삼국유사』에도 직산
의 위례성을 백제의 수도로 지칭하고 있다. 그 뒤 1465년(세조 11)에는 온
조묘를 직산현에 건립하고, 해마다 향축香祝을 내려 제향하였다고 한다.

서거정이 백제의 근원이 시작되었다고 말한 직산은 『신증동국여지승
람』에 의하면, 동쪽으로 진천현鎭川縣 경계까지 33리, 경기도 안성安城
경계까지 21리, 북쪽으로 같은 군 경계까지 25리, 남쪽으로 천안군天安
郡 경계까지 10리, 목천현木川縣 경계까지 2리, 서쪽으로 평택현平澤縣 경
계까지 22리이고, 서울까지의 거리는 189리였다.

직산의 고구려 때 이름은 사산현蛇山縣이었고, 그 뒤에 백성군白城郡의

영현으로 하였다. 고려 초기에 지금의 이름으로 고쳤으며, 1018년(현종 9)에 천안부에 소속시켰고, 뒤에 감무를 두었다. 1393년(태조 2)에 고을 사람 환자宦者 김연金淵이 명나라에 들어가 황제를 모시고 있다가 사신이 되어 오자, 이 고을을 지군사로 승격시켰다. 1401년(태종 1)에 다시 낮추어 감무를 두었고, 13년에 예에 따라 현감으로 고쳤다. 그후 1914년에 천안군에 편입된 직산은 북쪽으로는 안성천을 경계로 하고, 동쪽으로는 높은 산에 웅거해 있으며, 남쪽으로는 기름진 들을 바라보고, 서쪽으로는 큰 바다에 막혀 있다.

이찬李粲은 「제원루시」에서, "온조 옛 터에 한 누각 있으니, 여기 올라 사방으로 바라보면 뜻이 유유하네"라고 하였는데, 직산 고을의 진산은 현재는 어느 산인가가 확실하지 않은 사산蛇山이었다.

또한 조선시대의 문장가 택당澤堂 이식李植은 「직산의 길을 걸어가며」라는 시를 남겼다.

부평초 같은 신세 백구가 훨씬 지나가듯

동서남북 몇 번이나 왔다 갔다 하였는고

위례성 앞 호혜의 길 걸은 것만 세어봐도

벌써 열 번하고 세 번이나 더 되는 걸.

『신증동국여지승람』「산천조」에 "성거산聖居山은 고을 동쪽 21리에 있다. 고려 태조가 일찍이 후백제를 치러 가다가 당시 직산현 서쪽에 있는 추혈원秋歇院에서 쉬고 있을 때 동쪽의 산 정상에 오색구름이 있는지라, 이곳에 산신이 머물러 있음을 믿고 제사를 지내면서 산 이름을 성거산이라 일컬었다. 조선시대에 들어와서도 태조, 세조, 현종 등이 온양 온천에 행행行幸할 때면 이 성거산에 관원을 파견하여 제사를 지내게 하였다. 그러한 역사적 사실에 근거하여 이 지역 곳곳에서는 지금도 산신 제를 지내고 있다”고 기록되어 있다.

현재는 성거읍에 속한 성거산에는 구암사龜菴寺, 만일사萬一寺(후에 晩日事로 바뀜), 신암사新菴寺 등의 절이 있었다는데, 천흥리에는 옛 절인 천흥사지가 있다. 마을 가운데 천흥사지에는 보물 제99호로 지정된 천흥사지 당간지주가 있고 보물 제354호로 지정된 천흥사지오층석탑이 있으며 그나마 옛 이름으로 남아 있는 것은 만일사뿐이다.

이중환이 지은 『택리지』에 큰 고개로 실려 있는 마일령磨日嶺이 매일 령 또는 만일고개라는 이름으로 남아 있지만, 성거읍과 목천을 이어주 는 죽은 길로 자리하고 있을 뿐이다.

성거읍의 만일고개에서 성거산으로 오르는 길목에 있는 만일사는 여 말선초에 창건된 것으로 추정되는데 이곳에서 삼국시대 것으로 추정되 는 금동보살입상이 발견되었다. 마일령 밑에 있는 삼도바위는 큰 바위 가 길게 가로로 누워 있어서 세 골짜기의 물이 각기 이 바위를 거쳐 흐 르게 되었는데, 북쪽에 얼음이 많이 얼면 경기도가 풍년이 들고 가운데 가 많이 얼면 충청도가 풍년이 들며, 남쪽이 많이 얼면 경상도가 풍년이 든다는 이야기가 전해온다.

『신증동국여지승람』에는 “위례성은 성거산에 있다. 흙으로 쌓았는 데, 둘레가 1,690척이요, 높이가 8척이며, 성 안에 우물 하나가 있는데, 지금은 반쯤 무너져 있다. 온조왕은 고구려 동명왕의 셋째 아들이다. 동 명왕이 훙하자 온조왕은 그 형 비류왕과 함께 유리왕을 피해서 한수를 건너 남쪽으로 와서, 비류왕은 미추홀彌雛忽에 도읍하고, 온조왕은 위례성에 도읍했다. 온조왕은 오간, 마려 등 10명의 신하로 보좌를 삼아 처음에 십제라고 일컬었으니, 이때가 전한 성제의 홍가 3년이었다. 뒤에 자기가 여기에 올 때에 백성들이 즐겨 좇았다고 해서 나라 이름을 백제라고 고쳤다. 천흥사天興寺는 성거산 아래에 있었는데, 지금은 없어졌고 당나라 때 세운 구리로 만든 기둥만 남아 있다"고 기록되어 있다.

직산의 망해산 봉수는 남쪽으로 아산현牙山縣 연암산에 연결되었고, 북쪽으로는 양성현陽城縣 괴태길곶槐台吉串에 연결되었다.

직산현의 관문 정문에는 '호서수계아문湖西首界衙門'이라는 현판이 붙어 있다. 이 말은 '직산현이 경기도와 호서의 경계에 있어 호서로 들어

직산 관문과 영세불망비
'호서수계아문'이란 현판이 붙어있는 직산현의 관문 옆에는 직산현을 거처간 관리들의 영세불망비가 늘어서 있다.

오는 첫머리 관청이다' 라는 뜻이라고 한다. 앞면 3칸, 옆면 2칸 규모의 2층짜리 건물인 이 외삼문을 지나면 동헌으로 들어가게 된다. 원래 직산 면사무소가 이곳에 있었으나 직산이 읍이 되면서 다른 곳으로 옮겨갔는데, 바로 그 동헌의 동쪽에 객사가 있었다.

객사의 동쪽에는 영소정靈沼亭이라는 이름의 행궁이 있었는데 조선 현종이 1665년 4월에 온양 온천을 갈 때 지은 것이다. 행궁을 지은 뒤 현종은 못을 파서 연씨를 뿌리고는 영소정이라고 이름지었다. 그 뒤 숙종이 온양 온천에 거둥할 때 올라서서 시詩를 지어 이 정자에 매달았으며, 송시열이 지은 시문이 지금도 남아 있다.

동헌 뒤에 있는 산은 바람재라는 이름으로도 불리는데, 서북쪽이 트여 있어서 바람이 많이 분다고 한다. 그래서인지 현재 직산 동헌은 옛날의 중후한 모습은 사라지고 빈집의 표상을 그대로 드러내고 있었다. 안으로 들어가보니 문들은 다 찢겨지고 마당은 민들레 밭으로 변해 노란 민들레꽃이 바람에 하늘거리고 있었다.

도영지倒影池는 장명다리 아래에 있는 연못으로 이 못이 생긴 유래가 전해 내려온다. 예전에 남산리에 있는 부엉바위가 굉장히 험하여 날마다 곡식 1,000석을 허비할 상이므로 직산 고을이 가난하게 산다는 설이 떠돌았다. 그래서 마을 사람들이 그 험한 기운을 제어하기 위해 이곳에 못을 크게 파 그 바위의 그림자가 거꾸로 비치게 하였다고 한다. 그런데 임진왜란 이후 수축하지 못하게 되자, 그 뒤로는 직산 고을에 큰 부자가 나오지 않았다고 한다.

현재의 직산초등학교에는 직산현의 옥이 있어서 옥골 또는 옥현이라고 불렸고, 서쪽에는 직산향교가 있다.

직산 고을의 서쪽 7리에는 여행객들의 편의를 봐주는 수헐원愁歇院이라는 숙식시설이 있었다. 고려시대의 문신 김지대金之岱는 수헐원을 지나며 "꽃은 지고 새 울어 봄 졸음 무거운데, 연기 같고 들 넓어 말 가기 더디어라. 푸른 산 만 리에 옛날 놀음 멀어졌는데, 긴 피리 한 곡조 어디서 부는가"라는 시 한 편을 남겼다.

수헐원에는 세종에 얽힌 사연이 남아 있다. 1441년(세종 23) 3월 29일 세종이 소헌왕후 심씨와 온양온천에 행차할 때, 비가 내려 땅이 질고 날이 매우 추워지자 따르는 사람들과 말이 피곤할 것을 염려하여 이곳에 머무르게 되었다. 그런 와중에도 세종은 진무鎭撫 두 사람에게 명하여 술과 밥을 싣고 다니며 연도의 사람을 구제하였다고 한다.

직산 고을 북쪽 15리에 홍경원弘慶院이라는 원과 홍경사弘慶寺라는 절이 세워진 것은 고려 현송 때였다. 이곳이 살래실의 요충지인네나가 사람이 사는 곳과 멀리 떨어져 있고, 무성한 갈대숲이 들판에 가득해 행인을 약탈하는 강도가 자주 나타났다. 그러한 사실을 잘 알고 있던 임금이 승려 형긍逈兢에게 명하여 절을 세우게 하였다. 병부상서 강민첨姜民瞻 등이 일을 감독해서 병진년에서 신유년에 이르기까지 집 200여 칸을 세우고, 절 이름을 봉선홍경사奉先弘慶寺라고 지었다.

또 절 서쪽에 도합 80칸짜리 객관을 세우고 이름을 광연통화원廣緣通化院이라 짓고, 양식을 쌓고 마초를 저장해서 행인들에게 제공했다. 그 뒤에 비석을 세우면서 한림학사 최충崔沖에게 명하여 비문을 짓도록 하고 글씨는 백현례白玄禮에게 쓰도록 하였는데, 그때 쓴 글씨가 국보 제7호로 지정되었다. 비의 깃 위에 돌 세 개를 던져서 얹히면 아들을 낳는다는 속설이 있어 아들 없는 부인들이 돌을 많이 던진 탓에 파손되는 수

난을 겪었다. 후대에 비각을 세우면서 사람들이 출입할 수 없도록 하여 그 비문이 보호되기는 하지만 제대로 볼 수 없어 아쉽다. 지금 절은 없어지고 원과 비석만 남아 있으므로 드디어 절 이름을 따서 홍경원이라고 불렀다.

이색은 홍경원에 대해 이렇게 묘사했다.

큰 들 넓고 넓어 손바닥처럼 평평한데, 뭇 산이 사면에 멀리 뾰죽뾰죽 푸르네. 중도에 푸른 기와 큰길에 비치는데, 큰 비석 우뚝 서서 높다랗게 솟았네. 우는 새 바람 따라 위 아래로 나는데, 말 가까이 잠자리들이 나는 것 보겠네. 평생에 멀리 놀아 안계가 넓고, 운몽택雲蒙澤 가슴 속이 시원히 트였네. 학야鶴野로부터 가는 말을 몰았고, 동산에 올라 노나라를 작게 여겨 공자의 상달을 배웠네. 고향으로 돌아올지로다. 살 만한 남은 땅 있으니, 어찌 이불 가지고 들어가며 종알종알하리. 나는 구름 갑자기 오니 빗방울 가는데, 평택에 한 점 저녁 햇빛 비치네. 내 말 왕자성王字城 앞을 달리노라니, 맑은 바람 솔솔 손의 옷에 부네. 흥이 일어 글 읊으며 억지로 꿰맞추니, 다른 날 남의 비방 듣는 것 근심하지 않네.

또한 이첨은 시에서 "말을 홍경사에서 쉬게 하고, 다시 옛 비문을 읽네. 글자가 지워진 것은 들 중이 때린 것이요, 이끼가 남은 것은 봄에 들이 불탄 흔적일세. 현산峴山에는 장차 떨어지는 해요, 진령

秦嶺에는 정히 뜬구름일세. 현묘에서 능히 효도를 도답게 해서 규모를 후손들에게 남겨주었네"라며 홍경사와 그 비문에 대해 노래하였다.

직산현 동북쪽 3리에 있는 온조왕 묘는 1465년(세조 11)에야 비로소 정비되었고, 봄과 가을에 향과 축을 내려서 제사를 지내게 하였다.

이곳 직산에서 태어난 사람으로 고려시대 문신 백문보白文寶가 있다. 그는 매우 청렴하고 깨끗하며 정직했다. 1389년(고려 공민왕 1) 전리판서 典理判書로 재임중일 때 과거에 10과를 설치해서 선비를 뽑은 뒤 백문보 를 그들을 가르치는 선생으로 임명했다. 벼슬이 정당문학政堂文學에 이 르고, 직산군稷山君에 봉했으며 시호를 충간忠簡이라 하였다.

직산현에 딸렸던 성환읍의 안성천 변에는 몰왜보가 있었다. 본래 경 기도 평택시 팽성읍 북부에 물을 대기 위해 만든 깃으로 청일진쟁 당시 왜군이 청군에게 전멸한 곳이라고 하여 몰왜보로 불리게 되었다. 당시 아산만으로 상륙한 왜군이 이 몰왜보 일대에서 성환읍 수향리 쪽에서 진군해오는 청군에게 패하였으나, 다음날 새벽 왜군의 총공격으로 청군 이 패하여 도주하다가 성환읍 안궁리 가룡 일대에서 완패하였다. 그 뒤 이곳은 청망잇들 또는 청말평이라고 부르게 되었다.

성환읍 성월리와 학적리 경계에 있는 월봉산은 높이 83미터로 그리 높지 않지만 모양이 달처럼 생겼다. 1894년(고종 31) 6월에 청나라 제독 예즈차오[葉志超]가 군사를 이끌고 아산만으로 들어와 성환읍 신가리 몰 왜보에서 일본군 송기부대를 섬멸한 후 이 산에 진을 쳤는데, 일본군이 적은 부대로 북쪽 소사들에다 진을 마주 쳐서 청군에게 허약한 모습을 보이게 하고 몰래 밤을 타서 대군을 몰아 동쪽으로 입장면 도하리 · 산 정리와 남쪽 매주리, 서쪽 우신리 · 송덕리에 걸쳐 포위한 후 새벽밥을 먹는 청군을 들이쳐서 청군을 크게 이겼던 곳이다.

한편 성환읍 대홍리, 홍경리 앞의 낮은 고개인 복병재는 정유재란 때 명나라 장수 참정 량덩산[梁登山], 부총 제성[解生]이 이곳에서 복병하였다가 왜군을 크게 무찌른 곳이다.

한편 성환읍에는 이곳에서만 나는 참외가 있다. 그 껍질이 개구리 등을 닮아 일명 개구리 참외라고 부르는 이 참외는 일제강점기에 일본인들이 들여와 심은 것이라고도 하고 원래 이곳의 특산물이라는 말도 있다. 성환참외는 맛이 좋기로 소문나 일제강점기에는 비행기로 일본까지 실어가기도 하였다.

성환 동북쪽 돈대에는 조선시대에 있었던 성환 찰방察訪(조선시대 각 도의 역참을 관장하던 외관직) 터가 남아 있는데, 공주의 일신·경천·단평·유구, 연기의 평천·금사, 목천의 연춘, 청주의 장명 등 각 역을 관할하다가 1895년(고종 32)에 폐지되었다. 찰방 터 앞에는 척수루滌愁樓라는 누각이 있고 그 앞에는 연못이 있었다고 한다. 성환읍 수향리의 지질캥이 마을은 수향리에서 가장 큰 마을로 백제 때 재상들이 물러나 이곳에 살면서 '이만하면 족하다' 는 뜻으로 마을 이름을 지었다고 하며 당시에는 지족향이 있었다고도 한다. 동쪽에 있는 마을인 자무실은 세종 때 잠실을 두고 농민들에게 누에치기를 장려했던 곳이다.

매주리에 있는 과거 광주리 서쪽 긴 등성이의 세프니 마을은 예전에 이 일대에서 사금이 많이 나와서 생긴 이름이고, 입장면 시장리의 범우래는 예전에 이곳에서 호랑이가 울었다고 해서 생긴 이름이다. 수리고개에 있는 술샘은 샘물에 술기운이 있어서 목마른 사람이 이 물을 마시면 갈증이 풀리고 요기가 되었는데 욕심 많은 사람이 마음껏 마시기 위

하여 우물을 더 깊이 파니 별안간 그 술기운이 사라졌다고 한다. 수리고
개 위에는 고개가 하나 더 있는데, 고개가 하도 높고 험해서 진절머리가
난다고 해서 진절머리고개이고, 양대리에는 북면 운용리로 넘어가는 큰
고개인 부소문이고개가 있다.

입장면 용정리의 불그머리에 있는 큰 우물, 불그물은 물맛이 좋기로
유명해 백제 때에는 나라에서 쓰기 위하여 우물 둘레를 구리로 만들었
다고 한다. 그 불그머리에 있는 옥녀봉은 산 모양이 수려하고 단정한 옥
녀와 같다고 하며, 옛날 어느 임금의 태를 묻었다고 한다.

입장읍 도림리에는 보덕원이라는 조선시대 때의 원이 있었고, 가녀리에
서 충청북도 진천으로 넘어가는 고개로 엽둔재(엽전고개, 엽둔티)라 불리는
고개가 있다. 예전에 이 고개에는 도둑이 많아서 엽전을 가시고 가는 사람
은 모두 털렸다는 이야기가 전한다. 시장리의 구시랑이는 도장골 서쪽에
있는 골짜기로 백제 때 시랑 아홉 사람이 살았다고 해서 생긴 이름이다.

성석린成石璘은 시에서 직산을 이렇게 묘사했다.

직산이 비록 조그만 고을이지만 그래도 족히 나의 인덕을 시험해볼 만하네.
사랑하고 돌보는 것은 불쌍하고 외로운 이에게 먼저 하고, 세를 받을 때는 부
자인지 가난한 자인지를 물어서 받았다네. 닭을 잡는다는 것은 희롱의 말이
요, 송아지 머물러 둔다는 말 지킬 만하네. 어려서 배운 것, 마침내 어디다 쓰
리, 무릇지기 혜택을 백성에게 미치게 함이로세.

경기도와 천안의 중간 지점에 있는 직산은 근래 들어 하루가 다르게
그 모습이 변하고 있다.

경북 상주 함창 — 비옥한 평야지대를 끼고 있는 웅주거목 雄州巨牧의 고도

경북 영덕 영해 — 산이 막히고 바다에 임하여 백성들이 풍성하니

경북 영주 순흥 — 퇴락한 흥주도호부에는 봉서루만 남아

경북 영주 풍기 — 내륙의 제주도라 불리었던 인삼의 고장

경북 청송 진보 — 청송과 영양을 연결하는 교통의 요지

경북 포항 흥해 — 밭은 실지고 땅은 이로운데 어염까지 겸했으니

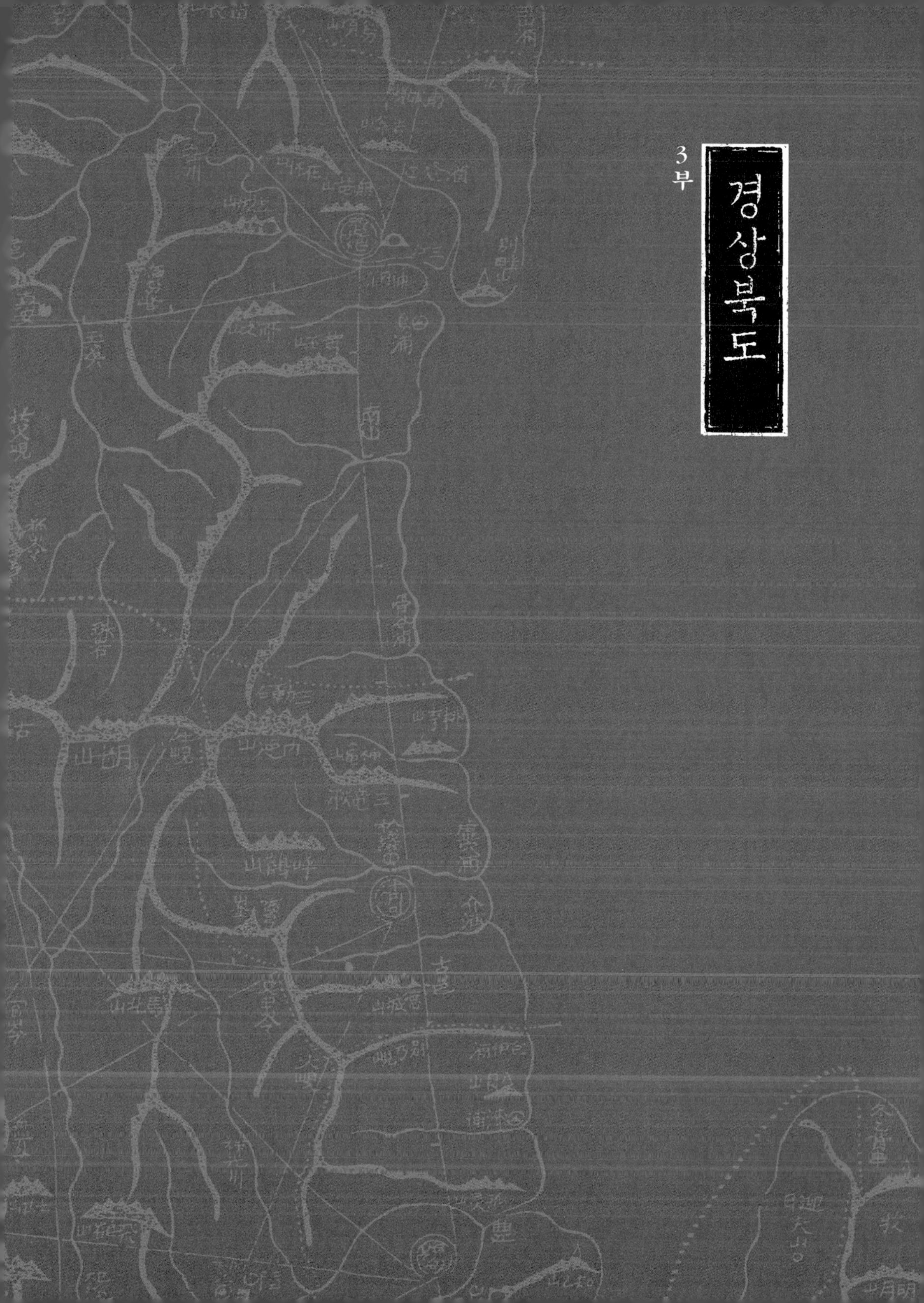

3부
경상북도

공갈못노래비
연밥 따는 노래
상주 함창 공갈못에
연밥 따는 저 처자야
연밥 줄밥 내 따줌세
이내 품에 잠자주소
잠자기는 어렵잖소
연밥 따기 늦어가오

상주 함창 공갈못에
연밥 따는 저 큰아가
연밥 줄밥 내 따줌세
백년 언약 맺어다오
백년 언약 어렵잖소
연밥 따기 늦어간다

경북 상주 함창 一장

비옥한 평야지대를 끼고 있는 웅주거목雄州巨牧의 고도

상주 함창 공갈못에
연밥 따는 저 처자야
연밥 줄밥 내 따줄게
이내 품에 잠자주소
잠자기는 어렵잖소
연빕 따기 늦어가오

상주 함창 공갈못에
연밥 따는 저 큰아가
연밥 줄밥 내 따줌세
백년 언약 맺어다오

공갈못 노래비 〈상주함창 공갈못노래〉는 함창 지방에 전해오는 모심기 노래로 이 지방 사람들은 공갈못의 물로 한 해 농사의 풍흉을 점쳤다.

백년 언약 어렵잖소

연밥 따기 늦어진다.

위의 노래는 고령가야국古寧加耶國 때 축조된 공갈못에 얽힌 〈상주함
창공갈못노래〉라는 농요인데, 상주시 공검면 양정리에 있는 공갈못에
는 다음과 같은 이야기가 전해진다.

옛날 상주에 사는 김씨 성을 가진 사람이 경주에 다녀오던 길에 한 여
인을 만나 같이 걷게 되었다. 그 여인의 용모가 황홀할 만큼 우아하고 아
름다워서 그는 오히려 불길함과 두려움을 느꼈다. 대구에 도착하니 날
이 저물어 독명원犢鳴院에서 하룻밤을 묵게 되었는데, 한밤중에 그 여인
이 밖에 나갔다가 갑자기 물동이를 이고 들어오는 것이 보였다. 김씨가
가만히 지켜보니 그 여인이 방바닥에 물을 쏟고 황룡黃龍으로 변하였다
가 다시 사람으로 변하는 것이 아닌가. 깜짝 놀란 김씨에게 그 여인이 이
렇게 말하였다. "저는 경주 용담의 용녀로 지금 상주 공갈못에 있는 숫
용에게 출가를 하는 중입니다. 그런데 그 못에는 또 한 마리의 숫용이 있
어서 저의 출가를 방해하고 있사오니 저를 도와주시지 않으시렵니까?"

그 말을 들은 김씨가 어떻게 하면 도울 수 있는지 묻자, 용녀는 "제가
그 못에 도착하면 용 세 마리가 서로 싸우고 있을 것입니다. 청룡은 저
의 남편이고, 제가 황룡이며, 백룡은 저의 출가를 방해하는 용이오니 백
룡의 목을 쳐주시기 바랍니다"라고 대답하였다. 상주에 도착한 김씨가
여인과 약속한 시간에 공갈못에 도착하였더니 과연 용 세 마리가 어울
려 싸우고 있었다. 그는 준비해 간 칼을 뽑아 백룡을 내리치려고 하였으
나 너무 당황한 나머지 청룡의 허리를 자르고 말았다. 그때 물 속에 들

어갔던 황룡이 나와 이 광경을 보고 매우 슬퍼하며 "당신은 나를 과부로 만들었으니 영원히 나와 함께 살아야 할 것입니다"라고 말했다. 김씨는 어쩔 수 없이 마지막으로 집에 돌아가서 가족들에게 작별인사나 하고 오겠다고 약속하고 집으로 돌아가던 중 이름 모를 병에 걸려 이튿날 죽고 말았다. 그 죽음을 지켜본 한 무당이 이것은 필시 용신의 장난이라고 하니 그의 가족들은 시체를 가지고 공갈못에 가 제단을 쌓고 무당으로 하여금 빌게 하였다. 그러자 못 속에서 황룡이 나와 기다렸다는 듯이 그의 시체를 안고 못 속으로 들어가버렸다.

그 뒤부터 이 지방 사람들은 공갈못의 물이 어는 것을 보고 이듬해의 풍흉을 점쳤다고 하며, 정월 열나흗날 밤에는 인근의 모든 소들이 겨울철임에도 불구하고 땀을 흘렸다고도 한다. 공갈못은 여꽃이 만발할 때면 중국의 첸탕[錢塘]을 방불게 할 만큼 아름다웠다고 한다. 한때 전답이 되었다가 조그맣게 복원된 공갈못을 두고 홍귀달洪貴達은 기문에서 다음과 같은 글을 남겼다.

방죽이 많기로는 남방이 제일이요, 그 크기로는 공검지(공갈못)에 비길 만한 것이 없다. 처음 둑을 쌓은 것이 언제인지 모르나 전설에 따르면, 처음 쌓을 때 물이 너무 많아서 공사가 진행되지 않았으므로 사람을 넣어서 함께 쌓았는데, 둑이 다 이루어진 뒤에 그 둑 속에 넣은 사람의 이름을 못의 이름으로 삼았다. 하지만 그 이야기는 허황하여 믿을 수 없다. 그 못을 보면 넓고 편평하다. 가뭄에도 마르지 않고 큰비에도 넘치지 않으니, 여러 가는 냇물들이 모여드는 것만으로 그와 같을 수 있겠는가.

현재는 경상북도 상주시 함창읍인 함창은 조선시대의 현이었고, 원래 고령가야국이었다. 이 나라를 신라가 빼앗아 고동람군古冬攬郡으로 하였다가 경덕왕 때에 고령으로 고쳤고, 현종 때 상주에 소속하여 지금의 이름으로 고쳤으며, 명종 때에 감무를 두었고, 1413년(태종 13)에 규례에 따라 현감으로 고쳤다가 1914년 행정구역 통폐합 당시에 상주군에 편입하였다.

함창의 옛 이름인 고동람은 대읍大邑 또는 장읍長邑의 뜻을 지니고 있으므로 부족국가 시대에 족장이 살았던 지역으로 추정한다. 이 지역은 백두대간 남쪽 사면의 낙동강 상류를 차지하는 분지로 조선시대에는 경상도 북부의 교통의 요지였다. 문경과 상주를 잇는 남북의 도로와 보은과 용궁을 잇는 동서의 도로가 발달하였고, 부근에 덕통역德通驛이 있었으며 남산봉수는 남쪽의 소산과 북쪽의 선암산 봉수를 이어주었다.

낙동강 옆의 비옥한 평야지대를 끼고 있는 상주는 신라시대에는 전국 9주州, 고려시대에는 전국 8목牧의 하나였으며, 조선시대에는 관찰사가 상주 목사를 겸하는 등 웅주거목雄州巨牧(땅이 넓고 생산되는 물건이 많은 고을)의 고도였다. 또한 낙동강 하류지방의 각 조세창고에서 한양으로 세곡을 실어나르던 뱃길의 최상류 종착지이기도 했다. '낙동강 700리'라는 말이 생긴 것도 바로 이 때문이었다.

『신증동국여지승람』에는 "조선조 문물의 유통은 수로를 주로 이용했다. 세미稅米의 경우, 영남지방에서는 낙동강을 이용하여 상주 낙동진에 모았고 다시 육로를 이용하여 점촌, 문경을 지나고 조령을 넘어 충주 가흥창可興倉에 모았다가 다시 한강 수로를 이용하여 한양으로 운반했다"고 기록되어 있다.

함창향교는 창건 연대는 알려져 있지 않고 있는데, 1417년에 다른 곳에 있다가 현재의 위치로 이전하였고 경상북도 문화재자료 제124호로 지정되어 있다.

『신증동국여지승람』에 의하면 함창현의 경계는 동쪽으로 상주의 경계까지 8리, 남쪽으로 상주의 경계까지 17리, 서쪽으로 상주의 경계까지 23리, 북쪽으로 문경현의 경계까지 7리이고 서울과의 거리는 437리이다.

『신증동국여지승람』에 "재악산宰嶽山은 현의 서쪽 13리에 있는 진산이다. 황령산黃嶺山은 현의 서쪽 37리에 있다. 고산孤山은 현의 동쪽 9리 큰들 가운데에 있어 바라보면 섬과 같다. 관천串川은 현의 동쪽 7리에 있다. 문경현은 견탄의 하류로서 남쪽으로 흘러서 용궁현龍宮縣의 하풍진河豊津과 합친다"고 기록되어 있다. 함창에는 성산 봉수가 있었는데, 남쪽으로 상주의 소산 봉수에 응하고 북쪽으로는 문경현의 선암산禪岩山 봉수에 응하였다.

공검면 병암리의 늘밤은 판야라고도 부르는데, 병암리 동북쪽에 있는 마을로 뒷산이 괘등掛燈 형국으로 양정리 쪽에서 보면 마치 등불이 밤낮으로 산에 걸려 있는 것같이 보인다고 한다. 역곡리力谷里는 다섯 봉우리가 연달아 있는 오봉산 밑에 있어 힘센 사람이 많이 나므로 심실 또는 역곡이라고 하는데, 심실에서 함창읍 돗질로 가는 고개가 봉오재 말랑이다. 지평리의 관바우는 이안천 가에 있는 바위로 수백 명이 앉아서 놀 수 있을 만큼 매우 넓고, 화동리는 조선시대에 말을 먹이던 곳으로 수골 또는 화동이라고 하였다.

이곳 함창에는 여러 역원이 있었다. 덕통역德通驛은 현의 동쪽 7리에 있었던 역원이며, 다방원茶方院은 현의 동쪽 8리에 있었고, 함제원咸濟院은 현의 남쪽 13리에, 당교원唐橋院은 당교 곁에 있는 역원이며, 관천원串川院은 관천 기슭에 있었다.

하향교는 현의 서쪽 5리에 있는 다리였으며, 당교唐橋는 현의 북쪽 6리에 있는 다리로 「신라고기」에 다음과 같이 실려 있다.

소정방이 이미 고구려와 백제를 치고 또 신라를 치려고 여기에 머물렀을 제, 김유신이 그 계획을 알고 당나라 군사에게 잔치를 베풀어 취하게 하고는 모두 여기에 묻어 죽였다. 뒷날 사람들이 그것으로써 당교라고 이름 지었다.

이곳에 향교의 대현(생도로 나이가 많은 사람)이었던 김택金澤이라는 사람이 살았다. 가정 이곡이 젊었을 때 유랑하다 영해寧海에 정착하였는데, 그때 김택은 이곡이 반드시 크게 될 인물임을 알아보고 자기 딸을 주어 사위로 삼았다. 김택의 딸과 이곡 사이에 태어난 아들이 이색이다. 김요金饒는 김택의 아들인데, 과거에 올라 벼슬이 중대광 함녕군에 이르렀다.

김계창金季昌은 함창을 두고 시에서 "조그만 누각 하나 산기슭에 서 있으니, 올라가서 좋은 경치를 찾는다. 버들을 스치는 바람은 솔솔 불어오고, 꽃잎은 비처럼 펄펄 떨어진다. 원의 시가 겨룰 이 없고, 나그네는 술이 거나하구나. 붓을 잡고 해를 적어놓으니, 천순 기원 3년이로다"라고 노래했다.

함창에는 삼한 소국 중의 한 곳인 사벌국이 있었다. 상주에 있었던 사벌국은 일명 사량벌국沙梁伐國이라고도 불렀는데, 『삼국사기』에 따르면

본래 신라에 속해 있었으나 첨해이사금 때 갑자기 배반하여 백제에 귀속하자 우로于老가 군대를 거느리고 이를 토벌하여 주를 설치하였다. 이 기록은 진한 소국연맹체에 속해 있던 사벌국이 이탈하여 외부세력인 백제와 결속함에 따라 맹주국인 경주 사로국斯盧國의 무력적 제재를 받는 과정으로 이해할 수 있다.

상주지방에서는 기원전 3~2세기 이래의 청동기 유물이 다수 출토되었는데, 이로 미루어보아 경상도의 다른 지역에 비해 상대적으로 일찍 정치집단이 형성되어 있었던 것으로 추정된다. 특히 이곳에서 발견된 세형동검細形銅劍, 동모銅鉾의 형태에서 볼 수 있듯이 사량벌국은 기원전 1세기 이래 경주 사로국과 대등한 교역관계를 전개하고 있었으며 토착

함창 전경 조선시대에는 경상도 북부의 교통의 요지였고, 낙동강 부근에서 한양으로 세곡을 실어 나르던 뱃길의 최상류 종착지였던 함창은 어느덧 자그마하고 한적한 마을로 남아 있다.

태봉 함창읍 태봉리 보릿들에 우뚝 솟은 태봉산은 조선시대에 왕자의 태를 묻었다는 산이다.

지배집단이 경주 귀족으로 흡수되기까지 4~5세기 이상을 독자적인 정치집단으로서 지속적으로 성장하고 있었던 것으로 추정된다.

상주시 이안면 아천리의 염골은 감바우 남쪽에 있는 마을로 약 400여 년 전에 마을 입구에 조천이라는 샘이 있어서 소금을 캐냈다고 하고, 정자동에 있는 조수물이라는 샘은 물에 소금기가 많아서 그 물로 소금을 구웠다고 한다. 이안면 중촌리에서 가장 큰 마을인 이안利安마을은 원래 이안부곡利安剖曲이 있었던 곳으로 삼판서三判書, 육승지六承旨가 살아서 영남의 여덟 군데 명당터 가운데 한 곳으로 알려져 있다.

함창읍 나한리는 원래 오백 나한을 모신 큰 절이 있었다고 하여 나한당 또는 나한대라고 불렀다. 나한대에서 문경시 공평동 구역마로 넘어가는 고개를 큰고개라고 하였고, 덕통리는 조선시대에 유곡도찰방에 딸린 덕통역이 있었다. 이 역에는 큰 말 두 마리와 중말 두 마리, 짐말 네 마리와 역리 45명, 여종 11명이 배속되어 있었고 윤직 동쪽에 당교가 있다. 중촌리의 용화사에는 보물 제118호로 지정되어 있는 석불입상이 있고, 보물 제120호로 지정되어 있는 석불좌상이 있다. 영남대로 상에 있는 태봉리에는 왕자의 태를 묻은 태봉산이 있는데, 1932년에 도굴당하여 현재 태함과 비석만 남아 있다.

조선 전기의 문신 정은鄭垠이 동헌을 두고 시를 짓기를, "함녕咸寧 옛 고을이 동쪽 바다에 가까운데, 관우를 새로 중수하여 그림인 양 잘 되었구나. 꽃은 이슬을 담뿍 머금어 붉기가 비단 같고, 나무에는 연기가 깊이 끼어 푸르기가 무 같도다. 누각은 먼 것으로 하여 구름과 가지런히 솟은 듯하고, 대나무는 바람을 받아 흔들리니 옥 갈리는 소리처럼 맑기도 하다. 성주에 힘입어 경치 좋은 고장이 되었으니, 이제부터 영원히 이름 전할 줄을 알겠도다" 하였다. 또한 그는 동헌의 이름을 우련당이라 고치고 기문을 쓰기를, "당제 존신存愼이 함녕의 원이 된 지 2년 만에 나에게 말하기를, '함녕고을은 경상도의 요충지여서 갓 쓰고 일산 받고 수레 타고 말 탄 채 오고 가는 자가 폭주하므로 관우와 누각의 중수를 급히 서둘러야 하겠습니다"라고 하였다.

현재는 읍사무소 자리가 동헌이나 객사가 있던 자리라고 추정할 뿐 정확하지는 않지만, 높은 데에서 아래를 굽어보는 위치로 보아 이곳이 관아가 있던 곳이 맞을 듯싶다. 그러나 불과 100년도 지나지 않은 세월 동안 관아 자리나 읍성의 자취를 찾을 수 없을 정도로 변모한 함창에서 그 흔적을 더듬는 나그네의 심정은 안타깝기 그지없다.

홍귀달의 시에 "늙은 내 나이 이제 예순일곱, 지난 일 돌이켜 생각하니 아득하기만 하구나. 젊었을 제는 재주를 거룰 이 없기를 바랐고, 중년의 공명 또한 홀로 잘난 체하였네. 세월은 흐르고 또 흘러 노끈으로도 잡아매기 어렵고, 벼슬길 멀고 멀어 말이 나가지 못하는구나. 무슨 방법을 써서라도 세상일 다 버리고, 봉래산 꼭대기에서 신선의 벗이나 되리라" 하였던 함창은 상주와 점촌의 틈바구니에서 자꾸만 작아질 것 같은 아쉬움이 남는 고장이 되고 말았다.

약
화신약방
화신약
732-0518
732-8492
현대예상
KTF
KTF
SK Telecom

경북 영덕 영해

二장

산이 막히고 바다에 임하여 백성들이 풍성하니

경상북도 영덕군 영해면은 원래 군이었던 곳으로 조선 후기의 혁명가 이필제李弼濟가 동학의 2대 교주인 최시형과 함께 영해민란을 주도했던 곳이다. 평생 혁명을 꿈꾸며 수많은 민란을 주도했던 이필제 개인의 내력에 대해 알려진 것은 별로 없다. 다만 그의 본명이 근수根洙이고 충청도 홍주목洪州牧(지금의 홍성 일대)에서 태어났다는 정도만 알려져 있을 뿐이다.

충청북도 진천으로 이사하여 그곳에서 성장한 이필제의 신분은 향반으로, 1863년(철종 14)에 동학에 입도하여 동학을 적극 포교하면서 농민을 규합해나갔다. 그후 체포령이 내려지자 충청남도 일대로 피신한 그는 피신 중에도 동학을 적극 포교했다는 이유로 또다시 관의 추격을 받아 1869년 말에는 경상남도 진주 일대로 피신 잠복하였다. 이곳에서 이

영해삼일운동기념탑 영해의 사람들이 이곳에서 3·1운동을 벌였다 하여 세워진 기념탑으로, 쉽게 지나칠 뻔했던 역사의 한 현장이다.

름을 주성칠로 고치고, 1870년 7월 농민을 규합하여 진주작변을 일으켰으나 실패하였다. 또 중국으로 쳐들어가 새 왕조를 세우겠다는 정치적 야망을 품고, 양영렬이 추천한 초계의 정만식과 정만식이 추천한 장경로와 함께 농민을 규합하여 진주군기고의 군기를 빼앗아 금병도로 가서 중국으로 들어갈 계획을 세웠으나 밀고로 실패하였다.

진주작변이 실패한 뒤 경상북도 영해로 피신, 잠복한 이필제는 최시형을 설득하여 동학교문 전체의 신원운동을 전개할 계획을 세우고 1871년 3월 10일 이른바 이필제의 난을 일으켜 성공을 거두었다. 그러나 그해 8월 문경에서 봉기하려다가 체포되어 12월 서울 서소문 밖에서 능지처참형을 당하였다. 동학에 입교한 뒤 9년 동안 진천, 진주, 영해, 문경에서 네 번에 걸쳐 민란을 주도했던 그의 흔적이 이곳 저곳에 남아 있다.

영해는 경상북도 영덕군에 딸린 하나의 면이지만 조선시대까지만 해도 영해도호부가 있었던 곳이다. 본래 고구려의 우시군于尸郡이었던 영해는 신라 경덕왕 때에 유린군有隣郡으로 바꾸고 명주의 영현으로 삼았다. 940년(태조 23)에 예주禮州로 바뀌었고 현종 때는 방어사를 두었다. 1259년(고종 46)에 위사공신衛社功臣 박송비朴松庇의 고향이라 하여 덕원소도호부로 승격시킨 뒤 다시 예주목으로 승격시켰다. 1310년에 전국에 있는 목牧을 없앰에 따라 영해부로 강등시켰다.

조선시대에 들어와 1397년에 이곳에 진영을 설치하여 병마사가 부사를 겸하게 하였고, 1413년에 진을 폐한 뒤 도호부로 고쳤다. 1895년에 안동부 소속의 영해군이 되었다가 다음 해에 경상북도의 관할이 되었으며 1914년에 영덕군에 편입되었다.

영해라는 지명은 이 지역의 바다가 파도 없이 잔잔하기 때문에 '바다가 편한 곳'이라는 뜻에서 붙여진 듯한데, 그 이름이 무색하게도 고려 말기에는 왜구가 자주 침입하여 큰 싸움이 여러 차례 벌어졌던 곳이다. 특히 영해 앞바다의 축산도丑山島에서는 공민왕 때 왜구의 선박들을 크게 부수기도 했다. 이 지역은 해안 방어의 요충지였으므로 고려 말기에 읍성을 쌓았고, 조선시대에는 대소산大所山과 광산廣山에 있던 봉수가 남북으로 연결되었다.

이 영해부의 서쪽 20리에는 용두산龍頭山이 있고 그 산 정상에 우물이 있는데 장마가 지거나 가뭄이 들어도 물의 증감이 없었다고 한다. 전하는 말로는 "처음에 산정에 한 갈대가 있었는데, 길이가 하늘에 닿았다. 그곳에 우물을 팠더니 물이 썩 맑고 깨끗하였다. 그러나 간사한 사람이 비치면 변하여 진흙 빛이 되었다"고 한다.

『신증동국여지승람』에 의하면 영해의 경계는, 동쪽은 해안까지 7리, 남쪽은 영덕현盈德縣 경계까지 22리, 서쪽은 진보현眞寶縣 경계까지 80리, 예안현禮安縣 경계까지 126리, 북쪽은 강원도 평해군平海郡 경계까지 30리이고, 서울과의 거리는 77리이다.

이중환은 『택리지』에서 "영양과 진보 두 고을은 풍속이 대략 같고 진보에서 동쪽으로 읍령을 넘으면 곧 영해(지금의 영덕) 지역이다"라고 하였다. 『신증동국여지승람』에 실린 영해에 대한 기록은 다음과 같다.

서읍령西泣嶺은 영해부의 동쪽 40리에 있어서 온 고을의 전송, 영접하는 곳이 되었다. 세상에서 전하는 말에, "크고 작은 사신의 행차가 만약 처음으로 재를 넘으면 반드시 흉한 일이 있다"고 하여 사람들이 다 피해다녔다. 손순효孫舜孝가 감사가 되었을 때에 바로 재 위로 와서 고목을 깎아 희게 하고 글을 써서 말하기를, "너는 화산(서울 북쪽에 있는 진산)을 읍하여 만세를 부르고, 나는 왕명을 받들어 여러 백성들을 위로한다. 어느 쪽이 가볍고 무겁다는 것을 누가 능히 알 수 있으랴. 밝은 태양이 우리의 두 충정을 비치고 있다"라고 한 뒤에 이름을 파괴현破怪縣이라고 하였다.

영해에는 낙동정맥이 가로막혀 있어서 크고 작은 고개들이 많기로 유명하다.

조선 전기의 학자 권오복權五福은 시에서 "탐천貪泉이 반드시 오은지吳隱之를 그르치지는 못하였다. '우는재'라는 이름자를 가지고 무지한 자들을 놀라게 하지 말라. 구구하게 괴이한 것을 깨뜨린다고 한 것이 도리어 괴이하다. 우는재라면 모름지기 타루비墮淚碑를 새기게 할 것이다"라고 했는데 이처럼 이 고개 이름이 '우는재'라고 지어진 것은 낙동정맥의 험한 길을 넘어오면서 느낀 외로움이나 힘겨움이 울음으로 연결되었기 때문인지도 모른다.

오현烏峴은 영양현英陽縣의 경계에 있고, 남면현南眠縣은 영해의 남쪽 15리에 있는데 남면현에는 이런 이야기가 전해온다. 고려 태조가 남쪽으로 정벌하여 오다가 이 재에 이르러 말 위에서 졸자, 황모라는 아전이 술을 권하면서 잠을 깨웠다. 태조가 잠이 깨어 그 술을 마시고 그 아전을 수헐愁歇(근심이 그친다는 뜻)이라고 명명하고 그 산을 면현이라고 하였다.

영해 객관의 동쪽에는 해안루海晏樓라는 누각이 있었고, 서루西樓는 성의 서쪽에 있던 문루였다. 조선 초기의 문신 권근은 「해안루기」에서 영해의 풍속에 대해 다음과 같은 기록을 남겼다.

영해는 곧 옛날의 덕원德原이다. 산이 막히고 바다에 임하여 땅은 궁벽하고 깊숙하여 여름에는 서늘한 바람이 많고, 겨울에도 대단한 추위는 없다. 물고기와 자라와 전복과 조개 등 해산물의 생산이 풍부하다. 옛날 태평하던 때에는 백성들은 풍성하고 송사는 간단하여 집마다 거문고를 갖고 있어서 사람들은 줄을 고르는 데 공교로웠다. 노래하는 목청과 춤추는 태도는 맑고도 예뻤고, 정사와 누대의 아름다운 경치는 거의 선정과 같았다.

권근의 말처럼 여자들이 춤도 잘 추고 얼굴이 예뻐서였는지 고려 말에 이색의 아버지 이곡李穀은 급제하기 전에 산수 유람을 하던 중 이곳에 들렀다가 김책의 딸을 맞아 장가들었다고 한다. 또한 권근과 여말 선초의 무신 안노생安魯生 역시 이곳에서 귀양살이를 하면서 이곳의 풍광에 깊이 매료되었다고도 한다.

조선시대까지만 해도 영해는 교통상으로는 북쪽의 평해와 영덕을 잇는 해안도로와 서쪽으로 낙동정맥에 자리 잡은 오현, 읍령 등을 거쳐 영양, 진보로 연결되는 도로가 발달했던 곳이다. 이곳 해안가는 경치가 아름답기로 유명한데, 그 중에서도 관어대觀魚臺의 일출은 예부터 유명했다. 관어대는 영해면 괴시리槐市里에 위치해 있는 조망대로 일명 어대라고도 불린다. 영해면 소새시에서 1.3킬로미터 떨어진 곳에 자리 잡은 관어대에는 고려 말의 문신 이색이 이곳의 이름을 짓게 된 사연이 얽혀 있다. 이색이 그의 외가인 호지마을에 왔다가 바닷가에 있는 상대산上臺山(183미터)에 올라가보니 넓은 바다가 펼쳐져 있는데, 물이 맑아서 고기가 뛰노는 것이 보였다고 한다. 그래서 이 산을 관어대라 지어주었고, 또 상대산 남쪽 기슭에 마을이 있으나 이름이 없는 것을 알고서 마을 이름도 관어대라는 이름을 지어주었다고 한다.

괴시리는 원래 호지마 또는 호지촌이라고 부르던 곳으로 이색이 중국에 사신으로 다녀와서 이곳의 지형이 중국의 괴시라는 지형과 흡사하다고 해서 지은 이름이다.

괴시리 동남쪽에는 옛날 오소리가 살았다는 오시뱅골이라는 긴 골짜기가 있으며, 부용암 남쪽 산허리에는 석양의 경치가 아름답다는 석양대라는 대가 있다.

대진리는 동해 바닷가에 있는 마을로 한나리, 한날기 또는 대진이라 불렀는데, 넉 냥을 주고 샀다는 넉냥짜리논과 석 냥을 주고 샀다는 석냥짜리논, 두 냥을 주고 샀다는 두냥짜리논, 그리고 한 냥을 주고 샀다는 한냥짜리논이 있다.

영해면 괴시리와 사진리 사이에는 망일봉望日峰(152미터)이라는 그다지 높지 않은 산이 있다. 일명 매일봉이라고도 부르는 이 산은 동해를 바라보며 우뚝 솟은 봉우리의 형세가 마치 솟아오르는 아침해를 맞이하는 것과 같다고 하여 망일봉이라고 이름 지어졌다. 이 봉우리 남쪽 1.5킬로미터 지점에 망월봉望月峰이 있는데 정월 보름날이면 이 산 근처에 사는 사람들이 이 산 위에 올라 달맞이를 하였다고 한다. 그곳에서 다시 남쪽 1킬로미터 지점에 봉화산이 있어서 세 봉우리가 해안가에 연하여 나란히 자리 잡고 있다. 이 망일봉에서 해가 솟는 것을 바라본 주세붕周世鵬이 시를 지었는데, 주세붕의 시는 그의 아버지가 억울하게 죄를 뒤집어쓴 것을 사면받기 위해 당시의 관찰사에게 애원하던 중 관찰사가 부르는 운을 따라 지은 것으로 아버지를 구한 시라는 평을 받고 있다.

한편 영해면 원구리에는 중구봉이라는 작은 산이 있는데 높이가 9미터 정도이다. 중구봉은 들판 가운데 우뚝 솟은 봉우리로 그곳에 오르면 송천과 동해 바다가 보여 전망이 매우 좋다고 한다. 그래서 해마다 중구일(음력 9월 9일)에 주변 사람들이 모여 시를 읊고 술도 나누어 마시며 즐겁게 노는 곳이었다. 영해면 원구리와 축산면 부곡리 경계에는 용당산(280미터)이 있으며 그 산 밑에 못에 얽힌 이야기가 남아 있다.

조선 말엽에 장단현감을 지낸 백씨가 원구리에 살고 있었다. 그가 어느 날 밤에 꿈을 꾸었는데 백발 노인이 나타나 이렇게 말했다. "내일 아침에 이 못에서 황룡과 청룡이 싸울 것이니, 청룡을 활로 쏘아 죽여주십시오." 이 말을 듣고 잠에서 깬 그는 꿈이 하도 이상하여 그날 아침에 연못에 가보니 과연 안개가 자욱한 연못에서 두 마리의 용이 싸우고 있었다. 그는 노인의 말대로 청룡을 향해 힘껏 활시위를 당겼다. 그런데 그 활이 청룡을 맞히지 못하고 황룡을 맞혀 황룡이 죽어버렸는데, 그 뒤로 백씨 집안은 망하고 말았다고 한다.

영해면 성내리는 본래 영해군 읍내면의 지역으로 읍성의 안쪽이 되므로 성안 또는 성내라고 하였는데, 현재는 이곳에 영해면의 관공서들이 들어서 있다. 원구리는 본래 묘곡면 지역으로 뚜들(둔덕진 곳에 있는 들판)이라서 원두들 또는 운구라고 하였는데, 이곳에는 현종 때 진사를 지낸 남상소南尙召가 지은 광계정光溪亭, 남경조南景祖가 지은 구고헌九皐軒, 박영호朴永昊가 지은 구성헌九成軒, 남고南皐가 지은 노백당老柏堂, 금서헌琴書軒, 상의당尙義堂 등의 정자와 조선 후기 헌종 때 지은 구봉서원九峯書院 터가 있다.

본래 영해군에 소속되었던 창수면은 과거에 창수부곡이었다. 창수면 가산리에는 이곡과 이색을 모셨던 단산과 서원 터가 남아 있고, 가사리

북쪽에는 복치락골이라는 마을이 있다. 이 마을에 있는 복철암이라는 암자에는 나옹대사가 한동안 머물렀다고 한다. 갈천리의 가을면산 아래에는 가을면 또는 가을면곡이라고 불리는 마을이 있는데 이곳에 장륙사라는 절이 있다.

장륙사 서쪽에는 물이 굽이굽이 물레같이 흘러내린다는 물방앗골이 있고, 일모실 서쪽에는 모양이 뱀처럼 생겼다는 배밋등이 있으며, 도장곡 깊은 골짜기에 있는 버꾸산은 큰 폭포에서 들리는 물소리가 마치 버꾸 치는 소리처럼 들린다고 해서 지어진 이름이다.

절골과 정자소에서 내려오는 두 물이 합하는 갈면 동쪽에 있는 내는 합천거랑이고, 개산골 북쪽에는 책시방골이라는 바위가 있는데 그 모양이 마치 책을 쌓은 듯하다고 하여 붙여진 이름이다. 영덕군 창수면 백청리 잣나무골에서 영양군 수비면 기산리로 넘어가는 고개는 고개 밑에서 서숙이라고 부르는 조(곡식)가 쉰 섬이 났다고 해서 쉰섬고개이고, 망상골 서남쪽에서 영양읍 무창리 지무실로 넘어가는 큰 고개를 웃재라고 부른다. 창수면 수리水里는 숯을 구웠으므로 숯골 또는 수곡이라고 불렀는데, 자모리 근처에 있는 삼승재는 옛날에 세 스님이 놀던 곳이라고 한다. 이문열李文烈은 그의 소설 『젊은 날의 초상』에서 영양에서 영덕군 창수면으로 넘어오는 고개인 창수령을 다음과 같이 묘사하였다.

창수령 해발 700미터, 아아, 나는 아름다움의 실체를 보았다. 창수령을 넘는 동안의 세 시간을 나는 아마도 영원히 잊지 못하리라. 세계의 어떤 지방 어느 봉우리에서도 나는 지금의 감동을 다시 느끼지는 못하리라. 우리가 상정할 수 있는 완성된 아름다움이 있다면 그것을 나는 바로 거기서 보았다. 오,

창수령 영양에서 영덕군 창수면으로 넘어오는 창수령은
소설가 이문열의 작품에서도 아주 인상적으로 그려졌다.

그 아름다워서 위대하고 아름다워서 숭고하고 아름다워서 신성하던 그 모든
것들…….

이문열이 이처럼 찬탄하였는데 지금 창수령에는 아름드리 소나무들
이 어쩌다 드문드문 지나는 길손을 맞고 있을 뿐이다.

신기리의 육중곡六曾谷은 우정골 남쪽에 있는 골짜기로 육조판서가
나올 명당이 있다고 하며, 우정골 남쪽에서 영해면 묘곡리로 넘어가는
쉰골이라는 고개는 그 굽이가 50여 개가 된다고 한다.

영해군 소속이었던 병곡면 각리 남쪽에는 산봉우리가 붓끝처럼 생긴
문필봉이 있는데, 이 근처에서 문필가가 끊이지 않고 태어난다고 하며,
거무역리의 배핏골은 안모치 북쪽에 있는 골짜기로 이곳에 살았던 어느
할머니가 매일 베 한 필씩을 짰다고 해서 생긴 이름이다. 유금 서남쪽에
는 작은 산재 또는 유금재라고 불리는 고개가 있고, 그 유금재 위의 매
봉산에는 산마루가 매우 높고 험한 곳에 자리 잡은 큰산재가 있는데 매
봉재라고도 불린다.

한편 금곡리에는 제사를 지내면 소원을 잘 들어주는 서낭당과 바위가
있는데, 금곡 북쪽에 있는 서낭당은 '칠보산 토지지신 골매기님'을 모
시면서 해마다 정월 보름날에 제사를 지내면 소원 성취를 한다는 이야
기가 전해온다. 금곡 동쪽에 있는 집채만한 용바위는 용이 숨어 살고 있
어 영험하다는 이유로 해마다 뱃사람들이 풍어제를 지내는 곳이다. 아
치골 동남쪽에는 천 냥을 주고 샀다는 천냥짜리논이 있고, 유금 동남쪽
에는 '칠보산 할매씨'를 모시는 신당이 있으며, 아치골 동남쪽에는 두
물이 만나는 합수나들이라는 여울이 있다.

축산도丑山島는 영해도호부의 동쪽 10리, 바다 가운데 있는데 그 생김새가 마치 소와 같아서 축산이라고 하였다. 그 남쪽에 높은 봉우리가 있으며, 그 형상이 말과 같아서 마산馬山이라고 불린다. 전함이 정박했던 축산포영丑山浦營은 영해부의 동쪽 14리에 있었고, 수군 만호 한 명을 두었던 곳이다.

조선 개국 후 태종 때 경상도안렴사를 지낸 안노생安魯生은 이곳 영해를 두고 "서읍령 맑고 얕게 물 흐르는 산골길을 지나서, 산 안개 푸르른 산봉우리 향하여, 세 줄 붉은 비단 옷에 분단장 고운 님과, 말 안장 나란히 돌아가니, 대낮의 광채가 움직였다네. 물은 가는 말을 쫓아 급히 흐르고, 산은 전별하는 장막인 양 둘러 있네. 이별가 다하지 않았는데 날은 이미 석양이라, 흐르는 눈물 다시 옷깃을 적시는구나"라고 노래하였다

경북 영주 순흥

三장

퇴락한 흥주도호부에는 봉서루만 남아

가을의 끝자락 소백산에 있는 순흥면으로 가는 길은 붉게 타오르듯 매달려 있는 사과나무로 눈이 부시다. 노랗게 물들어가는 은행나무 가로수 사이로 언뜻 언뜻 보이는 소백산은 지금 한창 가슴 시린 단풍 빛으로 물들고 있다.

순흥면으로 들어가기 전에 만나는 유물은 읍내리 고분벽화다. 실제 고분은 그곳에서 500미터쯤 떨어진 곳에 자리 잡고 있으며 길가에 있는 고분은 모형이다. 우리나라에서 벽화가 그려진 신라 고분은 이곳을 포함하여 두 개뿐인데 이곳이 고구려 땅이었으므로 고구려의 영향을 받은 신라 고분으로 추정된다.

이곳이 순흥 안씨의 고향이라는 것을 알리기라도 하듯 순흥면에 접어들기 전부터 순흥 안씨들의 잘 정돈된 묘역들이 눈에 들어온다. 고려 말

의 학자 이색李穡은 「송안시어시서送安侍御詩序」에서 "순흥 안씨順興 安氏
는 세세로 죽계竹溪 위에 살았다. 죽계의 근원은 태백산에 있다. 산이 크
고 물이 멀리 흐르듯, 안씨의 흥성함도 끝이 없을 것이다"라고 하였는
데, 이곳 순흥은 안씨의 본향으로 알려져 있을 뿐만 아니라 죽계라는 아
름다운 계곡이 있는 것으로도 유명하다.

이중환은 『택리지』에서 죽계를 다음과 같이 묘사했다.

영천榮川(지금의 영주를 말하는 듯함) 서북쪽 순흥부順興府에 죽계라는 계곡이
있는데, 죽계는 소백산에서 흘러나오는 물이다. 이곳의 들은 넓고 산은 낮으
며 물과 들이 맑고 깨끗하다. 상류에 있는 백운동서원은 문성공文成公 안유
安裕를 제사하는 곳이다. 명종 때 부제학을 지낸 주세붕周世鵬이 풍기군수로
있으면서 지은 것이고, 우리나라에서 사액서원의 시초이다. 서원 앞에 있는
누각은 시냇가에 위치하고 있어 밝고 넓으며, 온 고을의 경치를 완전히 차지
하였다.

옥녀봉 자락에서부터 비롯된 죽계천 변의 순흥면 배점리에서 초암사
에 이르는 계곡을 죽계구곡이라 부른다. 배점리는 선조 때 대장장이 배
순裴純이 왕의 승하로 국상을 당하자 국망산에 올라 3년 동안 망곡하였
으므로 나라에서 배순에게 무쇠점(대장간)을 주어서 배점裴店이라 부르
게 되었다.

이곳은 소백산이 병풍처럼 둘러 있고, 계곡 곳곳에는 기암괴석이 맑
은 물과 어우러져 신비경을 이루고 있다. 퇴계 이황이 이곳의 소沼로 흐
르는 물소리가 청아한 노랫소리와 흡사하다고 하여 각 소마다 이에 걸

맞은 이름을 붙여 불렀는데, 그 뒤로 죽계구곡이라 부르게 되었다.

1곡은 백운동 취한대翠寒臺이고, 2곡은 배점 남쪽에 있는 바위로 금성반석金城盤石이며, 3곡은 금성반석 위쪽에 있는 소인 백자담白子潭이고, 4곡은 초암사 아래에 있는 골짜기로 이화동梨花洞이다. 5곡은 이화동 위쪽에 있는 소로 목욕담沐浴潭이고, 6곡은 초암사 동남쪽에 있는 골짜기로 청련동애靑連東崖이며, 7곡은 청련동애 아래에 있는 골짜기로 용추龍湫라 불리고, 8곡은 용추에서 40미터쯤 되는 지점에 있는 바위로 금당반석金堂盤石이며, 9곡은 금당반석의 위쪽에 있는 소로 중봉합류中峯合流라 불린다.

이곳 배점리에 있는 초암사는 1,300년 전 의상대사가 부석사를 창건한 후에 세운 절이다. 처음에는 의상대사가 부석사 터전을 보러 다닐 때 임시로 기거하던 풀로 엮은 초막이었는데, 훗날 그곳에 암자를 지었다고 한다. 흐르는 맑은 물이 기기묘묘한 계곡과 폭포를 만들어낸 죽계천은 한 번 가본 사람들에게 오래도록 기억되는 아름다운 계곡이다.

한편 순흥읍 읍내리의 일조봉(100미터)에는 조선 후기의 역신인 정희량鄭希亮에 얽힌 일화가 남아 있다. 정희량은 당시 모순된 통치권력을 쓸어버리겠다는 야망을 품고 모반을 꾀했다. 그때 누이가 아직 때가 아니라며 만류하였으나 듣지 않자 치마로 돌을 날라다 성을 쌓아 자신의 의지를 표시했다고 한다. 그렇게 해서 생긴 것이 일조봉인데, 정희량의 난으로 피해를 입은 영남지방 사람들이 안타까워 지어낸 이야기일 것이다.

지금은 영주시에 속해서 하나의 읍으로 남아 있는 풍기의 풍속에 대해 『신증동국여지승람』에는 "풍속은 강하고 사나움을 숭상한다"고 하였고 「관풍안」에는 "백성은 경상耕桑을 즐겨한다"고 나와 있다.

여말 선초의 문신 김효정金孝貞은 이 지역의 형승을 일컬어 "산천이 수려하다"고 하였으며, 「산천조」에는 "죽령竹嶺은 군의 서쪽 24리에 있는데, 신라 아달라왕阿達羅王 5년에 처음으로 길을 열었다"고 기록되어 있다.

순흥의 진산은 순흥면 내죽리, 읍내리, 태장리의 경계에 있는 비봉산飛鳳山이다. 『여지도서』 순흥부 「산천조」에 "순흥부의 진산이며 소백산으로부터 파출되었다"라고 기록된 이 산에는 비봉산성이 있다. 순흥의 고구려 때 이름은 급벌산군及伐山郡이었다. 신라의 영토가 되었다가 고려 때에 흥주라는 이름으로 바뀌었고 고려 충렬왕과 충숙왕의 태를 연달아 묻으며 순흥부로 승격되었다.

조선 초기의 문장가이자 정치가인 서거정은 순흥을 병풍처럼 감싸안고 있는 소백산을 두고 "소백산이 태백산에 이어져, 서리서리 백 리나 구름 속에 꽂혔네. 분명히 동남계東南界를 모두 구획하였으니, 하늘땅이 이루어져 귀신은 인색을 끼쳤네"라고 읊었다. 순흥의 순흥묵밥 집에 들러서 이른 점심을 먹었다. 도토리묵이 아닌 메밀묵과 나물을 곁들인 비빔밥에 육수를 부어 먹는 순흥묵밥은 밥보다도 김치 맛이 일품이었다. 식사를 마치고 천천히 순흥기행에 나섰다. 골목에 접어들자 아직도 크고 검은 솥이 걸린 빈집이 먼저 눈에 띄고 골목을 돌아 얼마쯤 가니 순흥면사무소에 이르렀다.

영주시 순흥면사무소 뜰 안에 흥주도호부 봉서루鳳棲樓라는 누각이 있어 이곳이 순흥의 옛 이름인 흥주도호부의 관아 자리였음을 짐작케 한다. 봉서루의 현판은 공민왕의 글씨로 전해져오는데 순흥의 진산인 비봉산에서 봉황이 날아가면 고을이 쇠퇴한다는 전설이 남아 있다. 그래서 고을 남쪽에 누각을 지어 앞쪽의 현판에는 봉황이 깃들어 산다는 의미로 봉서루라는 현판을, 뒤쪽에는 봉황을 맞이한다는 뜻으로 영봉루迎鳳樓라는 현판을 걸었다.

순흥이 고향인 고려 말의 문신 안축安軸은 「봉서루기」에서 흥주(지금의 순흥)의 지형에 대해 다음과 같이 말했다.

나라의 동남쪽에 있는 산은 본래 하나인데 고개는 세 개이니, 태백, 소백, 죽령이 그것이다. 영남에 뿌리박은 첫째 고을은 바로 우리 흥주興州이다. 주에서 동쪽으로 가면 태백의 황폐하고 편벽된 마을이 나오고, 주에서 북쪽으로

가면 태백이 나오며, 북쪽에서 약간 꺾여 가면 소백이 나오는데 큰길은 하나도 없다. 주에서 서쪽으로 가면 죽령이 나오는데 임금이 계신 서울로 가는 길이다. 주에서 남쪽으로 가면 길이 갈려서 동남의 여러 읍으로 통하게 된다. 고을의 형세가 이러하기 때문에 나그네들이 출입하는 것은 동북쪽으로는 없고, 모두 서남쪽뿐이다. 옛적에 이곳에 고을을 설치하였을 때 오직 서남쪽에만 후정後亭을 세운 것은 고을의 형세가 그렇게 만든 것이다.

봉서루 앞뜰에는 목이 잘린 석불상과 이곳 순흥을 거쳐간 관리들의 영세불망비가 세워져 있고, 조선 후기에 대원군이 나라의 곳곳에 세운 척화비가 남아 있으며 순흥 지역의 문화유산을 모아놓은 순흥박물관도 있다.

이곳 순흥부가 폐현이 된 것은 1547년(세조 3)에 금성대군과 순흥부사 이보흠李甫欽이 일으킨 단종복위사건 때문이었다.

금성대군은 세종의 여섯째 아들로 단종복위 사건에 연루되어 유배지를 떠돌다가 이곳으로 귀양오게 되었고, 그때 단종은 영월의 청령포에 위리안치되어 있었다. 금성대군은 순흥부사 이보흠과 함께 고을의 군사와 향리를 모으면서 경상도의 선비들에게 격문을 돌려 또다시 단종복위를 모의한다. 그러나 거사를 단행하기도 전에 밀고로 그 사실이 발각되고 말았다. 결국 금성대군과 이보흠, 그리고 거사에 동조했던 수많은 영남의 선비들이 희생되었다. 그때 그들이 흘린 피가 죽계천을 물들이고 40리 아래쯤에 있는 동촌리까지 흘렀다 하여 피끝이라는 지명으로 남아 있으며, 그들의 넋이 아직도 청다리 근처를 떠돌고 있다고 한다. 그 일로 인해 순흥도호부가 폐지되면서 그 땅은 풍기, 예천, 봉화로 조각조각

나뉘고 말았다.

　금성단이 세워진 것은 단종이 복위된 뒤인 1711년(숙종 37)이었고 순흥은 그때 다시 도호부로 승격되었다. 순흥부사 이명희가 임금의 윤허를 받아 설치했는데 상단에는 금성대군을, 우측의 단에는 이보흠을, 좌측의 단에는 그 모의에 연루되어 죽은 사람들을 모시고 해마다 봄 가을에 향사를 지내고 있다. 이 지역 사람들은 지금도 단종과 금성대군이 태백산의 산신령이 되었다고 믿고 있다.

　한편 청다리에는 두 가지 사연이 서려 있다. 어릴 적 어른들이 아이들을 놀리느라 얘기하던 '다리 밑에서 주어왔다'는 말의 진원지가 이곳 청다리이다. 당시 소수서원에서 공부하던 유생들은 그들을 뒷바라지하

던 여종이나 이곳 마을의 처녀들과 정분나서 아이를 낳게 되면 처녀와 짜고서 일부러 청다리 밑에 버리라고 했다. 그러고는 자기가 우연히 그 다리 근처를 지나다가 그 아이를 주워온 것처럼 해서 "불쌍한 아이를 주웠다"며 본가에서 기르게 했다고 한다. 오늘날 자기가 낳은 아이를 고아원이나 경찰서 앞에 아무런 죄의식도 없이 버리는 사람들에 비하면 얼마나 다행스런 일인가.

영주시 순흥면 내죽리 백운동에 위치한 소수서원은 국내 최초의 사액서원으로 사적 제55호로 지정되어 있다. 1542년(중종 37) 풍기군수 주세붕이 고려시대의 명유名儒인 문성공 안향을 기리기 위해 건립한 것으로 1550년(명종 5)에는 이곳 군수로 부임한 퇴계 이황이 상주하여 칙액을 하사받았는데, 이것이 사액서원의 효시가 되었다. 특히 소수서원은 1871년(고종 8)에 대원군이 전국의 서원을 철폐시켰을 때도 남은 47개 서원의 하나로 서원 내에는 국보 제111호인 회헌 영정을 비롯하여 1513년(중종 8)에 제작한 보물 제485호인 대성지성문선왕전좌도가 있다. 예전에 숙수사宿水寺라는 절이 있었던 곳에 세워진 소수서원에는 보물 제59호로 지정된 통일신라시대의 숙수사지당간지주가 보존되어 있다.

지금은 소수서원의 소나무 숲에 덩그러니 당간지주만 남은 숙수사를 찾았던 노여魯璵는 다음과 같은 시를 남겼다.

가벼운 옷차림으로 그윽한 경치 찾았더니, 난초의 뜰은 10년 전의 모습이어라. 벽에 시가 새겨져 있으니 그 값어치는 몇 년 동안에 시와 함께 비싸졌고, 절의 이름은 천고의 물과 더불어 흐르누나. 추위가 산 빛을 미니, 스님은 문을 닫고, 차가움이 개울소리를 누르니, 손님은 다락에 오르도다. 휘파람 불며

서성거리는 중은 해가 졌다
고, 난간에 고개를 돌리면 고
향생각 나누나.

이중환은 『택리지』에서
청송과 영천에 대해 "이 두
고을은 시내와 산의 모습
그리고 토지가 비옥한 것
이 안동 여러 곳의 이름난
마을과 서로 비슷하다. 그
래서 소백산과 대백산의
두 산 아래와 황강(지금의
낙동강) 상류는 참으로 사대
부가 살 만한 곳이다"라고
하였다.

또한 강희맹은 그의 시에
서 "사람은 다락에 기대었
고, 새 자리는 비었으니, 달
밝은 밤의 피리 소리는 바람
을 막지 못하누나. 황량한 옛 보루는 그냥 반이 있는데 기억하는가. 닭
잡고 오리 잡던 공적을"이라고 노래했다.

조선 중기의 학자 권별權鼈이 지은 『해동잡록』 4권에는 서거정의 글
이 다음과 같이 실려 있다.

숙수사지 당간지주 소수
서원 입구에 있는 이 당간지
주는 이 자리에 숙수사라는
절이 있었음을 알려준다.

순흥군은 지방이 작고 기생들도 못생겼으며 반찬도 없는 군이었다. 남지南智가 감사監司로 가고 김문기金文起가 아사亞使로, 김호생金虎生이 군수郡守로 갔다. 하루는 감사가 잔치를 베풀었는데, 관기의 치마 빛깔은 담홍색이고, 군수의 코는 붉었다. 아사 김문기가 말하기를 "기생의 치마는 비록 엷지만, 주인의 코가 붉은 것이 첫째로 축하드릴 만합니다"라고 하였다. 주인이 술을 권하는데 큰 술잔을 잡으니, 아사가 말하기를 "군郡은 비록 작지만 술잔이 큰 것이 둘째로 축하할 일입니다"라고 하고, 다시 국과 밥이 들어오자 아사가 말하기를 "밥은 붉고 장은 흰 것이 셋째로 축하할 만한 일입니다"라고 하였다. 이것을 순흥의 세 가지 축하할 만한 것이라 하는 것이다.

순흥의 축하할 만한 세 가지 이야기도 재미있지만 가난한 고을의 수령이 손님에 따라 접대하는 방법을 다르게 하려다 실패한 이야기도 재미있다. 『해동잡록』 4권에는 다음과 같은 내용이 실려 있다.

한 수령이 손님을 접대하는 데 반찬의 등분을 상중하 세 가지로 나누었다. 그리고 담당 아전과 약속하기를 후하게 대접해야 할 손님이면 머리를 만지고, 그보다 낮은 손님이면 코를 만지고, 그 다음 손님은 턱을 어루만지기로 하여 풍성하게 대접할지, 검약하게 대접할지를 이것으로 신호를 삼고 있었다. 한 손님이 수령이 턱을 만지는 것을 지켜보고 자리를 피하면서 "일찍부터 친한 사이인데 이마를 만지기를 원하오" 하니 수령이 얼굴을 붉히고는 대접을 풍성하게 하였다.

속내를 들켜버린 수령의 마음은 얼마나 석류 속처럼 붉게 물들었을

까? 고을의 가난한 살림을 꾸리느라 고심해야 했던 수령의 기지가 돋보
이는 동시에 진작부터 수령의 수법을 알고 있던 손님의 풍류 또한 흥미
를 끈다.

경북 영주 풍기

四장

내륙의 제주도라 불리었던 인삼의 고장

풍기는 경상북도 영주시 풍기읍 지역에 있던 조선시대의 현이다. 본래 신라의 기목진基木鎭으로 고려 초에는 기주基州라 부르다가 현종이 길주吉州(지금의 안동)에 귀속시키고, 명종이 감무를 두더니 뒤에 안동부에 귀속시켰다. 공양왕이 다시 감무를 두어 안동부의 속현으로 삼았다가 1413년(조선 태종 13)에 기천基川으로 고쳐 현감을 두었다. 1451년(문종 1)에 문종의 태실을 은풍현殷豊縣으로 모시자 은풍현과 기천현의 이름을 따서 풍기군으로 승격시켰다. 1914년 군면 통폐합 당시 영주군에 병합되어 풍기면이 되었다가 1973년에 읍으로 승격되었다. 풍기의 관할 구역은 풍기·안정·봉현의 3개 면과 예천군 상리·하리의 2개 면 지역이었다.

예부터 바람 많고 돌 많고 여자가 많아 내륙의 제주도라고 불렸던 풍

희방폭포 소백산의 제1폭포인 희방폭포는 희방사 바로 아래에 있다.

기는 우리나라 최초의 사액서원인 소수서원紹修書院이 있는 곳이다. 풍기는 전란을 피할 수 있는 피병지避兵地로 이름난 곳이며, 주세붕에 의하여 재배가 장려되었다는 풍기 인삼으로도 유명하다. 조선시대에는 예천에서 이곳을 거쳐 백두대간을 넘어 영춘·영월과 이어지는 도로가 발달하였다.

『신증동국여지승람』에 실린 풍기의 경계는 동쪽으로 영천군榮川郡 경계에 이르기까지 14리, 남쪽으로 예천군 경계에 이르기까지 51리, 서쪽으로 충청도 단양군 경계에 이르기까지 24리, 북쪽으로 동도同道 영춘현永春縣 경계에 이르기까지 69리이고 서울에서의 거리는 410리이다.

『신증동국여지승람』「풍속조」에는 "풍기군의 풍속은 강하고 사나움을 숭상한다"고 기록되어 있고, 「산천조」에는 "죽령竹嶺은 군 서쪽 24리에 있는데, 158년(신라 아달라왕 5)에 처음으로 길을 열었다. 소백산小白山은 순흥현에 있다. 군에서의 거리는 32리이다"라고 실려 있다. 또한 김효정은 그의 시에서 풍기의 산천에 대해 "산천이 수려하다"고 하였으며, 서거정은 "소백산이 태백산에 이어져, 서리서리 100리나 구름 속에 꽂혀 있네. 분명히 동남계東南界를 모두 구획하였으니, 하늘·땅이 이루어져 귀신은 인색을 깨쳤네"라고 묘사했다.

현의 서쪽 16리에 있는 명봉산鳴鳳山에는 조선 초기 임금인 문종의 태가 묻혀 있다. 풍기에 있는 죽령의 봉수는 서쪽으로 충청도 단양군 소이산所伊山에 응하고, 동쪽으로는 망전산望前山에 응하였다.

등강성登降城은 풍기군의 서쪽 5리에 있던 성으로 『신증동국여지승람』에 "고려 태조가 남정했을 때, 이 현에 7일 동안 머물렀는데, 백제의 항서가 이르렀으므로 드디어 주필했던 곳을 등강성이라 이름지었다"라는 글이 실려 있다.

풍기향교는 경북 영주시 풍기읍 교촌리에 있는데, 본래는 금계동 임실마을 서편에 있던 것을 1541년(중종 36) 주세붕이 풍기 군수로 부임하여 그 위치가 읍에서 너무 멀고 식수가 부족하다고 하여 다음 해에 지금의 위치로 이전하였다. 1692년(숙종 18) 군수 정증이 옛날의 장소로 옮겼다가 1735년(영조 11)에 다시 현재의 자리로 이전하였다. 대성전과 동무 및 서무는 경상북도 유형문화재 제211호로 지정되어 있다.

풍기를 흐르는 하천으로는 금계천과 남원천이 있다. 금계천은 풍기읍 삼가리의 연화봉에서 발원하여 동남쪽으로 흘러 옥금리, 금계리, 교촌리를 지나 동부리에서 남일천으로 들어가고, 남원천은 풍기읍 수철리 죽령에서 발원하여 풍기읍을 지나 창진동에서 서천으로 들어가는 내이다.

풍기군 와룡면 지역이었던 봉현면 노좌리의 납덕바위는 약물바위 위쪽에 있는 바위로 모양이 넓적하게 생겼고, 달고개는 백산에서 유진리 버드래미로 가는 고개이다.

상원재는 사리미에서 유전리 진밭으로 넘어가는 고개인데 시루봉 밑에 있으며, 소목재는 상말에서 예천군 상리면 고항리로 넘어가는 고개로 소의 목처럼 생겼다. 다리목 서쪽에서 예천군 상리면 석묘리로 넘어가는 고개가 질마재이고, 대촌리 주성골에서 오현리의 오향골로 가는 고개가 갈목재로 고개가 높고 험해서 도둑이 많았다고 한다.

와룡골 동쪽 시작로 가에 있는 쑤안들은 숲이 많아서 생긴 이름이며, 쑤안들 남쪽에 있는 밭뚝들은 장마가 지면 논으로 가뭄이 들면 밭으로 쓰임새가 달라지는 전답이다. 대촌 서쪽에 있는 주성골 마을은 용이 와룡골에서 물을 마시고 주성동에서 여의주를 얻는 형국이라고 해서 천하

풍기 인삼밭 풍기 인삼의 효능·효과는 가히 세계적인 명성을 얻고 있다.

의 길이라고 하며, 양지마 북쪽에 예전 풍기향교가 있었다. 두산리의 고리목재는 고항재 또는 고항현이라고도 부르는데 수용골에서 예천군 상리면 고항리로 넘어가는 고개이고, 주치골 서쪽에 있는 공논바우는 나무꾼들이 이 바위에서 공론을 했다는 곳이다.

주치골 서쪽에서 충북 단양군 내골로 넘어가는 고개는 묘적봉 밑에 있다고 해서 묘적재이고, 홍정골에서 언고개로 넘어가는 고개는 옛날 어떤 임금이 넘었다고 해서 도왕재라는 이름이 붙었다.

홍정골 남쪽에 있는 무등골은 옥녀가 춤을 추고 놀았다는 곳이고, 고깔바우 남쪽에 있는 불쓴바우는 이 바위에 축원을 드리려고 불을 켜놓았다고 해서 지어진 이름이다. 산이 넓고 들이 적어서인지 홍정골 서쪽에 열여섯마지기보라는 것이 있는데, 물을 대주는 논이 열여섯 마지기라서 지어진 이름이다.

오현리 남원 동쪽에 있는 원터들은 남원南院이 있어서 생긴 이름이고, 유전리柳田里 힛든재 남쪽에 있는 골짜기인 노루장골은 노루가 많이 잡힌다는 곳이며, 버드래미에서 안정면 여륵리로 가는 고개인 무릎재는 고개가 험해서 넘을 때 무릎을 꿇고 넘어간다는 곳이다.

하촌리의 지경터는 배리들 서쪽에 있는 마을로 지경지라고도 부르는데 조선시대에 풍기군과 예천군의 경계가 되었던 곳이고, 하촌에서 예천군 하리면 탑리로 넘어가는 고개를 한티재라고 부른다. 한천리의 도덕바우는 산제당에 있는 바위로 이 바위가 마을을 내려다보면 해롭다고 해서 소나무를 심고 산제당에서 제사를 드린다고 한다.

원래 풍기군 동촌면이던 안정면 내줄리의 성장골은 너서리 서쪽에 있는 골짜기로 논이 걸어서 왕골이 잘 되므로 이곳에서 나는 왕골자리를 임금님께 상납했다고 하며, 단촌리의 꽃밭모랭이는 단촌리에서 가장 큰 마을인 저술과 백곡마을 사이에 있는 모퉁이로 꽃이 많이 피었다는 곳이다.

풍기군 동촌면 소재지였던 동촌리의 남실고개는 핏근이라 부르는 우음마을에서 오계리 오미마을로 넘어가는 고개이고, 동촌 남쪽에 있는 핏근마을(우음, 빗근)은 세조 때 화를 당한 단종의 피가 이곳까지 흘렀다는 전설이 전해진다. 북농리의 너서리고개는 한고개에서 내줄리 너서리로 넘어가는 고개이고, 노무모기 북쪽에 있는 흰고개미을은 마을 전체가 산과 고개로 둘러싸여 있다.

풍기군 생현면 시역이던 생현리는 사실고개 밑이라 사실고개 또는 생고개라고 불렀는데, 사실고개는 생현리에서 봉암리로 넘어가는 고개로 연산군 때 무오사화戊午士禍가 일어나자 김종직의 문인들이 숨어 살았다는 곳이다. 새마을 북쪽에 있는 봉오동은 망전산 또는 봉화산으로 불리는데, 조선시대에 망전산 봉수가 있어서 동쪽으로 영천의 성내산에, 서쪽으로 순흥에 있는 죽령으로 연결되었다.

여륵리의 둔터재는 너르기에서 묵리 노루모기로 넘어가는 고개이고, 너르기에서 파지리로 넘어가는 고개는 장가고개라고 부르는데 장보러 갈 때 이 고개를 넘어다녔다고 한다. 오계리의 오산 북쪽에 있는 망월봉은 정월 보름날 달맞이를 하던 곳이고, 옹암리의 독박고개는 독바우에서 풍기읍 산법리 산의실로 넘어가는 고개이다.

풍기군 동부면 지역이던 풍기읍 교촌리는 풍기향교가 있어서 교촌리
라고 이름지었고, 등두들 가운데에 있는 동신당은 정월 대보름에 제를
지내는 당이다. 금계리의 부개발은 부게밭 또는 부거전이라고 부르는데
쇠바리 남쪽에 있는 마을로『정감록鄭鑑錄』십승지지十勝之地 중 한 곳으
로 알려져 있다. 민간에 전하는 바에 의하면 우리나라에서는 10개소의
승지勝地(경치가 좋은 곳)가 있어 보통 십승지라고 부른다. 그 중에도 조
선 중기의 학자인 남사고南師古가 선정한 십승지가 가장 유명하여 특별
히 '남사고산수십승보길지지南師古山水十勝保吉之地'라고 칭한다. 그가
말한 십승지는 풍기의 금계촌金鷄村, 안동의 내성奈城, 보은 속리산 산록
의 증항蒸項 근처, 운봉雲峯 두류산頭流山 산록의 동점촌銅店村, 예천의 금
당동金堂洞 북쪽, 공주의 유구천維鳩川과 마곡천麻谷川 사이, 영월의 정동
正東 상류, 무주의 무풍茂豊 북쪽의 덕유산德裕山, 부안 변산의 호암壺岩,
가야산伽倻山의 만수동萬壽洞이다. 이곳에 있는 금선대錦仙臺는 장선 동
북쪽에 있는 바위로 황준량이 명하고 군수 이징계가 글씨를 써서 새겼
다. 금암정사는 황준량이 지은 정자이고, 금선정은 황준량의 후손들이
건립한 정자이다. 삼가리의 금계바위는 그 모양이 금닭처럼 생겼다고
하며, 이곳 역시『정감록』에 전해오는 십승지지 중 한 곳이라고 한다.

　정감록 신앙의 골자는 대체로 삼절운수설三絶運數說, 계룡산천도설鷄
龍山遷都說, 정성진인출현설鄭姓眞人出現說로 요약할 수 있다. 삼절운수설
이란 이씨 왕조가 내우외환에 의하여 세 번이나 단절될 운수를 맞는다
는 말세운수의 예언으로서 그 처방을 밝힌 것이며, 도선설·무학설 또
는 경주이선생결·이 토정가장결 등의 여러 설을 종합한 것이다.

　구체적으로 삼절운수란 첫째는 임진왜란, 두 번째는 병자호란을 뜻하

며, 세 번째는 앞으로 반
드시 일어날 숙명적인 국
가 사회의 위기라고 한
다. 그런데 각각의 위기
때마다 파자풀이 내지 은
유의 방법으로 그 대책을
언급하고 있는 것이 특색
이다. 파자풀이는 이미
‘정여립의 난 때 나무 목
木자는 망하고 전專읍은
흥한다’ 라는 “목자망木子
亡 존읍흥尊邑興” 이라는

금계바위는 그 모양이 금닭
처럼 생겼다 하여 붙은 이름
인데, 이 부근은 금광이 있었
던 곳이기도 하다.

참언이 나돈 것으로 유명하다. 그 외 임진왜란 때와 병자호란 때에도 정
감록은 여러 형태로 민중들에게 회자되었다.

삼가리의 민백이재는 달밭골에서 단양군 가곡면으로 가던 고개이고,
달밭재는 순흥면 배점리 웃평장개 서쪽에 있는 마을인 달밭골로 넘어가
는 고개이다. 미곡리의 마을이재는 안맥기실에서 순흥면 태장리로 가는
고개인데 예전에 풍기에서 순흥으로 가는 큰 길이었다.

경북 영주시 풍기읍 수철리 동쪽 연화봉 아래에 있는 절이 희방사喜方
寺이다. 이 절은 643년(신라 선덕여왕 12)에 두운杜雲스님이 창건했는데,
호랑이에 얽힌 창건설화가 전해진다. 선덕여왕 때 두운스님이 태백산
심원암深源庵에서 소백산 연화봉 밑의 천연동굴로 옮겨와 수도를 하고
있었다. 그러던 어느 겨울밤에 호랑이가 찾아들어 앞발을 들고 고개를

저으며 무언가를 호소하는 듯했다. 그래서 살펴보니 목에 여인의 비녀가 걸려 있기에 뽑아주었다. 그후 어느 날 밖에서 무슨 소리가 나서 문을 열고 나가보니, 어여쁜 처녀가 호랑이 옆에 정신을 잃고 쓰러져 있었다. 처녀를 정성껏 간호하여 원기를 회복시킨 뒤 이곳에 온 사연을 묻자 대답하길, 자신은 계림부鷄林府 사람 호장戶長 유석兪碩의 무남독녀로 그날 혼인을 치르고 신방에 들어가려는 순간 갑자기 불이 번쩍 하더니 몸이 공중에 떴고 그 뒤 정신을 잃어버리고 말았다고 했다. 두운스님은 굴 속에다 싸리나무 울타리로 그 처녀의 거처를 따로 만들어주고 겨울을 나게 한 뒤에 집으로 데려다주었다.

유 호장은 그 은혜에 보답하고자 동굴 앞에 절을 짓고 농토를 마련해주었으며, 무쇠로 수철교水鐵橋를 놓아 도를 닦는 데 어려움이 없게 하였다. 그 절은 은혜를 갚게 되어 기쁘다는 뜻으로 희방사라는 이름으로 불린다. 또한 이 절을 지을 때 돌을 나르는 말들이 동구에 이르면 나아가지를 못하자, 대신 소를 써서 지나가게 하였는데 바위 위에 소발자국이 있다고 하여 우족석사라고 불렀다고도 한다.

그 뒤 1850년(철종 1)에 강월대사가 중수하였으며, 한국전쟁 때 모조리 불탄 것을 안대근이라는 사람이 다시 지었으나 안타깝게도 전쟁중에 이 절에 보관되어 있던 『월인천강지곡月印千江之曲』, 『석보상절』 1, 2권과 앞에 붙은 훈민정음 판까지 모두 200여 장의 판목은 불에 타고 말았다.

한편 유 호장이 서문 밖 큰 냇가에 놓았다는 다리는 현재 국도가 뚫리면서 헐리고 그 근처에 콘크리트 다리를 놓고 금계교라 이름을 바꾸었지만 지금도 이 지역 사람들은 유다리라고 부른다.

서부리의 고로동 북쪽에 있는 북문동은 풍기읍성의 북문이 있었던 곳이고, 서부동에서 가장 큰 마을인 서문밖은 풍기읍성의 서문 밖을 말한다.

고로동 한가운데에 있는 창집터는 현재 민가로 변했지만 예전에 사창社倉이 있었던 곳이고, 한림촌은 조선시대에 한림학자 세 명이 나온 곳이라고 한다.

풍기읍성 안쪽이라서 성안 또는 성내라고 부른 성내리에 풍기군의 객사가 있었는데, 현재는 그 터에 풍기초등학교가 들어섰다. 객사터 동쪽에 있는 풍기동헌은 1642년(인조 20)에 위치를 조금 옮겼다가 1762년(영조 38)에 화재로 타버리자 1765년(영조 41)에 옛 자리로 다시 옮겼다. 그후 1820년(순조 20)에 군수 이구성이 다른 곳으로 옮겼다가 1897년(고종 34)에 군수 심숙이 옛 터로 옮겼는데, 현재는 풍기읍사무소가 자리 잡고 있다.

성내일동 동북쪽 옥터거리에는 풍기군의 감옥이 있었고, 수철리 무쇠다리 남쪽에 있는 산인 옥녀봉은 경치가 매우 좋아서 사람들이 많이 찾아오는 곳이다.

마을 앞에 큰 언덕이 있으므로 앞드들 또는 전구라고 부른 전구리의 기르마재는 한밭과 내막주절 사이에 있는 고개이고, 앞드들 동쪽에 있는 길인 숲거리는 느티나무 숲이 있어서 지어진 이름이다. 만가리막골에 있는 십리반석은 반석이 깔린 깊이가 10리나 된다고 해서 그렇게 불리고, 창락리는 조선시대에 창락역昌樂驛이 있어서 지어진 이름이다. 곰수골은 산이 험하므로 곰이 많이 살았다고 해서 지어진 이름이고, 곰 넘기재는 곰수골에서 삼가리 당골로 넘어가는 고개이다.

조위趙瑗의 시에 "산 옆에는 민가 10채, 다만 아는 것은 농사일 뿐"이라고 묘사했던 풍기는 오늘날 풍기 인삼과 풍기 사과로 알려져 오가는 사람의 눈길을 끌고 있다.

경북 청송 진보 五장

청송과 영양을 연결하는 교통의 요지

과거 진보현의 객관 북쪽에 있던 압각대鴨脚臺를 두고 서거정은 다음과 같은 시를 지었다.

청송 심부잣집 사랑채
송소 심호택의 99칸짜리 고택으로 경상북도 민속자료 제63호로 지정되어 있다.

다행히도 동헌 앞에 압각대가 있어 과객을 받으므로 갔다가는 돌아오네. 강남에서 어느 누구 장대류를 부르는고. 농상에는 아무도 역사매를 기대지 않네. 붉은 나무는 가까워 걸음이 길어질 듯하고, 푸른 산은 눈앞에 우뚝함이 쌓여 있네. 늙은이가 힘써 일했지만 무슨 일을 이루었는고. 세월은 유유히 술잔에 부쳤거늘.

신보현은 경상북도 청송군 진보면에 있던 조신시대의 현으로 본래는 신라의 칠파화현漆巴火縣이었다. 신라의 경덕왕이 진보로 고치고, 문소군의 영현으로 삼았으며, 조람현助攬縣은 진안眞安으로 고치고, 야성군野城郡의 영현으로 삼았다. 고려 태조는 진보현과 진안현 두 현을 합하여 보성부甫城府를 설치하였다(어떤 이는 재암성載岩城이라고도 한다). 현종은 예주에 귀속시켰는데 뒤에 왜구의 침입으로 주민이 다 사라지기도 했다. 조선 태조는 보성감무를 두었고, 세종 때 청부靑鳧(지금의 청송)에 합치고 청보군이라 불렀다가 얼마 안 있어 이를 파하고 지금의 이름으로 고쳐 다시 현감을 두었다. 성종 5년에 이 고을 사람인 금맹함琴孟諴이 현감 신석동申石同을 구타 모욕하였다 해서, 청송부에 합쳤다가 4년 뒤에 복구시켰다.

1895년(고종 32) 지방관제 개정에 따라 안동부에 딸린 군이 되어 남면, 서면, 상리, 하리의 네 면을 관할하였는데, 1914년 군면 통폐합에 따라 청송군에 편입되어 진보, 안덕, 파천 등 세 면의 지역이 되었다. 진보라는 지명은 신라 경덕왕 때 이곳 대동산에 봉수를 설치하고 위급함을 알려 '참으로 보배스런 곳' 이라는 뜻에서 나왔다고 한다.

이곳 진보는 청송과 안동 그리고 영덕을 이어주는 교통의 요지로 산간지방에 자리 잡은 군소도시라고 볼 수 있다. 터미널에서 내려 진보면사무소로 가는 사거리에 재래시장이 제법 넓게 펼쳐져 있고, 면사무소에 들어서자 바로 왼쪽에 군수 유정한을 비롯해 이곳을 거쳐간 수령방백들의 송덕비 여나믄기가 눈에 들어왔다. 저렇게 비바람을 맞으며 서있는 비들의 의미를 후손들은 알기나 할까?

진보면사무소로 들어가자 연말이어서인지 면사무소 안은 마치 장터처럼 번잡했다. 총무담당을 찾아가 이곳 진보현의 현청 터를 묻자 이곳이 바로 진보현의 관아 자리라고 한다.

『세종실록지리지』에 실린 진보현의 인구는 526명이며, 가구수는 78

호이고, 군정은 시위군이 11명에, 진군이 11명 그리고 선군이 25명이었다는데, 2005년 말 현재의 진보면 인구는 8,323명이고 가구수는 3,382호였다. 면사무소 직원의 말에 따르면 이곳의 인구는 1970년대만 해도 2만 명을 넘었다고 하니 농촌의 인구가 갈수록 줄어드는 것을 실감할 수 있었다.

조선시대에 현의 치소 남쪽에 있는 신법산神法山 봉수는 동해안의 상황을 안동 쪽으로 알렸고 교통의 요지였던 진보는 동서로 청송과 영양을 연결하는 도로가 발달하였다.

진보의 경계는『신증동국여지승람』에 의하면 동쪽으로 영덕현 경계까지 30리, 영해부寧海府 경계까지 15리, 남쪽으로 청송부靑松府 경계까지 28리, 서쪽으로 안동부 경계끼지 20리, 북쪽으로 영해부 경계까지 23리, 서울까지의 거리는 616리이다.

경상북도 유형문화재 제201호로 지정되어 있는 진보향교는 1404년에 창건되었고, 관내에 대성전, 명륜당, 서재, 외삼문, 내삼문 등이 남아 있다.

고산孤山은 진보면 기곡리와 함강리 경계에 있는 높이 527미터의 산으로 외따로 떨어져 있고, 남각산南角山은 진보면 고현리와 신촌리 경계에 있는 산으로 높이는 315미터다. 무호재는 진보면 기곡리와 안동시 임동면 지례마을 경계에 있는 산으로 높이 710미터이며, 비봉산飛鳳山은 높이가 676미터로 진보면 고현리와 진안리 그리고 파천면 송강리 경계에 있는 산이며, 그 생김새가 봉황이 날아가는 형상이라 한다.

진보면 고현리高峴里(높은배리)는 본래 진보군 상리면의 지역으로, 높은 벼랑 위에 있어 지어진 이름이고, 두불매기는 남각산에서 옹점리로 가는 고개로 덤불이 많다. 망경댓들(망화대들)은 남각산 북쪽에 있는 들

진보향교 1404년에 창건되어, 경상북도 유형문화재 제201호로 지정되었고 대성전, 명륜당, 서재, 외삼문, 내삼문 등이 남아 있다.

로 영양군 입암면 산해리 망경대에 걸쳐 있다. 읍동의 한수장림漢水長林
(한천장림)은 한수가에 있는 버드나무 숲으로 세장리 백호정에서부터 광
덕산 밑까지 약 4킬로미터 가량 펼쳐져 있다.

괴정리의 이뭇재(임물령, 임물현, 황장재, 임울령)는 이뭇골에서 영덕군 지
품면 황장리로 넘어가는 고개이고, 짐터두들은 소두들 북쪽에 있는 들로
등짐장수의 짐을 맡아두던 집이 있었다고 한다. 부곡리의 새몰(조산몰)은
석장골 남쪽에 있는 마을로 이곳에 인위적으로 만들어놓은 조산이 있다.

새장리의 동산령은 황골에서 영양군 입암면 산해리 동산으로 넘어가
는 고개이고 두렁배미는 양짓들 동쪽 냇가에 있는 논으로 동그랗게 생
겼다. 시랑리時良里는 본래 진보군 싱리면의 지역으로, 고려 때에 시랑
버슬을 한 사람이 실었다 하여 시랑골, 시랑 또는 시릿골, 시랑洞이라
하였고, 뭇골재는 엉그내미에서 영양군 석보면 지경리 뭇골로 넘어가는
고개이다. 신나무쟁이 서북쪽에는 병들어 죽은 소를 묻은 소 공동묘지
가 있다. 예전같이 먹을 것이 부족했던 시절에도 병들어 죽은 소를 땅에
묻었는데 현재에는 감쪽같이 잡아서 유통시키는 일이 비일비재한 것을
생각하니 못내 씁쓸하다.

바치골은 비봉산 아래에 있는 마을로 농토가 비옥하며 밤의 주산지로
알려져 있다. 이 마을의 장자번대기라는 곳에 큰 부자가 살았다고 하는
데, 그 부잣집에는 늘 손님들의 발길이 끊이지 않았다. 손님 접대가 힘들
고 그것에 적지 않은 비용이 들어가자 그 부자는 어떻게 하면 손님이 찾
아오지 않을까 고심하던 차에 시주를 받으러 온 스님에게 묘책을 물었
다. 그러자 스님은 파천면 복계木溪로 넘어가는 고개의 목을 끊으라고 일
러주었다. 그의 말대로 했더니 과연 손님이 거짓말처럼 찾아오지 않았는

데, 그 부잣집 역시 그 잿목처럼 하루 아침에 패가망신하였다고 한다.

황새목에도 전설이 서려 있다. 이 마을에 어렵게 살아가는 한 남자가 있었는데, 이 부근을 지나던 도사가 학의 형상을 한 지형을 발견하고 학의 날개 터에 집을 짓게 하여 부자가 되게 하였다. 그런데 부자가 된 그 사람은 개구리가 올챙이 적을 생각 못한다고 재물이 들어오자 교만해져 사람들에게 신망을 잃어 망하고 말았다고 한다. 또 다른 이야기는 임진왜란 때 구원군으로 왔던 이여송이 조선에서 이인異人(뛰어난 사람)이 태어나지 못하게 명당자리에 혈을 지를 당시 이곳 황새목의 혈을 잘라버려서 그 부자가 망했다는 전설도 있다. 질등재는 진싯골에서 영양군 석보면 답곡리 하농실로 가는 고개이며, 천숙부곡泉宿部曲 터는 셈재 아래, 곧 시량면 559번지 근처에 있는 천숙부곡의 터인데, 조선시대 말엽에 상리면사무소가 있었다.

추현리에는 조선시대에 지나가는 행인들의 편리를 봐주던 추현원秋峴院이 있었고, 합강리合江里는 본래 진보군 하리면 지역으로 여러 물이 합하므로 아림촌, 아름촌, 또는 합강이라 하였으며, 율간정栗澗亭은 율리에 있는 정자로 척암 오학문이 처음으로 율리에 들어와 마을을 이룩한 것을 기리기 위해 그 후손이 세웠다.

파천면 관리의 소근짓골은 내긴잿골 동쪽에 있는 골짜기로 지형이 소군지(쇠코뚜레)처럼 생겼으며, 솔밭매기는 내관동에서 청송읍 부곡리 안논싯골로 넘어가는 고개로 지형이 솥처럼 생겼다.

청송군 파천면 덕천 1리는 조선시대 500년에 걸쳐 권세를 떨쳤던 청송 심씨의 본고장인데, 이곳에 9대에 걸쳐 만석꾼을 낸 송소고택이 있다. 이 집은 조선 영조 때 만석꾼으로 불린 심처사의 7대손인 송소松韶 심호택沈

琥澤이 1880년 무렵에 지은 집으로 그 크기가 어마어마해서 사람들은 '청송 심부잣집'이라고 부른다. 이 집이 의성에서 청송으로 이사올 때 얽힌 얘기가 있다. 도적들이 이 집안에 들어와 재물을 달라며 위협하자 이 댁 마님은 "목숨만은 다치지 말라"며 곳간문을 열어주었는데, 도적들이 가져가고 싶을 만큼 가져가고 남은 재산으로 이 집을 지었다고 한다. 심부잣집이 얼마나 큰 부자였는지를 잘 보여주는 이야기이다. 조선시대 민가를 지을 때 최대 규모인 아흔아홉 칸으로 지었다는 이 집은 경상북도 민속자료 제63호로 지정되어 있다. 12대에 걸쳐 만석꾼을 낸 경주 최부잣집과 함께 경상도의 이름난 부자였던 청송 심부잣집도 해방 이후 토지개혁을 단행한 뒤로는 집과 함께 이름만 전해오고 있다.

벙부리의 가라골재는 청숫골 서북쪽에 있는 고개로 안동 길안면 대곡리 가라골로 넘어가는 고개이며, 곳집 웅댕이(웅덩이)는 병부 남쪽에 있는 웅덩이로 상여를 넣어두는 곳집이 있었다. 이처럼 불과 몇십 년 전만 해도 마을마다 상여집이 있어서 항상 그곳을 지날 때마다 섬뜩하곤 했던 기억이 난다.

송강리의 고티 또는 화현이라고 불린 곳은 송강에서 어천리로 넘어가는 고개로 예로부터 꽃이 많이 피는 곳이다. 감남묇甘南墓(호장공묘)는 감남골에 있는 퇴계 이황 5대조의 묘로 금 닭이 알을 품고 있는 형국이라는 금계포란형金鷄抱卵形의 명당으로 손꼽히는데 이곳에 퇴계의 선대 조상들의 이야기가 서려 있다.

퇴계의 5대조가 진보현 아전으로 있었을 때 하루는 원님이 감남골의 지세를 살펴보고 돌아와서 명하기를, "달걀을 가지고 가서 이곳에 피묻고 자시까지 기다려 닭이 우는 소리가 나는지 들어보고 오라"고 하였다.

그는 이상한 생각이 들어 원님을 속이고 곯은 달걀을 묻고 자시가 되어 가보니 아무 소리도 들리지 않았다. 그 아전이 닭의 소리가 안 들린다고 전하자 원님은 아무 말도 않고 잠자코 있었다. 그 뒤 원님은 서울로 큰 벼슬을 얻어 떠났다. 아전은 전의 일이 아무래도 수상하여, 밤중에 몰래 새 달걀을 가지고 가서 그곳에 파묻고 기다렸다. 잠시 후 닭 우는 소리가 들려서 파보니 병아리가 되어 있었다. 그는 원님의 말대로 그곳이 명당자리인 줄 알고 있다가 아버지의 상을 당하여 이곳에 묻으니 시체가 땅 밖으로 튀어나오므로 다시 깊이 파고 묻었는데, 또 땅 밖으로 튀어나왔다. 할 수 없이 아전은 서울로 올라가 원님을 찾아뵙고 지난날 자기가 지은 죄의 용서를 빌고, 그 까닭을 물으니 원님이 말하길 "그곳은 큰 벼슬을 지낸 사람만이 묻힐 곳이라네"라고 하였다. 그러면서 헌 관복 한 벌을 내주며 "시체에 이 관복을 입혀서 장사지내라"고 하였다. 아전은 집으로 돌아와 그 말대로 하였더니 과연 6대 만에 퇴계 이황이 태어났다고 한다.

기곡리의 말그내 마을에는 다음과 같은 전설이 내려온다. 고려 때 이 마을의 한 여인이 임신을 하였는데, 유난히 배가 많이 나오고 커서 모든 사람들이 놀라워하였다. 그러나 그 임산부가 열 달이 지나도 해산할 기미를 보이지 않다가 열네 달 만에 아이를 낳았는데, 그 아이는 뱃속에서 나오자마자 힘센 장사로 돌변하여 자기 어머니의 목을 밟아 죽게 하였다. 그 순간 하늘에서 천둥과 번개가 내리치더니 계곡에서 말 한 마리가 나타났고 그 장사는 그 말을 타고 어디론가 사라져버렸다.

그래서 이 지역에서 전해오는 말에 "장수 나고 말 나자 말 타고 간다"는 말이 있고, 그 말이 났다는 산의 바위 형상이 마치 말이 누워 있는 것 같다고 하여 마을 이름을 말그내, 말구내, 마전곡이라고 부르게 되었다고 한다.

구리방우는 구리방골에 있는 바위로 굴이 하나 뚫려 있는데, 그곳에 큰 구렁이가 살았다고 한다. 느티나무(느티낭기, 당나무)는 신기 서북쪽에 있으며 천연기념물 제192호로 지정되었는데, 둘레 6.3미터, 높이 15미터이다. 지통매기는 감곡에서 송강리의 목계로 넘어가는 고개로 종이를 뜨는 지통이 있었으며, 신흥리의 오랑실(오낭실, 오랑곡)은 상덕천 남서쪽에 있는 마을로 다섯 낭관이 살았다고 한다. 험재는 술청에서 청송읍 청운리로 가는 험한 고개이며, 옹기점이 있었던 옹점리의 도토매깃재는 도마티에서 청송읍 월외리 댕댕이로 넘어가는 고개로 아홉 구비가 졌다고 한다. 천지되배기는 옹점 서쪽에 있는 산으로 높이 451미터이며, 신한천神漢川은 현 북쪽 1리에 있는데, 그 근원은 영해부의 일일산日月山에서 나와, 인봉부를 지나면서 와부탄瓦釜灘이 되었다가 견창진犬項津에 합쳐진다. 남쪽 기슭은 400여 척의 석벽으로 되어 있어 이것으로 성터를 삼았으나 아직 성을 쌓지는 못했다.

이곳 진보 부근에 있던 보시원普施院이 진보현의 동쪽 1리에 있었고, 보현원普賢院은 현의 동쪽 30리에 있었으며, 추현원楸峴院은 현의 서쪽 15리에 있었다.

서거정은 진보현의 추현원을 두고 "구름 길은 꼬불꼬불, 들길은 서리서리, 산허리에 원집, 두세 칸이 있고나. 우레소리 벽을 돌아 두 개울 합치고, 빗발 하늘에 이어 만 그루 옹기종기, 말은 꼬부랑길 밟으며 구름 밖으로 가고, 사람은 새들 내려보며 봉우리는 촉나라 길보다 험했네"라고 노래했다. 그러나 곳곳의 고개 길들에 휘황찬란한 불빛이 빛나는 터널이 생기면서 힘들게 넘지 않고 금세 지나갈 수 있는 세상이 되었으니 그것은 과연 축복인가. 그런 생각을 뒤로 하고 나는 진보를 떠나는 버스에 몸을 실었다.

경북 포항 흥해

六장

발은 살지고 땅은 이로운데 어염까지 겸했으니

흥해는 경상북도 포항시 흥해읍 지역에 있던 조선시대의 현이다. 흥해는 본래 신라의 퇴화군退火郡이었는데, 제35대 경덕왕 때 의창군義昌郡으로 고쳤다. 940년(고려 태조 23)에 지금의 이름으로 고쳤고 현종이 경주에 소속시켰으며 명종은 감무를 두었다. 1367년(고려 공민왕 16)에 천희국사千熙國師의 고향이라 하여 지군사知郡事로 승격시켜 조선에까지 이어졌다. 1895년(고종 32)에 동래부에 딸린 군이 되었다가 1896년(고종 33)에 경상북도에 속하게 되었고, 1914년 행정구역을 개편하면서 영일군에 병합되었다.

흥해군에는 현재의 포항시 의창, 신광, 기계 3개 면의 전부와 연일延日의 일부 및 포항시의 일부가 속했었다. 조선시대에 흥해는 남쪽의 영일과 북쪽의 청하를 연결하는 도로가 발달하였고, 서쪽으로는 냉정과 영

흥해동헌 흥해군 동헌이던 제남헌에는 현재 농업과 관련된 유물들을 전시하고 있다.

천을 연결하는 도로가 발달했었다. 바닷가에 있는 칠포진漆浦鎭에는 수군만호水軍萬戶가 있어 해안 방어를 맡았고, 흥해라는 지명은 동쪽 바다에서 어염의 생산이 많고 넓은 들이 있어 농토가 비옥하였기 때문에 지어진 것이라고 한다.

이 고을의 진산은 도음산禱陰山으로 고을 서쪽 5리에 있고, 망창산望昌山은 고을 남쪽 2리에 있는 산이다. 고령산孤靈山은 고을 동쪽 10리에 있고, 방어진魴魚津은 고을 북쪽 15리에 있는 포구였다.

『신증동국여지승람』에 의하면 흥해의 경계는 동쪽으로 영일현迎日縣 경계까지 21리, 남으로 경주부 안강현安康縣 경계까지 31리, 서쪽으로 경주부 신광현神光縣 경계까지 9리, 청하현淸河縣 경계까지 13리에 이르렀으며 서울과의 거리는 826리였다.

조선 초기의 문신 권근은 이 흥해를 두고 다음과 같은 기문을 지었다.

고개를 넘어 동남쪽으로 가면 바다 위 수백 리에 이르는데, 군이 있으니 흥해이다. 땅이 제일 끝까지 가다가 막혔는데, 물고기와 소금과 땅이 기름져서 이로움이 있다. 그 옛날에 이곳 백성들은 편안하게 살았는데, 중간에 왜적의 난을 입고 나서부터 점점 메마르고 황폐해졌다. 정신년 여름에 이르러 화를 몹시 받아 고을이 함락되고 불타서 백성들이 학살과 약탈을 당하여 거의 없어지고 그 중에 겨우 벗어난 자는 흩어져 사방으로 달아났다. 마을은 빈 터만 남았고 무성한 나무들만 길을 가리니 이 고을 원리 된 사람도 먼 마을에 가서 살고 머리를 움츠려서 고을 안에 들어오지 못한 지 수년이 되었다. 정묘년에 이르러 국가에서 군 남쪽에 병선을 두어 바다와 포구를 통하게 하여 적들이 오는 것을 막은 연후에 떠돌던 백성 중에 고향을 생각하던 자들이 차츰 돌아오기 시작했다. 그러나 여전히 성지의 견고함이 없었기 때문에 모여서 살지 못하고 산골짜기 속에 굴을 파고 살면서 그 자취를 감추었다가 때로 나와서 농사도 짓고 물고기도 잡았으며, 왜적이 쳐들어오면 능히 서로 구하지 못하고 도망쳐 숨을 뿐이다. 그렇기 때문에 수재들이 먼 마을에 살고 감히 오지 못하기는 전과 같았다.

위의 글을 보면 왜구의 침입이 계속되었던 탓에 이 고을 수령으로 발령을 받아도 들어오지 못해 남의 고을에서 머리를 쳐들지 못하고 살았던 것을 알 수 있다. 그런 수령의 처지도 딱하지만 백성들 역시 국가로부터 전혀 혜택을 받지 못한 채 힘겹게 하루하루를 보냈음을 미루어 짐작할 수 있다. 이런 고을일수록 석을 막기 위한 성을 견고하게 쌓았는데, 성내리 둘레에 있는 흥해읍성은 1011년(고려 현종 2)에 왜구의 침입을 막기 위해 돌로 쌓은 성으로 둘레가 452미터, 높이가 3.9미터이며 우왕 때 고쳐 쌓았다. 성 안에 우물 두 개와 연못 세 개가 있고 남쪽과 북쪽에 두 개의 문을 두었으나 1914년 이후 없어져버렸고, 북쪽에 있던 군기고와 남성리 경계에 있는 흥해성 남문도 사라지고 말았다.

흥해현 북쪽 15리에 있던 칠포영漆浦營에는 수군만호 한 명을 두었으며 돌로 쌓은 성이 있는데 둘레가 349.4미터에 높이가 2.7미터이며, 안에 우물 두 개가 있었다.

이곡은 시에서 "밭은 살지고 땅은 이로운데 어염까지 겸했으니, 다만 백성을 다스림이 청렴하지 못할까 두렵네. 옛집 어느 사람이 이곳에 패했다 말했는가. 썩은 서까래 낡은 기와 앞 처마에 떨어지네"라고 하였고, 홍여방은 그의 시에서 "바다에 사는 생애 절반은 이 소금이니, 뉘 있

흥해동헌 앞 영세불망비 농업유물전시관이 된 흥해동헌 앞에는 영세불망비도 그 위세를 잃고 오래된 느티나무 앞에 초라하게 늘어서 있다.

어 염치를 상한다 하리오"라고 노래했던 흥해에는 재미있는 이름들이 여기저기 산재해 있다.

흥해면 덕장리 웃장자 동북쪽에 있는 고개인 별래재는 흥해에서 청하면으로 넘어가는 고개이다. 옛날에 도둑이 하도 많아서 별이 보이면 이 고개를 넘지 말라고 하였는데, 선조 때 어득강魚得江이라는 사람이 흥해 군수가 되어 관내를 순회하다가 이 고개의 이름을 듣고 깜짝 놀라 말하기를 "내 성이 어가인데 고기가 벼리 속에 들면 죽는 것이니, 벼릿줄을 빨리 끊어야 한다" 하고 군내의 인부를 풀어서 이 고개를 끊었다. 그러자 민폐가 심해져 경상 감사가 이 일을 중지시키는 동시에 군수도 파면히었다. 그후 지금까지도 흥해 사람들에게 "빈풍수半風水 집안 망친다"는 말이 전혜오고 있디.

성내리는 본래 흥해군 동부면 지역으로 흥해읍성 안에 있어 성내라 하였는데, 현재 흥해군의 동헌은 농촌지도소로 변해버렸고, 오래 묵은 느티나무 두 그루만 남아 그 옛날의 이야기를 무언으로 전해주고 있을 뿐이다. 동헌터 동남쪽에 있던 고각루鼓角樓와 흥해객사, 동헌 터 뒤에 있던 흥해군의 내아도 터만 남은 채 사라진 지 이미 오래다.

객사터 동북쪽에 있는 망진루望辰樓는 1506년(중종 1)에 성첩을 의지하여 세운 누각으로 이 글씨는 명나라 사람이 쓴 것이라고 한다. 1785년(정조 9)에 중수하고 성대중成大中이라는 사람이 기記를 지었는데, 경술국치庚戌國恥 후에 회관으로 쓰다가 일본 사람들이 팔아버리고 말았다. 동헌 터 서남쪽에는 연못이 있었는데 그 연못을 파고 세운 정자가 부용정芙蓉亭이다. 부용정의 아름다운 풍광은 흥해의 명물로 알려져 있다.

의창읍사무소 서북편에 있는 제남헌濟南軒은 원래 흥해군 동헌의 이름으로 동헌 터에 있었으나 1924년에 현재의 자리로 옮겨왔고, 동헌 터 북쪽에 있는 홍해군 향청鄕廳은 그 터만 남아 있다.

의창읍 옥성리의 개두들 서쪽에 있는 맹호출림猛虎出林이라는 무덤은 사나운 범이 수풀에서 나오는 형국으로 양졸당 이의징李宜澄이라는 사람이 묻힌 곳이다. 소가 누운 것처럼 생겼다고 해서 와우산 또는 와우내라고 불리는 홍발산 아래에 홍해향교가 있는데, 홍해향교 동남쪽 300미터 지점에 약 50평 정도의 흙더미가 있다. 이 흙더미는 홍해향교의 터가 누운 소의 형국이므로 그 소의 먹이를 주어야 한다는 뜻에서 이곳에다 꼴짐 모양의 더미를 만들고, 홍해군수 이종준李宗準이 그 위에다 소나무 10여 그루를 심었는데 지금은 두어 그루만 남아 있다.

의창면 이인리 인제동 서북쪽에는 어미골, 인제동, 어이동이라고 부르는 긴 골짜기가 있고, 초곳 서남쪽 골짜기에 있는 이 마을에서 나는 유도벼(음력 6월 15일인 유두 때 나는 벼)는 진상품이었다고 한다. 인제동 서북쪽에 있는 어리목재는 동남쪽 산등성이를 타고 도움산 이마를 지나 신광면 냉수리로 넘어가는 고개로, 매우 후미지고 험해서 혼자 넘어가지 못하고 여러 사람들이 어울려서 넘어다녔다고 한다. 중성리의 배꼬지는 야성 동쪽에 있는 마을로 지형이 곶으로 되어 있는데 예전에는 이곳까지 바다여서 배가 드나들었다고 하며, 야성 동쪽에 있는 약물둠벙은 물이 몹시 차서 이 물에 목욕하면 피부병에 좋다고 한다.

의창면 초곡리의 초막골은 고려 공민왕 때 낭장郎將을 지낸 장표라는 사람이 초막을 짓고 은거했던 곳이고, 사일에 있는 칠인정七印亭은 고려 공민왕 때 보승랑保勝郎 장표의 사남 삼녀가 모두 급제한 것을 기념하여 1408년(태종 9)에 창건한 곳이다. 조선 연산군 때 폭풍으로 쓰러졌던 것을 1735년(영조 11)에 다시 세웠다.

의창면 학천리의 강당동은 학천리에서 가장 큰 마을로 영조 때의 학자인 농수 최천익崔天翼이 강당을 세우고 후진들을 가르쳤던 곳이다. 천곡산 수원지 서쪽에 있는 천곡사泉谷寺 앞에는 큰 가뭄에도 물이 마르지 않는 영천이 있으며, 신라 선덕여왕이 목욕하고 피부병이 완치되었으므로 자장율사를 시켜서 이 절을 세웠다는데, 조선 숙종이 붓과 먹을 하사하여 보관해오다가 한국전쟁 때 절이 소실되고 말았다. 천곡사의 화장실 자리에는 장군수將軍水의 터가 있다. 이곳에는 좋은 물이 나오는데 이 물을 먹으면 장군이 된다는 전설이 서려 있다. 고려 때 이 절에 있던 한 스님이 이 물을 10여 년간 마시고 힘이 세져 주먹으로 황소를 때려잡아 먹는가 하면 밤마다 근처 빈사에 들어가 부녀자를 겁탈하자 인근 고을의 읍이 소란스러워졌다. 마침내 여러 고을에서 군대를 풀어 10여 일 만에 그를 붙잡아 연유를 물으니, 장군수를 먹고서 힘이 세졌다고 하였다. 그래서 아무도 그 물을 먹지 못하게 하려고 그 자리를 메우고 화장실을 만들었다고 한다.

흥안리 동남쪽에 있는 낚시봉은 조봉 또는 조봉대라고도 부르는데, 층암절벽으로 곡강 가에 있다. 흥해가 호수였을 때 이곳에서 낚시질을 하였다고 하는데, 둘레가 1,667미터인 흙으로 쌓은 성터가 남아 있다. 504년(신라 지증왕 5)에 쌓은 이 성을 지키고 있던 북미질부성주北彌秩夫城主 훤달萱達이 남미질부성주와 함께 고려 태조에게 항복하면서 신라의 패망을 재촉했던 곳이다.

포항시 북구 신광면 상읍리 법광마을 근처에 있는 법광사는 신라시대의 절 터로 이 절을 짓게 된 연유는 석가의 진신사리를 봉안하기 위해서였다. 신라 진평왕이 자신의 할아버지인 진흥왕 10년인 549년에 양나라에서 보내온 석가모니의 진신사리 23개를 받고 불제자가 된 할아버지의 원당을 짓기 위해 금당金堂 2층을 비롯하여 525칸의 절을 짓고 사리탑을 세워서 석가의 사리를 봉안하였다. 그 뒤 1750년(조선 영조 26)에 명옥, 효헌 등 여러 비구니가 5층탑을 증수하는데, 아래층에서 22개의 사리가 들어 있는 옥으로 만든 사리함이 발견되자 동합을 만들어서 그 속에 옥함을 넣고 탑 2층에 봉안하였다. 1863년(철종 14) 3월 밤에 큰 불덩어리가 하늘 높이 솟더니 비학산 꼭대기까지 올라가서 남쪽으로 향하여 날아가자 법광사 일대가 대낮같이 밝아졌다. 그런데 얼마 안 가 이 부근에 사는 토호가 나무꾼을 시켜서 이 절에 불을 질러 모두 전소되고 5층석탑만 남게 되었다. 1930년대에 규민이라는 승려가 법당인 득수당과 산령각, 상운각, 독성당을 지었다. 이 절에서 매월당 김시습이 오랫동안 머물렀으며, 인조 때 부제학을 지냈던 유숙이 머물기도 하였다.

안덕리의 안지산安趾山은 안지 북쪽에 있는 산으로 높이는 139미터에 이르는데 그 정상에 토성이 있고, 신라 진평왕이 놀던 곳이라는 이야기가 전한다.

신광면 마북리 마북 서북쪽에 있는 궷재는 괘령이라고도 부르며 궤를 층계에 걸어놓은 것같이 산세가 험한 고개로 길이는 820미터에 달한다.

흥해읍 칠포리와 흥안리 경계에 있는 높이 176미터의 고령산高靈山은 들 가운데 외따로 우뚝 서 있는 산이다. 이 산은 고령군에서 날아왔다고 하여 해마다 20냥兩을 고령군에 바쳤고, 이 부근에서 가장 높아서 중국의 곤륜산에 비길 정도라고 한다. 청하면, 신광면, 흥해읍 경계에 있는 높이 348미터의 고주산高柱山은 고주봉산이라고도 부르며 가뭄이 심할 때 기우제를 지내는 산으로, 1927년에 손씨 성을 가진 사람이 이 산 정상에 묘를 썼다가 면민이 봉기하여 묘를 파내고 말았다.

흥해읍 곡강리와 남송리 경계에 있는 천마산은 담다리산이라고 하는데, 높이가 96미터이며 천마天馬가 뛰는 형상을 하고 있다.

흥해들로 불리는 흥해평야는 흥해읍 전 지역에 걸쳐 펼쳐진 들로 흥해읍의 둘레가 되는데, 예전에는 이 들이 모두 바다였다고 한다.

흥해읍에 있는 높이 137미터의 방목산은 조선시대에 말을 놓아 기르던 산으로 1655년(효종 6)에 장기에 있는 구룡포로 옮겼다.

경남 사천 곤양 – 노량의 물결이 푸른 동서 교통의 요지

경남 창녕 영산 – 관청은 한가롭고 농가의 자제 또한 글을 할 줄 아는도다

경남 합천 초계 – 합천의 젖줄 황강을 끼고 넓은 들을 펼치는 고을

4부
경상남도

경남 사천 곤양

一장

노량의 물결이 푸른 동서 교통의 요지

경상남도 사천시 곤양면 용산리 와룡산 자락에 이 지역의 큰 절인 다솔사多率寺가 있다. 이름만 듣고 소나무가 많은 곳이라고 여기기 쉬운 이 절은 한자 이름대로라면 '많은 군사를 거느린다' 라는 뜻이다. 숲이 울창하게 우거진 다솔사로 가는 길은 한적하지만 그리운 사람을 찾아가는 길처럼 운치가 있다.

이 절은 신라 지증왕 4년인 503년에 인도의 스님 연기조사가 창건한 뒤 영악사라고 하였는데, 706년(성덕왕 5)에 다솔사라고 고치고, 문무왕 16년인 676년에 의상스님이 영봉사라고 고쳤다가 신라 말기에 도선국사가 다시 다솔사라고 고쳤다. 그 뒤 1326년(충숙왕 13)에 나옹스님이 중수하였고, 조선 초기에 영일, 효익스님이 중수하였으며, 임진왜란 때 병화로 소실되어 폐허가 되었던 것을 숙종 때 복원하였다. 현재의 건물은

노량 앞바다의 물결이 마치 이슬방울이 모여 교량을 이룬 것처럼 보인다고 해서 노량이라는 이름이 붙은 이 곳은 임진왜란 때 이순신 장군이 왜군을 크게 이기고 전사한 격전지이기도 하다.

1914년에 일어난 화재로 소실된 것을 이듬해 재건한 것이다.

　현존하는 절 건물로는 경상남도 유형문화재 제83호로 지정되어 있는 대양루大陽樓, 대웅전, 나한전, 천왕전, 요사채 등 10여 채가 있다. 대양루는 1749년인 영조 25년에 건립되어 현재까지 그대로 보존되어 있는 2층 맞배집으로 건평 106평의 큰 건물이다. 또한 1978년 2월 8일에 대웅전 삼존불상에 개금불사改金佛事를 할 때 후불탱화 속에서 108개의 사리가 나와 적멸보궁으로 증·개축한 뒤에 불사리를 그곳에 모셨다. 적멸보궁 안에는 우리나라에서 보기 드문 열반에 들기 직전의 부처님 모습인 와불상이 안치되어 있다.

　이 절의 응진전은 일제 강점기에 독립운동가로 활동한 시인이자 스님인 만해 한용운이 수도를 하였던 곳이고, 소설가 김동리가 머물면서 『등신불等身佛』이라는 소설을 쓴 곳이기도 하며, 김범린, 최범술, 김범부 등이 은거하면서 독립운동을 했던 곳이다. 다솔사 근처에서 재배되는 죽로차竹露茶는 반야로般若露라는 이름으로 널리 알려져 있는 명차이다.

　또한 다솔사에 딸린 암자인 보안암석굴은 다른 곳에서는 보기 드문 석굴로 경상남도 유형문화재 제39호로 지정되어 있다. 고려시대 말에서 조선 초기에 건립된 것으로 추정되는 이 석굴의 외형은 판상의 사암질 활석을 단층식으로 쌓아올린 분묘 형태이며, 평면은 방형이다. 석굴의 입구에는 미륵전이라는 편액이 걸려 있고, 목조전실을 지나서 2미터 정도의 통로를 따라 들어가면 석실이 있다. 중앙에 장대석을 대좌로 하여 결가부좌한 석조여래좌상이 안치되어 있는데, 이 본존의 뒤쪽 좌우에는 각각 여덟 구의 석조나한좌상이 배치되어 있다. 이 석굴은 인공으로 조성한 것이지만 기본적으로 경주 석굴암과 군위 삼존석굴의 양식을 따르

다솔사 한자대로라면 '많은 군사를 거느린다'는 뜻의 이름을 가신 다솔사는 한용운, 김범린, 최범술, 김범부 등 독립운동가들과 인연이 깊은 절이다.

고 있다.

서봉산 위쪽에는 두 개의 바위가 얹혀져 있는데 봉황의 알처럼 생겼다 하고, 용산 서북쪽에 있는 옹구점골은 옹기점이 있었던 곳이다. 은사리隱士里 은사동 남쪽에 있는 사직봉은 경치가 좋기 때문에 조선시대에 관리들이 벼슬을 사직하고 돌아와 이 산에 모여 학술토론을 자주 했다는 곳이고, 옥동 동쪽에 있는 태봉산胎峰山은 세종과 단종의 태를 묻었던 곳인데 뒤에 양주로 옮겨갔다고 한다. 정곡리 완사 서남쪽에 있는 사창마을은 사창이 있었던 곳이고, 정곡리에서 가장 큰 마을인 완사마을은 조선시대에 소촌도찰방에 딸린 완사역이 있었다. 추천리 오봉동 서쪽에 있는 감시등이라는 산은 여자의 음부처럼 생겼는데, 물이 많이 나와서 1960년에 저수지를 만들었다.

사천시 곤양면은 조선시대의 현이었다. 본래 고구려의 곤명현昆明縣이며, 신라 때의 칭호는 자세하지 않다. 고려 현종이 진주에 예속시켰고 1419년(조선 세종 원년)에 군 북쪽 소 곡산谷山에다가 어태御胎를 안치하고, 남해군을 합쳐서 곤남군昆南郡으로 승격하였다. 1437년(세종 19)에 다시 갈라서 남해현을 설치하고, 진주 김양부곡을 내속시켜서 지금의 이름으로 고쳤다. 1914년에 사천군에 편입되었다.

곤양의 경계는 『신증동국여지승람』에 의하면 동쪽으로는 사천현泗川縣 경계까지 28리, 북쪽으로 진주 경계까지 37리, 서쪽으로 하동현 경계까지 9리, 남쪽으로 남해현 경계까지 45리이고 서울까지의 거리는 957리이다.

남해고속도로 변에 자리 잡은 곤양면은 곤양군 동부면 지역인데, 곤양현의 객사터에는 현재 곤양초등학교가 들어서 있다. 석축으로 쌓은 곤양읍성은 둘레 1,141미터에 높이가 3.63미터이며, 성 안에 우물 셋과 연못 셋이 있었다고 한다. 그러나 지금은 민가들이 들어서서 그 흔적을 찾을 수가 없다. 곤양초등학교 안에는 누군가가 신었을 수백 켤레의 헌 신발이 페인트로 칠해진 채 동동 매달려 있고, 오래 되었음직한 향나무 몇 그루가 학교를 지키고 있었다. 곤양초등학교에서 곤양천 건너 보이는 나지막한 산자락에 곤양향교가 있다.

곤양초등학교 운동장의 조형물 이곳 학생들의 헌 신발로 만든 조형물인데, 운동장에서 뛰노는 학생들의 함성이 들리는 듯 신선함과 생동감이 느껴진다.

사천시 곤양면 송전리에 위치한 곤양향교는 창건 연대는 자세하지 않지만 저음에는 교동에 창건하였다가 1807년(순조 7)에 위치가 좁고 나쁘다 하여 곤양군수 신오申晤가 향교의 유림들과 함께 현재의 위치로 이건하였다. 1822년(순조 22)에 대성전을 중수하였고, 1947년에 화재로 소실된 풍화루風化樓를 재건하였으며, 1975년에 내삼문과 명륜당을 보수하였다. 현존하는 건물은 대성전, 명륜당, 전직사, 동재, 풍화루, 내삼문, 외삼문 등이 있고, 경상남도 유형문화재 제221호로 지정되어 있다.

성내리의 짐댓거리마을은 모양이 행주行舟형이라 하여 항상 짐대(돛대)를 세워두었다고 하며, 성내 북쪽에 있는 벼랑인 적벽赤壁에는 적벽이라는 글씨가 새겨져 있다. 송징 동쪽에 당천塘川마을이 있는데, 옛날에는 이곳이 바다였기 때문에 배가 여기서 닻을 내렸다고 한다. 중항리

안도 서쪽에 있는 섬인 띠섬은 안도라고도 부르는데 육지에서 400미터쯤 떨어져 있으며 한 가구가 살았던 곳이고, 점복 동쪽에 있는 등성이는 그 형세가 사공이 배를 타고 있는 것처럼 생겼다고 한다. 또한 중항 서북쪽에 있는 염밭들은 조선시대에 염전이 있었던 곳이다.

이 고을 역시 재미난 지명들이 곳곳에 산재하다. 가화리의 도독골은 개잣골 옆 서쪽에 있는 골짜기로 매우 험해서 도둑들이 살았다고 하고, 탑골 북쪽에 있는 골짜기인 바랑골은 그 형세가 중의 바랑처럼 생겨서 그렇게 불린다. 탑골 서쪽에는 6층탑이 있는데 그 옆에 작은 돌로 여성을 상징한 탑이 세워져 있고, 검정리에 있는 각싯골은 성씨가 다른 각시와 처녀가 많이 살았다고 해서 지어진 이름이다. 각싯골 동쪽에 있는 개인 대구포는 조선 고종 때까지 세미창稅米倉이 있었다고 하고, 각싯골 북쪽에 있는 꽁오름은 꿩이 많아서 생긴 이름이다.

곤양읍성 남문 밖이어서 남문밖 또는 남문외리라고 하였던 남산 밑에는 산지배미라는 우물이 있는데 산제를 지낼 때 이 물을 썼다고 하며, 남문밖 남쪽에 있는 옥거리는 옥과 시장이 있었던 곳이다. 대진리 어유 서쪽에 있는 산인 고승당산은 동학농민혁명 당시 김학두金學斗를 비롯한 수많은 동학교도들이 처형을 당한 곳이다. 제민 동남쪽에 있는 마을인 돌문이마을은 예전에 마을 모퉁이에 돌문이 있었다고 하고, 제민 또는 제민창濟民倉은 옛날에 백성을 구제하기 위해서 곡식을 저장해두던 창고가 있었던 곳이다.

묵곡리 묵실 남쪽에 있는 가장골은 사람이 죽으면 가매장을 했다는 곳이고, 목단 서쪽에 있는 골짜기인 읍네골은 읍내 사람이 다니던 곳이며, 목단 서북쪽에 있는 골짜기인 장삼골은 절이 있었던 곳으로 빈대가 하도 많아서 견디다 못한 스님이 장삼을 걸치고 떠났다는 절이다.

한편 곤양면 묵실과 홍사리 사이에 있는 들에 높이 1.6미터, 너비 1.3미터의 매향비가 세워져 있다. 『지명총람』에는 "이곳의 지형이 명당터라 하여 도사가 향나무를 묻었다"고 기록되어 있는데, 화강암 앞면에 새겨진 15행 202자를 해석해보면 '천인결계매향원왕문天人結契埋香源王文'이라는 제목으로 시작하여 "고려 우왕 13년인 1387년에 국운이 쇠퇴하자 승려와 이 지방의 불도 4,100여 명이 해안이었던 이곳에 향을 묻고 국태민안과 용화삼회龍華三會 하기를 기원한다"는 내용이다. 비문은 고려 시대의 고승 달공達空이 짓고 수안守安이라는 사람이 썼으며 김용金用이 새겼다. 매향이란 원래 중국에서 일찍이 미인을 매장한다는 뜻으로 쓰이던 용어이지만, 침향을 만드는 방법을 매향이라고 부르는데, 향나무를 바닷물이나 갯벌에 오랫동안 묻어두면 나중에 침향이 되어 물 위에 떠오르는 것이다. 매향비란 내세의 소원을 이루어 달라는 뜻에서 매향을 한 뒤 그 사실을 돌에 새겨 기념하는 비를 말한다. 이렇게 해서 세워진 사천매향비는 보물 제614호로 지정되어 있다. 침향으로 쓰이는 나무는 참나무인데, 참나무를 베어 바닷가에 묻은지 1,000년이 지나야 침향이 된다고 하여 앞으로 1,000년 뒤를 위하여 다량의 참나무를 묻는 것이 상례였다. 향 중에 바닷물에 깊이 가라앉혔다가 사용하는 침향이 가장 좋다고 하며, 침향은 태워도 그을음이 없고 강철같이 단단해서 두드리면 쇠 소리가 날 정도라고 하며 약재로도 쓰인다.

이와 같은 매향비는 전국적으로 발견되고 있는데, 현재까지 발견된 곳은 1309년(고려 충선왕 1)에 강원도 고성군 삼일포에 묻은 매향비,

1405년(태종 5)에 전남 신안군 암태도에 묻은 매향비, 1427년(세종 9) 충남 서산 해미에 묻은 매향비 등이다. 이들은 모두 강물과 바닷물이 만나는 곳에서 발견되었는데, 시기는 고려 말에서 조선 초기에 해당되며 특이한 것은 관 주도가 아니라 민간이 주도해서 묻었다는 점이다.

사천시 곤명면 금성리는 금성 밑에 있으므로 금성이라고 하였는데 금성 북쪽에 있는 두인斗印마을은 옛날 이곳에 살던 큰 부자가 말[斗]만한 도장을 사용했다고 해서 생긴 이름이고, 금성金城은 덕천강 옆에 있는 성터로 둘레가 약 1킬로미터에 이른다.

마곡리의 장수박재는 마곡 서북쪽에 있는 고개로 하동군 옥종면 북방리로 넘어가는 고개이고, 마곡 남쪽에 있는 옥도가리라는 논에는 옛날에 옥獄이 있었다고 한다.

본촌리의 본촌들은 본촌현이 있었던 곳이며, 본촌 남쪽에 있는 장터거리는 옛날에 장터가 있었다는 논이다.

봉계리는 본래 곤양군 초량면의 지역으로 조선시대 완사역浣紗驛에 딸린 봉계원鳳溪院이 있었으므로 원골 또는 봉계원이라고 불렀다. 삼정리의 서전鼠田은 탑동 서쪽에 있는 마을로 뒷산의 지형이 늙은 쥐가 전답을 내려다보는 형국이라고 하여 지어진 이름이다. 탑동 동쪽 산기슭에 있는 원수천은 곤양 군수가 기우제를 지낼 때 이곳의 물을 썼다는 우물이고, 탑동 앞 들판에 있는 조산목티는 이 길을 지나는 사람들이 돌을 던져 산과 같이 되어 등성이를 이루었다는 고개이다. 탑동 앞 서쪽에 있는 마을에는 주막이 있어서 주막거리이고, 탑동 서쪽에 있는 옥산玉山은 구슬처럼 동그랗게 생겼다. 연평리의 연향 서쪽에 있는 장군바구(이 지역의 토속어로 바위를 '바구'라 부름)에는 큰 바위 위에 작은 바위가 있는데, 여장수가 큰 것은 머리에 이고 작은 것은 치마에 싸서 갖다놓았다는 이야기가 전한다.

후전 앞에 있는 낙인들은 곤양군수가 물싸움을 못하게 도장을 찍었던 곳이라고 하며, 솔골 앞에 있는 도깨비보는 작은 내를 막아 만든 보인데 도깨비가 막았다고 한다.

설골 뒤에는 서낭당이 있는데 이곳에 돌을 던지면 허리가 아프지 않는다는 전설이 있다. 이로 인해 지나가던 행인들이 돌을 많이 던져서 더미를 이루었다.

『신증동국여지승람』에 기록된 바로는 곤양군 내에는 대포大浦와 강주포江州浦가 있있는데, 군의 동쪽 20리쯤 떨이진 지점에 위치히고 모두 어장이 있있다고 한다. 반룡포盤龍浦는 군 동쪽 25리 지점에 있었으며, 진주, 사천의 경계를 삼았다는 곳이다.

이섭정利涉亭이라는 정자는 노량露梁에 있었다는데 노량은 군의 남쪽 45리 지점에 있었고, 남해현으로 들어가는 사람들은 모두 노량을 경유해야 했다고 한다. 노량에는 옛날에 만호영萬戶營이 있었다고 하며, 본래 곤양군 금양면이던 노량리는 남해군 설천면에 인접한 바다의 목으로 노들 또는 노량이라고 불렀다. 1914년 행정구역 통폐합에 따라 하동군 금양면에 편입되었다가 금남면에 속하게 된 노량은 400여 년 전에 이루어진 마을로 한양에서 귀양 오는 선비들이 많았다. 당시 이곳으로 귀양 오는 선비들이 외롭고 쓸쓸한 마음으로 바라보면 노량 앞바다의 물결이 마치 이슬방울이 모여서 교량을 이룬 것처럼 보이므로, 고향에 대한 애틋한 그리움을 느끼게 한다고 해서 '노량'이라 부르게 되었다는 이야기가 있다.

또한 이곳 노량은 임진왜란이 막바지로 치닫던 1598년(선조 31) 11월에 이순신 장군이 왜군에게 크게 이기고 전사한 역사적인 현장이기도 하다. 1973년 남해대교가 바로 이곳 노량까지 연결되면서 관광지로 바뀌었는데, 노량대교를 지나면 남해군 설천면 노량리에 사적 제233호로 지정된 충렬사가 있다. 충렬사는 이순신 장군의 영정을 모신 사당으로 노량해협을 굽어보며 자리 잡고 있다. 그 주변은 봄이 오면 벚꽃과 유채꽃이 흐드러지게 피고 겨울로 접어들면 화려한 동백숲이 노량해협의 푸른 물결과 어우러져 아름다운 풍경이 펼쳐진다 .

노량 서쪽에 있는 골짜기는 구지내골이고, 신노량 서쪽 큰 끝 옆에 있는 곳인 천석골은 옛날 세곡 1,000석을 실은 배가 침몰했던 곳이며, 구노량 북쪽에서 연화동으로 넘어가는 고개가 장삼지고개이다. 구노량 서남쪽에는 세미창稅米倉 상창上倉이 있던 곳이고, 구노량 서남쪽 아래에는 세미창 하창이 있었던 곳이다. 대도리는 남해에 살던 장수 이씨가 전라도로 이사를 하다가 풍랑을 만나서 이 섬에 닿았는데, 섬이 커서 살 만하다고 하여 대도大島라 이름 지었다고 한다. 대도 동남쪽에 물 속에 잠겨 있는 바위인 깨구리여는 아가리가 있어서 개구리에 비유되고, 대도 서남쪽에 있는 긴 섬인 장도는 길이가 길어 뱀에 비유된다. 이곳에는 깨구리여가 장도에 잡혀먹히지 않으려고 지나가는 배를 침몰시켜 바친다는 속설이 있다. 대송리 금오산에 있는 바위인 달바구는 그 바위 안에 열두 명 정도가 누워 있을 방이 있고 샘이 있으므로 아낙네들이 기도하러 많이 오는 곳이다. 대송 남쪽에 있는 한티마을은 옛날에 조세를 받던 곳으로 굴강이 있어서 큰 배가 출입하였으나 지금은 거의 메워졌으며, 그 당시만 해도 쇠로 만든 비碑가 있었지만 그마저 일본인들이 가져가고 지금은 아무것도 남아 있지 않다.

덕천리의 개고개는 덕포에서 대송개로 넘어가는 고개이고, 덕포 남쪽 삼거리는 동학농민혁명 당시에 화약고가 있었던 곳이며, 덕포 등성이에 있는 덕거리는 옛날에 범을 잡으려고 덫을 놓았던 곳이다. 덕포 남쪽에 있는 논인 목거리는 화난火難을 막기 위해 못을 팠다고 하는데 지금은 메워져 흔적조차 없고, 금오산에는 두 개의 바위가 문처럼 서 있는 백합사바구가 있고, 꼬사리등에 있는 범헐레바우는 지대가 음침해서 범이 교미를 했다는 곳이다. 덕포 동쪽에 있는 길을 택거리라고 부르는데, 정자나무가 많아 오가는 사람들이 턱걸이를 해보고 가는 곳이 있다고 한다.

송문리미법 서쪽에 있는 도독골은 도둑이 많이 살았다는 골짜기이고, 건너몰 서남쪽에 있는 미법마을은 '늙은 노스님이 예불을 드리는 형국'의 명당자리가 있다고 한다. 소송 서쪽에 있는 선진이라는 터는 옛날 화살을 만들었다는 곳이고, 건너편 대송리에서는 활촉을 만들었다고 한다.

술상리는 술포 위쪽이어서 술상이라고 하였고, 중평리 상촌에 있는 배봉새미는 옛날 100냥을 주고 샀다는 우물인데 물이 많이 나와 논물로도 쓰고 있다. 참나무 정자가 있으므로 참나무정이 또는 진목이라고 부른 진목리 서쪽에 있는 조금이라는 마을에는 예전에 나루터가 있었는데 사라진 지 오래다.

하동군 금남면은 본래 곤양군 서면 지역이었다. 가인과 명덕을 합쳐 가덕이라 이름 지은 가덕리 가매등은 명덕 서쪽에 있는 마을로 그 형세가 가마를 닮았으며, 이 가덕리에는 바다를 메워 육지가 된 간척지들이 있다.

갈사리 서근 뒤에 있는 윤디목모롱이는 옛날 썰물 때 굉음이 났다고 하고, 나팔 북쪽 밭 가운데에는 정하랭이바우라는 바위가 있는데 그 바위에는 이런 이야기가 서려 있다.

옛날 이곳에 정씨 하랭이라는 형제가 살았는데 두 형제가 모두 힘이 장사라서 도끼를 10리 밖에 있는 동생에게 던져주면 동생이 쓰고 나서 다시 형에게 던져주었다고 한다. 그러자 관가에서는 이 두 형제를 위험 인물로 간주하여 도둑으로 몰아 죽이려고 했다. 이에 두 형제는 지네로 변신하여 바위 밑에 숨었는데, 그 첩이 고자질을 하여 관가에서 그 바위를 들어내자 훌쩍 뛰어 전라도 바다 한가운데에 떨어져 신여(바다에 솟은 바위)가 되었다고 한다.

계천리의 아랫머리 마을은 영천 북쪽에 있는 마을로 위치상 마을 위쪽이지만 항렬이 낮은 사람이 살았으므로 아랫머리로 부르고, 웃머리 마을은 아래쪽이지만 항렬이 높은 사람이 살았으므로 웃머리로 불렀다. 영천 동쪽에 있는 바위는 여우가 살았다고 해서 여수바구이고, 사궁 북쪽에 있는 논인 죽배미는 1866년(고종 3)의 흉년 때 죽 한 그릇과 바꾸어 먹었다고 한다. 지형이 활처럼 생겼으므로 활목(할목, 궁항)이라 부른 궁항리 객길窖吉마을 서쪽에 있는 갱제등은 전라남도와 하동군 고전면의 경계에 있는 섬이고, 궁항 남쪽에 있는 큰 들인 달팽개는 그 모양이 달팽이처럼 둥글고 구덩이가 많다고 한다.

곤양에는 완사역浣紗驛과 양포역良浦驛, 봉계원鳳溪院과 노량 북쪽 언덕에 있던 노량원이 있었다. 곤양군 「봉수조」에 따르면 우산牛山 봉수는 동쪽으로 각산角山에 응했다.

최선복崔善復의 시에 "먼 곳 나무는 마을 성을 의지했고, 긴 길은 돌다리로 들어온다"고 하였고, 김효정金孝貞이 "이졸들은 맞이하고 보내는 데에 수고하고, 여염 사람도 교지 조목을 안다"고 하였던 곤양은 과거 동서 교통의 요충지였지만, 지금은 전라도와 경상도를 잇는 동맥인 남해고속도로를 바라보며 또 다른 모색을 꿈꾸고 있다.

경남 창녕 영산

二장

관청은 한가롭고 농가의 자제 또한 글을 할 줄 아는도다

지금은 창녕군에 소속된 영산면의 사람들은 자신이 살고 있는 고향에 대해 각별한 애정과 긍지를 지니고 있다. 행정적으로 창녕이라고 해야 할 때에도 굳이 영산이라고 밝히는 것은 다른 지역에 대한 우월감의 발로일 수도 있다. 불과 얼마 전까지만 해도 이 지역 사람들은 창녕이나 창녕군 사람들을 얘기할 때 벌음, 소캐발, 대패랭이, 노랑바래기 등 천민을 일컫는 속어로 불렀다고 하는데 그것은 천 몇백 년을 넘는 세월 동안 이곳이 영산군의 중심지였기 때문이다.

창녕어 영산靈山은 내 성씨(영산 신辛씨)의 관향으로 내게는 각별한 의미를 지닌 땅이기도 하다. 옛것을 아끼는 마음과 대동의식이 다른 지역의 사람들과 견줄 수 없을 만큼 강했던 영산에는 단옷날에 열리는 문호장굿, 영산쇠머리대기, 영산줄다리기 등 오랫동안 전해내려온 고유의

영산 만년교 조선 후기의 대목수 배진기가 만든 영산 만년교는 영산 동리에 흐르는 동천에 자리 잡은 아름다운 돌다리이다.

문호장사당 문 호장은 350여 년 전에 영산에 살았던 사람으로 관원에 억눌려 살고 있던 평민들의 원한을 풀어 준 영웅으로 추앙받고 있어 사당을 세워 제사를 지내고 있다.

민속놀이들이 많다. 이처럼 영산 주민들의 대동의식이 강한 것은 그러한 민속놀이가 대부분 나라 안에서 이름난 무형문화재이기 때문이기도 하지만, 무엇보다 1919년에 일어난 3 · 1 독립만세운동이 경남 지역을 통틀어 영산에서 가장 먼저 시작되었다는 자긍심이 한몫하기 때문일 것이다. 그래서 일제강점기 때에는 기질이 드세고 지역성이 강한 이곳에 일본인들이 발붙이기가 어려워 영산 사람들을 달래기 위해 여러 가지 방법을 모색하였다고 한다. 그 중 한 가지가 창녕군수를 군청이 있는 창녕에 있지 못하게 하고 이곳에 상주시키며 가끔씩 창녕으로 출장을 가도록 한 것이었다. 그래서 '영산의 창녕' 이라는 뜻으로 '영창녕' 이라는 말이 생겨났다고 한다.

문호장사당文戶長祠堂은 교동 동북쪽에 있는 사당이다. 원래 문 호장은 350여 년 전에 영산에 살던 사람으로 이 지역 사람들에게는 관원에 억눌린 평민의 원한을 풀어준 영웅이요, 신인神人으로 여겨지는 인물이다. 한번은 경상도관찰사가 순무중에 영산현에 이르러 길가에 놓인 농부들의 밥 광주리를 밟아버렸다. 이것을 바라보고 있던 문 호장이 도술을 부려 관찰사의 말발굽이 땅에 달라붙어 떨어지지 못하게 하였다. 문 호장의 짓임을 알게 된 관찰사가 화가 나 문 호장을 체포하여 문초하는데 곤장을 치면 몽둥이가 부러지고, 활을 쏘면 살이 하늘로 향하고, 총을 쏘면 총알 대신 개구리가 튀어나왔다. 깜짝 놀란 관찰사는 경산군 자인으로 문 호장을 투옥시키려 보냈다. 그러나 문 호장이 압송을 담당했던 나졸보다 영산에 먼저 나타나니 문 호장이 두 사람이 되었다. 크게 놀란 관찰사는 자신의 잘못을 뉘우치고 그에게 소원을 물었다. 그러자 문 호장은 자기에게는 아들이 없으므로 제사를 대신 지내줄 것을 부탁하였다.

그 뒤 문호장사당을 짓고 문 호장이 죽은 단옷날에 단오굿과 함께 그를 기리는 제사를 지내게 되었다. 제사를 지내지 않으면 마을에 호랑이가 나타나 해를 입히거나 유행병이 돌면서 마을에 재앙이 든다고 한다. 사당은 네 개 건물로 이루어져 있는데 가가 문 호장, 그의 본처 및 첩, 딸, 첩의 딸을 위해 지은 것이다. 이 굿의 특징은 본처와 첩의 관계를 해학적으로 연출한 것이며, 마을 사람들이 첩을 욕하고 본처를 위로하는 등 무언극으로 행해진다.

문 호장을 모신 상봉당에는 '호장문선생신위戶長文先生神位'라는 위패가 있으며, 호랑이를 탄 노인이 그려져 있는 것으로 보아 일반적인 산신이 문 호장이라는 이름으로 인격화한 것으로 여겨진다. 그리고 일제 때 문 호장의 말을 매던 괴목을 베었더니 그 속에서 나무 부처가 나와 일본인들이 일본으로 가져갔는데 꿈에 나타나 되돌려주라고 했다고 한다. 그래서 다시 옮겨와 지금은 문호장사당에 안치되어 있다.

한편 영산쇠머리대기와 영산줄다리기는 각각 중요무형문화재 제25호와 제26호로 지정되어 지금은 3·1절에 행해지고 있다. 그러나 본래는 풍농을 기원하는 상원놀이로 온 군민의 대동 정신과 애향심을 길러주는 역할을 담당했던 민속놀이다.

　문호장사당에 들렀지만 사당은 굳게 닫혀 있고, 그곳에서 멀지 않은 곳에 있었던 영산동헌도 기와집은 그대로이지만 천도교 영산교구가 되어 있다.

　이곳 교동에는 영산석빙고가 있는데,『여지도서』에는 영산현감 윤이일尹彛逸이 창축하였다고 나와 있으며 사적 제169호로 지정되어 있다.

　한때 수많은 사람들이 들락거렸을 옛 영산 장터는 그저 한적한 시장의 모습을 보여주고 있을 뿐이다. 영산의 함박산 서쪽 산허리에는 영산 약수암이 있고 그 옆에 영산 약수터가 있다. 영산 약수에는 이런 전설이 전해온다. 옛날 효성이 지극한 나무꾼이 늙으신 어머니가 병이 들어 위독해지자 하늘에 정성으로 기도를 드렸다. 그러자 백발 노인이 나타나 말하기를 "저 산 속에 함박꽃 있는 곳을 찾아가보게"라고 하였다. 나무꾼은 그 노인의 말대로 그곳을 찾아 헤매다 아주 맑은 물이 고여 있는 샘을 발견했다. 그 물을 마셔보니 물맛이 아주 좋아 어머니에게 떠다드렸더니, 병이 나았다고 한다. 지금도 영산 약수는 정성이 지극한 사람이 마시면 효험을 본다고 한다.

　영산면 구계리는 개울이 아홉 개가 있다고 하여 구계리 또는 보림사가 있었다고 하여 보림이라 불렀는데, 중촌 북쪽에 있는 굼틈마 마을 안쪽의 벼랑에 보림사라는 절터가 있다. 신라 말에 창건된 것으로 여겨지는 이 절은 인도에서 중국을 거쳐 건너온 지공指空스님이『반야경』을 설한 곳이라고 한다.

　현재 법화암으로 옮겨진 진경鎭鏡의 보월능공탑비寶月陵空塔碑에 새겨진 비문에 의하면 보림사는 923년(경명왕 7)에 세운 것으로 되어 있다. 보림사에는 팔방八房 구암九庵에 중이 1,000명이나 되어 그들이 식사 때마다 흘려보낸 쌀뜨물이 냇물을 흐리게 해서 하류 쪽에 살고 있던 송씨와 이씨들이 원한을 품어 결국 송씨 집안에서 이 절의 박선사를 무참하게 죽였다고 한다. 그 일이 있은 지 얼마 되지 않아 그 일을 꾸민 주모자인 송 진사는 어느 산골에서 호박벌에 쏘여 죽고 말았다는 이야기가 남아 있다.

영산이 지금은 한적한 고을로 전락했지만 그냥 지나치면 서운할 아름다운 돌다리가 남아 있다. 영산 동리를 흘러가는 동천을 가로질러 세워진 아름다운 돌다리 만년교(보물 제564호)는 조선 후기의 빼어난 석공 백진기白進己가 만들었다. 물 속에 드리운 보름달 같은 이 다리를 만년교(원다리 혹은 남천교라고도 한다)라고 부르는데, 꾸밈새 없이 서민적이고 조선 후기의 민예적民藝的인 수수한 멋을 풍긴다. 홍예를 이룬 부채꼴의 화강석은 32개의 층으로 구성되어 있으며, 이 석재 위에 장대석을 올리지 않고 둥글둥글한 자연석을 겹겹이 쌓아올렸다. 다리의 양쪽은 역시 자연석을 쌓은 석축으로 앞뒤로 길게 연장되어 통로와 연결되고 있다. 이처럼 잡석으로 허술하게 쌓은 듯싶지만 매우 견고하기 때문에 홍수에도 아무런 피해를 입지 않았다고 한다.

다리 입구에 있는 비석에는 다음과 같은 이야기가 담겨 있다. 이 다리가 완성 되던 무렵 영산 고을에는 신통한 필력을 지닌 13세의 신동神童이 살고 있었다. 다리가 완성되던 날 그 소년의 꿈속에 자신이 산신이라는 노인이 나타나서 "듣건대 네가 신필神筆이라고 하니 내가 거닐 다리에 네 글씨를 새겨놓고 싶다. 다리의 이름을 만년교로 정하리라" 말하고서 금세 사라졌다. 그 순간 잠에서 깬 소년은 그 자리에서 먹을 갈아 '만년교萬年橋' 석 자를 밤을 새워 써놓았다고 한다. 이 비석은 지금도

영산 연지 1892년에 만들어졌는데 연지 가운데에 몇 개의 섬을 만들어
단풍이 드는 가을에는 그 아름다움이 한결 돋보인다.

다리 입구에 남아 있는데, 비석에 새겨진 글씨가 기운차고 마치 살아 있는 것처럼 보여 명필의 솜씨라는 것을 짐작할 수 있다. 비석 끝에는 '십삼세서十三歲書' 라는 글씨가 새겨져 있다.

바로 근처에 있는 영산 연지는 시민들의 휴식처로 단단히 한몫을 하고 있다. 그리 크지는 않지만 연지 가운데에 몇 개의 섬을 만들어 마치 삼신산을 연상시키고 형형색색의 단풍잎으로 물드는 가을에는 그 아름다움이 한결 돋보인다.

이렇듯 여러 가지 아름다운 문화유산과 민속놀이를 간직하고 있는 경상남도 창녕군 영산면은 본래 조선시대의 현이었다. 신라 때 서화현西火縣이라 부르던 이곳을 경덕왕景德王이 상악尙藥으로 고쳐서 밀양군密陽郡 영현으로 삼았고, 고려 때에 현재 부르는 이름으로 고쳐서 전대로 소속시켰다. 원종元宗이 감무를 두고 조선시대에 예에 의하여 현감으로 고쳤다. 1631년(인조 9)에 창녕현을 합쳤다가 9년 뒤에 다시 분리했으며, 1895년에 대구부에 딸린 영산군이 되었다가 다음 해에 경상남도에 이관되었다. 1914년에 창녕군에 편입된 영산은 동쪽으로는 밀양부密陽府 경계까지 40리, 남쪽으로는 칠원현漆原縣 경계까지 23리, 서쪽으로는 창녕현昌寧縣 경계까지 15리, 북쪽으로는 밀양부密陽府 경계까지 11리이고, 서울과의 거리는 778리이다.

영산이라는 지명은 이곳을 흐르는 영산천靈山川에서 유래했다. 조선시대에 이곳 영산은 낙동강과 남강이 합류하는 평야지역으로, 북쪽으로는 창녕, 남쪽으로 매포를 통하여 칠원으로 연결되었으며, 동쪽으로는 청도, 밀양 등지를 연결하는 도로가 발달하였다.

특히 길곡면 증산리에 있는 밀포나루는 밀포진密浦津, 매포, 멸포라고도 부르는 나루로 함안군 칠북면 봉촌리를 연결하는 나루였다. 자동차 교통이 발달하기 전까지 옛 영산현과 칠원현의 교통요지였으며 대구 지방의 농산물과 마산 지방에서 올라오는 수산물을 거래하는 상인들로 붐볐다. 강 건너 칠북면 쪽 나루터는 우질포于叱浦라고 불렀는데, 멸포원蔑浦院이라는 숙박시설이 있었으며 정자도 있었다. 하지만 자동차가 늘어나면서 그 기능이 완전히 사라지고 말았다.

고려 말기의 간신 신예辛裔는 그의 시에서 "영취산靈鷲山 높아 조그만 티끌도 없는데, 안구역 백성들은 곧 모두 주씨朱氏, 진씨陣氏로다" 하였고, 조선 후기의 문신 이백첨李伯瞻은 "취령鷲嶺 높고 높아 네 마을을 누르니, 영특한 재주와 무사의 지략 및 가문이던가"라고 노래하였다.

『신증동국여지승람』에 "영취산은 현의 동쪽 7리에 있는 진산으로 서역의 승려 지공指空이 여기에 와서 말하기를, 이 산이 천축天竺의 영취산과 모양이 같다 해서 이렇게 지은 것이다"라고 기록되어 있다. 영축산이라고도 부르는 이 산은 계성면 사리와 영산면 구계리에 있는 산으로 높이는 682미터이다. 이 산의 정상 부근에는 가야 때 축조되고 임진왜란 때 개축된 영축산성이 남아 있다. 이 성은 석성으로 둘레가 약 1.2킬로미터에 달한다. 이 산에는 죽림사, 보림사, 서림사, 적조사 등을 비롯해 많은 절들이 있었다. 이 절들은 『신증동국여지승람』에도 등장하는데, 대부분 폐사되고 새롭게 지어지고 있다.

객관 남쪽에 있던 쌍수정雙樹亭을 두고 홍의달洪義達은 다음과 같은 회문시回文詩를 지었다.

맑은 그늘 푸른 나무 서쪽과 동쪽에 무성한데, 겹겹이 둘러선 산 천 번이나

거듭했네. 갠 날 늦 안개는 희미하게 멧부리를 둘렀고, 저녁 하늘 봄비는 가
늘게 바람에 불리네. 푸른 빛이 흰 것과 연한 것은 매화와 대나무가 섞여 있
는 것이고, 푸른 빛에 붉은 것이 겹쳐 있는 것은 꽃이 소나무에 닿은 것일세.
꾀꼬리는 노래하고 제비는 춤추니, 영주나 봉래 같은 좋은 경치 정말 웅장해.

우리나라에는 유난히 열녀에 대한 이야기가 많다. 영산도 예외는 아
니어서 이곳 영산에 전해져오는 열녀의 이야기가 『신증동국여지승람』
에 다음과 같이 실려 있다.

신씨辛氏는 남장郎將 신사천辛斯蕆의 딸이다. 1382년 6월 왜적 50여 명이 영산
을 침략했을 때 사천은 모든 식구를 데리고 난을 피하여 멸포蔑浦를 건너려 하
는데, 적이 몹시 급하게 쫓았다. 이때 사천의 식구들은 모두 배에 타고 둘째 아
들 식렬이 밀고 끌었는데, 때는 여름 장마로 물이 많고 물살이 세서 뱃줄이 끊
어지면서 배가 갑자기 언덕에 닿았다. 이에 적이 쫓아와 사천을 죽이고, 신씨
의 손을 잡고 같이 가자고 하나 신씨가 듣지 않았다. 적이 칼날을 번뜩이면서
위협하자 신씨는 큰 소리로 꾸짖기를, "이놈들아, 너희가 죽이려면 죽여라. 너
희가 이미 내 아버지를 죽였으니 하늘 밑에 같이 살 수 없는 원수다. 내 차라리
죽을지언정 너희들을 따라가겠느냐" 하고, 적의 목을 움켜잡고 발길로 차서
넘어뜨리니 적이 노해서 죽였다. 그때 나이 20세였다.

역사 속에 요승 또는 간승으로 기록된 신돈의 고향도 이곳 영산이다.
그는 영산현 근처인 옥천사에서 태어났고, 승명은 편조, 자는 요공이며
왕이 내린 법호는 청한거사였다.

당시 고려는 국내외적으로 어지러웠다. 공민왕은 새로운 인물을 불러들여 기울어져가는 국운을 전작시키려 하던 차에 신돈을 만났다. 공민왕은 '도를 얻고 욕심이 없으며 또 천미하여 친당이 없으니 대사에게 맡기면 반드시 뜻대로 행하여 거리낌이 없으리라' 생각하여 그를 등용하기로 했다. 신돈은 공민왕의 간곡한 청으로 조정에 들어왔고, 왕의 사부(왕의 고문직)가 되어 오랜 폐단의 개혁을 시도하였다.

그때 그가 가장 중점을 두고 실시한 개혁정책은 노비와 토지개혁이었다. 신돈은 '전민변정도감'을 설치하면서 전국에 포고문을 발표하고서 부당하게 빼앗긴 토지를 원주인에게 돌려주었고 노비로 전락한 사람들을 양민으로 환원시켰다. "성인이 나타났다"는 농민들과 빈민들의 찬양 뒤편에는 "중놈이 나라를 망치고 있다"는 비난이 뒤따랐다. 기득권 세력과 공민왕의 배반으로 1371년 7월 신돈은 수원의 유배지에서 죽었다.

6년에 걸친 신돈의 집권은 공민왕 때의 복잡한 정치 상황에서 일어났던 특이한 경우였다. 신돈의 개혁사상은 실패로 돌아갔지만 그만큼 민중을 사랑하고 그들의 고통과 민중고의 해결에 관심을 둔 사람은 드물었다. 또한 우리 역사상 신돈에 비길 만큼 중생구제를 위해 현실적이면서도 구체적인 제도를 만들어 실제로 실행에 옮긴 권력자는 찾아볼 수 없었다. 그가 실권된 후 정몽주, 정도전, 윤소종 등 조선의 건국과 밀접한 관계를 지니고 있는 신진문인 세력들이 정치세력으로 성장할 수 있는 분위기가 형성되었다. 오랜 세월이 흐른 오늘에야 신돈을 재평가하는 유지이이 일어나 텔레비젼 대하드라마로 바여되고 있고, 나 여시 우리 성씨들 중에서 가장 훌륭한 사람이 누구냐고 물으면 신돈이라고 자랑스럽게 대답한다. 그러나 결과적으로 신돈은 불우했던 한 시대의 희생양이라고 볼 수밖에 없을 듯싶다.

한편 영산현에 소속되었던 장마면丈馬面은 천태산에 살고 있던 마고 할미가 내려왔던 곳이라고 하며, 부곡면 거문리에 있는 부곡온천은 한 때 온천 중의 으뜸으로 이름을 날렸던 곳이다. 원래 이 마을에는 세 개의 옹달샘이 있어서 한겨울에도 따뜻한 물이 솟아 빨래터로 이용되었다고 하며 특히 그 물은 나병환자들에게 특효가 있어 각지에 있는 나병환자들이 씻고 간다는 소문이 있어서 '문둥이샘' 이라고 불렀다. 이런 소문이 왕실에까지 알려져 조선시대의 세조가 이곳에서 목욕한 뒤에 '옴'을 완전히 치료하였다 하여 '옴샘' 이라고도 불렀다.

이곳이 온천으로 탈바꿈한 것은 1972년 12월 27일이었다. 온천에 미쳐 10여 년 동안 온 나라를 헤집고 다녔던 신현택이라는 사람이 대낮에 잠깐 조는 사이 꿈속에 건장한 장군이 나타나 원탕이라는 이름의 현재 온천 자리를 파보라고 했다. 꿈에서 깬 그가 꿈속의 장군이 일러준 자리를 파내려가자 과연 뜨거운 물이 솟구쳐 올라왔다. 부곡 하와이, 부곡 관광호텔 등이 연이어 들어서고 온 나라 관광버스들이 줄지어 달려왔던 부곡온천은 이제 온 나라 곳곳에 수많은 온천들이 들어서면서 그 성가를 잃어버리고 침체의 늪 속에 빠져들어가고 있으니, 그것 역시 가고 오는 우주의 질서인지도 모른다.

부곡면 청암리 대밭골 서남쪽에 있는 임해진臨海津 나루는 창원시 북면 외산리로 건너가는 나루인데 옛날에는 이곳까지 남해 바닷물이 들어왔다고 한다.

이원李原이 지은 시에, "샘물 닳고 나무 늙은 좋은 산 마을, 대낮에 관청 일 한가로우니 반쯤 문을 닫았네. 때마침 풍년이고 전부터 무비를 풀

었으므로, 농가의 자제 또한 글을 할줄 아는도다" 하였고, 최종리崔宗理
는 그의 시에서, "산이 시내 끼고 돌아 한 마을 이루었는데, 대울타리 때
집에 가시 문을 닫았네" 하였던 영산은 햇살 아래 오고가는 자동차들의
행렬로 부산하기만 하다.

경남 합천 초계

三장

합천의 젖줄 황강을 끼고 넓은 들을 품은 고을

합천에서 초계로 가는 24번 국도를 따라가다 만나는 강이 황강이고, 율곡을 지나 낙민에 이르면 초계가 지척이다.

초계는 전형적인 면 소재지의 모습을 하고 있었는데 '해인' 이라는 이름의 상호들이 눈에 띄는 것으로 보아 이곳이 합천 해인사 근처임을 알 수 있다. 해인海印이란 '세계 일체가 바다에 그림자로 찍히는 삼매' 를 말하는 불교의 화엄정신이다. 화엄종의 근본 경전인 『대방광불화엄경大方廣佛華嚴經』에 '해인삼매海印三昧' 라는 말로 표현된 이 화엄경의 세계관은 일심법계一心法界라고 할 수 있다. 온갖 것에 물들지 않은 진실과 지혜의 눈으로 바라본 세계가 일심법계인데, 일심법계에는 물질적 유기세계, 중생들의 세계, 바른 깨달음에 의한 지혜의 세계가 있는 그대로 다 나타난다. 세차게 불던 바람에 드높던 파도가 어느새 그치고 바다가 고요해

율지나루 조선 중기 이후 낙동강 중류에서 가장 번성했던 율지나루는 경상도 지역의 가면무극인 광대놀이가 시작된 곳이기도 하다.

지면 거기에 우주의 수만 가지 모습이 남김없이 드러나는 것, 이러한 경지를 해인삼매라고 한다. 해인삼매는 부처가 이룩한 깨달음의 내용이며, 만물이 돌아가야 하는 근원이고, 본래의 모습이라 할 수 있다.

사람들에게 초계의 옛날 풍경에 대해 물으니 동헌이나 객사는 사라진 지 오래고 그 자리에 초계면사무소와 파출소가 들어섰다고 한다. 그 말을 듣고 면사무소를 찾아갔다. 면사무소 우측을 보니 초계를 거쳐간 군수와 관찰사의 송덕비 28기가 비바람에 씻긴 채 고색창연古色蒼然하게 서 있고 면사무소만이 초계관아 자리를 지키고 있을 따름이었다.

경상남도 합천군 초계면草溪面은 조선 말기까지 합천군 초계면 일대에 있던 군이었다. 초계는 본래 신라의 초팔혜현草八兮縣이었는데, 신라 경덕왕 때 팔계八溪로 고쳐 강양군(지금의 합천)의 영현으로 삼았고, 고려 초인 940년(태조 23)에 초계로 고쳤다. 현종 때 합주의 임내로 하였다가 명종 때 감무를 설치하였다. 충숙왕 때 이 고을 사람 정수기鄭守琪와 변우성卞遇成이 나라에 공을 세웠으므로 지군사知郡事로 승격시켰다. 조선 말기까지 택정, 양동 등 13개 면을 관할하였던 초계는 1914년 행정구역 개편 당시 합천군에 합쳐져 초계면이 되었다.

초팔혜는 수읍首邑이라는 뜻으로 남강南江 유역에 자리 잡았던 부족국이었다. 이 지역은 해안의 사천泗川과 내륙 산간지역의 고령을 연결해주었고, 동서로 합천, 창녕을 이어주는 교통의 요지였다.

일제에 의해 합천, 삼가, 초계를 합해 하나의 군이 된 합천군의 세 지역은 불과 얼마 전까지만 해도 생활권이 달랐다. 합천군 사람들은 대부분이 대구로 장을 보러 다녔고, 옛 삼가현에 살던 사람들은 진주나 마산으로 장을 보러 다녔다. 그리고 옛 초계현의 영역에 살던 사람들은 대구나 진주, 마산이나 부산으로 가기도 하였다. 초계 지역은 동쪽 가장자리에 있으면서 낙동강 본류에 가장 근접해 있으며 창녕과 낙동강을 사이에 둔 지역이었다. 그래서 육로가 발달하지 못했던 한국전쟁 전까지만 해도 초계 지역 사람들은 배를 타고서 부산으로 내려가 장을 보는 경우가 많았다.

초계면 대평리大坪里는 본래 초계군 양동면의 지역으로 큰 들 한가운데이므로 한들 또는 대평이라고 불렀다. 대평리 창동 옆에 있는 고관동 마을은 옛날 관가가 있어서 붙여진 이름으로 창동에 있는 내동헌 터나 외동헌 터는 개인 집이 되었다가 초계면사무소가 들어섰다.

옛 시절 창倉이 있던 창동은 창말로 불리는데 대평 동북쪽에 있는 마을이고, 고관동은 창동 옆에 있는 마을로 옛날 초계고을의 관가가 있던 곳이다. 고관동 동남쪽에 있는 성황당城隍堂은 옛날 초계군이 있던 시절 고을 원님이 성황을 모시던 집이라는데, 지금은 비석 하나와 터만 남아 있다.

이곳 초계의 객관 동쪽에 있던 감정루鑑政樓는 언제 사라졌는지 알 길이 없는데, 고려 때 사람인 김태정金台正이 누 앞에 서 있는 소나무를 보고 지은 시 한 편이 『신증동국여지승람』 「누정조」에 다음과 같이 실려있다.

벼슬 굴레 벗어나지 못한 백발 첨지는 허리 굽힘이 시세 풍습 따라 서네. 세상 일과 상관없는 푸른 수염 첨지는 이떤 사람 눈에 들려고 매양 몸은 굽히나.

이 시를 들은 이인복李仁復은 이렇게 화답했다.

빈 객관에 병든 첨지, 접대하는 사람 없는데, 노송老松은 오히려 맑은 바람 보내니 기쁘기 그지없네. 이 몸은 굽었을 망정 마음은 굽히기 어려우니, 우리 당黨에 어찌 더 직궁直躬을 물으리.

초계면사무소에서 큰 길을 따라 가다 고샅길을 조금 더 들어가자, 초계 향교의 누각인 풍화루風化樓 앞에 이르렀다. 그러나 문이 굳게 잠겨 있어 나그네의 발길을 허락하지 않았다.

경상남도 유형문화재 제227호로 지정된 초계향교는 초계리에 있다. 1628년(인조 6)에 어진 선비들의 위패를 봉안하고 배향하며 지방 사람들의 교육과 교화를 위하여 창건되었다. 1843년(고종 30) 현감 김선영金善永

초계향교 경상남도 유형
문화재 제227호로 1628년에
설립되었으며 현재 봄과 가
을에 석전釋奠을 봉행하고
초하루와 보름에 분향하고
있다.

이 중수하였고, 그 밖의 기록은 남아 있지 않다. 남아 있는 건물은 5칸의 대성전과 각 4칸의 동무와 서무, 내삼문, 명륜당, 풍화루가 있다. 대성전에는 오성五聖과 십철十哲 송조宋朝 6현六賢 그리고 우리나라 십팔현十八賢의 위패를 모셨는데, 조선시대에는 국가로부터 토지와 전적 및 노비 등을 지급받아 교관 1명이 정원 30명의 교생을 가르쳤으나, 갑오개혁 이후 새로운 학제가 실시되면서 교육의 기능은 사라지고 봄가을에 석전釋奠을 봉행하며 초하루와 보름에 분향을 하고 있다. 전교 한 명과 장의 예닐곱명이 운영을 담당하고 있다. 내동은 초계리에서 가장 으뜸이 되는 마을이고 사정교射亭橋는 옛날 이곳에 활을 쏘던 사정이 있었다 한다.

이 초계군의 형승이 『신증동국여지승람』에는 "사방이 산이요, 여덟 가락 물이다. 군 사면이 모두 산이면서 평평한 들판이 넓고도 넓다. 대암臺岩, 무월舞月의 여러 골 물 여덟 가닥이 구불구불하여 역력히 헤아릴 수 있다"고 실려 있으며, 조선 초기의 학자인 서거정은 「관가대觀稼臺기」에서 "사방의 산은 군을 에워서 가고, 여덟 가닥 물은 마을을 안고 흐른다"라는 글을 남겼다.

초계군의 진산은 청계산淸溪山으로 군의 북쪽 1리에 있고, 소학산은 이군의 30리 지점에 있던 산이다. 미타산에는 미타사라는 절이 있었고, 미타산에 있던 봉수는 남쪽으로 의령현 가막산에 응하였으며, 북쪽으로는 합천군 미숭산으로 연결되었다.

현재 합천군 율곡면의 낙민리樂民里는 초계군 감산면의 지역으로 냉민 또는 낙미이라 불렀는데, 낙민정樂民亭은 귀봉동에 있던 정자였다.

이첨李詹은 「낙민정기」에서 이렇게 썼다.

구름 낀 봉우리가 동쪽으로 뻗었고, 여러 산골 물이 합쳐져서 큰 냇물이 되어 합천 초계를 지나 강으로 들어간다. 두 고을 경계에 들판이 넓고 산이 열려서 기상이 맑고 멀며 사랑스럽다. 그러나 빈객이 왕래할 때에 이 경계에서 영접할 곳이 없음을 한스럽게 여긴 지가 오래되었다. (중략) 북쪽으로 가야산이 바라보이고 남쪽으로 무월이 보인다. 갑산甲山이 왼쪽에 있고, 황산은 오른편에 있어서 푸르른 것이 뾰족뾰족 책상과 자리 위에 들어오고, 냇물은 서쪽으로 절벽을 돌아 동쪽으로 끊어진 언덕을 안고 돌아서 소용돌이치는 물방울이 술상 사이에 튄다. (중략) 정자 서쪽 두어 마장 되는 지점에는 절벽에 길이 났는데, 쳐다봐도 굽어봐도 천 길이다. 길이 아주 좁아서 길 가는 사람이 서로 피하여 가기를 수백 보 지난 다음이라야 험한 곳을 벗어나게 된다.

그러나 지금 낙민정은 찾아볼 길이 없고, 객관 북쪽에 있던 관가헌觀稼軒이나 황둔진 언덕에 있던 창랑루滄浪樓 역시 사라진 지 오래다. 다만 이곳에 충무공 이순신의 백의종군로가 세워져 있을 뿐이다.

임진왜란이 한창이던 1597년(선조 30) 이순신이 반대파의 모함을 받아 투옥되었다가 특사로 풀려난 뒤 모친상을 치를 겨를도 없이 백의종군의 길을 떠나게 되어, 권율이 머무르고 있던 초계의 진영에서 6월 4일부터 7월 18일까지 종군을 하였다. 이를 기념하기 위해 이 지역 학생들은 지금도 이순신의 발자취를 따라 행군을 한다고 한다.

이순신이 백의종군을 하던 당시의 상황이 『난중일기』에 다음과 같이 실려 있다.

정유년 유월 초나흘(계해). 맑았다. 일찍 떠나려는데, 현감이 문안편지와 함

께 노자까지 보냈다. 합천 땅에 이르러 말을 쉬게 했다. 5리쯤 앞으로 가니
갈림길이 있었는데, 하나는 바로 고을로 들어가는 길이고, 다른 하나는 초계
로 가는 길이었다.(중략)

초닷새. 맑았다. 아침에 초계군수가 달려왔기에 불러들여 이야기했다. 아침
먹은 뒤에 중군 이덕필도 달려와서 지난 이야기를 했다.(중략)

22일(임오). 개다 비오다 했다. 아침에 초계군수가 연포軟泡국을 끓여 와서
권했는데, 오만한 빛이 많았다.

7월 초열흘(기해). 맑았다. 열과 변존서를 아산으로 보내려고 앉아서 날 새기
를 기다렸다. 스스로 정을 억제하며 통곡하며 보냈다. 내가
무슨 죄를 지었기에 어머님의 장례도 직접 모시지 못하고
이 지경에 이르렀단 말인가.

이순신의 자취가 서린 초계군 지역이었던 덕곡면 율
지리栗旨里는 밤나무가 많아 밤머리라고도 불렸다. 이
곳의 율지나루는 조선 중엽 이후 낙동강 중류의 최대
나루터로 그 시절 가장 번성했던 포구였고, 1960년대까
지만 해도 이 지역 농산물의 집산지였다. 전국의 보부
상과 장꾼들이 몰려들어 큰 장터를 형성했던 율지나루
에서 경상도 지역의 가면무극인 오광대놀이가 시작되
었는데 그 연유는 다음과 같다.

초계에 '말뚝이'라는 마부가 살고 있었는데, 양반의
세력이 드세어 상놈과 하인들은 그들의 무시와 천대 때
문에 살아가기가 매우 힘들었다. 힘든 세월을 보내던

오광대 발상지 다섯 광대
가 탈을 쓰고 춤추며, 대개
다섯마당으로 구성되어 있
어 오광대라 한다.

말뚝이는 어느 날 꾀를 내어 마을 사람들을 불러 모은 뒤 탈을 쓰고 양반들의 온갖 비리와 위선을 폭로했다. 탈을 쓴 사람이 누구인지는 모르지만 양반들로부터 당한 온갖 수모를 후련하게 씻어낸 사람들과 상인들은 오광대놀이를 발전시켰고, 1900년대에는 경상남도 전역으로 전파되어 나갔다. 오광대놀이는 '길놀이판' 과 '탈놀음판' 으로 나뉜다.

율지나루에서 고령군 우곡면 개웅동으로 건너가는 나루가 개웅나루이고 창녕군 이방면 송곡리 윗마로 건너가는 나루가 율지나루였다. 수많은 길손들이 오갔던 나루터에는 현재 율지교가 놓여 사람들의 발길이 끊어지고 작은 배만 매어 있을 뿐이다.

율지나루에서 낙동강으로 합류하는 강이 대가천大伽川이다. 대가천(모듬내, 회천, 가천)은 중산면 남동쪽 두리봉(가야산 서쪽 봉우리)에서 발원하여 북서쪽으로 흘러 유성리에 이른다. 그곳에서 서쪽에서 오는 평촌坪村내와 합류해 동쪽으로 꺾인 다음, 성주군 금수면 냉천동, 무학동을 지나 용두동에 접어든다. 남동쪽으로 꺾인 대가천은 가천면, 중산동, 창전동을 지나 수륜면 북동쪽 중심부를 뚫고 고령군 운수면 서쪽 일부를 지난 다음, 고령읍 본관동 동쪽에서 서북쪽으로부터 흘러오는 소가천과 합류해 금천錦川이 된다. 이어 고령읍을 지나 고아동에 이르러 서쪽에서 흘러오는 안림천과 합하여 모듬내 또는 회천이 되어 고령읍과 개진면의 경계를 이룬다. 반곡면 서북부를 뚫고 월오동에 이르러서는 반곡면과 경상남도 합천군 덕곡면의 경계를 이루면서 율지리에서 낙동강으로 들어간다. 주로 가야산伽倻山의 동, 서, 북 3면을 싸고도는 강이 대가천이다.

한편 초계 구석구석에는 이런 저런 사연을 지닌 아름답고 슬픈 이름들이 남아 있는데, 눈에 띄는 땅 이름은 옛사람들이 생명이나 다름없이 애지중지했던 논 이름들이다.

이제는 시골 어디를 가도 기획 부동산에다 원주민 부동산이라는 간판을 내걸고 땅 장사가 성업중이다. 지금은 금값보다 더 비싼 땅이 불과 100여 년 전만 해도 별것이 아니었던지 흉년에 팥죽 한 그릇과 맞바꾸었다는 팥죽배미가 어느 곳이나 있는데, 초계면 신촌리 대칫들에도 흉년에 팥죽 한 그릇을 주고 얻었다는 팥죽배미가 있다. 청덕면 관평리의 창동 서쪽에 있는 논은 묵을 주고 얻은 논이라는 묵논이 있고, 박세밋들에 있는 윙기배미는 흉년에 영계 한 마리와 맞바꾸었다는 논이다. 관평 북쪽에 있는 샘은 중이 자리를 잡았다는 중샘이고, 초계면 아막리衙幕里는 본래 초계군 대평리 지역으로 초계 아전들이 살아서 아막골 또는 아막동이라고 불렀다. 아막골 남쪽에 있는 오리정五里亭은 조선시대에 이곳으로 부임하는 관원들을 맞아들이고 전송하던 곳이었다는데, 그러한 흔적은커녕 이곳이 한때 하나의 군이었다는 사실조차 현지 주민들은 잘 모르고 있었다.

옛날 초계군 적동면이라 불렀던 적중면의 권혜리는 지대가 높으므로 머리 또는 권혜권이라고 하였는데, 산상재는 중머리에서 의령군 봉수면 죽전리 봉산으로 넘어가는 고개이다. 큰골에 우뚝 서 있는 바위는 선달바우라고 부르는데, 박선달이 자주 다녔다고 해서 지어진 이름이다.

묵방리는 먹을 만들던 곳이 있었으므로 묵방 또는 먹방이라고 불렀고, 묵방리의 달밭에서 의령군 청덕면으로 넘어가는 고개가 달밭고개이다. 묵방 남서쪽에 있는 옻공(칠공동)미을은 옛날 이곳에서 생산된 옻칠을 나라에 진상했던 곳이어서 지어진 이름이다.

양림리 양림 동남쪽에 있는 들은 과거에 급제한 사람의 논이 있어서 과거리라는 이름으로 불리고, 양림 동북쪽에 있는 월화정月華亭은 마을 사람들이 달구경을 위해 지은 정자이다. 죽고리는 마을 뒤에 대밭이 있고 앞에 시내가 흐르므로 대개 또는 대계라고 불렀는데, 성지박골 남쪽에 있는 도둑골은 전에 도둑이 많아서 생긴 이름이다.

청덕면 대부리의 산밑머리 마을은 봉산 동쪽에 있는 마을이고, 산밑머리 앞에 있는 나루를 산밑머리나루라고 부른다.

묘리에 있는 더랏재는 도령산에 있는 고개로 옛날 안마을에 살던 어떤 선비가 죄를 지은 뒤 이 고개를 넘어 달아났다고 하며, 장자산 위에 있는 장사바위는 장군이 타던 말의 발자국이 남아 있다고 한다. 미곡리 말쩡 앞에 있는 마을인 말쩡주막은 동구 밖에 주막이 있어서 지은 이름이다. 삼학리의 사사정泗泗亭은 외삼학 동남쪽에 있는 마을로 낙동강과 황강이 합수되는 지역이다. 법등골 북쪽에 있는 골짜기인 장똘배기는 덕곡면의 밤머리장으로 가는 길목에 있으며, 절골은 외삼학 북쪽에서 덕곡면 율지리 황숫골에 이르는 골짜기이다.

낙동강 강물이 소리를 내면서 흐르므로 우러리 또는 앙진리仰津里라 부른 앙진리의 적포교는 우러리 앞 낙동강에 있는 다리이고, 장박재는 원진동에서 의령군 부림면 여배리로 가는 고개로 장승배기 위쪽에 있다. 적포리는 마을 남쪽에 낙동강의 벼랑이 있으므로 남비 또는 난비적포라 불렀고, 적포리 황등 동쪽에 있는 골짜기를 구은터라고 부르는데 옛날 숯을 굽던 터가 남아 있다. 중적포 서남쪽에 있는 휘미기 만당이라는 산은 경치가 아름다워 이 지역 사람들이 백중날이면 이곳에 와서 하루를 즐기며 논다고 한다. 초곡리의 바람재는 진상터 서북쪽에 있는 고개로 작은바람재와 큰바람재로 나뉘며, 새터 동남쪽에 있는 전진뱅이는 임진왜란 때 왜군의 전진을 중지시켰다는 산이다.

지통골 서쪽에 있는 고개를 진상터라고 부르는데 의령에서 오는 진상을 초계 사람들이 이곳에 와서 교체했다고 하며, 하회리는 여러 골짜기의 물이 모여들어서 하회라고 이름을 지었다고 한다.

이제 초계는 어쩌다 지나는 사람들의 얼굴에도 예전의 생기가 사라져버렸고 그나마 문을 열어놓은 가게들에는 사람들의 발길이 드문드문 이어지는 마을이 되었다. 이첨이 지은 기문 중에 나오는 "백성의 즐거움을 즐기는 자는 백성이 또한 그의 즐거움을 즐긴다"라는 말과는 무관한 삶을 살고 있는 것은 아닌지…….

"한 구역 산수에 가는 티끌도 없는데, 벼·기장 우거진 뒤 경치가 새롭다"라는 이원李原의 시에 등장하는 초계의 나날은 정녕 다시 돌아올 수 없단 말인가?

전북 군산 임피 ─ 금강과 만경강 사이에 자리 잡은 교통의 요지

전북 익산 여산 ─ 삼남대로가 지나는 길목에 있던 검소한 고을

전북 익산 용안 ─ 비옥한 들이 바다와 잇닿다

전북 익산 함열 ─ 도로와 물길이 발달한 조창漕倉의 고을

전북 정읍 고부 ─ 동학혁명의 진원지가 된 풍요와 태평세월의 고장

전북 정읍 태인 ─ 아픈 역사로 쓸쓸하게 퇴락해가다

5 부
전라북도

전북 군산 임피
— 장

금강과 만경강 사이에 자리 잡은 교통의 요지

『신증동국여지승람』에 "공주산公州山은 현의 북쪽 13리에 있는데, 전하는 말에 '공주로부터 떨어져 왔기 때문에 이름한다' 고 했다"라고 기록되어 있다. 과연 이름이 아름다운 공주산公主山에는 어떠한 사연이 깃들어 있을까.

이 지역 사람들은 옛날에 공주의 태를 묻었기 때문이라고도 하고 공주에서 떠내려왔기 때문이라고도 하는데 산의 형세로 보아서 공주의 태를 묻었다는 설이 더욱 타당할 듯싶다. 공주산 상봉에는 장수가 돈치기를 한 흔적이 남이 있다는 장수바우가 있고 공주산 뒤쪽에는 바람이 많이 분다고 해서 바람개비(신곡리)라는 이름의 마을이 있다. 공주산 아래에서 강은 비단결처럼 곱고 길은 아스라한 옛 기억 속의 길처럼 아름답다.

불교 유물 전시장 1940년대 이곳에 농장을 가지고 있던 미치야라는 일본인이 자기 정원의 치장물로 조성하려고 모아놓은 우리 불교 유물들이 해방 후 미처 정리되지 못하면서 발산초등학교 뒤편에 이런 이상한 불교 유물 전시장으로 남겨졌다.

강가에 가지를 드리운 소나무에는 어민들이 풍어제를 지낼 적에 매어 놓았던 오색천이 휘날리고 있다. 이 산 중턱에 나포리 사람들이 대를 이어 모셔오는 당집이 있다. 고군산군도를 뺀 내륙지방 가운데 이곳에서만 영산당제가 전해지고 있는 것이다. 영산당제는 해마다 정월대보름날 저녁에 지내는데, 영산당에 밥, 떡, 돼지머리, 과일 등 온갖 제물을 차려 놓고 고기잡이와 농사가 잘되고 마을에 아무 탈이 없기를 빌었다. 이 제사에 드는 돈은 제사를 지내기 며칠 전부터 마을의 집집마다 돌아다니며 걸궁굿을 쳐준 뒤 쌀과 돈을 거두어 마련했다.

당제가 끝나면 마을 사람들은 풍물을 치면서 놀았는데, 지금은 예전만큼 풍요롭지는 못하지만 불과 20여 년 전만 해도 제사를 끝낸 뒤 무당을 불러다가 굿을 크게 벌이고 2~3일씩 놀았기 때문에 인근 마을사람들까지 구경차 놀러왔었다고 한다. 그 산 밑이 곧 진포鎭浦인데, 민가들이 즐비하고 주민들은 배 부리는 것을 생업으로 삼았다.

김극기는 그의 시에서 임피현에 대해 "다른 고을에선 사신 행차를 달리느라 기이한 풍경 탐하여 머문 일 적었어라. 물 소리 듣느라고 귀를 자주 기울이고 산 바라보느라고 머리를 몇 번 들었던고. 기러기떼 하늘을 연해 날고, 거미줄 땅 위에 가득히 모여 논다. 적신은 언제나 지나갔기에 한번 취해 왕후들을 업신여겼나"라고 읊었다.

임피현에 딸린 포구인 진포는 현의 북쪽 17리에 있으며, 공주의 웅진熊津 부여에 이르러 남쪽으로 꺾여 용안현의 동쪽에 이르고, 서쪽으로 돌아 나와서 바나로 들어가는 입구이다. 예전에 이곳에서 많이 집히는 어종으로는 게, 도미, 뱅어, 정어, 전어였다.

군산시 임피면에 소속된 임피는 원래 조선시대의 현이었다. 백제의 시산군屎山郡이었는데, 피산陂山, 흔문炘文, 소도所島, 실조출失鳥出이라고도 한다. 신라 때인 757년에 지금의 이름으로 고쳤고, 옥구, 회미, 함열을 관할하게 하였다. 고려 때 현으로 강등시켜 현령관을 두어 회미, 옥구, 만경부윤을 다스리게 하였고, 조선시대에는 계속 현으로 두었다가 1895년에 군이 되었으며, 1914년에 옥구군에 병합되었다가 지금은 군산시에 딸린 하나의 면이 되고 말았다. 조선시대에는 이곳이 금강과 만경강 사이에 자리 잡고 있어 호남평야의 일부를 이루었는데, 옛 읍은 예산성芮山城에 있었다.

북쪽 금강변에 있던 서포西浦에는 고려 때 12개의 조창 중 한 곳인 진성창鎭城倉이 있었고, 상류에 있었던 나리포창羅里浦倉은 그 뒤에 나주로 이전되었으나 나포리의 지명은 지금도 남아 있다. 만경의 신창나루는 고려 때부터 만경강 남쪽의 조세를 조창으로 운반하던 교통의 요지로, 이곳에 다리가 개설되기도 하였다.

『신증동국여지승람』에 실린 임피현의 경계는 동으로 전주부 경계에 이르기까지 15리, 남으로 만경현 경계에 이르기까지 20리, 서쪽으로 옥구현沃溝縣 경계에 이르기까지 20리, 북으로 함열현 경계에 이르기까지 11리, 충청도 한산군韓山郡의 경계에 이르기까지 17리, 서울까지의 거리는 489리이다.

전라북도 문화재자료 제95호로 지정되어 있는 임피향교는 1403년에 창건되어 임진왜란 때 불에 탔던 것을 1630년에 중건하였고, 1710년에 현재의 위치로 이건하였다.

『신증동국여지승람』에 "예산芮山은 임피현의 서쪽 4리에 있는 산으로 임피현의 진산이다. 기세가 마치 봉이 날아가는 듯한 이 산에는 옛 성터가 있다. 오성산五聖山은 현의 서쪽 18리에 있다"라고 기록되어 있는 오성산은 높이 226미터로 성산면 성덕리와 나포면 서포리 경계에 있으며, 태홍산, 봉우재로도 불리고 있다. 조선시대에 봉수대가 있어서 동쪽으로 불지산 봉수, 서쪽으로 옥구의 화산 봉수에 응하였는데 이 산에는 소정방蘇定方에 얽힌 전설이 서려 있다. 당나라 장군 소정방이 백제를 치기 위해 군대를 거느리고 이 산 밑에 이르자 안개가 자욱하여 길을 분간할 수 없게 되었다. 마침 나타난 다섯 노인에게 길을 묻자 대답하기를 "너희들이 우리나라를 정벌하려 하는데 어찌하여 길을 일러주겠느냐" 하자 소정방이 이들을 죽여버렸다. 그러나 군대를 거느리고 떠나려던 그는 곧 자신의 잘못을 뉘우치고 이 산에 다섯 노인을 장사지내 주었다고 한다.

한편 군산 개정면開井面 발산리鉢山里에는 일본인에 의해 귀중한 우리 문화유산이 옮겨져 원래 있던 자리로 돌아가지 못하고 쓸쓸히 서 있는 가슴 아픈 현장이 있다. 발산초등학교 뒤편에 있는 불교 유물 30여 점이 그것인데 이처럼 학교 뒤편이 불교 유물 전시장으로 변하게 된 사연은 다음과 같다.

일제가 우리나라를 강점하고 있던 1940년대 군산 개정면 발산리에 큰 농장을 가지고 있던 미치야라는 일본인이 자기 정원의 치장물로 조성하기 위해 완주군 봉림사 터에서 석등(보물 234호)과 오층석탑(보물 276호)을 옮겨갔다. 몇 년이 지난 후 해방이 되면서 이곳 미치야 농장에 발산초등학교가 들어서게 되었고 미처 정리되지 못한 유물들이 이 자리에 남게 된 것이다.

1995년에는 광복 50주년을 맞아 일본인들이 우리나라 산의 명혈이라고 알려진 곳에 꽂았던 쇠말뚝 뽑기와 중앙청의 철거로 나라가 시끄러웠지만 발산초등학교에 쓸쓸히 서 있는 30여 점의 불교 유물들이나 정작 고쳐야 할 일본식 지명들에 대해서는 어느 누구도 말하지 않았다. 그 발산초등학교 문화유산들의 표지판에는 완주 봉림사지 석등과 석탑이라고 표시되어 있어야 함에도 불구하고 군산 발산리 석등, 발산리 석탑이라고만 씌어 있다.

내가 있는 황토현문화연구소를 비롯한 전북 지역의 뜻있는 사람들이 몇 년 동안이나 그 유물들을 원적지나 국립전주박물관으로 옮겨야 한다고 여러 곳에 진정했는데도 이행되지 않고 있다. 문화재청에서는 발굴부터 이루어져야 한다고 늑장을 부리고 있고, 군산시는 국가 보물이 자기 지역에 두 점뿐인데 어떻게 되돌려주겠느냐며 강경한 입장만 표명하고 있다. 더욱 가관인 것은 완주군의 문화재 담당자인데, "우리가 어떻게 보존할 수 있겠는가? 그러다 밤중에 누군가가 트럭에 싣고 가버린다면 누가 책임을 지겠는가? 차라리 그곳에 그대로 두는 것이 낫다"라는 입장만을 고수하고 있다.

봉림사 터의 문화유산들이 가까운 시일 안에 고향으로 되돌아갈 수 있을 것 같지는 않다. 대둔산이나 금산 가는 길에 또는 그윽한 절 화암사 가는 길에 폐사지 봉림사 터에 들러 아름다운 문화유산인 봉림사지 석등과 석탑 그리고 전북대박물관으로 옮겨간 불교 유물들을 만날 수 있다면 얼마나 좋은 답사여행이 될까?

이곳 역시 아름답고 감칠맛나는 지명들이 많은데, 달고개(월령, 사망골)는 구발산 옆에 있는 마을로 지형이 달과 같다고 해서 지어진 이름이고, 거산제居山堤는 새터 서북쪽에 있는 못으로 주위의 산세가 범 같다고 하며 또한 범이 살았다는 곳이다.

나포리羅浦里(나포)는 본래 임피군 북삼면의 지역으로 금강 변이어서 나포라 하였는데, 몇십 년 전만 해도 초겨울날 나포면 소재지 뒤편에 있는 망해산에 그물을 치면 날아가는 기러기들이 수도 없이 걸렸다고 한다.

칠옥재는 수철에서 익산 함라면 신등리 소롱골로 가는 고개이고, 나포나루는 충남 서천군 화양면으로 건너가는 금강(도산천) 변에 있는 나루이다. 배나무코쟁이는 옥동에서 익산 웅포면 웅포리 곰개로 가는 고개이며, 부곡리富谷里는 본래 임피군 하북면의 지역으로서 장자(부자)가 살았으므로 장자멀, 장재멀이라 부르기도 하였다. 갓점(입점)은 죽님 남쪽에 있는 마을로 갓을 만드는 점이 있었으며, 눈물바우는 장재멀 동북쪽에 있는 바위로, 취성산(군산천) 기슭에 있다.

서포리西浦里는 원래 임피군 하북면의 지역으로서 서쪽 갯가라 그렇게 불렀으며, 술해나루는 술해에서 충남 서천군 화양면 지새울로 건너가는 나루터이다.

대야면大野面 광교리光僑里는 원래 임피군 남이면의 지역으로 넓은 다리가 있으므로 너분다리 또는 광교라 하였고, 박애논은 애박논 북쪽에 있는 물문으로 사람들이 목욕을 많이 해서 남부탕이라고도 부른다. 보덕리의 덕봉德峯(역말, 역촌)마을은 보덕리에서 가장 큰 마을로 조선시대에 소안역蘇安驛이 있었던 곳이며, 문월령 고개는 안정에서 산월리 중골로 가는 고개인데, 고개를 내고 산월리의 문을 닫았다고 한다.

안정安定은 초산 남쪽에 있는 마을로 주위가 산으로 둘러싸여 밖에서 보이지 않으므로 피난하는 데 안정지대라 해서 안정이라는 이름을 지었고, 복교리福橋里의 가랑이들은 상리 서쪽에 있는 들로 비가 부안, 변산쪽에서 몰려오다 이곳에 이르러 갈라진다고 한다.

남우南雨(남우정)는 상리 북쪽에 있는 마을로 옛날 과거를 보러 가던 길손이 정자 밑에서 비를 피하고 가면서 남우정이란 한시를 지었다 하며, 새창(신창)은 신촌 동쪽의 만경강 가에 있는 마을도 조선시대에 신창진新滄津이 있었던 곳이다.

소화촌昭和村은 상리 서쪽에 있는 마을로 일제시대에 일인들이 살았던 마을이고, 함열촌咸悅村은 상리 동남쪽에 있는 마을로 익산 함열 사람들이 이곳 강변에서 살기 시작하면서 이루어진 마을이다.

서수면 금암리에 있는 말나루(마포)는 교동 동쪽에 있는 마을로 익산 함라면에서 흘러오는 탑천강(도산천)의 지류에 말나루라는 포구가 있었다 하고, 마룡리의 네거리는 상장곤 동쪽에 있는 네 갈래 길로 강경, 임피, 용기, 관원리로 가는 길이었다.

왈운정曰雯亭(곽운정이, 번데기)은 상장곤 북동쪽에 있는 마을로 조선 시대에 서울서 내려오는 고관을 마중하는 정자가 있었다 하고, 빈대절 터는 홍법 북쪽에 있는 절터로 홍법대사가 거처했던 곳이라고 한다.

수레재(차령, 수내미채)는 홍법에서 나포면 장상리 와촌으로 넘어가는 고개로 그 모양이 수레같이 생겼다고 하며, 성산면 대명리 참새골에서 쇠설로 넘어가는 고개는 수박명당이라고 해서 수박재이고, 성덕리의 달개(월포)는 구렁목에서 충청남도 서천군 화양면 고마리로 건너가는 나루터로 뒷산에서 달뜨는 것이 보인다고 한다.

여방리의 수심修心은 남전 서북쪽에 있는 마을로 산수가 좋아 수양차 오는 사람이 많았다고 한다. 남전藍田은 여방 북서쪽에 있는 마을로 쪽 농사가 잘되어 남색 물감으로 쓰이는 쪽의 생산지이고, 쇠장구리(새장군터)는 간치말 북쪽에 있는 골짜기로 서장군이라는 부자가 살았던 곳이다.

창동倉洞은 창오리에서 으뜸 되는 마을로 옛날에 창고가 있었으며, 임피면 미원리에 있는 바늘골(바늘꼬지)은 서원 서남쪽에 있는 마을로 뒷산이 가는 곳이처럼 생겼다.

임피읍성은 석축인데, 둘레가 약 1,113.3미터이고 높이는 약 2.42미터이며, 안에 14군데의 샘과 5개의 못이 있었다.

이규보가 그의 시에서 "고현은 의연하게 물가에 닿아 있고, 앞에 달리는 붉은 깃발 수풀을 떨치고 돌아가네. 오고갈 제 오직 꾀꼬리만이 아는 것인데, 쇠하고 병든 몸이 어찌 나는 듯한 말을 견딜 건가. 객사에는 버

들 늘어진 새길 닦았고, 인가는 꽃 비치는 사립문 반쯤 닫았네. 참군이
야위어 보기도 민망한데, 사녀들은 무슨 일로 모여 둘러싸나" 하고 묘사
하였던 임피는 언제쯤 그 옛날의 영광을 되찾을 수 있을까.

전북 익산 여산

이 장

삼남대로가 지나는 길목에 있던 검소한 고을

어느 시대이건 유토피아를 꿈꾸지 않았던 때는 없었을 것이다. 모두가 더불어 살고 모두가 차별이 없이 행복하게 사는 세상, 백제의 마지막 도읍지였을지도 모르는 미륵사지가 있는 미륵산 자락을 지나며 미륵의 세상을 떠올려본다. 얼마나 현세가 고달팠으면 이 땅의 민중들은 오로지 『미륵하생경彌勒下生經』에 나오는 미륵의 세상만을 꿈꾸었을까?

오랜 시간이 지난 뒤 이 세상에는 계두성鷄頭城이라는 커다란 도시가 생길 것이다. 동서의 길이는 12유순由旬(1유순은 40리 정도)이고 남북은 7유순인데, 그 나라는 땅이 기름지고 풍족하여 많은 인구와 수준 높은 문명으로 거리가 번성할 것이다. (중략) 또한 그때는 논에 모를 심지 않아도 저절로 쌀이 생겨나오는데, 껍질이 없고 향기로워서 먹은 뒤에 병들어 고생하는 일이 없느니라. 그리고 이른바 진귀한 보물이라고 하던 금, 은이며, 자거, 마노, 진주, 호박이 길바닥에 여기저기 흩어져 있지만 주워가는 사람이 하나도 없느니라. 옛날에 사람들이 이것으로 말미암아 서로 싸우고 죽이며 잡혀가고 옥에 갇히고 무수한 고통이 있었는데, 이제는 부귀가 쓸모없는 돌조각과 같아서 아끼고 탐내는 사람이 없게 되었다 하더라.

2차선이던 길이 변화의 물결 속에 어느새 4차선으로 변하여 전주에서 여산이 지척이다. '쑥대머리 귀신형용'을 나직하게 읊조리자 판소리 『춘향전』의 한가락이 떠오른다. 『춘향전』 중 이도령이 암행어사가 되어 남원으로 내려갈 때 서리와 역졸들에게 "너희들은 예서 떠나 전라도 초입인 여산읍에서 기다려라"라고 명령하였던 여산이 저만치 보인다.

여산礪山의 백제 때 이름은 지량초현只良肖縣이었다. 신라 때 여량礪良으로 고쳐 덕은군德殷郡의 영현으로 삼았다. 1018년(고려 현종 9)에 전주에 붙였고, 1391년(공양왕 3)에 감무監務를 두어 낭산朗山을 겸임하고, 또 공촌公村, 피제皮堤, 권농사勸農使를 겸하였다. 낭산현은 본래 백제 알야산현閼也山縣이었는데, 신라 때 야산野山으로 고쳐 금마군金馬郡의 영현으로 삼았다. 고려 때는 낭산으로 고쳐 전주에 붙였고, 공양왕이 여량 감무에게 이곳까지 겸하게 하였다가 조선시대에 두 현의 이름을 따서 여산현이라 칭하였다.

조선 인조 때 전라도 후영後營이 익산군에서 이곳에 이설되어 임피를 위시하여 전라도 10개 읍을 관할하였다. 1699년(숙종 25) 단종 왕후 송씨의 본관이라고 하여 도호부로 승격시켰다. 1895년(고종 32) 군이 되어 전주부에 속하였다가 1906년에 채운면이 충남 논산군에 속하게 되었고,

1914년 행정구역을 통폐합하는 과정에서 여산은 익산군에 병합되었다.

여산은 전라도와 서울 방면 사이의 삼남대로가 지나던 길목으로 관내에 양재역이 있었고, 병자호란 때는 이곳에 의병청義兵廳이 설치되었다.

『신증동국여지승람』「풍속조」에 "풍속은 검소함을 숭상하고 농사와 누에치기에 힘쓴다"고 기록되어 있으며, 이 군의 진산은 호산壺山이다.

여산군 객관의 동북쪽에는 세심당洗心堂이라는 누각이 있었다. 조선 초기의 문신인 윤향尹向은 "늦은 아침에도 밤비는 완전히 개지 않았는데, 연한 풀 새로 핀 꽃은 한뜰에 가득하구나. 오직 담장 동쪽에 서 있는 몇 그루의 대나무는 영롱하게 지난해의 푸른 빛 변치 않았네"라는 시를 남겼고, 성임成任은 그의 시에서 "서 있는 대나무는 천 그루의 낚싯대요, 꽃은 백 일익 붉은 것일세. 송사가 한가하니 뜰에는 잡초가 우기지고, 시대가 태평하니 고을에는 성이 없다. 멀리 뵈는 나무는 연기 속에 아득한데, 기울어지는 햇빛은 비온 뒤에 더욱 밝구나. 어지럽게 솟은 산 창 칼을 비껴 세운 듯한데, 새 차를 연에 갈아내는도다" 하였다.

성임의 시처럼 송사가 없이 한가했던 여산은 지금도 면 소재지로 한가할 따름인데, 옛 시절 이곳이 군 소재지였다는 것을 증명하듯 여산 동헌만이 남아 있다.

여산농헌은 여산면 당산리에 있는데 정면 5칸, 측면 3칸의 겹처마 단층 팔작지붕의 민도리집으로 전라북도 유형문화재 제93호로 지정되어 있다. 한때 여산 우체국으로 사용하다가 양로원으로 사용했으며 지금은 그대로 보존되어 있다. 진남루와 문루정이라는 정자와 누각이 있었다고 하지만 찾을 길이 없고, 내 동헌터와 양재역터, 연방죽리에 있었던 옥터 등은 그저 지명으로만 남아 있을 뿐이고, 장수가 오줌을 누워 골이 졌다는 시시내골도 왕비가 태어났다는 왕비안골도 그저 이름만 있을 뿐이다.

전라북도 문화재자료 제83호로 지정되었으며 대성전이 있는 여산향교는 1403년(태종 3)에 창건되었는데, 대성전, 명륜당, 동재, 서재, 제기고, 사마재, 양사재, 전사청, 내삼문, 외삼문 등의 건물들이 있으나 예전의 활기는 찾을 길이 없다. 그때와 달라진 점이 있다면 삼남대로가 지나는 길목이라서 조금은 번잡하던 곳이었는데, 지금은 호남고속도로가 천호산 자락을 지나고 여산 휴계소가 있어서 그 맥을 잇고 있다는 것뿐이다.

여산 읍내 서쪽에 있어서 서이면이라고 불린 낭산면 구평리 보안 서쪽에 있는 개좃보는 버들강아지가 많아서 붙여진 이름이고, 낭산리 상랑 동쪽에 있는 떡바위는 미륵재 위에 절이 있었을 때 이 바위에서 떡을

여산동헌 여산동헌 안에는 대원군 때 세운 척화비와 몇 개의 비가 남아 있고, 동헌 앞 빈 터는 천주교인들이 순교한 곳이다.

찧었다는 이야기가 남아 있는 곳이다. 윗낭산 동북쪽에 있는 마당바위 마을에는 넓은 바위가 있어 여기에 곡식을 널었다고 하고, 선인봉 밑에는 을사오적이자 친일파로 알려진 이완용의 묘소가 있다.

삼담리 오미 서쪽에 있는 세거리는 함열, 용안, 익산으로 가는 세 갈래 길이 있었다. 대매 서쪽에 있는 오미마을은 샘이 다섯 개가 있는데 그 물맛이 아주 빼어나다고 하며, 석천리 상석 동남쪽에 있는 방아다리마을은 수원이 좋은 샘이 있어서 이 물로 물레방아를 놓았다고 한다.

석천대 서쪽 사거리에 있는 마을은 십자거리이고, 마산에서 여산면 두여리 진터로 가는 고개가 진터고개이다. 성남리 안성남 서쪽에 있는 대판이마을은 대나무가 울창해서 지어진 이름이고, 미륵산 서쪽에 있는 치미비위는 치마를 두른 깃처럼 보인다고 해서 그렇게 불린나. 용기리 중리 북쪽에 있는 용성산은 산 위에 기준왕 때에 쌓은 성터가 있으며, 이곳에서 용이 승천했다는 이야기가 전해진다.

여산 읍내 북쪽에 있던 망성면 다리목 서쪽에 있는 사거리마을은 강경, 여산, 연무, 낭산으로 가는 네 갈래길이 있다. 신흥 북쪽에 있는 미동米洞마을은 논이 비옥한 곳에 자리 잡고 있어서 쌀이 많이 나기로 유명하다. 지프내 서남쪽에 있는 지장마을은 뒷동산의 모습이 지장보살을 닮았다고 해서 지은 이름이고, 신리 서북쪽에 있는 신용마을은 이곳 강경천 하류에서 용이 올라갔다는 전설이 남아 있다.

여산군 북삼면 지역으로 앞내에 어실을 치고 고기를 잡았으므로 어살 또는 어랑이라 부른 어랑리에 있는 못안댁은 야정 앞에 있는 집으로 앞에 큰 연못과 정자가 있는데, 전에 열녀가 원님에게서 받았다는 맷돌이 정자 앞에 있다.

지금은 논산시 연무읍 황화동으로 변한 황화정皇華亭은 여산군의 북쪽 11리쯤에 있는 정자로, 신구新舊 전라 관찰사들이 교대를 하던 곳이다. 그러나 황화정은 간데 없고, 동래 정씨들이 세웠다는 황화정비마저 그들의 세거지로 옮겨가고 말았다고 한다. 오직 황화슈퍼, 황화 우체국 등의 간판으로만 그 이름이 남아 있을 뿐이다.

이곳 여산면 원수리에는 시조문학의 정수 가람 이병기(1891~1968) 선생의 생가가 있다. 고향의 사숙에서 한학을 공부했던 그는 신학문의 필요성을 깨닫고 1913년 한성사범학교를 졸업한 뒤 교편을 잡으면서 국어 국문학과 국사에 대한 연구를 시작했다. 동시에 시조 연구와 쓰기에 관심을 가졌다. 그후 1942년 조선어학회사건으로 옥고를 치르고 해방 후 전북대, 중앙대, 서울대 등에서 후학을 가르쳤다. 자기 스스로 술복과 제자복, 화초복이 있다고 자랑했던 그는 시조문학을 활짝 꽃 피워냈을 뿐만 아니라 『한중록』과 『춘향전』 등을 발굴하기도 했다. 그의 시비가 전주 다가공원과 여산남초등학교에 세워져 있는데, 그 중 여산남초등학교 교정의 시비에는 우리가 즐겨 부르는 「별」이 새겨져 있다.

바람이 서늘도 하여 뜰 앞에 나섰더니
서산 머리에 하늘은 구름을 벗어나고
산뜻한 초사흘 달이 별과 함께 나오더라.

달은 넘어가고 별만 서로 반짝인다.
저별은 뉘별이며 내별은 또한 어느 게요.
잠자코 호올로 서서 별을 헤어보노라.

새술막 북쪽에 있는 원수리의 삼거리마을(연명)에는 옛날 전라 감사가 순시할 때 명령을 받기 위해 대기하던 곳이 있었다고 하며, 진사 남쪽에 있는 매봉재는 매 사냥을 하던 산이었다고 한다.

이병기 선생의 고향집 뜰의 백일홍나무 아래에서 정면으로 보이는 두 개의 연봉이 천호산이다.

천일사, 문수사, 백운사, 백련암 등으로 가는 팻말들을 지나면 여산 송씨의 제실이 나오고, 소나무 숲 우거진 길을 거치면 문수사에 이르는데 그곳에서부터는 오르막 산길로 한참을 올라가면 백운사에 다다른다. 신라 말 928년(경순왕 2)에 백양선사가 창건했다는 이 절은 본래 법당산 혜정사라 불리다가 백운사라고 개칭되었다.

천호산 자락, 호남 8대 명당 중 하나라고 부르는 곳에 자리 잡은 여산 송씨의 묘에는 여산 송씨의 시조로 고려 때 진사를 지낸 송유익의 묘와 비가 있다.

천호산의 북서쪽에는 사람들에게 알려지기 전 바람굴이라고 불리던 천호동굴이 있다. 1965년에 이곳에 살던 황성호 목사가 발견한 천호동굴은 호남에 하나밖에 없는 석회동굴로 천연기념물 제177호로 지정되어 있다. 그리고 산정에서 태성리 계곡 쪽으로 석성의 흔적이 남아 있는데, 그것은 고려 왕건과 후백제 견훤의 싸움 때에 쌓은 성이라고 전해진다. 그곳에서 발견된 철모를 비롯한 여러 점의 유물들이 부여 박물관에 보관되어 있다.

여산에는 1894년(고종 31) 일어났던 동학의 흔적이 진하게 남아 있다. 삼례기포로 동학군들이 이곳으로 올라오자 여산 부사 김원식이 농학 농민군에 합류하여 김덕명과 함께 총참모가 되었다. 그러나 그의 배반을

여산 송씨 시조묘 호남 8
대 명당중의 한 곳으로 풍수
지리를 공부하는 사람들의
발길이 끊임없이 이어지고
있다.

알아챈 동학의 두령 이유상은 김원식의 목을 베고 말았다.

그 옛날, 여산 부사의 호령이 쩌렁쩌렁하게 울렸을 여산동헌에는 기울어가는 국운을 되살리고자 세웠던 척화비와 여산을 거처간 관리들의 비석 몇 개만 서 있을 뿐이고, 관아가 서 있던 곳은 여산초등학교가 되고 말았다. 모든 것들은 지나가는 것인데도 가끔은 가는 세월에 대해 이러쿵 저러쿵 말도 많지만, 우리가 할 수 있는 것은 만물이 가고 오는 대우주의 섭리를 겸허하게 받아들이고 고개를 끄덕이는 일일 뿐이리라.

전북 익산 용안 _{三章}

비옥한 들이 바다와 잇닿다

조선 중기의 문신 노사신盧思愼은 이곳 용안에 들러 다음과 같은 시를 남겼다.

말을 몰아 유유하게 이 고을에 오니, 발 걷으면 보이는 칼날 같은 산뿐일세. 주인 없어 시름 베기 어려운데, 위에 올라가면 헛되이 바라보는 눈만 차게 하도다.

보이는 것은 산과 강뿐이라서 나그네의 쓸쓸함이 가슴 언저리까지 묻어나는 고장으로 표현된 용안은 전라북도 익산시 용안면 지역에 자리 잡은 조선시대의 현이다.

본래 고려 함열현의 도내산道乃山 은소銀所였는데, 1321년(고려 충숙왕

삼세오충렬사 임진왜란과 정유재란 당시에 왜적의 침략을 막다가 죽어간 오응정과 오씨 집안 3대에 걸친 다섯 사람의 넋을 기리기 위해 세운 사당이다.

용안향교 여느 지역의 향교와 달리 지형에 따라 명륜당과 동재 및 서재가 따로 동떨어져 있다.

8)에 이 고장 사람 백안부개伯顔夫介가 원나라에 있으면서 본국에 공이 있다 하여 지금 이름으로 고쳐 현으로 승격시켰고, 1391년(고려 공양왕 3) 전주의 속현 풍저현豊儲縣을 붙였다. 1409년(태종 9)에 함열현을 합쳐 안열감무를 만들었고, 1413년(태종 13)에 전례에 따라 현감으로 고쳤으며, 1416년(태종 16)에 다시 갈라서 두 개의 현으로 만들었다. 1895년(고종 32)에 군이 되어 전주부에 속하였다가 다음 해에 전라북도에 속하였고, 1914년에 익산군에 병합되었다.

군사적으로는 전라도 전주 진관에 속하였고, 관내의 광두원 봉수는 은진의 강경산 봉수에 연결되었으며, 북쪽 금강변의 금두포金頭浦에는 조선 초기의 조창漕倉인 득성창得成倉이 있었다.

전라북도 익산시 용안면 교동리에 있는 용안향교는 고려 공양왕 3년인 1391년에 창건되었고, 1416년(태종 16)에 현재의 위치로 이건하였는데, 현재 전라북도 문화재자료 제86호로 지정되어 있다.

『신증동국여지승람』「행향음주례조行鄕飮酒禮條」에는 다음과 같이 기록되어 있다.

읍 사람들이 봄가을로 마련하여 고을의 술 마시는 예를 만들었는데, 나이 80~90이 된 이가 한 자리요, 60~70이 된 이가 한 자리요, 50 이하를 한 자리로 만드니, 나이로써 구별하게 한 것이다. 사람을 시켜 서문을 읽고 말하기를, "부모에게 불효하는 자는 쫓아내고 형제끼리 화목하지 않은 자는 쫓아내고 봉우에게 신의가 없는 자는 쫓아내고 조정을 비방하는 자는 쫓아내고 수령을 힐뜯는 자도 쫓아낸다. 첫째로 덕업은 시로 권힐 깃, 둘째로 허물은 시로 바로잡아줄 것, 셋째로 예속을 서로 이룰 것, 넷째로 어려운 일에 서로 구휼할 것이니, 무릇 같은 시골의 사람들은 각각 효성과 우애 및 충성과 신의를 다하여 모두 후한 마음으로 돌아가라" 하니, 다 읽고 모두 재배하고 읍사의 예를 행했다.

임종선任從善이 시에서 이르기를 "비옥한 들이 바다와 잇닿있다" 라고 묘사한 용안현의 경계는 『신증동국여지승람』에 의하면 동으로 여산군礪山郡에 이르기까지 16리, 앞으로 익산군益山郡의 경계에 이르기까지 12리, 서로 함열현咸悅縣 경계에 이르기까지 4리, 북으로 충청도 임천군林川郡의 경계에 이르기까지 10리이며 서울과의 거리는 448리이다.

용동면 대조리에는 수련과에 속하는 여러해살이 풀인 대조리순채大鳥

里蓴菜가 자생하였다고 한다. 순채는 연못 같은 곳에 저절로 자라는 풀로 여름에 한낮이 되면 암자색의 작은 꽃이 피는데, 순채의 어린잎은 식용으로 나물 등을 해먹는다. 『신증동국여지승람』에 함열 「토산조土産條」에 기록되어 있으나, 지금은 대조리에서 사는 사람들마저도 순채를 모르고 있다. 현재 전라북도의 지역 특산물로 순채의 명맥을 잇는 곳은 김제시 청하면 관상리 석동마을이다. 이곳에서 나는 순채는 약 1,800년 전부터 자생했다는데, 다른 지역에서 나는 것보다 연하고 정력 보강 등 강장식품으로 수요가 많으며 일본으로 수출된다.

용안군청이 있어 군내면이라 부르던 용안면 교동리 교동 서쪽에 용안현의 객사터가 남아 있고, 용안현감이 집무를 보던 동헌도 터만 남아 있다. 교동에서 석동리 남문으로 넘어가는 고개가 북문고개이고, 교동 남쪽에 있는 네거리는 비석들이 서 있어서 비석거리라고도 부르는데 함열, 함라, 강경, 성당으로 통하는 네 갈래 길이 나 있다. 교동 서쪽에는 활을 쏘던 사정이 있었으나 그 역시 터만 남아 있고, 교동에도 향교 터만 남아 있다.

금강가의 포구가 있어 이름 붙여진 난포리蘭浦里는 난포 또는 금두포라고도 불렀다. 조선시대에 덕성창이 있어서 이 일대 20여 개 고을의 조세를 받아 운송하던 곳인데, 큰 장이 서던 난포장터가 있었으며 수통보 남쪽에 있는 들을 물문건너라고 불렀다.

덕룡리의 용난골은 연동 서북쪽에 있는 마을로 용이 났다는 곳이고, 동지산리의 동지매 서쪽에 있는 마을인 안대동安大洞은 앞뒤에 산이 있어 아늑하다고 해서 생긴 이름이다. 동지매 서북쪽에 있는 입산은 뒷산 모양이 삿갓을 닮았다고 하며, 법성리의 울산 서쪽에 있는 건지매마을은 옛날에 흉년이 들면 버섯으로 연명하였는데 그 버섯을 말리는 모양이 매우 아름다워서 지어진 이름이라고 한다. 건지매에서 석동리 석동으로 넘어가는 고개가 아리랑고개이고, 건지매 북쪽에 있는 논은 한 섬 지기가 된다고 하여 한섬지기논이다.

석동리 활목에서 중신리 상신으로 넘어가는 고개를 버들고개라고 부르고, 석동 남동쪽에 있는 활목(궁항)은 마을이 산등성이를 따라 활처럼 굽었기에 붙여진 이름이다.

옛날 동, 서, 북쪽이 솔밭에 싸여 있어 송산이라고도 부른 송산리 굼수논 동쪽에 있는 대구논은 대구 한 마리와 맞바꾸었다는 논이고, 곰골 동북쪽에 있는 군수논은 군수가 직접 농사를 지었다는 논이다.

지형이 용의 머리처럼 생겼다 하여 용머리 또는 용두라고 부른 용두리에서 충청남도 부여군 세노면 다근이로 건너가는 나루가 다근이나루이고, 간동 남쪽에 있는 망태봉은 이 산에 올라가서 별을 보기 좋다고 해서 지어진 이름이다.

용두 뒤쪽에 있는 용두산은 그 산의 모양이 용의 머리처럼 생기고, 앞에 금강이 유장하게 흘러가기 때문에 경치가 매우 아름다운 곳이다. 중신리 조기산 남쪽에 있는 도덕산은 예전에 역적들이 이 산에 모여 역적모의를 했나는 곳이고, 질복리의 칠목재는 칠목에서 함열읍 와리 금성구지로 넘어가는 고개이다.

구산리는 들에 있는 산으로 몹시 길기 때문에 구루메 또는 구산이라고 하였고, 용성리는 용재 북쪽이 되므로 용재 또는 당후 및 용성이라고 하였다. 용성 남쪽에 있는 당재는 그 높이가 11.4미터로 용마의 무덤과 신당이 있고, 용재 밑에 있는 말뫼동은 용두에서 용마가 나와 그 주인

장사의 죽음을 슬퍼하며 울다가 죽어서 묻힌 곳이라고 한다.

용안군 이동면 지역이던 화배리花盃里는 마한을 창시한 기준이 이곳에 와서 꽃잔을 가지고 꽃놀이를 하였으므로 화배라고 지었다. 화배 동남쪽에는 국창이 있었다는 창목마을이 있고, 화실 서남쪽에 있는 넓은 들을 정자들이라고 부른다.

강경에서 용안으로 들어가는 길목에 충렬사忠烈祠가 있다. 이곳은 임진왜란과 정유재란 당시에 왜적의 침략을 막다가 죽어간 오응정吳應鼎과 오씨 집안의 3대에 걸친 다섯 사람의 넋을 기리기 위해 세운 사당이다. 오응정과 그의 아들 삼형제 그리고 그의 손자 오방언吳邦彦을 일컬어 '삼세오충三世五忠'이라고 한다.

오응정은 명종 3년인 1548년에 이곳 용안에서 태어났으며 현감을 지낸 하몽下蒙의 아들이다. 1574년(선조 7)인 스물일곱 살에 무과에 급제하고, 1592년(선조 25) 임진왜란이 일어나 선조가 의주로 피난을 갈 때 호종하였으며, 수탄장守灘將으로 평양탈환작전에서 큰 공을 세웠고, 1594년(선조 27)에는 중군이 되어 전공으로 상을 받았다. 1597년(선조 30) 정유재란이 일어났을 때는 순천부사로 있으면서 병마절도사 이복남李福男과 함께 전라도 방면을 유린하는 왜군의 방어에 나섰다. 그해 8월 문안사問安使로서 남원총병부에 파견되었다가 곧 전라도 방어사로 임명되었다. 왜적이 남원에 밀려 들어오자 남원성 싸움에 투입되었는데 1597년(선조 30) 전세가 불리해지자 아들인 오욱, 오등량과 함께 성이 함락된 뒤에 적의 손에 잡히지 못하도록 아군의 화약고에 뛰어들어 화약을 터뜨린 뒤에 전사하고 말았다.

오욱의 동생인 오직吳稷은 병자호란 때 싸우다 전사하였고, 오직의 아들인 조선 중기의 문신 오방언은 아버지의 원수를 갚고자 출전하여 인조와 함께 남한산성으로 들어갔다. 그러나 최명길崔鳴吉의 강화론이 유력하여 강화가 이루어진 뒤 인조가 지금의 서울 송파구 삼전동에서 청나라에 굴욕적으로 항복하자 분을 참지 못한 채, "나라의 원수도 갚지 못하였고, 아버지의 원수조차 갚지 못하였는데 어찌 오랑캐들과 함께 한 나라에 살 수가 있겠는가" 하고는 한강에 몸을 던져 죽고 말았다. 그 소식을 전해들은 그의 부인 정씨도 남편의 관을 껴안고 뒤따라 죽고 말았다.

오씨 집안의 3대에 걸친 수난과 충절을 높이 사서 광해군 때에 충렬사라는 사당을 세우고 나라에서 제사를 지내다가 일제 때 거의 폐허처럼 되었던 것을 새로 단장하였다.

모산은 현의 북쪽 1리에 있으며 진산이다. 칠성산은 현의 서쪽 3리에 있다. 용두산은 현의 북쪽 8리에 있는데 산의 형세가 높고 빨라서 바로 물 깊은 데로 들어간다. 광두원산廣頭院山 봉수는 현의 동쪽 13리에 있는데 서쪽으로 함열현 소방봉所方峯에 응하고, 북쪽으로 충청도 은진현恩津縣 강경산江景山에 응한다.

금두포에 있는 득성창得成倉은 옛날에는 덕성창德城倉이라고 불렀는데, 물길이 막혀서 함열현으로 옮겼다가 1467년(성종 13)에 이 고을로 다시 옮기고 지금 이름으로 고쳤다. 본현 및 전주, 임실任實, 남원, 임피臨陂, 김제金堤, 장수長水, 금구金溝, 운봉雲峯, 익산, 만경萬頃, 여산, 금산, 진산珍山, 태인泰仁, 용안龍安, 옥구沃溝, 진안, 고산, 무주茂朱 등 관가의 전지 부세를 여기서 받아들여 수로로 서울에 이르렀다.

조선 초기의 문신인 권근은 다음과 같은 「기」를 남겼다.

조전은 큰 일이니, 국가의 경비와 공사의 잘살고 못사는 것이 관계된다. 남쪽 지방에서 조전해야 들여오는 것은 오직 전라도만이 가장 멀어서 반드시 바다에 띄운 뒤에야 서울에 도달하는 것인데, 왜란이 일어난 뒤부터는 조세 받아들이는 장소를 바다 입구에서 아니하고 산협의 모든 성에서 하니, 백성들이 조세 바치는 것을 소와 말에 싣고 험하고 어려운 고개를 넘고 눈과 얼음에 쓰러지고 넘어지면서 삼동冬이 다 지나서야 겨우 마친다. 봄이 되어 장차 운반하려면 또 뱃길로 수송하는데, 길이 너무 멀어서 몇 밤을 지내야 도달하므로, 농사일은 하지 못하고 여름이 되어서야 그친다. 겨울에는 얼고 주리며 봄에는 주리고 파리해서, 사람과 가축이 죽어 도로에 잇달았다. 또 그 말이 모자라는 것과 될 때마다 감해지면 반드시 조세를 더 내어 보충하고, 심지어는 남에게 빌려다가 채우게 되니, 백성들의 병 됨이 이보다 더 심할 수 없었다.

도관찰사 노숭盧崇 공은 월을 나눈 뒤부터 민생의 이익과 병통을 모두 연구하고 도모하였는데, 그 운반에 대해서 더욱 관심을 가졌다. 이에 먼 계획을 세워 백성을 이롭게 하려고 바다를 따라 살펴보고 그 적당한 곳을 기억하였는데, 전주의 경계에서는 진포의 용안을 얻었고, 나주의 경계에서는 구포의 영산을 얻으니, 모두 물가에 언덕이 있고 높으면서도 넓었다. 이에 공이 여러 사람들에게 물어서 꾀하기를, "여기 성을 쌓고 조세를 거두면 백성이 실러 오는 일은 한 번에 다 마칠 것이요, 바다로 운반하는 데 이르러서도 성 밑에 배를 대니 져다가 실을 수 있으며, 도적이 오더라도 굳게 지키고 이 성을 울타리로 삼는다면 또한 깊이 들어와서 도둑질할 수 없을 것이니, 백성에게 편리하고 나라에 이익이 되는데 어찌 쌓지 않을 것인가" 하였다. 여러 사람들이 명령을 기꺼이 들었다.

그러나 그처럼 번성했던 창고가 있던 금두포는 이제 흔적도 없이 사라지고, 강폭 가득히 흘러가는 금강의 물살만 빛나고 있다.

정곤鄭坤의 시에 "땅 비옥하니 논의 벼에는 학이 숨겨지고, 강이 가까우니 시장에는 고기가 많다" 하였고, 서거정은 그의 시에서 "현 큰 것은 말보다 큰데, 손님 많은 것은 구름같이 많구나. 서늘한 바람 맞기 위해 북창 열었고, 모자 젖혀 쓰고 남쪽 바람 쏘인다. 먼 바위 틈은 까마귀머리처럼 가늘게 보이고, 앞내는 제비 꼬리같이 갈라졌네. 시 읊어도 좋은 말은 없으니, 술에서나 좋은 결과 얻어보리라" 하였다. 어딜 보아도 그들의 시에 묘사된 옛 시절의 용안은 찾을 길이 없고 가끔씩 지나는 자동차들의 경적 소리만 옛 용안 땅을 울릴 뿐이다.

전북 익산 함열

四장

도로와 물길이 발달한 조창漕倉의 고을

사람의 일생에 굴곡이 있는 것처럼 하나의 도시나 마을이 시대에 따라 변천하게 되는 것은 당연한 일이지만 익산 함라면만큼 몰라보게 변모한 곳도 그리 흔치 않을 것이다. 원래 함열군의 군청소재지는 지금의 함라면 함열리에 있었다. 그러나 지금의 함열읍으로 호남선 기찻길이 뚫리면서 함라는 쇠퇴의 길로 접어들었고 익산의 배후도시인 함열이 읍으로 승격되었다.

지금도 함라면 소재지 안쪽으로 들어가다 보면 고색창연한 기와집들을 여러 채 볼 수 있다. 이 집들은 김안균 가옥, 조해영 가옥, 이배원 가옥 등인데, 허물어져가는 담벼락을 바라보노라면 옛날의 번성함이 믿기지 않는다. 함라가 쇠퇴해가는 과정에서 그 집들 역시 덩달아 퇴락해가고 있는지도 모른다.

서천군에서 바라본 곰개 나루 불과 20여 년 전만 해도 고깃배가 드나들던 큰 나루였지만 지금은 다리가 놓이고 금강 하구둑도 생겨 배들이 자취를 감추었다.

함열은 전라북도 익산에 있었던 조선시대의 현으로 본래 백제 감물아현甘勿阿縣이었는데, 당나라가 백제를 멸망시킨 뒤에 노산魯山으로 고쳐 노산주의 영현으로 하였다. 신라 경덕왕 때 지금의 이름으로 고쳐 임피군 영현으로 만들었다. 고려 초년에 전주에 붙였고, 명종 6년에 감무를 두었다. 조선 태종 9년에 용안龍安과 합쳐서 안열安悅현이라 부르다가 뒤에 이를 나누어 각각 현감을 두었다. 1895년에 군이 되었고, 1914년에 일부는 옥구군에, 나머지는 익산군에 병합되었으며, 함라, 함열, 황등, 웅포, 성당의 5개 지역이 관할 구역이었다.

금강 남쪽 호남평야에 자리 잡고 있는 함열은 북쪽으로 임천, 한산, 홍산, 남쪽으로 임피, 김제, 만경 등지와 연결되는 도로가 발달하였다. 조선시대에는 금강 연안에 성당聖堂 조운창漕運倉이 있어 이곳의 세곡을 경창京倉으로 날랐다. 부근의 용산에는 백제 때 산성의 유물이 있었고, 봉화산은 함라면 신대리와 웅포면 웅포리, 입점리 경계에 있는 산(220미터)으로 조선시대에 소방산 봉수가 있어서 서쪽으로 임피의 오성산 봉수에 응하였고, 동쪽으로 용안의 광두원산에 연결되었다.

함열현의 경계는 『세종실록지리지』에 의하면 동으로 익산군 경계에 이르기까지 13리, 서로 충청도 한산군韓山郡 경계에 이르기까지 9리, 남으로 임피현 경계에 이르기까지 10리, 북으로 용안현 경계에 이르기까지 10리, 서울과의 거리는 466리이다.

그 당시 가구수는 288호, 인구 1,384명이고, 군정은 시위군 11명에 진군이 25명, 선군이 326명이었다고 실려 있는데 2006년 초 현재 함라면은 호수가 1,200호에 인구가 3천 명이 된다고 한다.

이곳 함열에 유배를 왔던 허균은 「함열현 객사 대청 중건기」에서 다음과 같은 글을 남겼다.

함열의 고을 됨이 외떨어져 호남의 바닷가에 있다. 땅은 사방이 모두 20리가 못 되고, 백성은 가난하여 저축이 없으며, 또한 큰 산이 없어 편남楩枏과 예장豫章 같은 좋은 재목이 없다. 그러므로 관사가 낮고 좁으며 민가는 대개 띠로써 지었다. 또한 정유년 난리를 겪으면서 왜적이 몹시 잔학하여 노비는 죽거나 도망친 자가 반이 넘고, 논밭은 황폐한 채 버려진 것이 십중팔구이다.

위의 기록으로 보아 그 당시의 생활이 얼마나 피폐했었는지를 미루어 짐작할 수 있다.

전라북도 문화재자료 제85호로 지정되어 있는 함열향교는 1437년에 창건되었는데, 여러 차례의 중건을 거쳐 1831년에 현재의 위치로 이전되었다.

함라면 금성리와 함열리에 걸쳐 있는 함라산은 함라면의 주산으로 산의 서쪽에는 옛날 봉수대의 유지가 남아 있다. 산의 서편에 묵정墨井이 있는데, 『신증동국여지승람』에 의하면 주위가 약 150미터이고, 깊이는 헤아릴 수 없을 만큼 깊어서 주변 모래와 돌이 모두 검게 보여 묵정이라고 한다고 하며, 이 우물에서 가뭄에 비를 기원하면 영험이 있다고 한다. 산정에는 주위가 약 800미터에 달하는 석성지가 남아 있고, 이 산 곰개재를 넘으면 바로 곰개라고 부르는 웅포熊浦에 이른다.

『신증동국여지승람』에 "함라산咸羅山은 현의 서쪽 2리에 있는데 진산이다. 소방봉所方峰은 현의 서쪽 3리에 있다. 용산龍山은 현의 동쪽 5리에 있다"고 기록되어 있고 "남당진南堂津은 현의 북쪽 18리에 있다"고

함열향교 1437년에 창건된 함열향교는 전라북도 문화재자료 제85호로 지정되어 있다.

승림사 보광전 임진왜란 때 화재를 입었으나 1923년 보광전을 중수하고 나한전과 영원전 등을 다시 지어 새로운 면모를 갖췄다.

하였는데 함열면 남당리와 흘산리 경계에 있는 남당산은 예로부터 명당자리가 있다고 알려져 지관들이 많이 찾는 곳이다.

웅포는 현의 서쪽 7리에 있었고, 피포皮浦는 현의 서쪽 10리에 있는데, 곧 공주 웅진의 하류이다. '도깨비 새뚝' 이라고 부르는 함라천은 함라면 서쪽 경계를 이루는 함라산과 봉화산 동쪽 여러 골짜기에서 발원한 물과 황등면 일대에서 발원한 물이 한 줄기로 모이면서 남쪽으로 흘러 함라면 신목리 양산에 이르는 하천으로 여기서 다시 군산 서수면 경계를 거쳐 탑천강으로 들어간다.

함열군 서이면이었던 웅포면 고창리古倉里는 조선 초기에 덕성창德成倉이 있다 하여 붙여진 이름인데, 이곳에서 이 일대 20개 고을의 조세를 받아다가 금두포(성당면 성당리)로 옮겼다 한다. 고창 동쪽 일치봉 중턱에는 성불사라는 절이 있었지만, 폐사된 지 오래이다. 대마에서 한재골로 가는 고개는 흙이 붉은 황토라서 붉은고개라고 부르며, 고창에서 알치봉 남쪽 골짜기를 지나 성당면 두동리 갈선으로 넘어가는 고개를 한재라고 부른다.

근처의 대붕바위의 이름을 딴 대붕암리의 나루새에서 충남 부여군 양화면 임포리 갓개로 건너가는 나루가 갓개나루이고, 칠성산 위에 있는 칠성바위는 바위 일곱 개가 나란히 있어서 생긴 이름이다.

냇가에 소나무가 많아서 송천이라고 이름 지은 송천에서 함라면 함열리 행개골로 넘어가는 고개는 밤나무가 많아서 율재라고 부르고, 숭림사崇林寺에서 성당면 장선리로 넘어가는 고개는 숭림사재라고 한다.

전라북도 익산 웅포면 송천리 함라산 기슭에 자리 잡은 숭림사는 금산사의 밀사로 1345년(고려 충목왕 1)에 창건되었다. 중국의 달마達磨대사가 숭산崇山 소림사小林寺에서 9년간 면벽좌선面壁坐禪한 고사故事를 기리는 뜻에서 절 이름을 숭림사라고 했다는데, 그 뒤 임진왜란 때 보광전만 남고 불타버린 지 10년 뒤에 우화루만을 중건한 채 근근이 이어오다가 1923년에 주지 황성렬의 노력으로 보광전을 중수하고, 나한전과 영원전 등을 다시 지어 면모를 새롭게 하였다.

이른 봄날 벚꽃이 아름납기로 소문난 숭림사를 찾아갔다. 절 마당에 들어서자마자 보이는 건물이 숭림사 보광전이다. 보물 제825호로 지정되어 있는 이 건물은 정면 3칸에 측면 3칸인 다포계팔작지붕으로 1345년에 처음 지어졌고, 1613년과 1682년에 중수하였다. 하지만 『신증동국여지승람』에 실러 있는 용흥시龍興寺는 그 절디가 어디인지 불분명하다.

송천 서북쪽에 있는 진소는 큰마을이라고도 부르는데 옛날에 이 마을에서 참빗을 만들었다 하고, 큰마을 북쪽에 있는 초봉공은 초빈(초분)을 했던 곳이며, 웅포리의 곰개 동북쪽에 있는 늘애는 판포 또는 즐애라고 하는데, 곰개에 늘어선 개였다고 하고, 단동골 북쪽에 있는 대리미산은 그 형세가 다리미 같아서 지어진 이름이다.

갓을 만드는 사람이 있으므로 갓점 또는 입점이라고 부른 입점에서 함라면 신등리 입남으로 넘어가는 고개는 산다락골재라고 하고, 제성리 지종池鍾 마을은 조선 선조 때 문장가인 오산五山 차천로車天輅가 살았던 곳이다. 제성에서 부여군 양화면 갓개로 건너가는 나루가 제성나루이고, 지종에서 성당면 성당리 당말로 가는 고개를 물래고개라고 부른다.

함열군의 읍내였던 함라면 금성리 금곡 북쪽에 있는 섬골은 옛날에 배가 닿았던 곳이라 하고, 신대리의 평산골 고개는 어등에서 웅포면 입점리 서방골로 넘어가는 고개이다.

신등리의 숫체는 장점 북동쪽에 있는 마을로 예전에 패랭이를 만들었던 사람들이 살았다는 마을이고, 장등 동쪽 가까이에 있는 진산珍山마을은 개금(개암)나무가 많았다고 한다.

신목리에서 가장 큰 마을인 진목眞木마을은 예전에 참나무가 많이 우거졌다고 하며, 소룡에서 군산 나포면 수천으로 넘어가는 고개를 오리재라고 부른다.

함열군의 읍내였던 함열리 곰개재는 천북에서 웅포면 웅포리 곰개로 넘어가는 고개이고, 행개골은 옛날에 함열향교가 있던 곳이다.

함열읍 다송리의 장샘은 새터 남쪽에 있는 샘으로 샘물이 마를 정도로 많은 쌀을 씻는 부자가 살았다는 곳이고, 제내 북쪽에 있는 와야마을은 옛날에 기와를 굽는 기와 공장이 있었다고 하며, 석매리의 점촌은 그릇을 굽던 점이 있었다고 한다.

흘산리의 도둑놈굴은 흘산리에 있는 바위로 옛날에 도둑놈이 소를 잡아 먹던 곳으로 바위너덜이 마치 굴처럼 생긴 곳이고, 흘산리에 있는 연애바위는 속이 비고 음침해서 연애하기에 좋다고 한다.

함열과 황등 일대는 질 좋은 화강암의 집산지로 이름이 높은데, 특히 황등면 일대는 파기만 하면 나올 정도로 품질 좋은 화강암이 많이 묻혀 있다. 이 화강암은 빛깔이 아주 곱고 단단하며 다른 곳의 화강암보다 철분이 적게 들어 있어서 쉽게 변질되지 않는 장점이 있어 건축재료, 정원의 장식품, 비석이나 조각용으로 널리 쓰이고 있다.

전해오는 말로는 이 지역의 석공예가 발달한 것은 석가탑을 만든 아사달阿斯達 때부터라고 한다. 그러나 황등 석공예가 이름이 나기 시작한 것은 1910년대에 호남선이 개통되어 중국에서 들어온 유씨, 왕씨 두 사람이 이 돌로 조각을 시작하면서부터라고 한다.

황등면 구자리는 지형이 거북처럼 생겼고, 짐떠리는 봉곡 서북쪽에 있는 들로 옛날 피난을 가던 사람이 이곳에서 짐을 떨어뜨린 채 갔다고 해서 생긴 이름이다. 무동 동쪽에 있는 천상배미라는 논은 하늘만 쳐다보는 천수답이라서 생긴 이름이고, 무동 남서쪽에 있는 비단배미는 너무 메말라서 벼가 되지 않기 때문에 지어진 이름이다.

신기리 삼거리는 솔하당 서북쪽에 있는 마을로 길이 세 갈래로 뻗어 있으며, 서북쪽에 있는 불로不老마을은 옛날 이 마을에 신선이 살았다는 전설이 전해온다. 신성리의 궁몰 남쪽에 있는 유방수라는 들은 옛날 유방劉房이 살았다는 얘기가 전해오고, 용산리의 대군정은 황교 동쪽에 있는 들로 예전에 많은 군사가 주둔했던 곳이라 한다.

율촌리는 밤나무 정자가 많아서 붙여진 이름이고, 반율 서북쪽 길옆에 있는 각시샘은 각시들이 목욕을 많이 하며, 땀띠와 피부병에 효험이 뛰어나다고 한다. 밤나무정이 옆에 있는 외무더미는 외로운 무덤이 있기도 하지만 광복 후 이재민들이 들어와 살았다는 마을이고, 중광제 동북쪽에 있는 정착촌은 진동이라고도 부르는데, 한국전쟁 후에 피란민들이 들어와 일군 마을이다. 대나무가 많아서 죽촌리라고 이름 지은 죽촌리 삼박골은 창평 동쪽에 있는 마을로 산삼이 많이 났다고 하며, 죽촌 동쪽에 있는 시계배미라는 논은 이 논의 벼가 잘되어야 다른 논도 잘된다는 속설이 전해오는 논이다.

한편 황등면 용산리의 대동마을을 비롯한 여러 마을에서 1890년대부터 만들기 시작한 찹쌀엿이 황등용산리 찹쌀엿이다. 찹쌀과 엿기름, 후춧가루, 깨, 생강 등을 섞어 만든 황등엿은 이 일대의 물맛이 좋아 맛이 있다고 하는데, 길쭉하게 만든 가락엿과 모양이 밤처럼 생긴 밤엿이 유명하다.

이곳 함열에 있던 성으로는 용산성을 들 수 있는데, 이 성은 돌로 쌓았으며, 둘레가 약 1,092미터에, 높이는 약 3.3미터이며, 성 안에 두 개의 우물과 한 개의 못이 있었다. 세종 경신년에 현을 옮기기 위해 쌓았다는데, 성의 흔적조차 찾을 길이 없다.

『신증동국여지승람』에 "성당창聖堂倉은 북쪽으로 20리, 진포 가에 있다. 세종 10년에 용안 득성창의 수로가 막히니, 피포로 옮겼다가 성종 18년에 나누어 옮겼다. 남원, 운봉, 진산, 금산, 용담, 고산, 익산, 함열 등 8읍의 전세와 대동미를 관장하여 서울까지 조운하였다. 함열 현감이 계량을 감독하고 수납하였다"고 실려 있다. 이 기록에 나오는 성당창은 조선시대에 익산 성당면에 설치되었던 조창漕倉이다.

원래는 용안의 금두포에 위치하여 덕성창으로 불렸는데, 세종 10년인 1428년에 물길이 막히자 함열의 피포皮浦로 옮겼다. 그 뒤 성당창으로 이름을 바꾸어 전주, 용안, 임실, 남원, 임피, 김제, 장수, 금구, 운봉, 익산, 만경, 여산, 금산, 진산, 태인, 옥구, 진안, 고산, 무주, 함열 등 20개 고을의 세곡을 수납하였다.

이때 성당창에는 배 한 척의 적재량이 500~600석인 조선 63척을 보유하고 있었다. 그러나 피포 역시 항구적인 포구가 아니라서 성종 13년인 1482년에 다시 용안으로 옮기고, 덕성창 또는 득성창得成倉이라고 불렀다. 이어서 중종 7년인 1512년에 나주의 영산창이 폐쇄되면서 법성창法聖倉 수세 구역의 일부를 담당하게 되자, 다시 옥구에 있는 군산포로 옮겨 군산창이라고 하고 전라북도 지역에 있던 세곡을 조운하였다. 그 뒤 인조 때에 여산에 나암창羅嚴倉이 따로 설치되이 두 곳에서 전라북도 시역의 세곡을 분담하여 조운하였다.

17세기 중엽부터는 나암창을 다시 함열의 진포로 옮겨 성당창이라 하고, 함열, 진산, 고산, 운봉, 익산, 금산, 용담, 남원 등 8개 고을의 전세와 대동미를 수납·조운하였다. 조선 후기에는 배 한 척의 적재량이 800석에서 1천 석에 이르는 조선 14척이 보유되어 있었고, 19세기에는 2척이 감축되어 12척이 배치되어 있었디. 세곡의 수납과 운송은 군산첨사가 주관하였는데, 운송항로는 금강을 흘러 군산 앞바다에서 북으로 올라가 충청도와 경기도의 해안을 거쳐 한강을 지나 서울의 서강에 이르렀다. 그러나 시금 성낭상에는 그러한 일이 언제 있었느냐는 듯 아무런 자취도 남아 있지 않고 강물만 유유히 흐르고 있을 뿐이다.

전북 정읍 고부

五장

동학혁명의 진원지가 된 풍요와 태평세월의 고장

한때 고부는 전라도에서 전주 다음의 큰 고을로 서울에 사는 당상관의 자제들이 벼슬살이를 가고자 했던 제일의 고장이었다. 기름진 땅이 넓게 펼쳐진 호남평야의 중심부에 자리 잡은 고부군이 역사의 뒤안길로 사라지고 하나의 면이 된 것은 1914년이었다. 그러나 고부 관아 터는 어느새 사라지고, 객관 서쪽 봉우리에 있었다는 고부읍성의 북루北樓 민락정民樂亭 역시 흔적도 없는데,『신증동국여지승람』「고부현」에는 고려 말의 문신 이곡의 시 한 편이 남아 있다.

님유南游늘 봉상夢想하기 예부터 하다가 등림登臨하니, 만 가지 걱정이 구름처럼 흩어지누나. 수없이 지나는 시내라네. 도솔산 빛 맑아 잡을 만한데, 봉래산蓬萊山의 운기는 멀리 서로 이었네. 시구를 남기고자 읊조리며 고심한다

전봉준의 옛집 아담하고 소박한 초가집으로 사적 제293호로 지정되어 있으며, 전라북도 정읍시 이평면 장내리 조소마을에 있다.

고 나귀 탄 맹호연孟浩然에 비기질랑 마시오.

　거슬러 올라가면 고부는 마한의 땅이었다. 백제 오방성五方城의 하나가 되는 중방고사성中方古沙城이 있던 곳으로 정치·군사의 중심지였다. 그러나 백제가 아름다운 나라 마한을 사냥한다는 핑계로 도성을 습격하여 고부는 백제에 편입되었다. 이어 백제는 고부에 ‘고사부리古沙夫里’라는 성을 쌓았다. 그러나 백제의 운명도 그리 오래가지는 않았다. 형제의 나라인 신라와 당나라 연합군에 패망한 뒤, 고려 때에 이르러 영주라 개칭하고 관찰사를 두었다. 그 고을 터가 정읍에서 고부로 오는 길가의 입석리 부근이다.

　936년(태조 19)에 고부는 영주군瀛州郡으로 고쳐 관찰사를 두었고, 951년(광종 2)에는 안남도호부로 승격시켰다가 1019년(현종 10)에 고부군으로 복귀시켰다. 충렬왕 때에 영광군에 병합되었는데, 얼마 안 되어 다시 복구하고 조선이 건국하면서 그대로 두었다. 조선 세조 때에 진鎭을 설치하고 전주부에 속했으나, 1914년 군면 통폐합 때 부안군, 정읍군, 고창군에 나뉘어 복속되면서 정읍에 딸린 면으로 전락하였다.

　고부는 『신증동국여지승람』에 기록된 바로는 동으로 태인현 경계까지 37리, 남으로 흥덕현興德縣 경계까지 8리, 서로 해안까지 39리, 북으로 부안현扶安縣까지 17리, 서울까지는 596리 거리이다.

　『신증동국여지승람』에 “두승산斗升山은 군의 동쪽 5리에 있다. 일명 도순산都順山이라 부른다. 옛 석성이 있는데, 둘레가 1만 812척이다. 깊은 골짜기를 넘어가며 보니 영주 때의 옛성이 아닌가 한다”라고 실려 있는 호남의 명산 두승산은 정읍의 고부면, 덕천면, 이평면, 영원면, 소성면 등 5개 면에 걸쳐 있고 해발 443미터의 산이다. 옛날에는 고소산, 영주산, 도순산으로 불렸고, 부안의 봉래산蓬萊山, 고창의 방장산方丈山과 함께 영주산瀛洲山이란 이름으로 호남의 삼신산에 들기도 했다.

전설에 의하면 고부 일대가 모두 물에 잠겼을 때, 이 산만 두둥실 떠올랐다고 해서 두등산으로도 불린다고 한다. 암석으로 된 이 산의 줄기는 동남쪽에서 서북쪽으로 완만한 경사를 이루며 길게 뻗어 있고, 동북쪽은 가파르며, 북쪽은 천태산과 이어져 있다. 이 산에는 아홉 개의 봉우리가 있고, 석두石斗와 석승石升이 있어 산의 이름을 석승산斗升山이라 했다고 하는데, 그 석두와 석승은 1883년경 나뭇꾼이 장난으로 훔쳐갔다고 하는데 그 이후로는 종적을 모른다고 한다. 동남쪽의 선인봉은 옛날에 귀인봉으로 불렸는데, 풍수지리설에 의하면 선인봉 아래에 좋은 터가 있다 하어 여러 곳의 사람들이 이사를 와서 살았다고 한다.

두승산은 평지에 돌출한 산으로, 비교적 단조로운 형태라서 울창한 나무숲은 없지만 소나무와 잡목이 어우러져 있다. 산 정상에서 바라보는 전망 또한 매우 인상적이다. 어머니의 산 모악산이 북쪽에 자리 잡고 있으며, 눈을 돌리면 내장산과 입암산 그리고 방장산이 한눈에 들어온다. 서쪽으로 쪽빛 칠산바다가 보이고, 백제 부흥운동의 한이 서린 변산이 지척이다. 모든 신맥들이 용솟음치다가 숨을 가다듬는 그 자리, 이 나라에서 가장 큰 호남평야가 백산평야, 배들평야, 부안평야, 징게만경(김제만경)평야를 아우르며 눈부시게 펼쳐진다.

이 산자락 아래에서 19세기 걸출한 인물들이 태어나고 살다 갔으니, 전봉준全琫準을 비롯한 동학농민혁명의 지도자들과 증산교를 창시한 강일순姜一淳이 그들이다. 그리고 이 산 아래 고부는 조선의 민중들이 봉

두승산 고부 일대가 모두 물에 잠겼을 때 이 산만 두둥실 떠올라 두둥산이라고
불리기도 했다는 두승산은 호남의 명산이다.

건체제의 모순과 제국주의 침탈로부터 나라를 구하고자 동학농민혁명의 서장을 연 곳이기도 하다.

두승산에는 산라 때 의상스님이 창건했다는 유선사가 있다. 유선사는 선운사의 말사로 그 절 뒤에 의상스님이 꽂아 놓은 지팡이가 자란 것이라는 회화나무가 있으며, 유선사 뒤에 있는 바위는 백제의 근초고왕近肖古王과 천웅장배天熊長背가 만나 회견을 나눈 장소라고 한다. 둘레가 1만 820미터에 이르는 영주산성이 두승산을 둘러싸고 있고, 이 산 아래 남북리의 원통암에는 충무공忠武公 이순신李舜臣 장군이 서해바다에 오색 구름이 흐르는 것을 보고 돌부처를 안치했다고 한다.

고부에 벽골제, 황등제와 함께 호남지방의 3대 저수지로 꼽히는 눌제訥堤가 있다. 『신증동국여지승람』에 "눌지訥池는 군의 서쪽에 있는데, 지금은 없애고 논을 만들었다"고 기록되어 있다. 눌제천의 발원지는 옛 흥덕현의 반등산半登山(현재 방장산)으로 군의 서쪽 10리에 와서 눌제천이 되고, 북쪽으로 부안의 동쪽에 와서 모천과 합하여 동진강이 되어 바다로 들어간다.

이곳 고부에 돌을 쌓아 만든 고부읍성이 있었는데, 성의 둘레는 718미터이고, 높이는 4미터로 안에 우물이 세 개 있었다고 한다. 그러나 현재 고부읍성은 흔적도 없고, 학이 많이 깃들었다는 동헌 터 옆의 금학루琴鶴樓도, 우민당 터 동쪽에 있었다는 관덕정觀德亭이나 민락정民樂亭도 이미 사라지고 없다. 오직 이 지역의 선비들이 군자가 되기 위해 공부하며 활을 쏘던 곳으로 지금은 경로당으로 쓰이고 있는 군자정君子亭만이 남아 있을 뿐이다. 군자정은 동학농민혁명을 불러온 고부군수 조병갑이 기생들과 어울려 놀았다는 오명을 쓴 채 그날의 그 모습으로 남아 있는데 그 앞의 영세불망비들은 하나도 성한 데가 없이 두 개, 세 개로 나누어 서 있을 뿐이다. 고부초등학교 바로 옆에 그날의 현장을 지켜본 고부 향교와 은행나무가 묵묵히 서 있을 뿐이다.

고부는 예부터 물산이 풍부해서 살 만한 고장이었는데 다음의 시들에서도 그 사실을 확인할 수 있다.

성임成任은 그의 시에서, "성곽城郭은 창해滄海에 임하고, 처마와 기둥은 벽공碧空에 의지했네. 안목眼目은 천리 밖에 통하고, 마음은 일헌一軒 가운데 활연豁然하구나. 화락하니 태평세월을 만났고, 구가謳歌하느니 풍년을 경하하네. 사방에 우로雨露가 고르니, 이 즐거움을 다 함께 하도다"라고 읊었고, 김종직金宗直은 시를 짓기를 "민락정에 민사民事 적으

니, 우연한 여흥에 술잔이 가득하네. 두강頭綱은 오히려 해변에 있는데, 손은 장차 서울로 갈 때로다. 언덕은 겹겹으로 그림보다 아름다운데, 구름에 덮인 산은 우뚝 솟았으니, 어찌 시詩 없으리요. 난간에 의지하여 황학을 타고 신선 되어 하늘로 날아간 사람을 부러워하고 있는데, 그 누가 회선回仙의 철적鐵笛을 부는가"라고 노래하였다.

그처럼 살기 좋았던 고부가 태평 세월이나 즐거움은 고사하고 패악한 관리인 조병갑을 만나 동학농민혁명의 진원지가 되었으니 성임이나 김종직이 후세의 일을 어찌 짐작이나 했겠는가?

이곳 고부군에는 몇 개의 역이 있었는데, 그 중 영원역瀛原驛은 부안 김제로 가는 길에 있던 역이었다. 그 밖에 서울이나 다른 지방에서 온 관리들의 숙식시설이었던 송덕원, 공유원, 가전원이 있었다.

땅이 기름지고 그래서 다른 지역보다 살기 좋았던 고부가, 전주 다음으로 번창했던 고부가 일개 면소재지로 전락해버린 이유는 무엇일까?

조선 영조 때 소론에 속했던 이인좌가 일으킨 반란에 경상도 안의 사람 정희량이 주동 세력으로 끼어 있었다. 그 벌로 안의 땅의 절반은 거창에, 절반은 함양에 쪼개주고 안의 사람들의 벼슬길을 막았던 적이 있다. 고부 역시 안의와 마찬가지가 아니었을까. 한편에선 철도 이설이 정읍을 통과하면서 정읍이 중심지가 되었고 그런 교통문제 때문에 고부가 면으로 전락할 수밖에 없었다는 주장도 있지만, 분명한 것은 고부가 1914년 행정구역 개편 당시 정읍군 고부면으로 편입되고 만 것이다. 지금 고부에 남아 있는 자취라곤 1403년에 지어져 갑오년에도 있었다는 고부향교와 조병갑이 기생을 끼고 놀았다는 군자정뿐이다.

고부에 조병갑이 군수로 오면서 고부는 변화의 소용돌이에 휘말리게 되는데, 그가 고부에 와서 자행했던 일을 황현黃玹은 『오하기문』에 이렇게 적고 있다.

계사년에 충청우도 일대가 가뭄이 극심하여 세금을 거둘 수조차 없었는데, 고부는 산과 바다가 서로 엇갈리는 지형으로 북쪽은 흉년이 들었지만 남쪽은 그런 대로 추수를 하였다. 병갑은 가뭄에 대한 보고를 받고 각 고을을 순시하면서 북쪽 4개 면의 세금을 탕감해주었다. 그러나 각 고을에는 "가뭄의 재해로 세금을 탕감하지는 않는다"고 말하면서, 북쪽 지방의 세금을 남쪽 지방에다 옮겨 부과하고 실제보다 배나 되게 독촉하여 받아들였다. 그리고 북쪽에는 세금을 다른 지방에 옮겨 부과한 것을 자랑하고 백성들에게 후한 보상을 요구하여, 논 100이랑당 거두어들인 것이 100만이나 되었다. 이것은 실제로 국세의 세 배나 되었다. 또 자기가 관할하는 지역에 집을 짓고 첩을 사서 거기서 살도록 하였다. 그 집을 지을 때 국가의 공사보다 더 심하게 닦달하여 백성들이 견딜 수 없어 약속도 하지 않았는데 수천 명이 모여서 이러한 사정을 호소하고자 하였다. 이렇게 되자 병갑은 급히 전주로 달아났다. 이것이 2월 초순의 일이다.

그 사선이 파문을 일으키자 조병갑은 1893년 11월 30일 익산군수로 전임되었다. 이은용李垠鎔이 고부군수로 발령되었으나 그는 부임하지 않고 있다가 안악군수로 갔고, 계속 신재묵申在默, 이규백李奎白, 하긍일河肯一 등이 고부군수로 발령을 받았지만 여러 가지 이유를 내세워 부임을 기피했다.

이처럼 발령을 받은 고부군수들이 부임하지 않은 까닭은 조대비趙大

妃의 조카이며 이조판서 심상훈沈相薰과 사돈관계에 있는 조병갑이 고부 마을을 떠나지 않으려는 유임 공작을 이면에서 치열하게 벌였기 때문이다. 조병갑 역시 익산군수로 부임하지 않았다.

이때 전라감사 김문현金文鉉이 장계를 올려, "고부 전 군수 조병갑은 포흠이 많아 점차 청산하고 있으며, 때마침 세를 받아들이려는 중인데 타읍으로 옮기게 되면 착오가 생길 우려가 있다"고 했다.

그에 따라 조병갑이 다시 고부군수에 부임했고, 그 과정을 지켜본 농민군들은 감정이 폭발하였다. 그들은 사발통문을 돌려 여러 사람들을 모은 뒤 1894년 1월 10일 드디어 말복장터 아래 집결했다.

농민군에 의해 고부 봉기가 발발하자 정부는 어쩔 수 없이 조병갑을 파면시켰고 다음과 같은 임금의 전교傳敎를 내렸다.

고부에서 민란이 일어난 것은 실로 오랫동안 백성들의 원망이 쌓이고 정치가 제대로 기능하지 못한 까닭이지 그 연유가 일조일석에 일어난 것은 아니다. 이런 사태를 불러온 해당 관리가 직책을 망각하고 일을 그르친 것은 말하지 않아도 알 만하다. 그런데 지난번에 유임을 상신上申한 관리가 끝내 파직을 당하니, 앞뒤의 일이 어찌 이렇게 다를 수 있는가. 전라감사 김문현은 먼저 봉급 삼등을 감하는 조치를 시행하고, 전 군수 조병갑은 난을 불러일으키고 뇌물을 받은 죄를 범하였으니 의정부에서 잡아들여 죄를 다스리도록 하라. 그리고 장흥부사 이용태李容泰를 고부안핵사로 임명하여 그로 하여금 하루빨리 부임하여 엄중히 사실조사를 하여 보고토록 하고, 또 용안현감 박원명朴源明을 고부군수에 임명하니 그로 하여금 난민을 수습토록 하라.

고부군수 조병갑의 흔적이 남아 있던 고부관아는 1926년에 발간된 『조선의 고적보도』에 한 장의 사진으로만 남아 있다. 일제강점기 때 대다수의 관아 건물이 초등학교나 면 소재지로 변했던 것처럼 고부관아도 고부초등학교로 변하고 만 것이다.

고부초등학교 동학농민혁명의 시발점이 된 고부관아가 있던 자리이다.

당시 한양에 떠돌았던 동요 중에 "자식을 낳으면 호남에 가서 벼슬하게 하는 것이 수원이다"라는 노래가 유행했다고 하는데, 그래서인지 조병갑은 /만 냥을 주고 고부군수 직분을 사사시고 왔다고 한다. 동학농민혁명 당시 조병갑의 수탈 내용을 전봉준은 공초에서 이렇게 밝히고 있다.

一. 민보民洑 아래에 필요도 없는 보를 다시 쌓고 과중한 보세를 징수하여 7백여 석을 착복하였고,

一. 농민들에게 5년간 면세를 약속하고 황무지 개간을 허가해주고는 가을에 강제로 세금을 거뒀으며,

一. 부유한 군민들을 잡아들여 불효 불목이니, 음행 잡기니 하는 허무맹랑한 죄명을 씌워서 그들의 재물을 빼앗은 것이 2만 냥에 이르렀으며,

一. 대동미를 쌀로 받는 대신 돈으로 거두고, 그것으로 질이 나쁜 쌀을 사서 상납하고 그 차액을 횡령했으며,

一. 그의 부친이 일찍이 태인군수였음을 내세워, 부친의 비각을 세운다고 강

제로 거둔 돈이 1천 냥이나 되었고,

一. 보를 쌓을 때 산주의 승낙도 없이 수백 년 된 거목을 마구 베어 썼으며 노
   역을 시킨 농민들에게 임금 한 푼 주지 않았다.

전봉준이 동지들과 치솟는 울분으로 결행했던 고부봉기에 대해 한 일
본인은 「견문기록」에서 이렇게 적고 있다.

10일 닭 울기를 기다려 동진강 어귀에 모인 농민군은 모두 다 흰 무명으로 머
리를 두르고 5척 길이의 죽창을 갖고 있었다. 처음 모인 숫자는 500명 정도이
고 수령 이하 모두 도보로 행진했다. 성부城府의 관문을 어렵지 않게 통과하
여 조당朝堂이라 칭하는 군수가 사무를 보는 곳 전면에 나섰다. (조병갑의)
침소로 쳐들어가 내부의 제가諸街를 돌파하여 면밀히 수색하였으나 이미 밤
을 타고 도망하여 찾을 수가 없었다. 먼저 서울로 가는 길을 추적했으나 찾지
못하고 정오쯤에 반대 방향인 정읍을 거쳐 도망친 것을 알았다. 수령(7명 중
우두머리인 전기全基, 출신지는 미상)이 먼저 조당에 들어가 이방 등 기타 중한
악정惡政의 조력자를 소환하고 오지 않는 자는 체포했다. 진영은 정숙하고
호령이 명석하여 깃발만 꽂아놓고 자리나 지키는 다른 군대와는 다르다고
했다. 먼저 악정의 시말을 엄중히 취조하기 위해 매일 구류된 자들을 국문하
였다. 부府의 안팎에 진영을 치고 모두 휘장을 드리우고 밤에는 횃불을 밝혔
으며 양식은 관아의 것에 의존했다. 수세水稅로 거두어놓은 양곡 1,400여 석
을 비롯해 모두를 그들이 사용하게 되었다. 11일, 12일, 13일, 14일에 가맹한
촌락 15개소, 군이 모두 1만여 명, 이 중에서 먼저 장정을 뽑고 노소는 돌려보
내 각 촌에 5명씩을 두어 이를 통솔하였다. 이에 인근 도처에서 동정을 표시

하고 악평을 하는 사람은 하나도 없었다.

　지는 해를 바라보는 사이 어느덧 하늘이 어두워지고 있었다. 두승산도 고부도 점점 우리 일행의 시야에서 멀어져갔다. 우리는 자동차 안에서 서로에게 묻고 또 물었다.
　100여 년 전 그날 농민들의 단호한 결의처럼 우리가 살고 있는 이 시대에도 사발통문은 여전히 유효한 것일까. '불연기연不然期然, 그럴 수도 있고 그렇지 아니할 수도 있다' 고 결론을 내리고 우리 일행은 눈 앞에 깔리는 어둠을 향해 차를 몰았다.

전북 정읍 태인

六장

아픈 역사로 쓸쓸하게 퇴락해가다

세상의 모든 것은 나고 죽는다. 무수한 탄생과 소멸을 통해 역사가 진전되어온 것이라고 볼 때 굳이 사라지는 것을 아쉬워해야 할 이유는 없을 것이다. "가고 싶은 자 가게 하고 오고 싶은 자 오게 하라"라는 정현종 시인의 시 구절처럼 그것에 충실하면 되는데 이미 가버린 것, 사라져버린 것에 대한 연민이 남아 있는 것은 어쩔 수 없는 사람의 심사이리라.

독일의 철학사 니체는 "만물은 가고 오며 존재의 수레바퀴는 영원히 돌아간다"고 하였는데, 가고 오는 세월의 흐름 속에서 번창했다가 흥망성쇠를 겪으며 쇠퇴해간 지역들이 셀 수도 없이 많이 있다. 그러한 역사의 현장을 찾아가면 비애보다 우선하는 것은 늦은 가을날 11월과 같은 쓸쓸함일 것이다. 그렇다면 정읍시의 면面 하나가 된 태인泰仁을 찾아가는 내 마음은 무엇이라고 설명해야 할까?

동진강 전라북도 정읍시 풍방산에서 발원하여 신태인읍을 거쳐 서해로 흘러드는 강으로 태인은 이렇게 유장하게 흐르는 동진강 변에 자리 잡고 있다.

태인은 언제부터 이렇게 쇠퇴하게 되었을까? 한 다방에서 만난 노인의 설명에 따르면 불과 몇십 년 전만 해도 태인이 이 지역의 중심지였는데 호남선열차가 신태인으로 지나가게 되면서 이렇게 되고 말았다고 한다. 그 노인은 1960년대만 해도 태인 인구가 2만여 명쯤 되었지만, 지금은 7,000~8,000명에 불과할 거라고 덧붙였다.

그래도 아직 다방이 여섯 개나 된다는 태인거리를 어슬렁거리며 지나다보니 내 눈에 비친 태인의 모습은 한가롭다 못해 심심할 정도였다.

전라북도 정읍시 태인면으로 되어 있는 태인은 백제 때 대시산군大尸山郡이었다. 신라 때에 이르러 태산군太山郡으로 고쳤으며 바로 근처에 있던 인의현仁義縣을 무성武城으로 고쳐 태산군의 영현領縣으로 만들었다. 고려 때 고부군에 붙였다가 후에 감무監務를 두었고, 1409년(태종 9)에 지금의 이름 태인이 되었으며, 1914년 행정구역을 개편하면서 정읍에 흡수되었다. 그 당시 태인은 감곡, 신태인, 태인, 용동, 산내, 산외, 칠보를 관할하고 있었다.

길은 복잡하지 않았다. 옛 시절 해남에서 서울로 이어지던 삼남대로가 지나던 길이 1번 국도가 되고 그 길을 중심으로 태인의 시가지가 조성되어 있다. 태인초등학교 아래쪽에 태인동헌이 남아 있는데 보수중이었다. 태인동헌은 조선 후기의 팔락지붕 집으로 우리나라에 현존하는 동헌 중에 원형이 잘 보존되어 있는 건물 가운데 하나다. 또한 이곳 태인에는 증산교의 한 종파인 미륵불교총본부가 있다.

『신증동국여지승람』에 실린 정곤鄭坤의 기문記文에는 태인관아에 대한 글이 다음과 같이 기록되어 있다.

태인현은 곧 옛날의 태산 인의의 고을인데, 아조我朝에서 두 고을의 이름을
아울러서 태인이라고 하였다. 읍내는 옛날 태산의 동쪽 구석에 치우쳐 있었
으므로 인의의 백성들이 왕래하는 데 병통으로 여겼다. 병신년 가을 8월, 현
감 황경돈黃敬敦 군이 나와서 두 고을의 중간 지점인 거산역 고관古館을 현의
객사로 삼았으나, 너무 좁고 누추하였다. 무술년 겨울에 오치선吳致善 군이
와서 고관의 지세를 살피고 후청·동서침·낭청·동서행랑을 세우니 모두
수 칸이 되었다.

태인관아를 지나 골목길을 돌아가면 전주로 빠지는 우회도로가 나 있
고, 그곳 하마거리라 불리는 삼거리에 향교가 있다. 현재 태인향교에는
난화정·대성진·명륜당 등의 건물이 남아 있다. 예전에 이곳 하마거리
에선 남녀노소를 불문하고 모두 말에서 내렸다고 한다. 그러나 시금은
말을 대신한 차들이 쉴 새 없이 그 앞을 지나가고 옛날 태인군의 감옥이
있었다는 옥하玉下마을은 저물어가는 석양빛을 받아 고즈넉하기만 하
다. 그 뒤에 병풍처럼 둘러싸인 산이 성황산이다. 성황산은 성황신을 모
신 산이었는데 성황당은 동학농민혁명 당시 불에 타 사라지고 말았다.
　이곳 태성리는 본래 태인군 군내면 지역으로 향교의 대성전을 본떠서
태성리라 부르게 되었다. 태인향교 남쪽에 있는 정자인 만화루萬化樓(전
라북도 문화재자료 제75호)는 조선 영조의 어머니인 최씨나 단종비 정순
황후 송씨가 이곳에서 출생하였기 때문에 건립하였다는 이야기가 남아
있다. 향교 뒤편으로 보이는 성황산 중턱에는 현대의 산물인 산장모텔
이 들어서 있다.
　『신증동국여지승람』의 「산천조」에는 "죽사산竹寺山은 현의 북쪽 2리

에 있는데 진산이다"라고 기록되어 있으나 아무리 태인 사람들에게 물어도 죽사산을 아는 사람이 없다. 증산교의 한 파인 미륵불교총본부 뒤편에 있는 항가산恒伽山(120미터)이 진산일 듯싶지만 언제부터 죽사산이 항가산으로 변했는지도 알 길이 없다.

현의 동쪽 15리에 있다는 상두산과 현의 남쪽 30리에 있다는 운주산雲柱山(540미터)은 감투봉이라고 이름이 바뀐 채 서 있고, 현의 동쪽 30리에 있다는 모악산은 지금도 그 이름으로 남아 있으니 그것으로 위안을 삼아야 할까? 현재 산내면 능곡리와 매죽리에 걸쳐 있는 감투봉은 봉우리가 투구처럼 생겼고, 늘 구름기둥이 높이 솟아 있다고 한다.

태인의 곳곳에는 최치원崔致遠의 자취가 남아 있다. 『신증동국여지승람』에 따르면 "최치원이 스스로 서쪽에서 배워 얻은 바가 많다고 하였다. 고국으로 돌아오게 되어 장차 자기의 뜻을 행하려 하였으나, 쇠락해가는 나라의 정국은 의심과 시기가 많아 세상에 쓰이지 못하고 드디어 외직으로 태산군수가 되었다"고 기록되어 있다. 태산군수가 된 최치원이 풍류를 즐기며 놀았다는 정자가 호남제일정이라는 피향정披香亭이다.

연꽃이 만발하면 향기가 그윽하다는 피향정은 앞에는 피향정, 뒤에는 호남제일정이라는 현판이 붙어 있는데 언제 창건되었는지는 확실하지 않다. 다만 태산군수로 와 있던 최치원이 이 연못가를 거닐며 풍월을 읊었다고 전해져올 뿐이다. 현재의 건물은 고려 현종 때 현감 박승고가 중건한 뒤 두 차례의 중수를 거쳤고 2004년에 다시 보수되었다. 보물 제289호로 지정된 피향정은 정면 5칸에 측면 4칸의 팔작지붕 집으로 4면이 모두 트여 있다. 거기에 기둥이 33개이고 빙 둘러 난간이 쳐져 있는 연등천장으로 꾸며졌으며 합각 밑에 우물반자를 두었다.

『신증동국여지승람』에 "연지는 객관 남쪽에 있다"고 되어 있는데 연지는 지금도 정자 아래쪽에 남아 있다. 원래는 상·하 두 연지가 있었는데 상연지는 민가가 들어서면서 도로로 편입되고 하연지만 남아 있다. 그러나 그것마저도 오염된 물과 온갖 폐휴지로 뒤덮여 쓰레기장을 방불케 했다.

한편 피향정 북쪽에 애련당愛蓮堂이라는 정자가 있었으나 동학농민혁명이 끝난 해인 1885년에 헐리고 앞의 연못은 메워져 시장이 되고 말았다.

일제강점기 이후 한때 태인면사무소로 사용되는 바람에 기둥마다 상처를 입은 피향정에는 수십 개의 공적비들이 서 있다. 그 중 하나가 동학농민혁명의 도화선이 된 만석보를 세운 고부군수 조병갑의 아버지 조규순의 영세불망비이다. 조병갑은 고부군수로 부임하자마자 그의 아버지 조규순이 이곳 태인현감을 지냈던 것을 핑계로 주민들의 혈세를 모아 선정을 베푼 그 공을 영원히 잊지 못하겠노라며 '태인현감조규순영세불망비' 부터 세웠다.

옛말에 호랑이는 죽어서 가죽을 남기고 사람은 죽어서 이름을 남긴다고 했다. 그래서인지 우리나라 어디를 가도 비석들이 많이 서 있고, 이름난 산의 반반한 바위에는 어김없이 누군지 알 수 없는 이름들이 새겨져 있는데, 어떻게 하면 단시일 안에 치부를 할 것인가에만 혈안이 되었던 조병갑이야 오죽했겠는가. 여느 돌과 달리 오석烏石에 새겨진 조규순 영세불망비는 엊그제 세운 것처럼 아주 깨끗했고 그 뒤편에 새겨진 조병갑이라는 이름도 너무나 선명했다. 다만 누가 그랬는지 하단은 부러져 그 아랫부분이 없는 것을 보면 역사에 이름을 남긴다는 것이 얼마나 어려운 일인가를 짐작할 수 있다.

그 비를 세우며 재미를 본 조병갑이 백성들의 물 걱정을 덜어주겠다고 원래 정읍천변에 구보가 있었음에도 정읍천과 태인천이 만나는 동진강에다 만석보를 만든 뒤 물세를 더 걷게 되면서 근현대사의 출발점이 된 동학농민혁명이 일어났다.

태인에서 멀지 않은 칠보면 무성리에는 최치원을 모신 무성서원武城書院이 있다. 1615년(광해군 7)에 창건하여 최치원을 모셨던 태산사와 중종 때 현감을 지낸 신영천申靈川을 모셨던 생사당을 합해서 1696년(숙종 22)에 무성서원으로 사액을 받았다. 무성서원은 신잠, 정극인, 송세림, 정언충, 김관을 배향하였는데 이 서원은 병산서원이나 도산서원 또는

소수서원처럼 잘 짜여진 위세가 보이지는 않는다. 그러나 오래 묵은 은 행나무가 노란 단풍으로 갈아입을 무렵에는 켜켜이 쌓인 역사의 숨결을 느낄 수 있어서 다시 가고 싶은 서원이다. 이 서원은 1868년(고종 5) 전 국의 서원이 철폐될 때도 살아남은 47개 서원 중 한 곳이며 사적 제166 호로 지정되어 있다.

태인 근처 칠보면에는 원백암 남근석을 비롯해 열두 당산이 있고 산 외면에는 중요민속자료 제26호로 지정된 김동수 씨 가옥과 동학농민혁 명의 지도자인 김개남의 옛집이 있다.

한편 태인의 성황산은 우금치 싸움에서 패한 동학군과 관군 사이의 마지막 싸움이 벌어졌던 곳이다. 결국 마지막 싸움에서 진 전봉준은 동

무성서원 최치원을 모신 무성서원은 1615년에 창건 되었으며 대원군이 전국의 서원을 철폐할 때도 살아남 은 47곳 중 한 곳이다.

학군을 해산시키고 입암산 너머 순창의 피노리로 갔고 김개남은 회문산
의 종성리로 피신을 했다.

전봉준은 그곳 쌍치면 피노리에서 부하접주였던 김경천의 고발로 관
군에게 다리가 부러진 채 붙잡혔으며 김개남은 회문산 아래 산내면 종
성리 매부 집으로 몸을 숨겼다. 그 마을에는 김개남의 옛 친구 임병찬이
있었다. 그는 아전 출신으로 그 근방의 부호였다. 임병찬은 아랫마을에
있는 김개남에게 자기가 있는 마을로 올라오라고 한 뒤 전주감영에 신
고했다. 전라감사 이도재는 김개남을 잡기 위해 강화 수비병의 종군이
었던 황헌주黃憲周와 포교들을 보냈다.

김개남이 숨어 있던 집을 포위한 관군이 "어서 나와 포승줄을 받으
라"라고 말하자 김개남은 측간에서 변을 보고 있다가 "올 줄 알았다. 똥
이나 누고 나가겠다" 하며 껄껄 웃었다고 한다.

관군은 그를 잡아갈 때 그가 혹시 도술을 부릴지도 모른다고 여겨 그
의 열 손가락과 열 발가락 끝에 대꼬챙이를 박았다고 한다. 김개남은 전
주로 끌려가 전라도관찰사 이도재의 즉결심판으로 전주 서교장에서 효
수당하여 고난에 찬 생애를 마감했다.

그 처형 상황을 황현은 이렇게 적어놓았다.

적 김개남이 형벌에 복종하여 죽음을 받았다. 심영沁營의 중군 황헌주가 개
남을 포박하여 전주에 도착하자 감사 이도재가 개남을 신문하였다. 개남은
큰소리로 "우리가 한 일은 모두 대원군의 은밀한 지시에 의한 것이다. 지금
일이 실패한 것은 또한 하늘의 뜻일 뿐인데 어찌 국문한다고 야단이냐"고 하
였다. 도재는 마침내 난을 불러오게 될까 두려워 감히 묶어서 서울로 보내지

못하고 즉시 목을 베어 죽이고 배를 갈라 내장을 끄집어냈는데 큰 동이에 가득하여 보통 사람보다 훨씬 크고 많았다. 그에게 원한을 가지고 있던 사람들이 다투어 그 내장을 씹었고, 그의 고기를 나누어 제사를 지냈으며 그의 머리는 상자에 넣어서 대궐로 보냈다.

그곳에서 전봉준과 김개남이 모두 잡히지 않았다면 전봉준은 종성리에서 김개남을 만나 재기의 칼날을 갈았을 것이다. 김개남을 밀고한 임병찬은 훗날 면암 최익현과 더불어 의병활동을 시작하였고 대마도까지 동행한다. 최익현의 순절 후 고향으로 돌아온 그는 그후 다시 체포되었고, 1916년 5월 유배지 거제도에서 단식사하고 만다. 나라를 위하는 마음은 똑같았지만 그 방법은 그렇게 달랐다.

태인현의 영역이었던 정읍시 감곡면 삼평三坪에 있는 삼평평야를 정조 때 전라감사로 이곳에 왔던 이서구李書九가 보고 이 들판이 앞으로 중국의 무릉도원武陵桃源처럼 되리라고 예언했다고 하지만 그 예언이 맞을 것 같지는 않다. 그렇듯 시리고 아픈 사연을 간직한 태인에서 하루를 보내고 우리 일행은 시외버스에 올라 전주로 향했다. 유장하게 흐르는 동진강변에 자리 잡은 태인은 붉은 노을빛으로 물들어가고 어디선가 '새야 새야 파랑새야' 노랫소리가 들리는 듯했다.

전남 순천 낙안 - 낙안읍성이 있는 맛과 멋의 고장

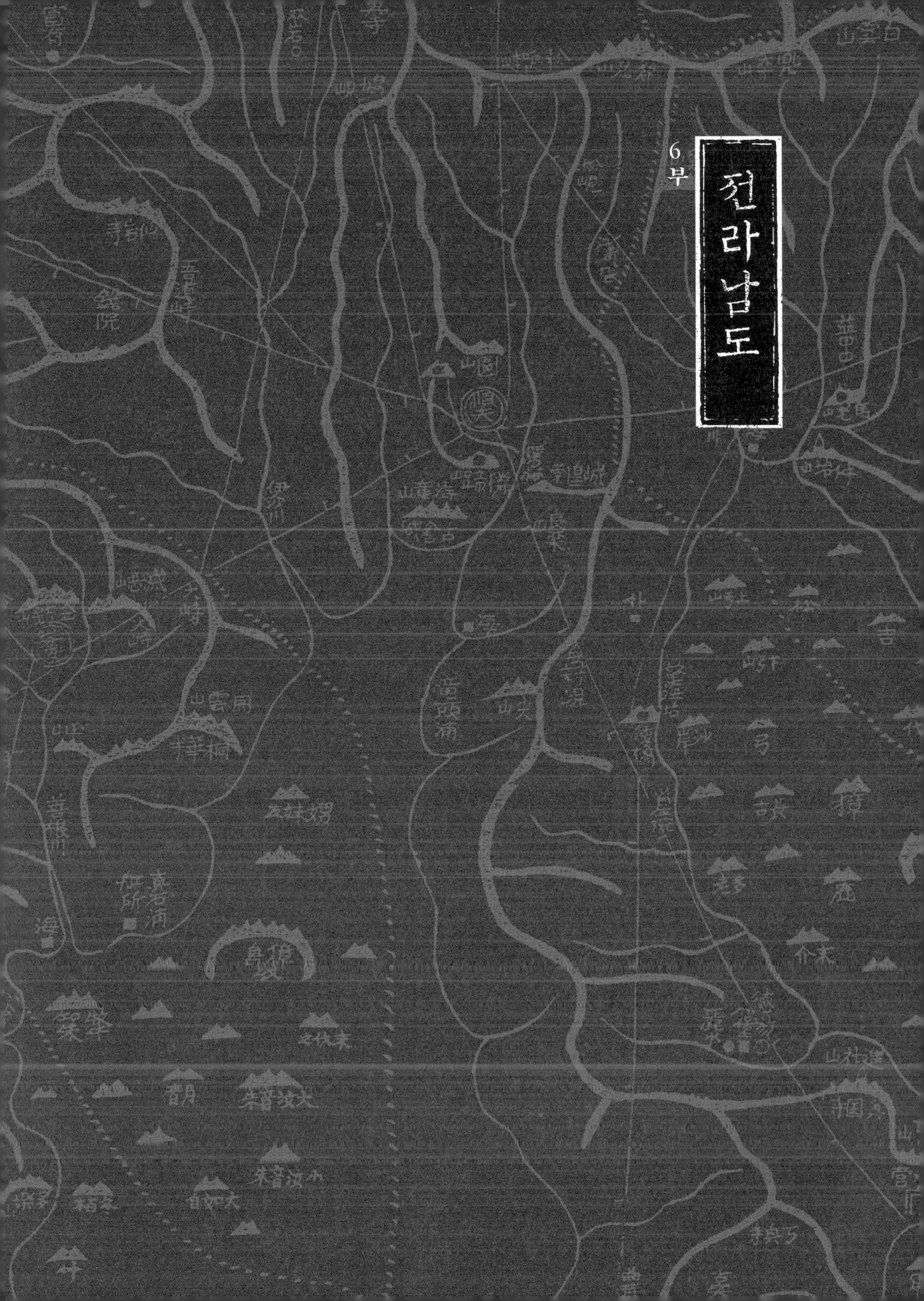
6부
전라남도

樂
安

전남 순천 낙안

一
장

낙안읍성이 있는 맛과 멋의 고장

고려 때의 문장가인 김극기가 낙안 고을을 두고 다음과 같은 글을 지었다.

고을이 오래되어서 기이한 지경 많으니, 강과 산이 사방으로 연했네. 갈매기 가에 깊고 얕은 물이요, 기러기 밖에 길고 짧은 연기로세. 이슬에 풀 푸른 빛이 처음 물들고, 서리 맞은 숲 붉게 불타는 듯, 간 곳마다 석양 경치 볼 만하니, 일찍이 몇 사람이나 이걸 곱게 여겼던가.

전라남도 순천시 낙안면은 조선시대까지만 해도 군이었다. 백제 때의 이름은 분차군分嵯郡(또는 부사夫沙라고도 함)이었고, 신라 때에 고쳐서 분령군分嶺郡을 삼았으며, 고려 때에 지금 이름인 낙안(양악陽岳이라고도

낙안 벌판 마치 한폭의 그림처럼 펼쳐진 금전산 아래 벌판에서는 아무 근심 걱정 없이 오랫동안 살 만한 평온함과 아늑함이 느껴진다.

함)으로 고쳐서 나주에 소속시켰다. 1172년(명종 2)에 감무를 두었다가 뒤에 다시 군으로 삼았는데, 조선시대에 와서도 그대로 두었다가 1515년(중종 10)에 이 고을 사람 중에 친어머니를 죽인 사람이 있어서 현으로 강등시켰다. 그후 1575년(선조 8)에 군으로 다시 승격되었고, 순종 때인 1908년에 군이 폐지되어 순천군에 편입되었다가 1914년 군면 폐합에 따라 순천(승주)군에 편입되었는데, 현재의 보성군 벌교읍筏橋邑과 조정래趙廷來의 대하소설 『태백산맥』에 나오는 외서댁으로 알려진 외서면外西面 그리고 순천시 별량면別良面의 원창리, 죽산리, 송기리와 낙안면이 해당된다.

이 지역에서 흔히 하는 말로 "순천에 가서 인물 자랑하지 말고, 여수에 가서 돈 자랑하지 말고, 벌교에 가서 주먹 자랑하지 말라"라는 말이 있는 벌교읍 벌교리 벌교천에는 돌을 다듬어 무지개처럼 세운 홍교虹橋(무지개다리)가 있다.

이 다리는 1724년(영조 5)에 송광사 스님인 초안楚安과 성습性習, 보제普濟 등이 창건했다는데 일설에는 징광사의 스님이 놓았다고도 한다. 예전에는 이 다리 밑으로 배가 지나 다녔다는데, 지금은 내의 바닥이 높아져서 배가 다니지 못하고 있다.

벌교읍 고읍리에 있는 관청배미는 아랫담안 동남쪽에 있는 논으로 네 마지기쯤이 되는데, 옛날에 낙안군의 관청이 있었다고 하며, 고읍 동남쪽에 있는 등성이는 낙안군의 옥이 있었다고 해서 옥거리라고 부른다. 벌교읍 장암리의 선소창船所倉 터에는 옛날 낙안 고을에서 징수한 세미稅米를 서울로 옮기기 위하여 쌓아두었던 곳집이 있었다.

외서면 도신리의 꽃밭등은 상고 동남쪽에 있는 등성이로 근처에 나비 형국의 명당이 있고 꽃밭등은 꽃 형국이라고 한다.

벌량면 원창리에는 광주선 열차가 지나는 조그만 간이역인 원창역이 있고, 죽산리의 신바생(신바시미) 마을은 월산 남쪽 길가에 있는 마을로 옛날에는 이곳까지 바닷물이 들어와 신발을 벗고 갯물을 건넜다고 한다.

『신증동국여지승람』에 의하면 낙안의 경계는 동쪽은 순천부順天府까지 14리, 북쪽은 같은 부 경계까지 23리, 남쪽은 흥양현興陽縣 경계까지 25리, 서쪽은 보성군寶城郡 경계까지 25리, 서울과의 거리는 898리이다.

낙안하면 제일 먼저 떠오르는 것이 옛성의 모습 그대로 남아있는 낙안읍성일 것이다. 낙안읍성은 낙안면 남내리, 동내리, 서내리에 걸쳐 있는 석성으로 둘레가 1,592척이요, 높이가 8척이며 샘 두 개외 못 두 개가 있다.

고려시대 후기에 왜구가 자주 침입하므로 1397년 이곳 출신인 절제사節制使 김빈길金賓吉이 흙으로 읍성을 쌓았다. 『세종실록지리지』에 의하면, 1424년 9월에 흙으로 쌓은 토성을 다시 석축石築으로 쌓으면서 원래보다 더 넓어졌다고 기록되어 있다. 당시 성 안에는 우물 두 개와 연못 두 개가 있었으며, 성 밖의 해자는 파지 않았다. 성벽은 아래쪽에서부터 커다란 할석割石을 이용하여 쌓아올리면서 틈마다 작은 돌을 쐐기처럼 박았으며, 위쪽으로 갈수록 석재가 작아지는 것을 볼 수 있다. 낙안읍성은 현존하는 조선시대의 읍성들 가운데 가장 완전하게 보존된 성의 하나로, 특히 성 안의 마을에 사람이 살면서도 옛 모습을 그대로 간직하고 있는 아름다운 성이다.

나라 안의 수많은 성들이 마을과 동떨어져 깎아지른 듯한 절벽이나 산기슭에 자리 잡은 것과는 달리 낙안읍성은 마치 마을의 일부처럼 낮은 평지에 자리를 잡았으며, 높이 4미터에 둘레 1,384미터로 긴 네모꼴로 이루어져 있다. 『신증동국여지승람』에 실린 기록으로 보아 1626년에 낙안군수로 부임했던 임경업林慶業이 성을 고쳐 쌓은 것으로 여겨진다.

전설에 의하면, 1626년(인조 4)에 낙안군수로 부임한 임경업이 큰 칼로 낙안을 굽어보고 있는 금전산의 바위들을 내리쳐서 하루 만에 쌓았다고 알려져 있다. 그러한 전설은 임경업 장군이 성을 쌓을 당시의 공적을 고맙게 여긴 백성들이 지어낸 이야기일 것이지만 당시 낙안읍성에 살고 있던 1,000여 명 남짓 되는 백성들이 어디서 이렇듯 수만 개의 돌을 조달해서 성을 쌓았는지는 도무지 이해할 수 없는 부분이다. 그래서인지 이 성에는 임경업 장군과 그 누나의 아름다운 남매애에 얽힌 이야기가 서려 있다.

임경업 장군은 왜구의 침입이 잦자 왜구를 무찌를 방도를 찾느라 고심하고 있었다. 그런 임 장군을 옆에서 지켜보며 어떻게 도와줄까 고민에 빠져 있던 누나는 동생에게는 성곽을 쌓도록 하고 자신은 군사들의 군복을 만들어 누가 먼저 끝내는가 내기를 하자고 제안했다.

그러나 누나가 군복을 다 만들었는데도 동생 임 장군이 성을 다 쌓았다는 소식이 들리지 않자 그녀는 다 지었던 옷고름을 하나하나 풀었다가 다시 달기를 여러 번 반복하였다. 그러던 어느 날 동생이 성을 다 쌓았다는 소식이 전해졌지만 누나는 그 옷고름을 달지 않고 그대로 남겨두었다고 한다. 그것은 동생의 사기를 꺾지 않으려는 지극한 배려였던 것이다.

낙안읍성은 큼직한 자연석으로 쌓아서 돌과 돌 사이에 틈이 나 있지
만 오늘날까지도 끊긴 데가 없이 견고하다. 낙안읍성 안에 1658년에 세
운 대성전, 명륜당과 낙안향교 건물들이 잘 보존된 채 남아 있고, 중요
민속자료 제95호로 지정된 낙안읍성 김대자 가옥을 비롯한 전통가옥 아
홉 채와 수백 년 묵은 나무들이 그늘을 드리운 채 오랜 역사를 증언해주
고 있다.

그러나 낙안읍성의 음식축제와 관광개발로 인하여 민박을 포함한 각
양각색의 상권이 형성되어 옛날의 고즈넉한 풍경은 찾아볼 수 없다. 그
럼에도 고창의 모양성이나 충청도의 해미읍성과 달리 사람의 삶터로 영
위되다 보니 살아 숨쉬는 옛 성으로서 과거와 현재를 이어주는 가교의
역할을 하고 있다.

낙안면 교촌리에는 낙안객사와 낙안향교가 있다. 낙안군의 객사는
1450년(세종 32)에 군수 이인李茵이 세웠다. 이석형李石亨은 기에서 낙안
에 대해 이렇게 기록했다.

낙안은 복잡한 고을이다. 동쪽으로 개운산을 바라보고, 서쪽으로 금오산에
닿았으며, 남쪽으로 큰 바다에 임해 있고, 북쪽으로는 금전산을 웅거하고
있다. 땅은 넓고 백성이 많이 살며 한 지방이 평평하게 뻗쳐 있어 남방의
형승지로는 이곳이 제일이다. 전에 왜적이 침입하여 백성들이 모두 달아나
자 기름진 땅이 쑥대밭이 되었다. 땅을 잃게 되고 왜적의 침입은 더욱 심하
어 장차 회복하기에도 겨를이 없었거늘 어찌 공관이 있을 수 있었겠는가.
그 뒤 얼마 안 되어 비록 그 땅은 도로 찾았으나 백성은 아직도 모여들지
않았다.

낙안읍성 고려시대 후기에 쌓은 석성으로 해미읍성이나 고창읍성과 달리
사람이 살고 있어 그 아름다움이 훨씬 돋보이는 읍성이다.

경오년에 하빈河濱 이인 공이 군에 군수로 왔는데 정사가 잘 다스려지고 송사가 개략해서 100가지 폐했던 것이 모두 일어났다. 그 이듬해에 무리를 모아 묻고 의논하여 옛 제도를 더하고 새롭게 하여 재목을 구하고 기와를 구워 이에 공관을 짓는데 세로 수 칸이고 가로 수 칸이어서 화려하지 않고 누추하지 않아 사신을 접대하고 교령을 시행하며 아전과 백성들이 모이는 것까지 모두 여기에서 할 수 있으니 모든 사람들이 서로 경사롭게 여겼다.

낙안면 서내리는 낙안읍성 안쪽이 되므로 서문안 또는 서내라고 하였는데, 서내리 사장 터 뒤쪽에는 낙안의 동헌과 객사가 나란히 남문을 향해 서 있으며, 활을 쏘던 사장 터와 사형청 터가 남아 있다. 낙안면의 석흥리에 있는 느진재는 신촌 남쪽에서 낙안면 평사리로 가는 밋밋한 고개를 말하고 샛들에 있는 앵기배미는 어느 흉년에 영계 한 마리와 바꾸었다고 해서 생긴 지명이다.

　낙안면 성북리는 낙안읍성 북쪽이 되므로 성뒤 또는 성북이라고 하는데 그곳에 낙안의 진산인 금전산이 있다. 성종 때의 문신인 손순효孫舜孝가 지은 기문에 금전산金錢山에 대해 "큰 멧부리는 북쪽을 진압하고 푸른 바다는 남쪽에 연했다"고 하였는데, 금전산은 낙안읍성을 내려다보고 있는 낙안의 진산이다. 『신증동국여지승람』에는 개운산開雲山, 금화산金華山, 멸악산滅惡山 등의 산과 금전산 서쪽에서 나와서 남쪽으로 흘러 바다로 들어가는 서천西川이 실려 있다. 성의 북쪽에 위치한 금전산金錢山의 옛 이름은 쇠산이었으나 100여 년 전에야 금전산으로 바뀌게 되었다. 한자의 뜻풀이로 보면 금金으로 된 돈산이지만 금강암 스님의 말에 의하면, 금전산은 불가에서 유래한 이름으로 부처의 뛰어난 제자들인 오백비구(혹은 오백나한) 중 금전비구에서 따왔다고 한다.

또한 풍수지리를 공부하는 사람들은 금전산의 산세를 이렇게 해석하기도 한다. "금전산 북쪽의 옥녀봉 동쪽 줄기에 오봉산과 제석산이 있고, 서쪽에는 백마산이 있는데, 전체적으로 놓고 볼 때 이것은 옥녀산발형玉女散髮形으로 풀어 말한다면 옥녀가 장군에게 투구와 떡을 드리려고 화장을 하기 위해 거울 앞에서 머리를 풀어헤친 형상이다." 그러한 말을 뒷받침하듯 평촌리 마을 앞에 있는 평촌 못은 옥녀의 거울에 해당하는 조건을 완벽하게 갖추고 있다. 그래서일까? 예부터 낙안에는 다른 지역보다 미인들이 유난히 많았다고 한다.

『신증동국여지승람』에 "금전산에 금둔사가 있다"는 기록이 있는데, 송광사 사적에 "송광사의 제16국사인 오봉국사가 1395년(태조 4)에 남북의 명산을 두루 살핀 뒤 금둔사에서 하룻밤을 유숙하고 송광사로 떠났다"라는 기록이 남아 있을 뿐 창건 연대와 폐사 연대에 대한 정확한 내용은 찾을 길이 없다. 소문에 의하면, 통일신라 말기 철감선사가 이곳에 머물며 크게 선풍을 떨쳤다고 하며 정유재란 때 폐사되었다는 이야기도 전하고 있다. 최근 중창불사를 할 때 선방 밑에서 1341년(지정 1)이라는 고려시대의 명문이 출토된 것으로 보아 그 이전에 절이 세워졌을 것으로 추측할 뿐이다.

금둔사는 태고종 소속으로 1985년에 선원으로 재건되었다. 골짜기 건너 돌담을 따라 올라가면 삼층석탑 한 기와 비석 형태의 특이한 석불비상 하나를 볼 수 있다. 무너져 나뒹굴던 것을 1979년에 복원하고 보물 제945호로 지정한 삼층석탑은 이중기단 위에 3층의 탑신부를 올린 통일

금둔사지 삼층석탑과 석불비상 전해오는 말에 따르면 금둔사는 통일신라 말기의 고승 철감선사가 주석하여 크게 선풍을 떨친 절이었다고 한다.

신라시대의 탑이다. 높이 4미터의 금둔사지 삼층석탑은 하층단에 우주와 탱주를 모각했고, 상층기단 각 면에는 팔부신중을 두 구씩 뚜렷하게 조각하였다. 각층 몸돌에는 우주를 모각하였고 다른 층과 비교할 때 훨씬 높은 몸돌에는 문비와 구름을 탄 공양신이 조각되어 있으며 상륜부는 남아 있지 않다.

삼층석탑 뒤편에 비석 형태의 석불비상(보물 제946호)이 서 있다. 얼굴이 둥글고 온화하며 코와 입술선이 아름다운 석불비상은 환조에 가깝게 볼록한 몸체에 옷주름은 형식적이지만 입고 있는 법의는 신체가 보일 듯 얇다.

불상의 높이는 2미터이고 9세기 불상으로 추정되며 석불비상의 뒷면에는 코끼리상이 정교하게 조각되어 있다. 코끼리는 석가의 잉태와 탄생에 관련된 동물로 우리나라 불교조각에서는 별로 찾아볼 수 없는 것이다. 이 불상 또한 삼층석탑과 같은 시기에 복원해놓았다.

금둔사에서 산길을 오르다 만나는 절이 금강암이다. 김돈중金敦中은 그의 시에서 금강사에 대해 "우연히 산가 절에 이르니, 향 연기 속에 한 방이 열렸네. 숲이 깊으니 아직 대 잣나무요, 지경 고요하니 티끌과 먼지 끊어졌네. 속인의 귀로 중의 말 듣고 근심어린 창자에 술잔 들어가네. 산뜻하게 이미 맑고 상쾌한데 하물며 밝은 달빛 비쳐옴이랴"라고 노래했다.

금전산을 오르다 보면 금강암의 일주문 역할을 하는 바위굴을 만나게 된다. 들어갈 때는 금강문이고 나갈 때는 해탈문이라는 바위굴을 나서자 아래쪽에 맑고 시원한 샘이 흐르고 있다. 물 한 잔을 마신 후 산성 길과 흡사한 길에 올라서자 금강암이 나타난다. 마치 여염집 같은 금강암은 백제 위덕왕 때에 창건되었다고 한다. 『승주향리지』에 의하면, "538년(위덕왕 30)에 금둔사가 창건되었고 그후 의상대사가 금강암, 문주암 등 30여 개의 암자를 가진 큰 절로 중건했다"고 기록되어 있으나 현재의 금강암은 조계종 송광사에 딸린 자그마한 암자일 뿐이다.

나무그늘 밑에서 잠시 쉰 다음 의상대라고 이름 붙여진 바위 위에 올라섰다. 의상대의 동쪽 맞은편에는 원효대가 있는데 이곳에서는 서대, 동대라고 부른다. 그밖에도 입석대와 참선하는 스님 형상의 참선대, 두꺼비바위, 개바위 등의 기암괴석들이 우뚝우뚝 솟아 있다. 김극기가 그의 시에서 "절은 높고 높은데 서 있으니 어느 해에 경치 골라 지었던가. 깊이 가니 기이한 지경 끝까지 가고 깨끗이 앉았으니 번거로운 마음 씻어지네. 좋은 차[茶]는 눈[雪]을 따라서 삽삽颯颯하게 사람을 스치네"라고 노래했던 것처럼 의상대사가 수도했다는 이곳 의상대에서 바라보는 경관은 형언할 수 없을 만큼 아름답지만 무엇보다 빼어난 것은 눈 아래 펼쳐진 낙안 벌판일 것이다.

고려시대부터 즐거울 낙樂, 편안할 안安자를 써서 낙안군이라 불렸던 낙안은 현재 순천시 낙안면인데 『낙안읍성지』에 기록된 바대로 '낙토민안'이 이곳에서 유래되었다는 말이 맞을 만큼 주변 산들에 에워싸여 오래도록 살 만한 평온함이 느껴지는 벌판이다.

돌계단을 내려와 금둔사의 샘물로 다시 목을 축이고 장독대를 지나서 낙안읍성으로 발길을 옮겨 낙안읍성을 한바퀴 돌다가 낙풍루樂豊樓에 올라서서 낙안읍성과 금전산의 형세를 바라본다. 이렇게 산과 고을이 잘 짜여진 고을이 또 어디에 있을까 하는 감탄이 절로 나온다. 살아 있는 숨결을 느낄 수 있고 길을 가다가 막걸리나 동동주로 목을 축이며 잃

어버린 옛날로 돌아가 볼 수 있는 낙안읍성. 가고 오는 세상의 이치와
같이 이 성도 날이 갈수록 고색창연해져 오가는 사람들에게 그 옛날의
이야기를 바람소리에라도 전해주길 바랄뿐이다.

부록

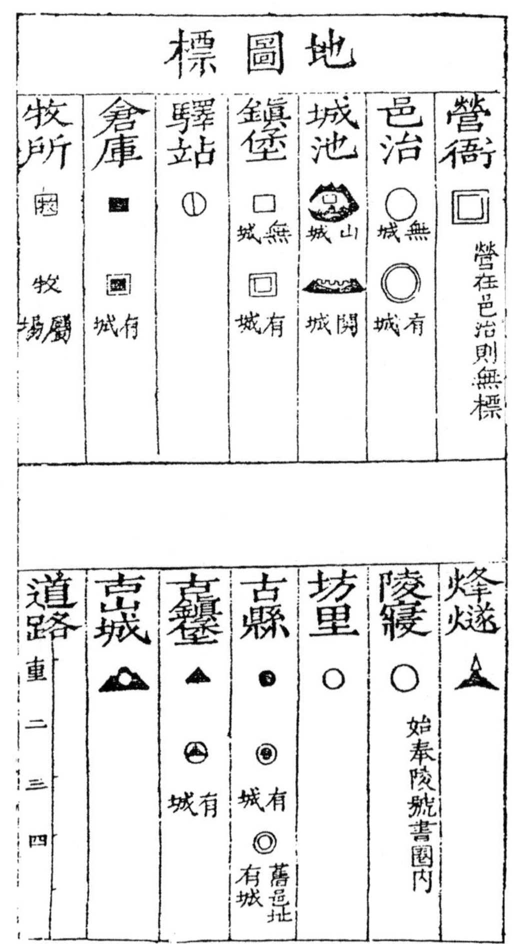

地圖標
營衙
邑治
城池
鎭堡
驛站
倉庫
牧所
營在邑治則無標
烽燧
陵寢
坊里
古縣
壘
古城
道路
始奉陵號書圈內
重 二 三 四

景印大東輿地圖早見表

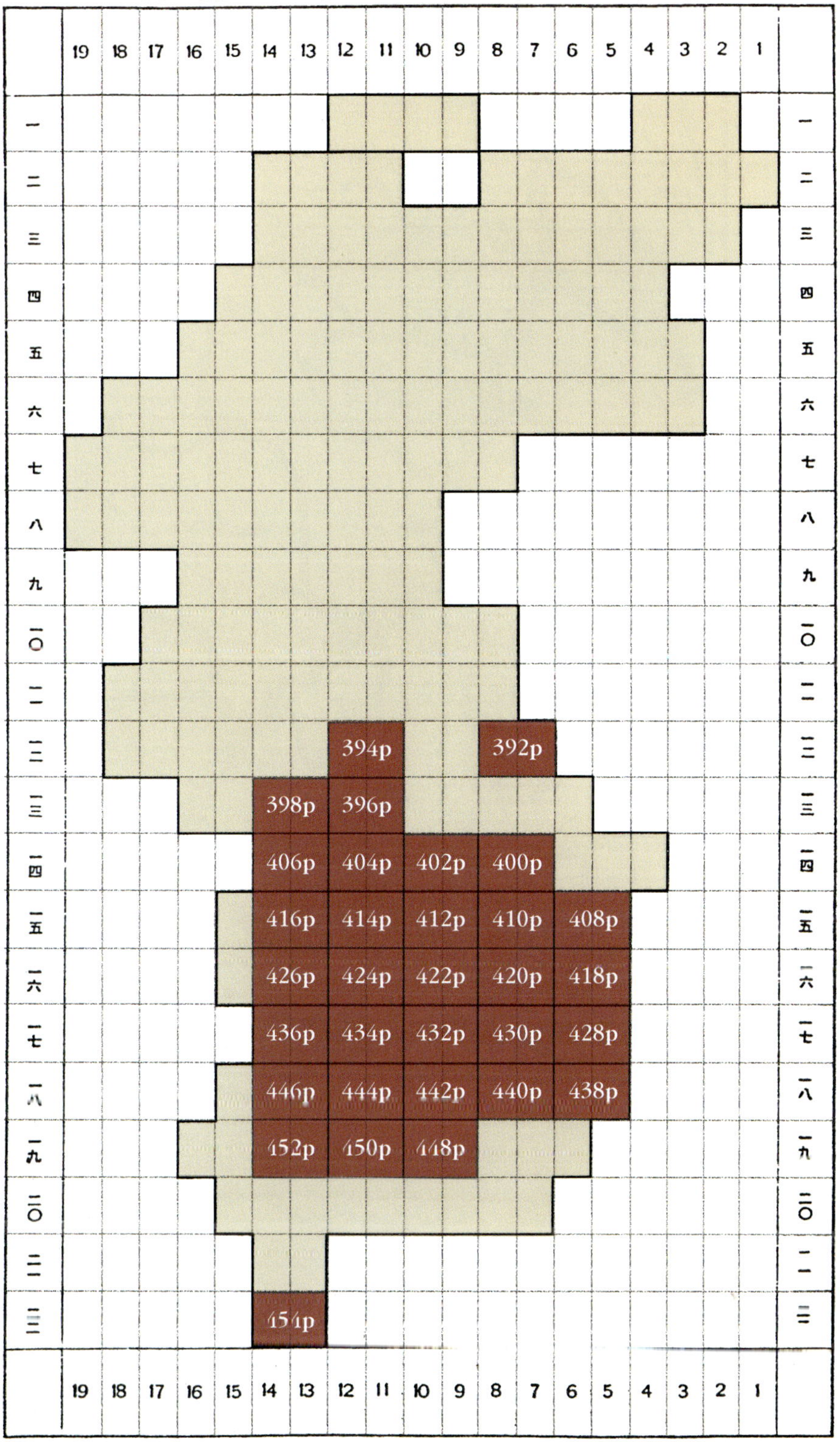

<table>
<tr><th></th><th>19</th><th>18</th><th>17</th><th>16</th><th>15</th><th>14</th><th>13</th><th>12</th><th>11</th><th>10</th><th>9</th><th>8</th><th>7</th><th>6</th><th>5</th><th>4</th><th>3</th><th>2</th><th>1</th><th></th></tr>
<tr><th>一</th><td colspan="19"></td><th>一</th></tr>
<tr><th>二</th><td colspan="19"></td><th>二</th></tr>
<tr><th>三</th><td colspan="19"></td><th>三</th></tr>
<tr><th>四</th><td colspan="19"></td><th>四</th></tr>
<tr><th>五</th><td colspan="19"></td><th>五</th></tr>
<tr><th>六</th><td colspan="19"></td><th>六</th></tr>
<tr><th>七</th><td colspan="19"></td><th>七</th></tr>
<tr><th>八</th><td colspan="19"></td><th>八</th></tr>
<tr><th>九</th><td colspan="19"></td><th>九</th></tr>
<tr><th>一〇</th><td colspan="19"></td><th>一〇</th></tr>
<tr><th>一一</th><td colspan="19"></td><th>一一</th></tr>
<tr><th>一二</th><td></td><td colspan="2"></td><td colspan="2"></td><td colspan="2"></td><td colspan="2">394p</td><td colspan="2"></td><td colspan="2">392p</td><td colspan="2"></td><td colspan="2"></td><td colspan="2"></td><th>一二</th></tr>
<tr><th>一三</th><td></td><td colspan="2"></td><td colspan="2"></td><td colspan="2">398p</td><td colspan="2">396p</td><td colspan="2"></td><td colspan="2"></td><td colspan="2"></td><td colspan="2"></td><td colspan="2"></td><th>一三</th></tr>
<tr><th>一四</th><td></td><td colspan="2"></td><td colspan="2"></td><td colspan="2">406p</td><td colspan="2">404p</td><td colspan="2">402p</td><td colspan="2">400p</td><td colspan="2"></td><td colspan="2"></td><td colspan="2"></td><th>一四</th></tr>
<tr><th>一五</th><td></td><td colspan="2"></td><td colspan="2"></td><td colspan="2">416p</td><td colspan="2">414p</td><td colspan="2">412p</td><td colspan="2">410p</td><td colspan="2">408p</td><td colspan="2"></td><td colspan="2"></td><th>一五</th></tr>
<tr><th>一六</th><td></td><td colspan="2"></td><td colspan="2"></td><td colspan="2">426p</td><td colspan="2">424p</td><td colspan="2">422p</td><td colspan="2">420p</td><td colspan="2">418p</td><td colspan="2"></td><td colspan="2"></td><th>一六</th></tr>
<tr><th>一七</th><td></td><td colspan="2"></td><td colspan="2"></td><td colspan="2">436p</td><td colspan="2">434p</td><td colspan="2">432p</td><td colspan="2">430p</td><td colspan="2">428p</td><td colspan="2"></td><td colspan="2"></td><th>一七</th></tr>
<tr><th>一八</th><td></td><td colspan="2"></td><td colspan="2"></td><td colspan="2">446p</td><td colspan="2">444p</td><td colspan="2">442p</td><td colspan="2">440p</td><td colspan="2">438p</td><td colspan="2"></td><td colspan="2"></td><th>一八</th></tr>
<tr><th>一九</th><td></td><td colspan="2"></td><td colspan="2"></td><td colspan="2">452p</td><td colspan="2">450p</td><td colspan="2">448p</td><td colspan="2"></td><td colspan="2"></td><td colspan="2"></td><td colspan="2"></td><th>一九</th></tr>
<tr><th>二〇</th><td colspan="19"></td><th>二〇</th></tr>
<tr><th>二一</th><td colspan="19"></td><th>二一</th></tr>
<tr><th>二二</th><td colspan="19"></td><th>二二</th></tr>
<tr><th>二三</th><td></td><td colspan="2"></td><td colspan="2"></td><td colspan="2">454p</td><td colspan="2"></td><td colspan="2"></td><td colspan="2"></td><td colspan="2"></td><td colspan="2"></td><td colspan="2"></td><th>二三</th></tr>
<tr><th></th><th>19</th><th>18</th><th>17</th><th>16</th><th>15</th><th>14</th><th>13</th><th>12</th><th>11</th><th>10</th><th>9</th><th>8</th><th>7</th><th>6</th><th>5</th><th>4</th><th>3</th><th>2</th><th>1</th><th></th></tr>
</table>

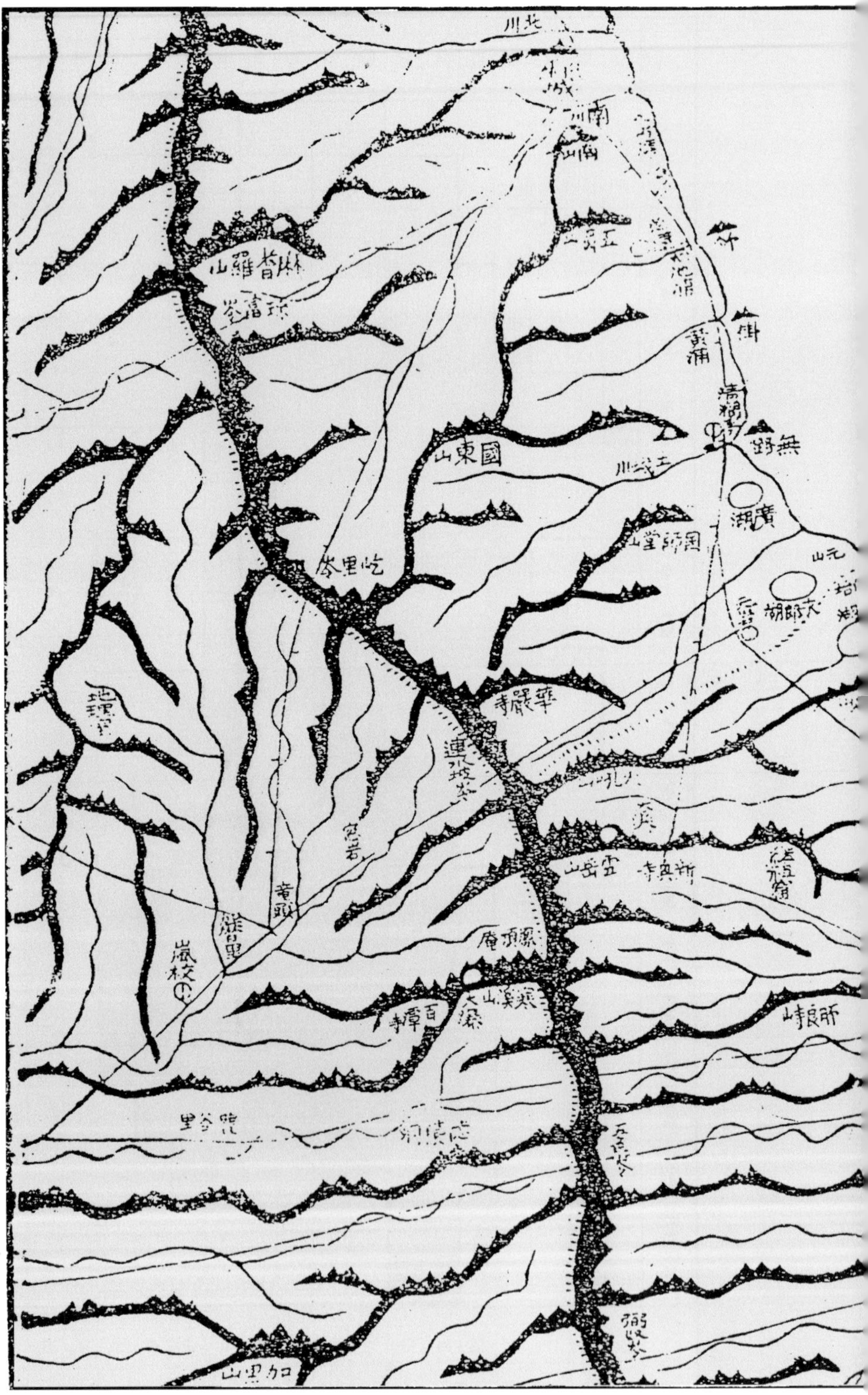

北川
南川
山羅耆林
蒼富峴
山東國
吃里岾
廣湖
華嚴寺
雲岳山
百濟壇
岾嶺

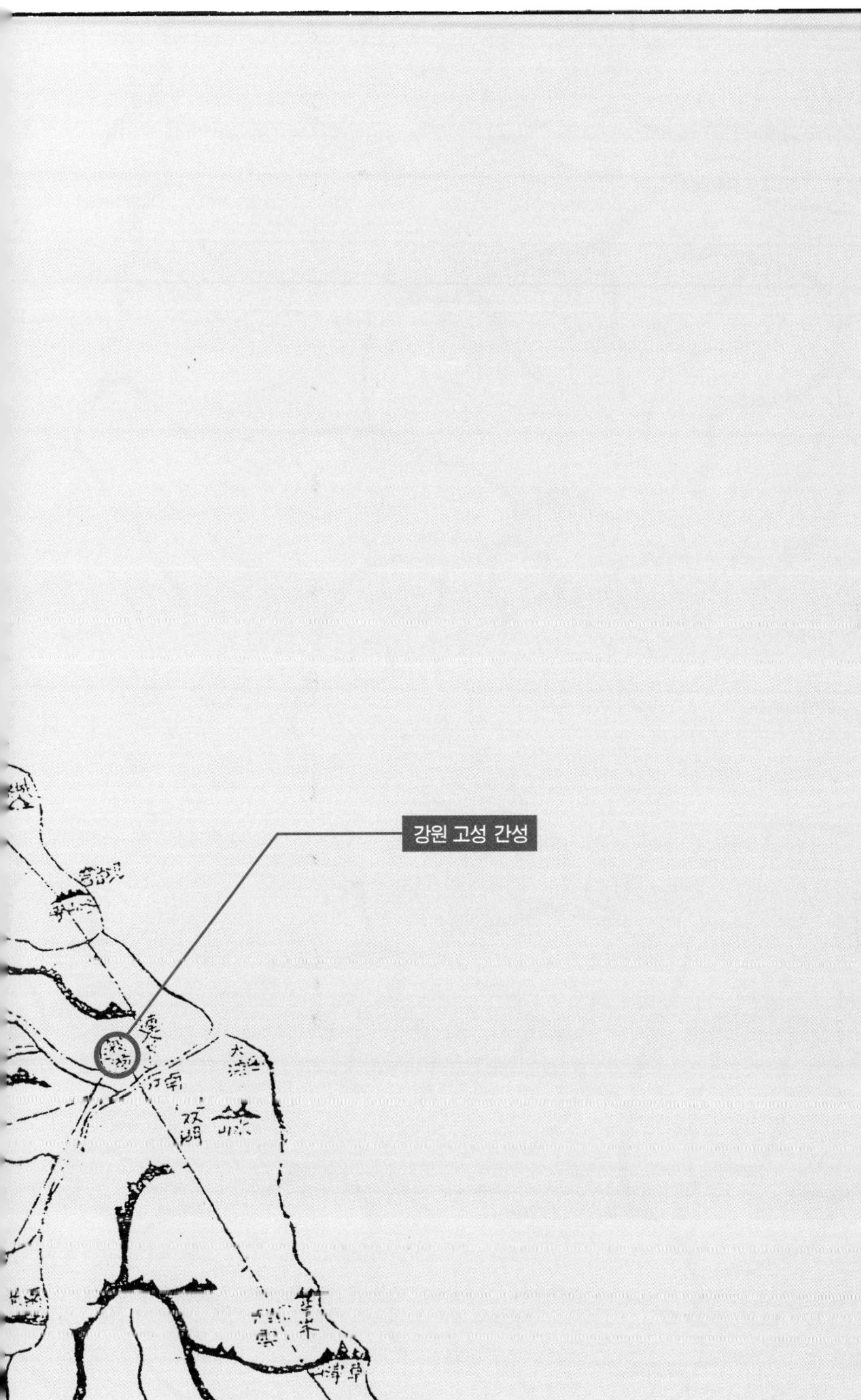

一二一

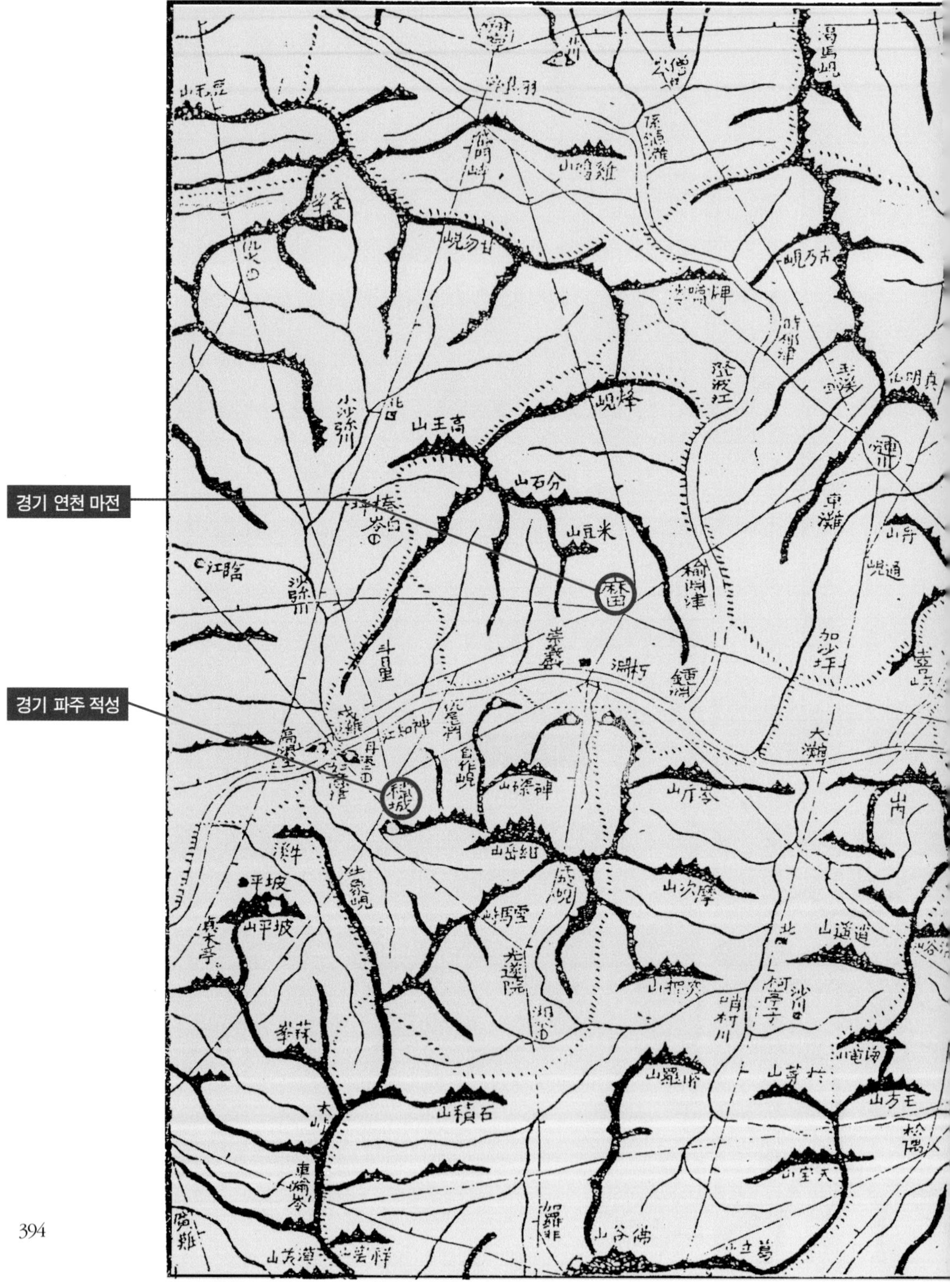
경기 연천 마전
경기 파주 적성

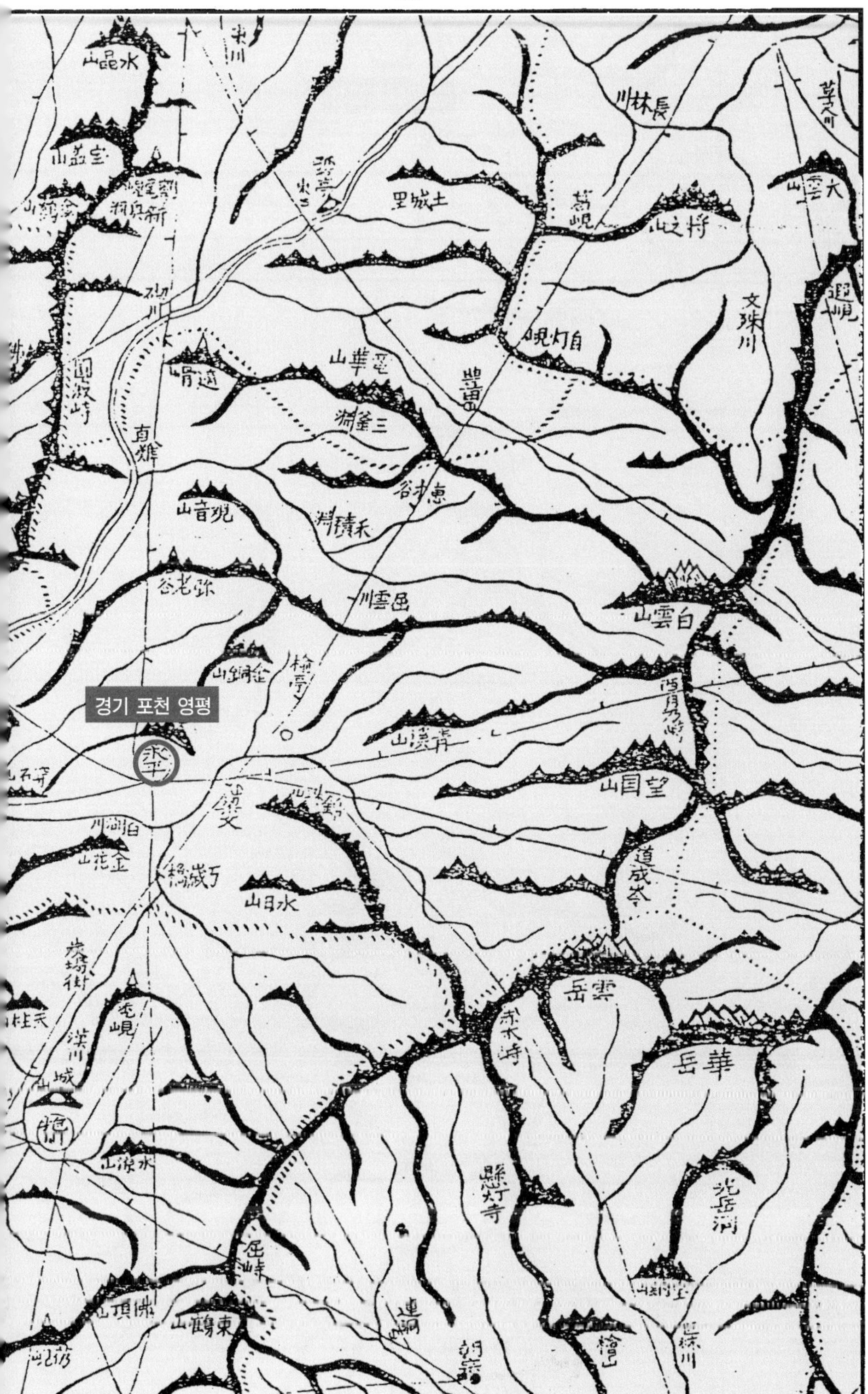
경기 포천 영평
水晶山
峯宝山
長林川
大雲山
新兵營
土城里
葛峴
將之山
文殊川
迴尾岾
自灯峴
道骨
雲華山
豐田
三釜淵
直殍
惠谷
觀音山
禾積潭
白雲山
沼老谷
邑雲川
朝月岾
金嶺山
檜亭
青溪山
望目山
白花川
金花山
道成岾
文嶺
乃城嶺
水目山
楡場街
雲岳
老峴
赤木峙
溪川城山
華岳
佛項山
水溪山
東鶴山
屈峴
連洞
大灯縣寺
檜山
光岳洞

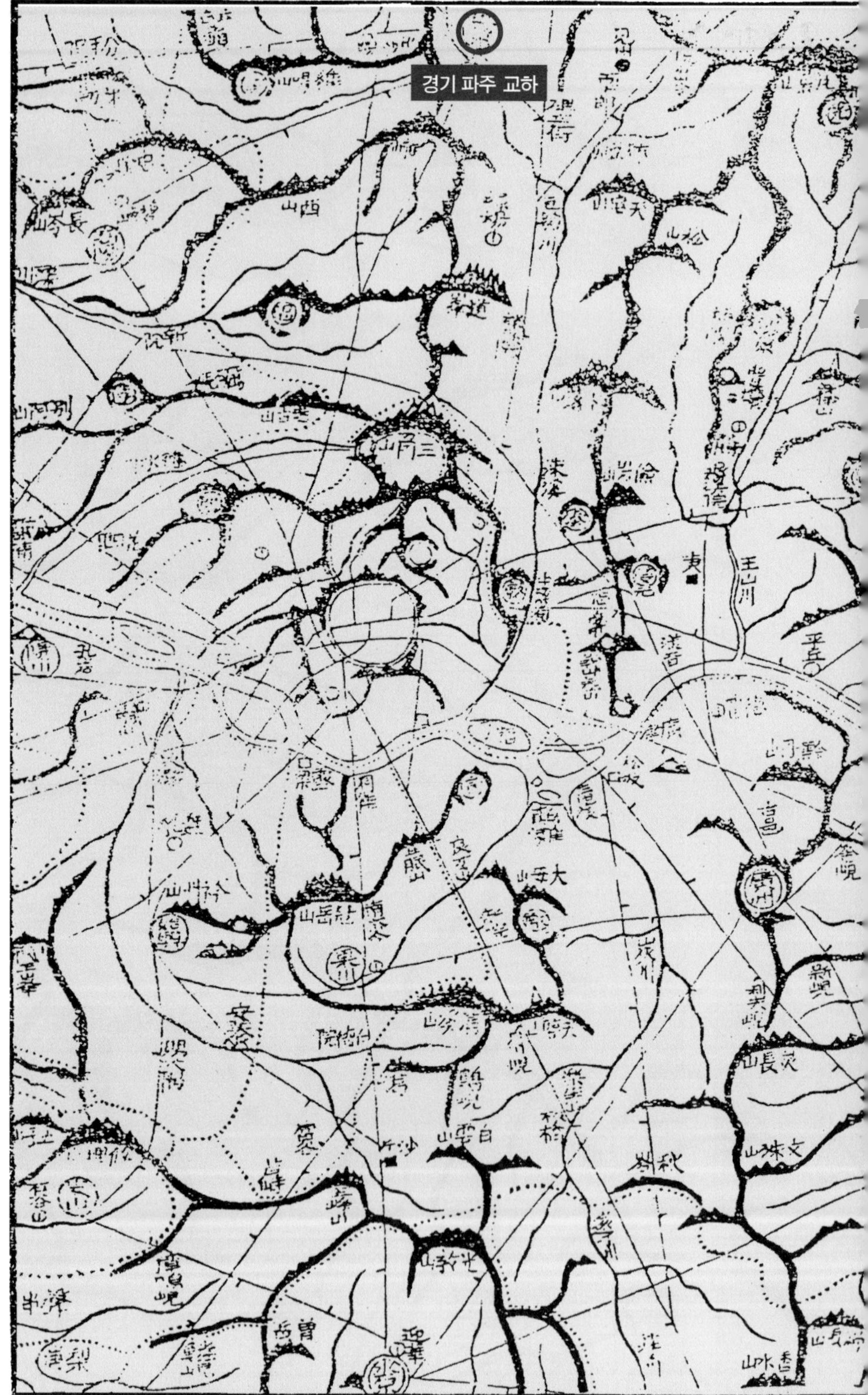
경기 파주 교하

경기 양평 지제(지평)

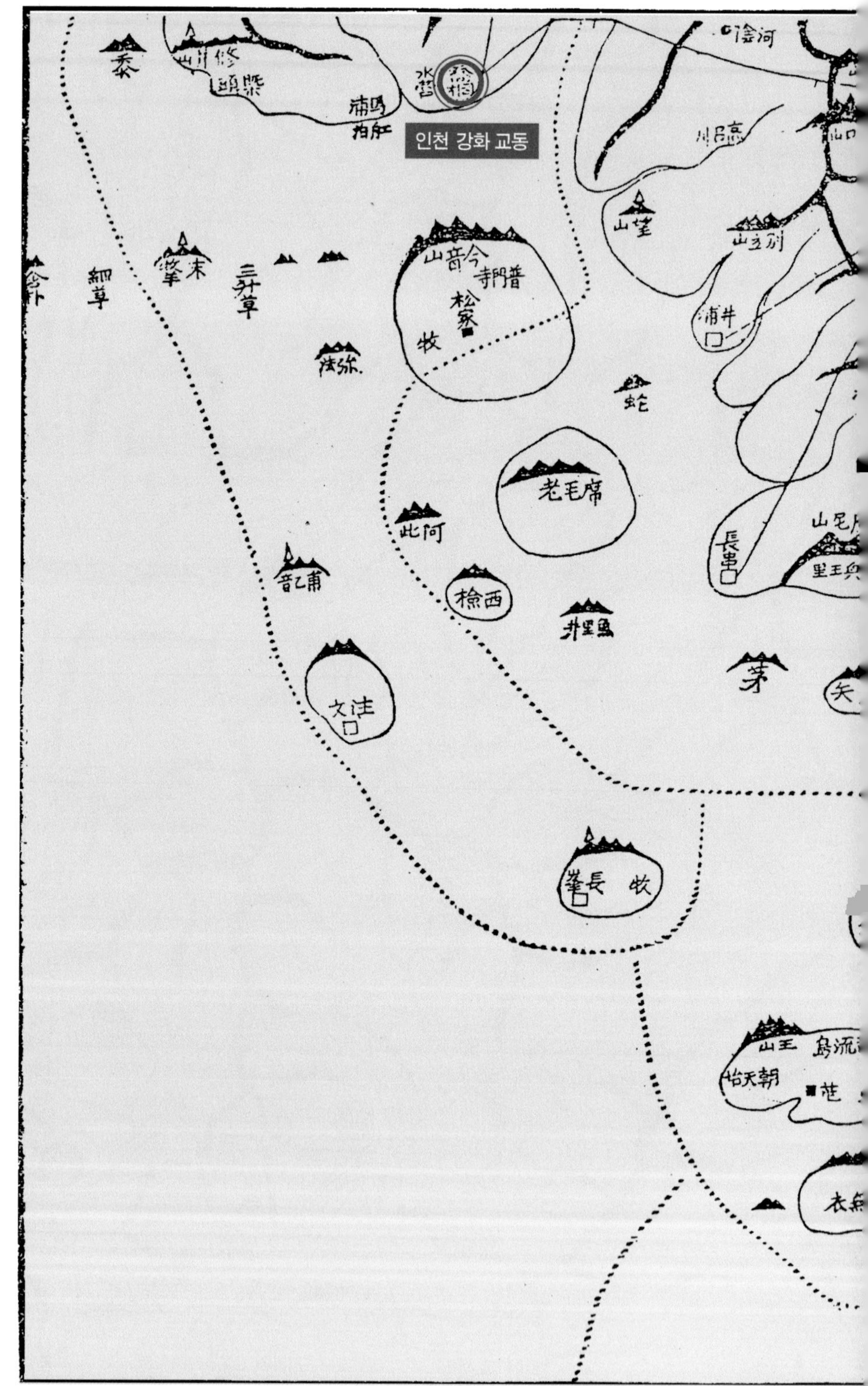

인천 강화 교동
修頭山川
浦鳴肛
水啓
河
嘉呂川
山莖
山立別
三升草
峯末
普門寺
山音今
松家
牧
浦井
弥茂
蛇
老毛席
此阿
山乇
長串
里王與
音乙甫
檢西
井里魚
茅
矢
文洼
峯長牧
山王
怡天朝
島流
芭
衣

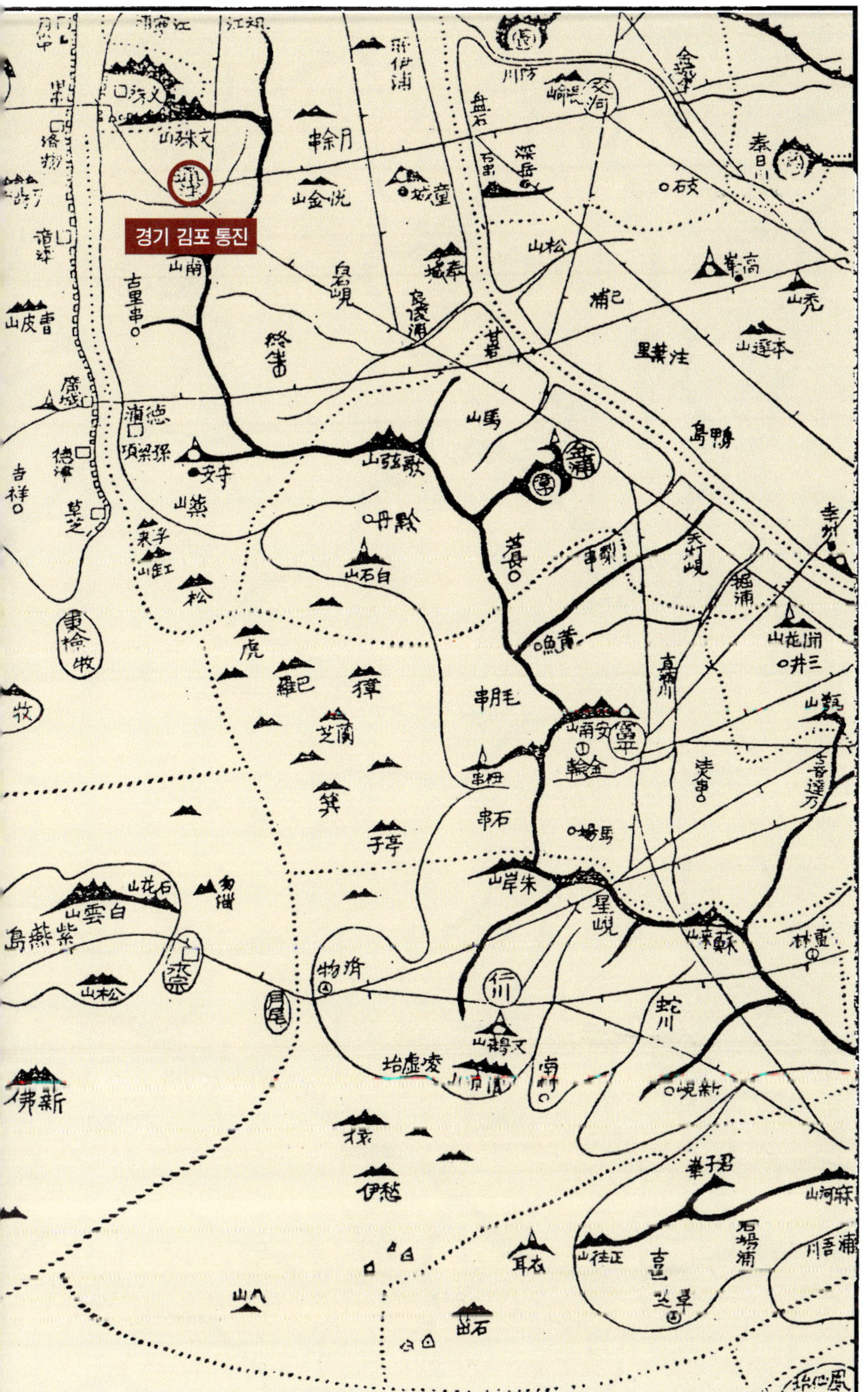
경기 김포 통진

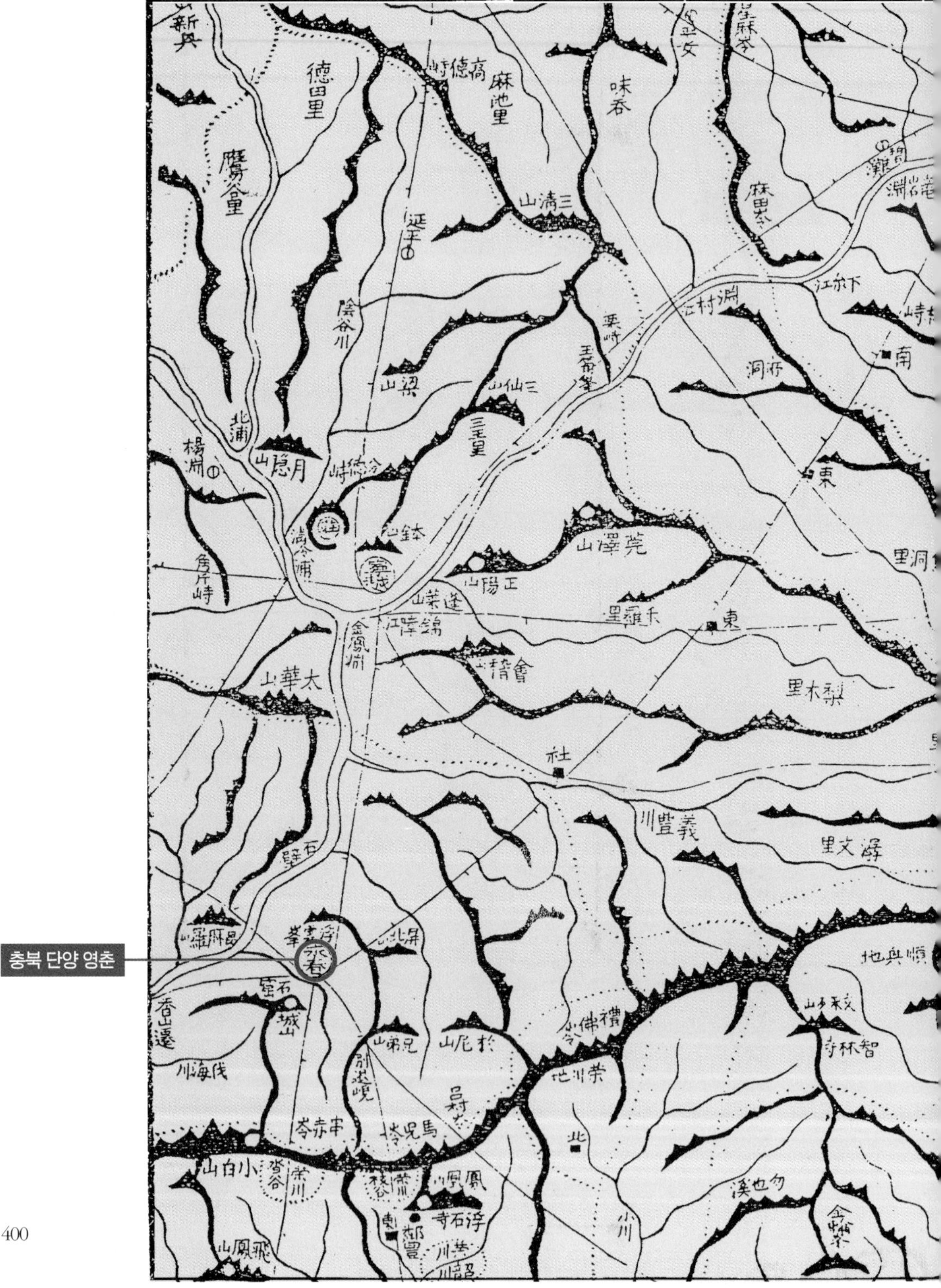
新興
德田里
麿谷里
德峙
高德
麻池里
正女
味呑
麻田
龍岩淵
三淸山
延平里
仁村洞
江永下
南峙
陰谷川
三仙山
粟峙
玉番峯
猪洞
梁山
三毛星
東
北浦
楊淵
月隱山
谷德峙
滄谷浦
洞里
角片峙
鉢山
莞澤山
正陽山
東
逢萊山
里嶺禾
東
太華山
錦陽江
會稽山
梨木里
石壁
社
浮水春
義豈川
浮文里
羅州邑
雲峯
北异
順興地
石城山
遠山杳
伐海川
兒弟山
抒尼山
禮佛
文來山
智杯寺
赤谷
馬兒塔
太哥峯
芙川地
小白山
茶谷
荣川
楡峴
鳳
浮石寺
鄣川
勿也溪
小川
飛鳳山
金幅

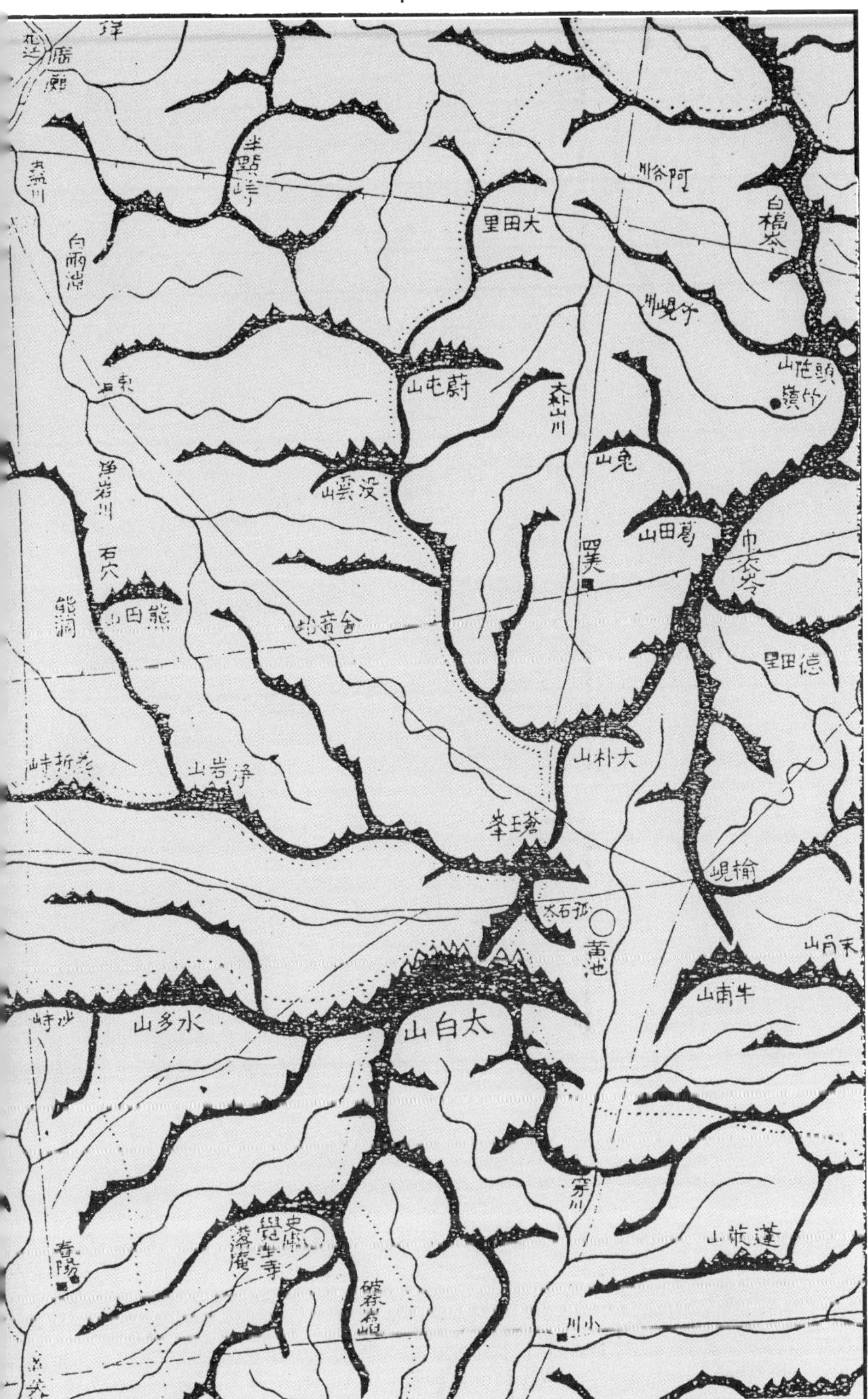

洋
半點岾
白雨灘
大田里
阿谷州
白楮峙
竹嶺
山佐頭
蔚屯山
大朴山川
鬼山
葛田山
巾大谷令
德田里
金音砂
沒雲山
淨岩川
石穴
熊洞
熊田山
老折峙
淨岩山
蒼玉峯
大朴山
榆峴
孤石太
黃池
末月山
牛南山
水多山
沙峙
太白山
史庫
覺生寺
落庵
査陽
碎岩山
蓮筱山
穿川
小川

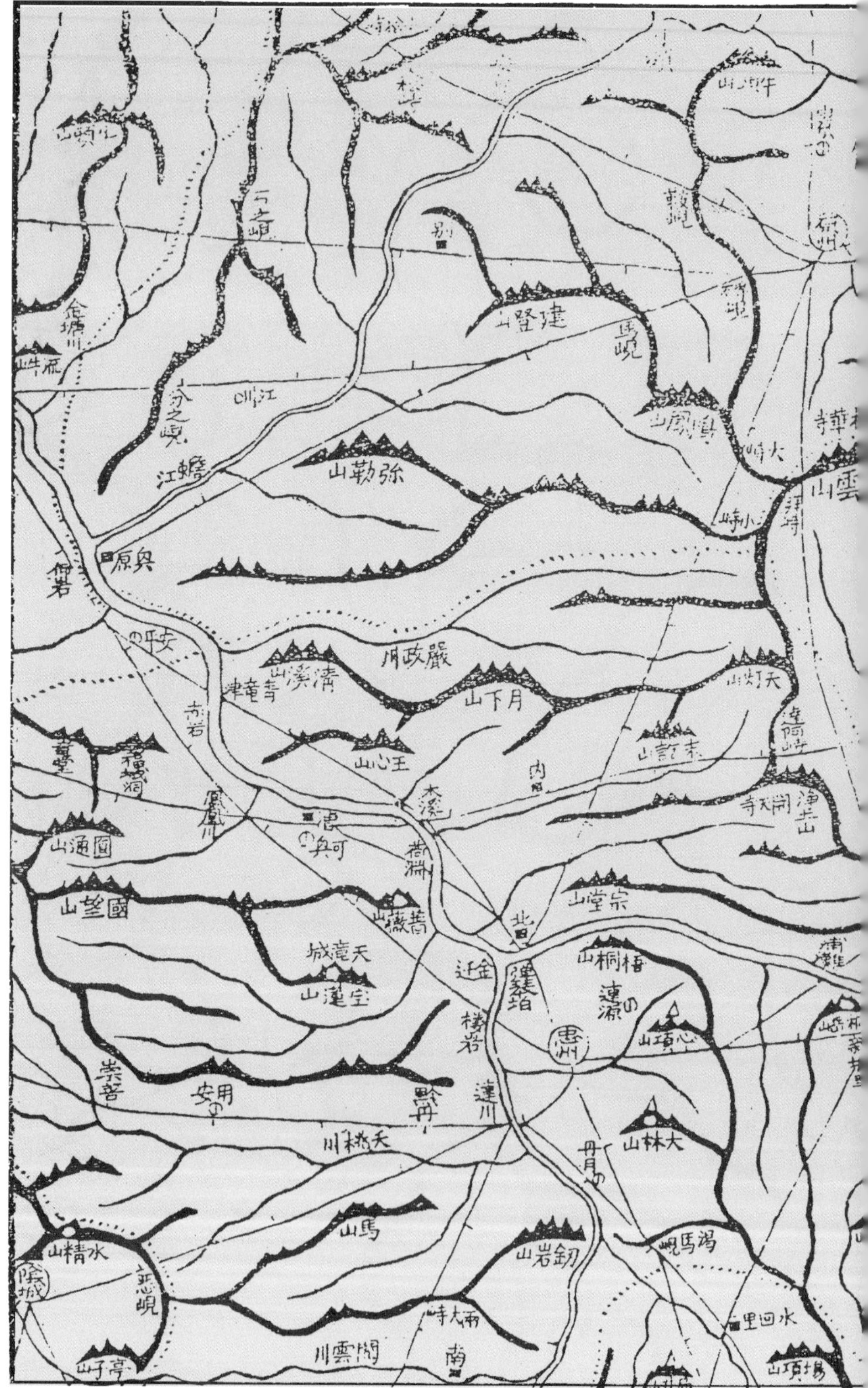

牛頭山
松山
別𡧳
建峴山
橋峴
大峴
金塘川
牛流山
小峴
二乙峴
鳳凰山
川江
分之峴
蟾津江
弥勒山
奧原
寨巖
安牧
薺溪山
嚴政用
天灯山
竜津
末訖山
古岩
月下山
雲蓮岾
鳳凰川
王心山
内面
閑鳳洞
木溪
澗天寺
津雲山
圓通山
奧阿
恭淵
迁金
宗堂山
國望山
喬巖山
北面
梧桐山
蓮源
天竜城
橫巖
固城山
雲州
心項山
崇嚴
用安
黔冊
蓮川
丹月
大林山
天桃川
水精山
陰城
馬山
釼岩山
渇馬峴
恶峴
水回里
閒雲川
南兩大岾
亭子山
場項山

충북 제천 청풍
一四

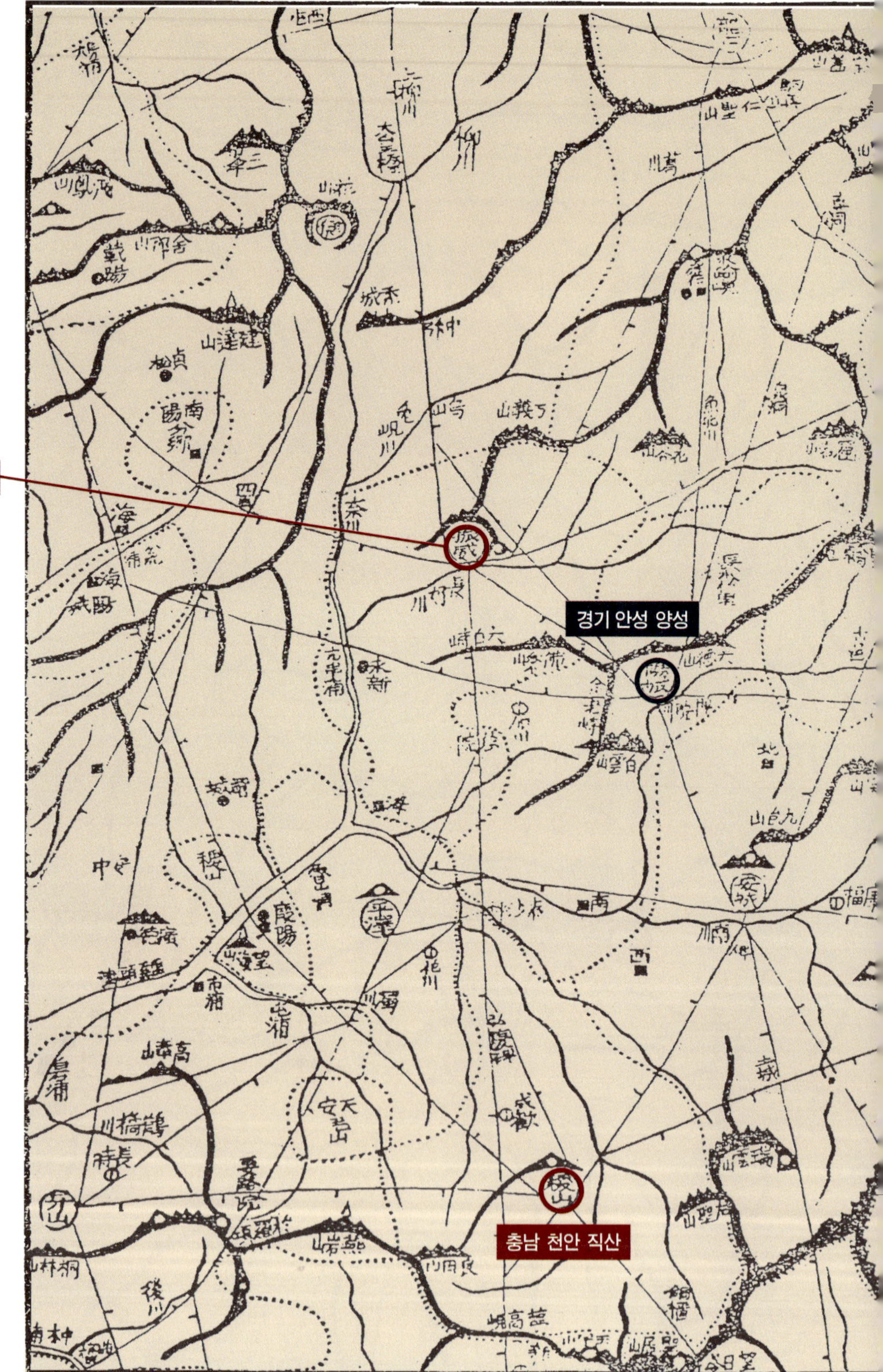

경기 평택 진위
경기 안성 양성
충남 천안 직산

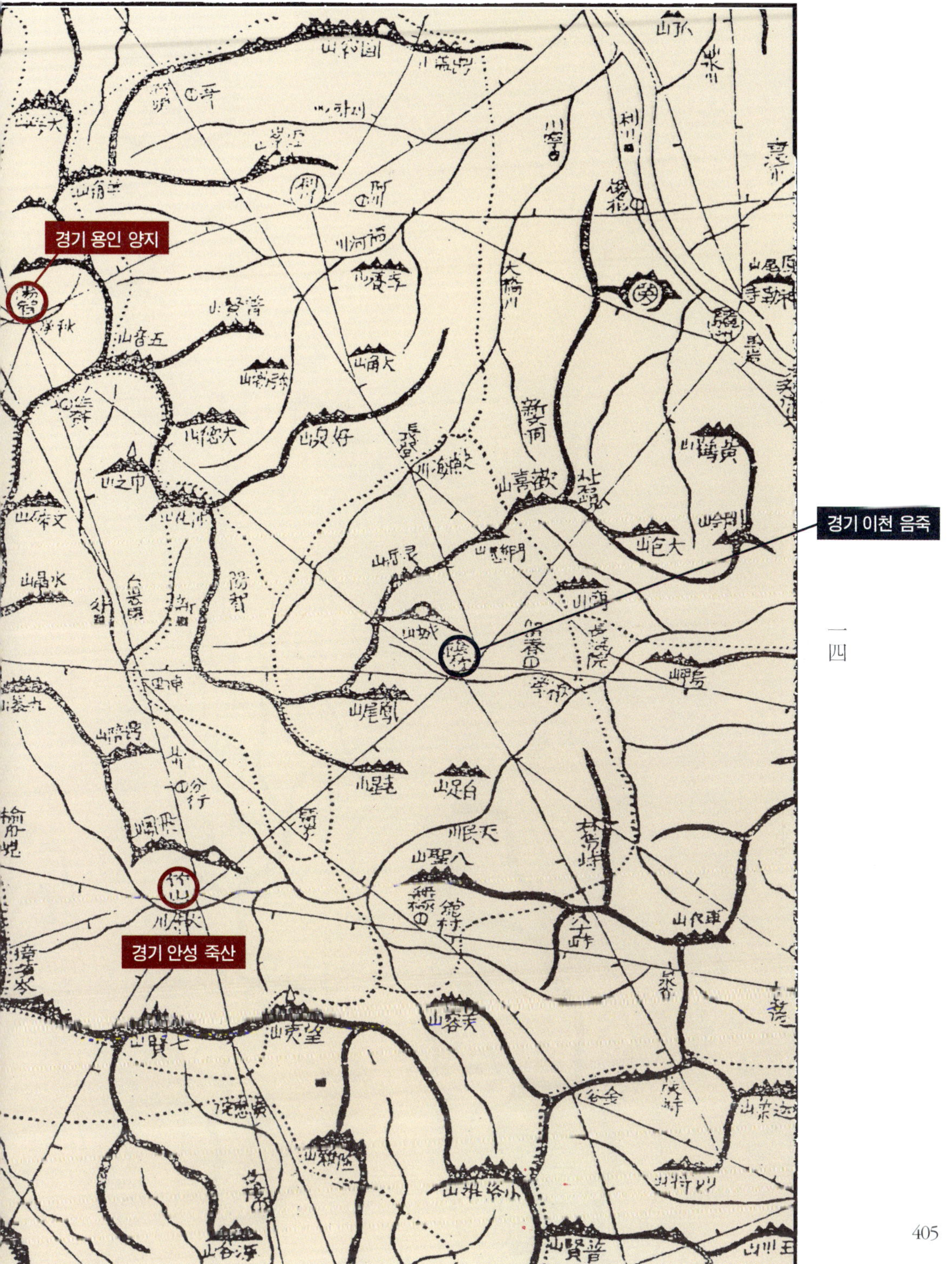

一四

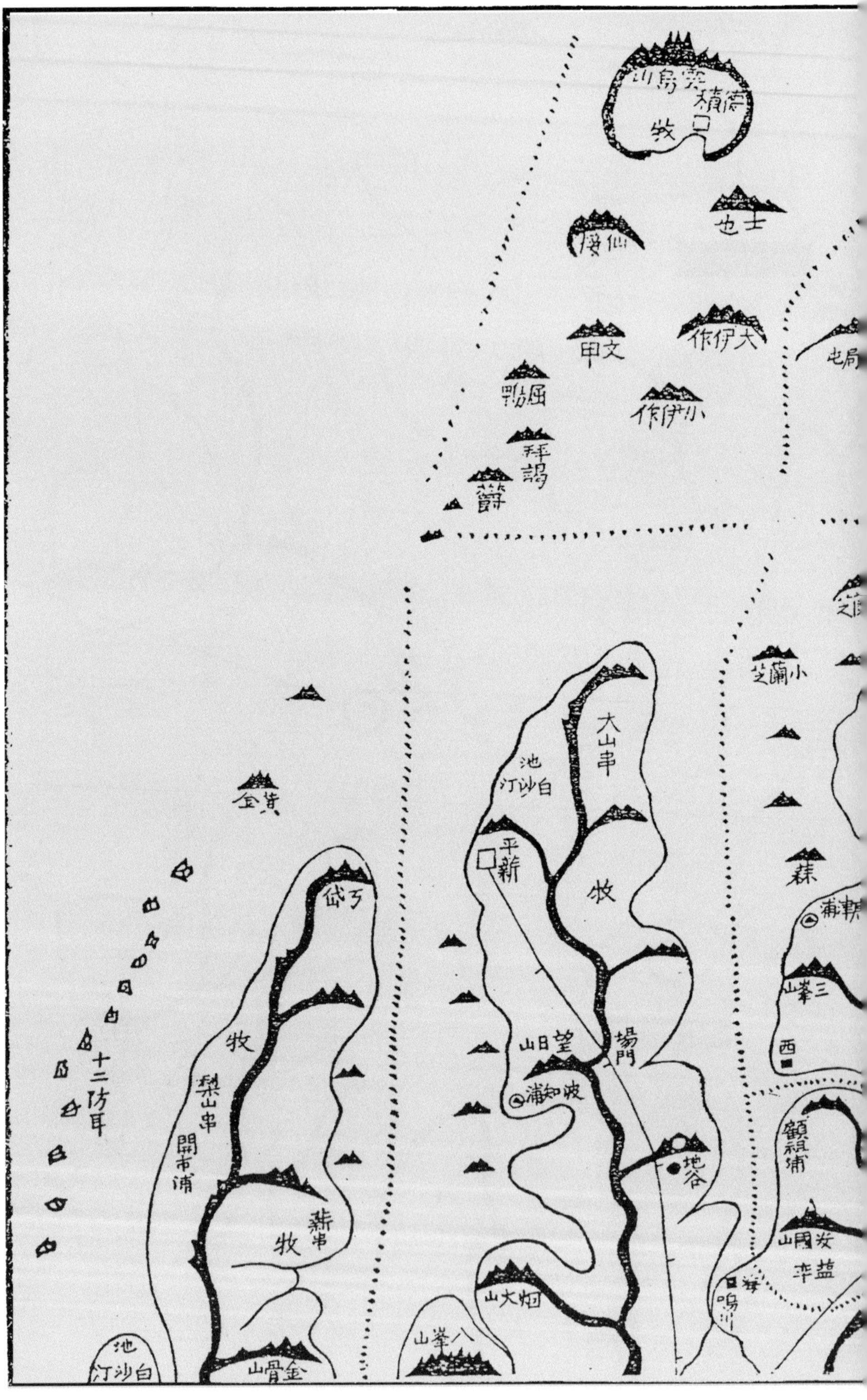
牧
大伊作
小伊作
文甲
大山串
牧
望日山
波知浦
牧
梨山串
開市浦
三峯山
西
八峯山

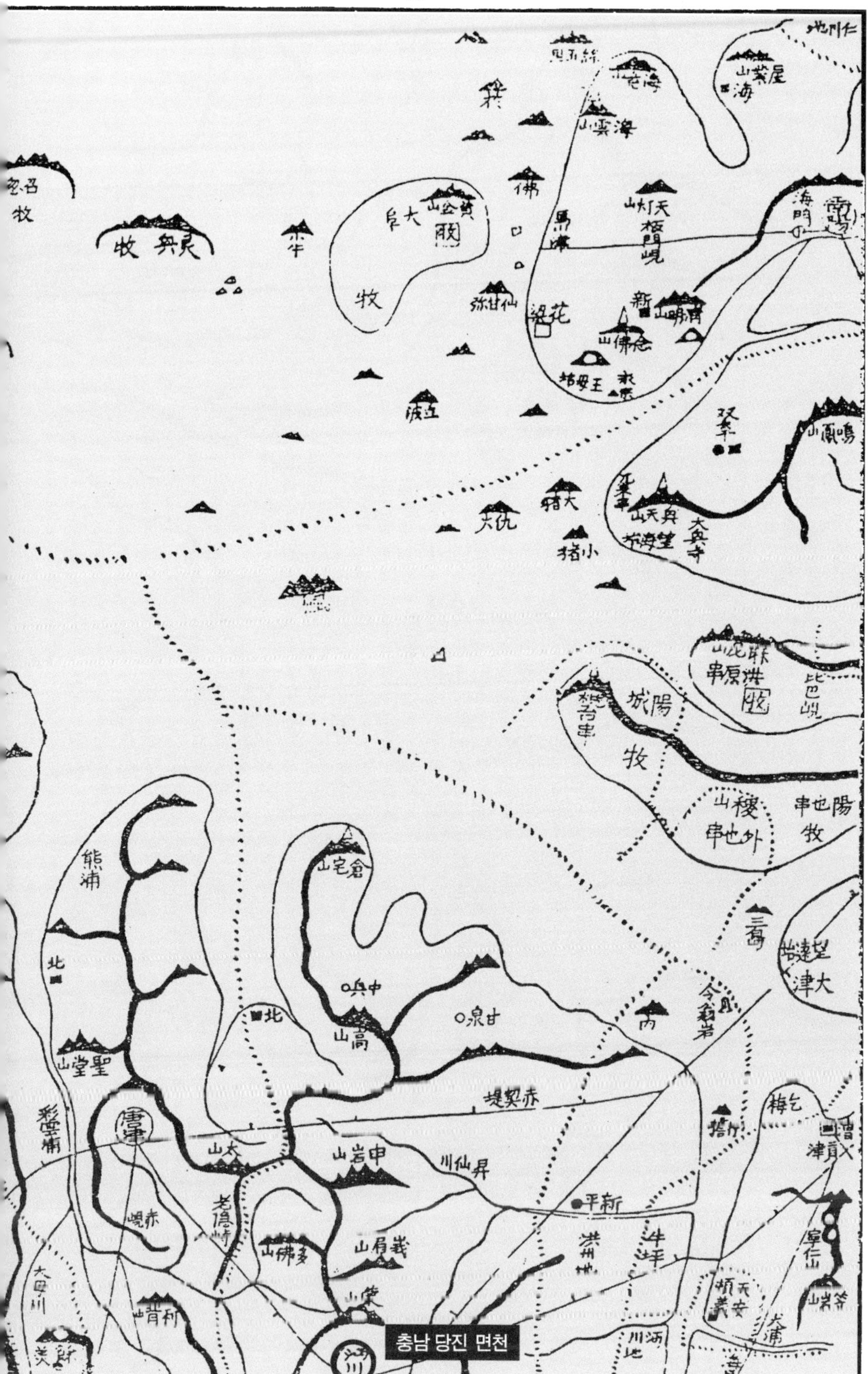
牧召忽
牛兵牧
大臺
牧
黃公山
平
弥甘仙
波立
松大
大仇
猪大
猪小
佛口
馬津
雲海
天燈山
關門峴
花㳌
新
山佛㤼
王母堵
屋海
山海
海門
鳴鳳山
雙峯
山天兵
大兵望
亦海寺
比聯山
串原洪
城陽
牧
巴峴
山稷
串也外
串也陽
牧
三甫
山宅倉
熊浦
北
中峴
高山
甘泉
令君岩
望津大
彩雲浦
唐津
山堂聖
北
赤契堤
昇仙川
梅乞
墻
曹津貢
赤峴
老隱峴
山太
甲岩山
多佛山
戔肩山
新平
洪州
沔川
天安
順義
海地
寧仁山
大田川
利背山
山堂
충남 당진 면천
沔川

山吉佛
崑川
蔴石
烏城岑
內隱岑
廣岑
山然蔚
高草岑
山伊潘
飛鳳山
菖蒲
釰磨山
道成寺
山達生
佛影山
山巴比
吉谷
錦溪川
山大峴
廣庇岑
梅山
元惡池
白岩山
白石寺
溫泉
六川
珠岑
金藏山
山屏翰
鳥峴
仙淵山
花山
西莊岑
三兼岑
青鶴山
廣奧寺
烏峴
方山
蓬萊
寧陽
石橋
佳里峴
騰雲山
藟草川
廣浦峴
烏杉谷
加乙山
浦
廣山
岩岑
桶谷
仍火良山
山洞范
蕡衣峴
糖峴
丁揚道
草長山
林勿峴
加西山
東海山
明月山
敏谷川
海

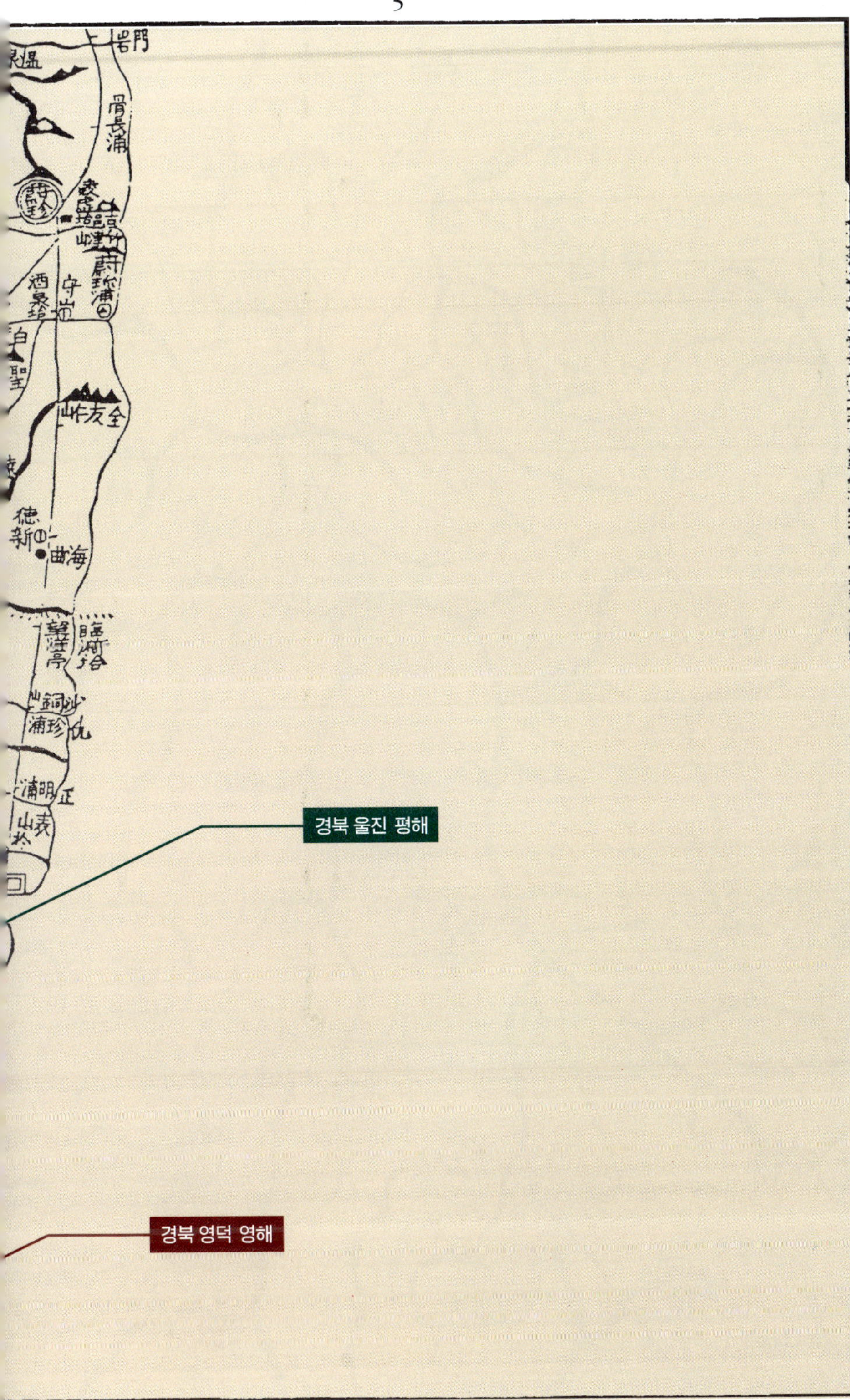

경북 울진 평해
경북 영덕 영해

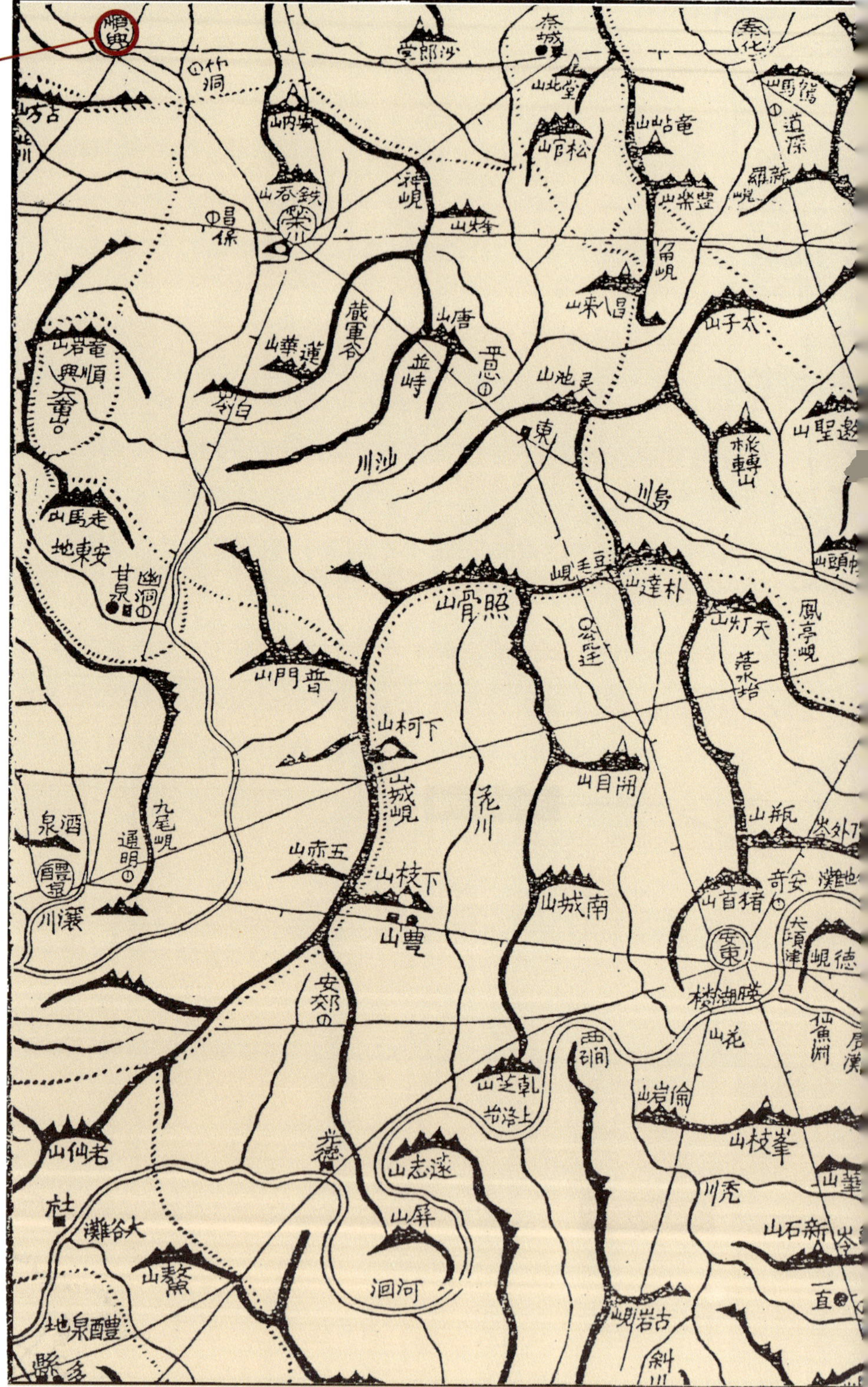
경북 영주 순흥
順興
竹洞
沙郎堂
奈城
秦化
道深
安內山
鶴馬
松官山
竜岾山
紫竪山
鐵呑山
榮川
古方
並川
神峴
峰特山
堂北山
昌八來山
太子山
載軍谷
蓮華山
唐山
平恵
靈池山
聖遊山
竜興岩山
大童山
白峴
並峙
沙川
東
轉桃山
鳥川
走馬山
安東地
豆毛峴
朴達山
鳳亭峴
甘泉
幽洞
照骨山
廷谷
天灯山
浩水始
普門山
下柯山
城峴山
開目山
瓶山
泉酒
九尾峴
通明
花川
枝下山
奇外
醴泉灘
五赤山
南城山
百猪山
安東
德峴
樓湖壁
仙魚洲
居漢
西詞
山花
安郊
乱洛上芝山
偏岩山
仙老山
光德
遂志山
枝峯山
華川
杜
大谷灘
屏山
石新山
鰲山
斜川
古岩峴
醴泉地
河迴
多縣
一直

山巴比
川小
川吐貿
山飛齊
峴泥昆
才山
月明潭
山凉淸
山月日
山頭竜
丹砂溪
峴山東
안동 예안
宜仁
山芝乾
退溪
山孤
長葛岑
靑杞
山森奥
浮江
山陶
英陽
川杞靑
灘村蓼
山廪御
山屯鉄
山豊河
山陽紫北
山陰斗
冊街
山店
楸峴
山岐里五
山高
皇壂
角山
경북 칭송 진보
召琴
河臨
山蓼
川鳴虎
山法神
山角萌
琴名川
淵潜
安吉
菜峴
山馬天
川巴
山外月
山冶東
水椒
甘
靑松
北枝
川南

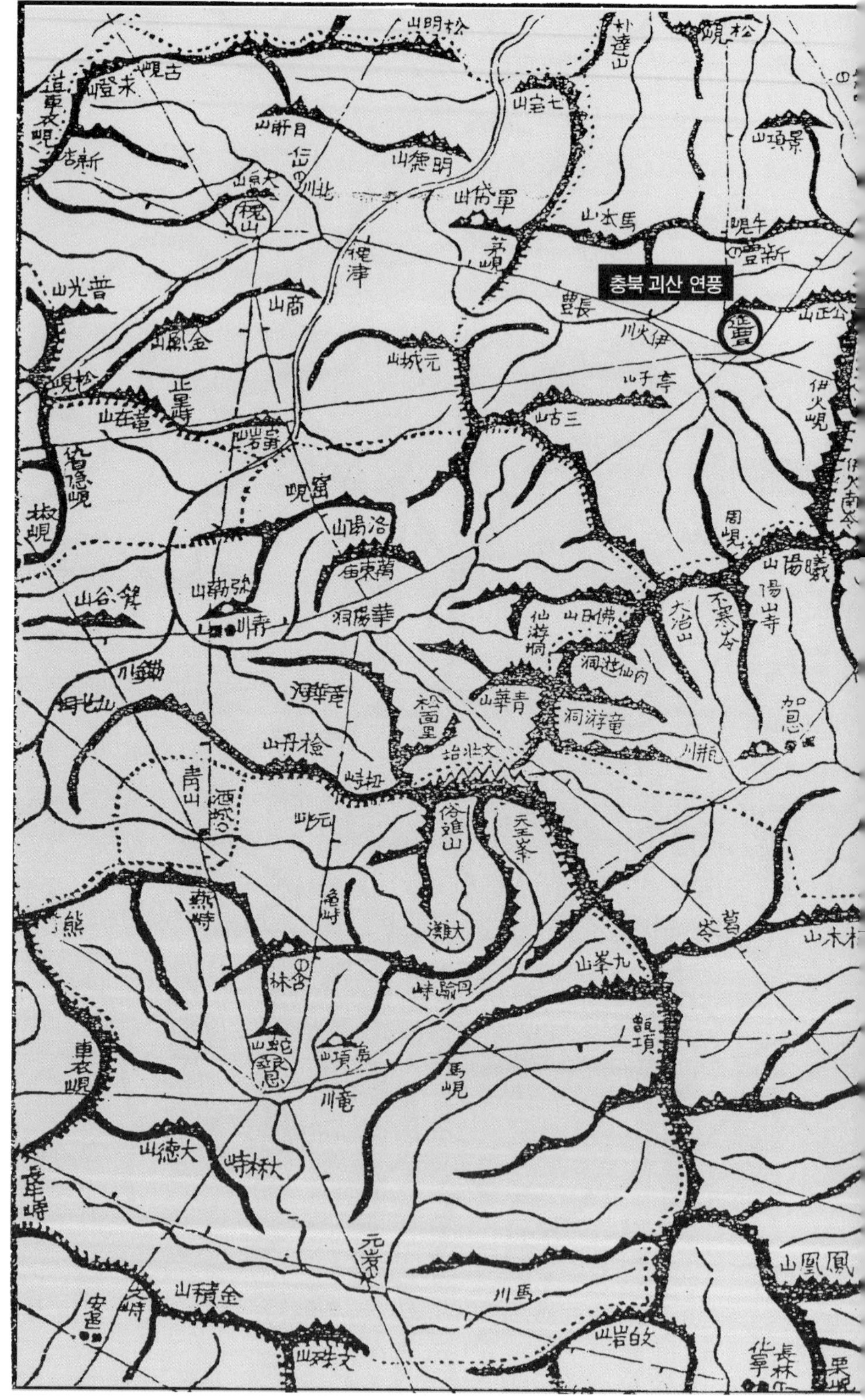
충북 괴산 연풍

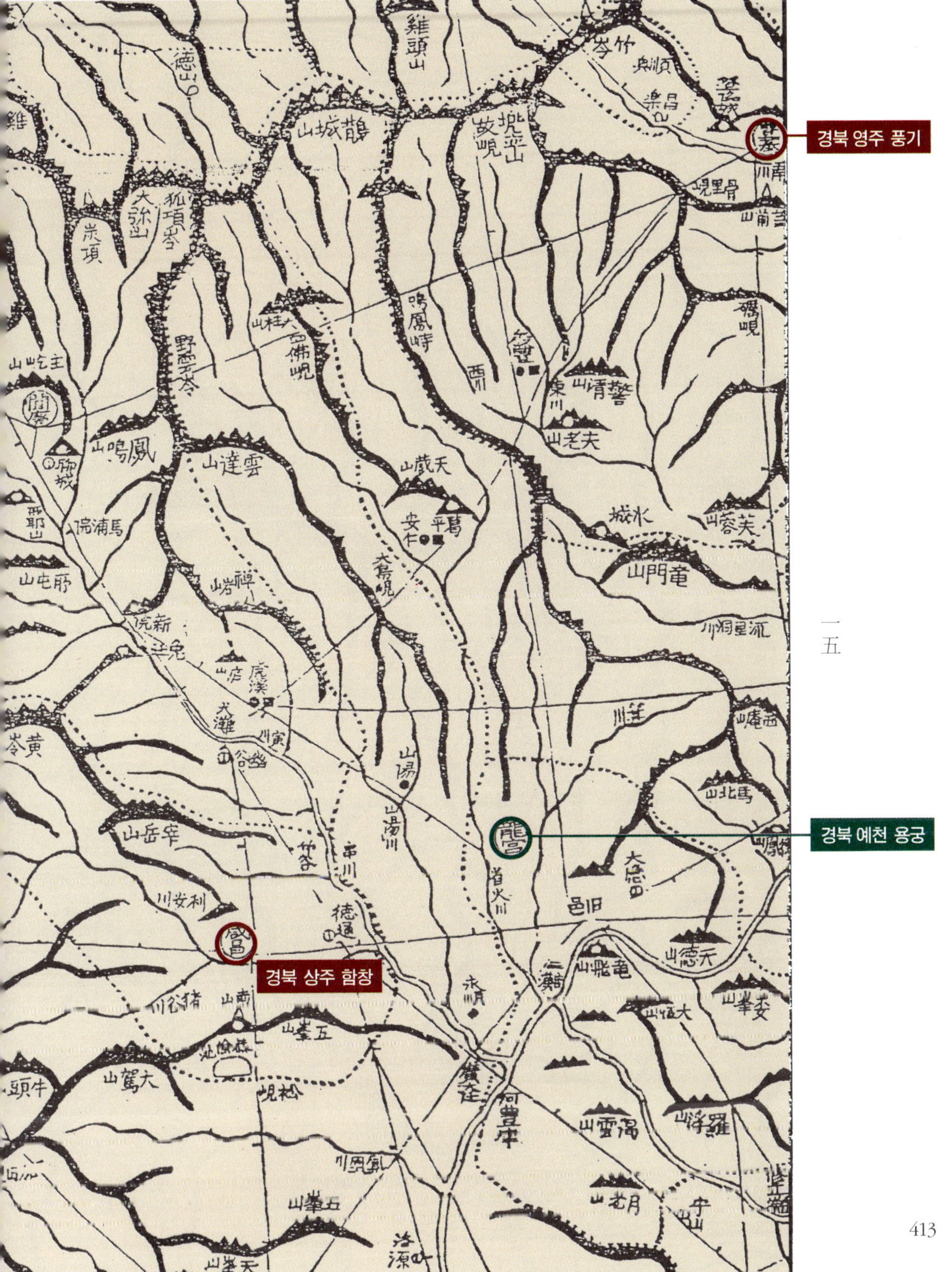
경북 영주 풍기
경북 예천 용궁
경북 상주 함창
一五

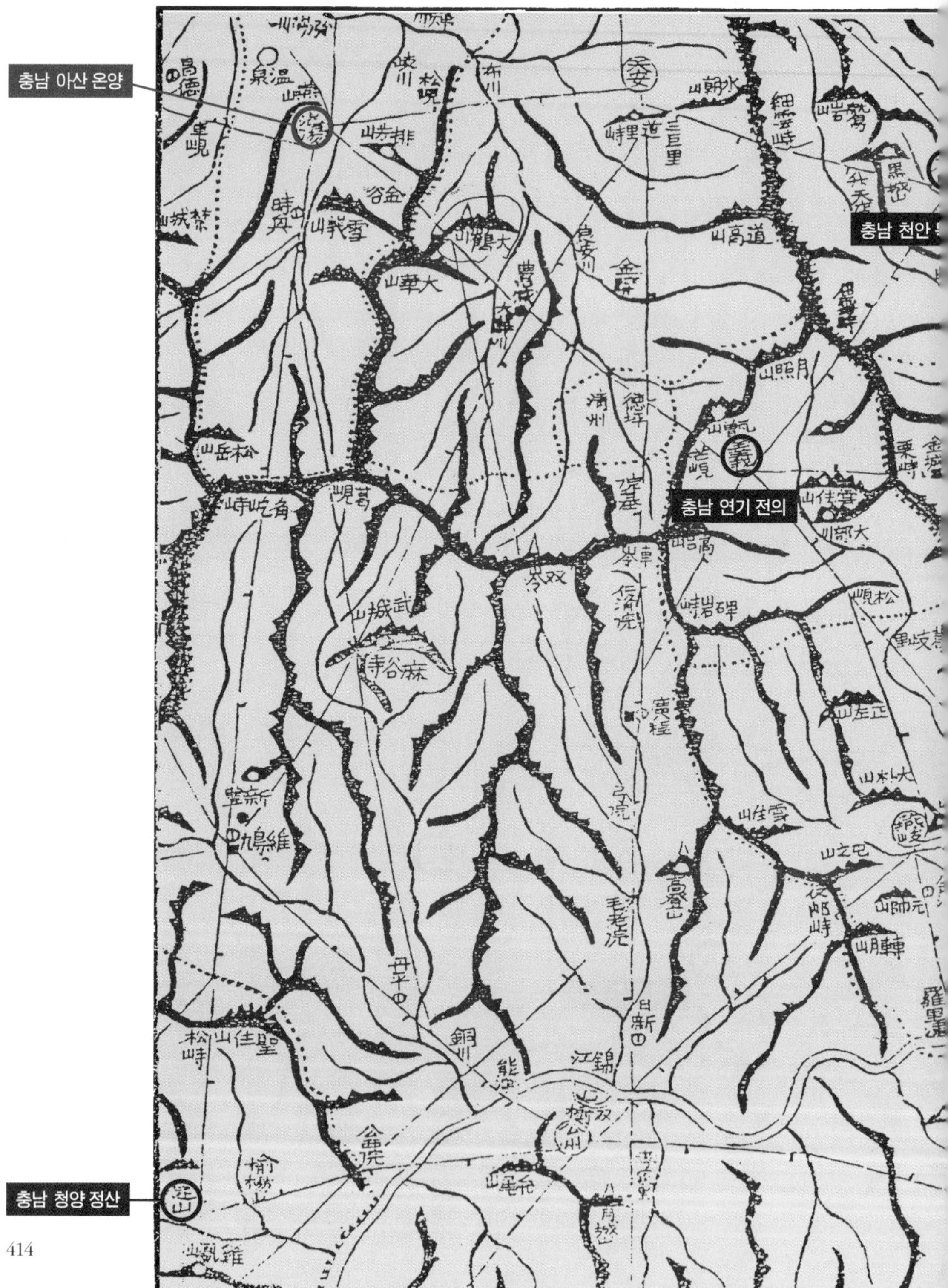

충남 아산 온양
충남 천안
충남 연기 전의
충남 청양 정산

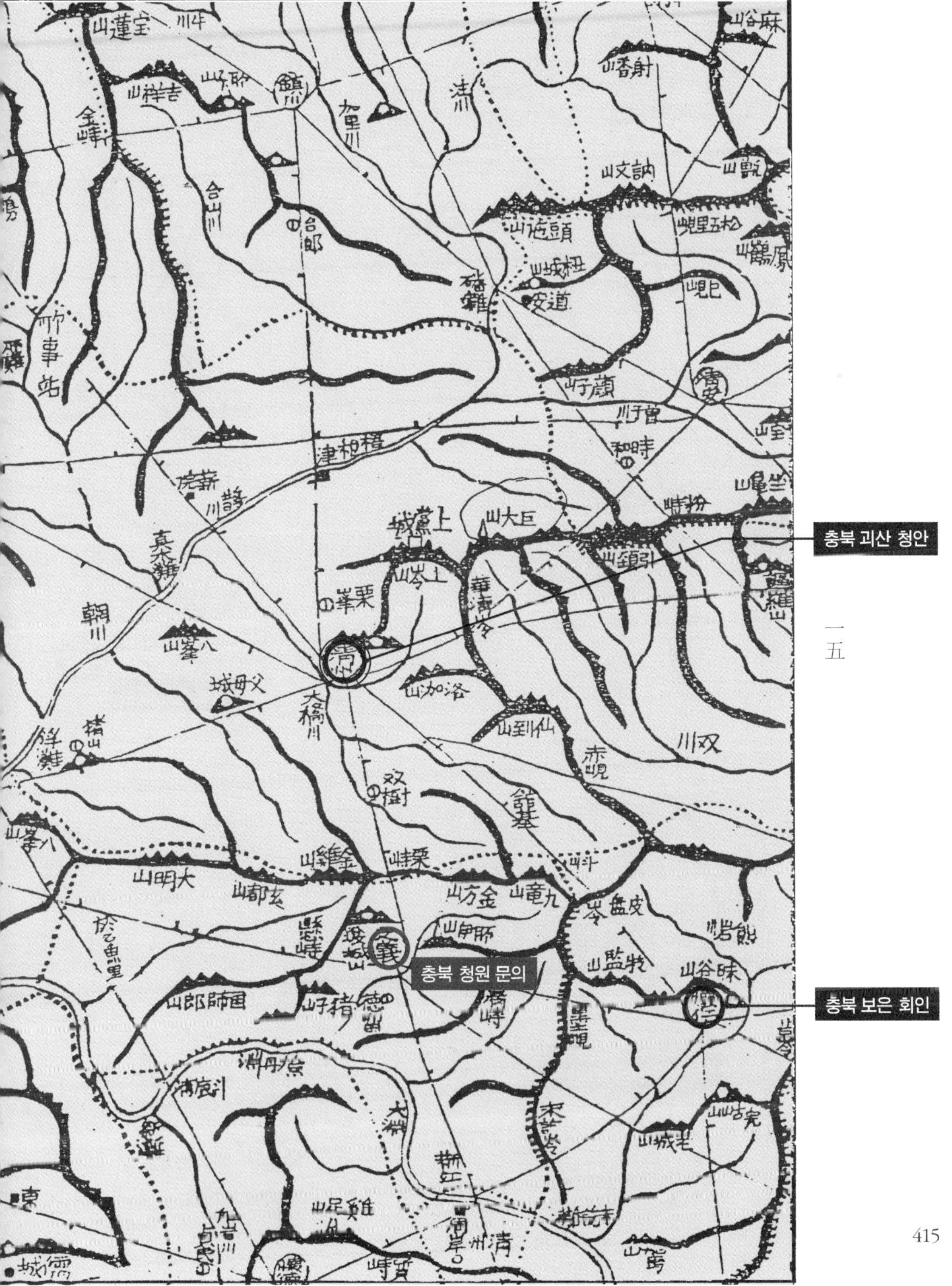

충북 괴산 청안
충북 청원 문의
충북 보은 회인

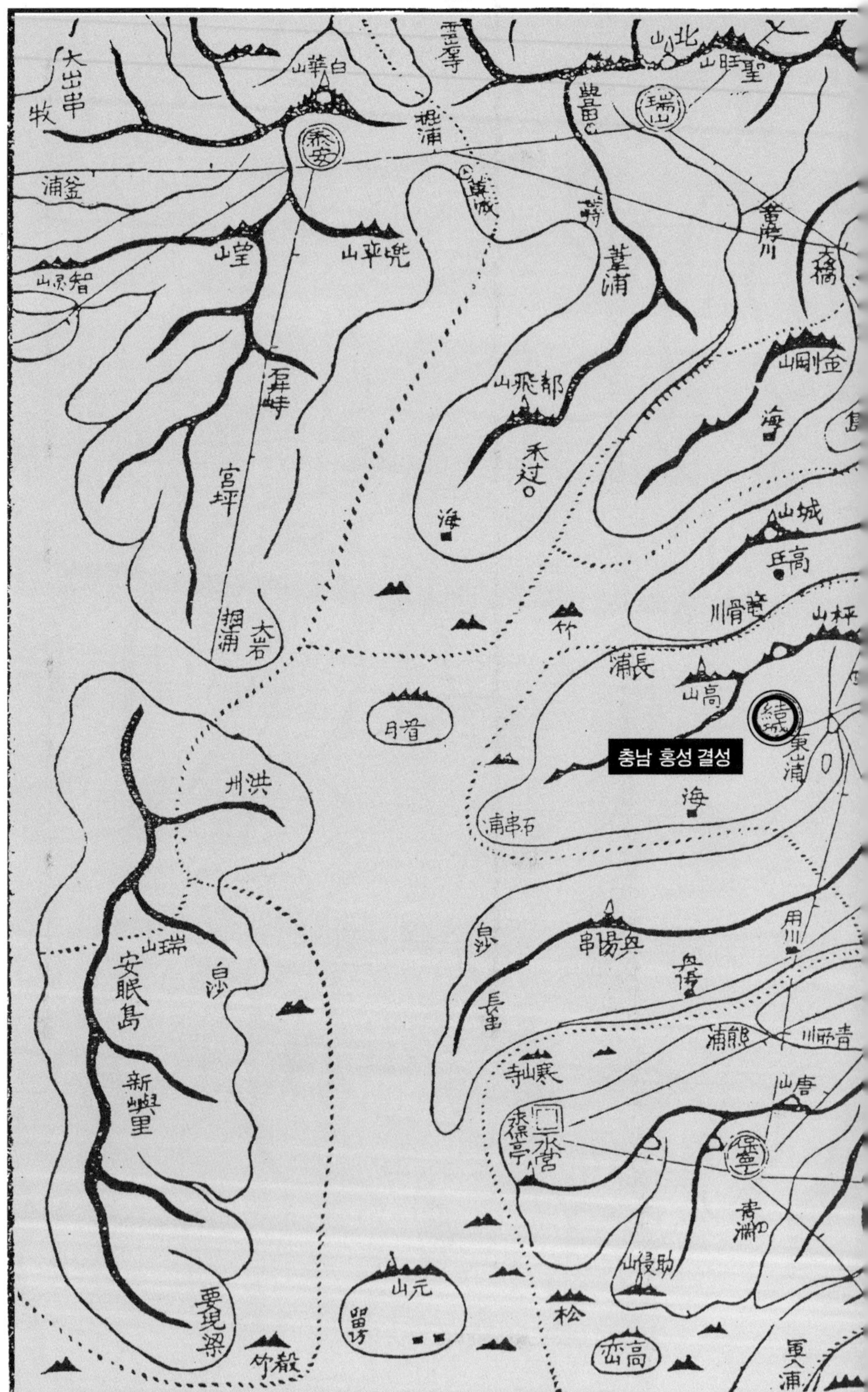
충남 홍성 결성

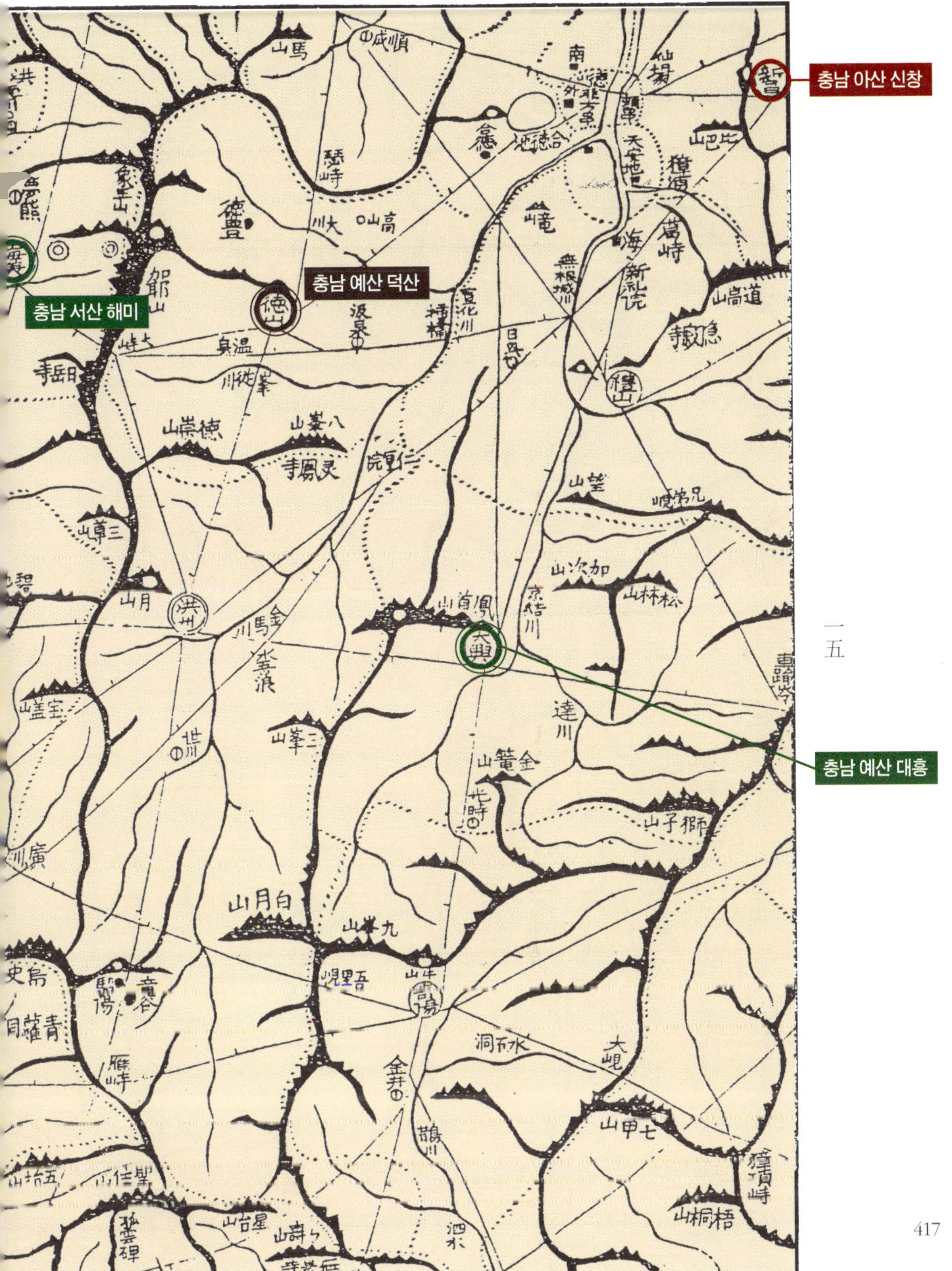
충남 아산 신창
충남 예산 덕산
충남 서산 해미
충남 예산 대흥
一五

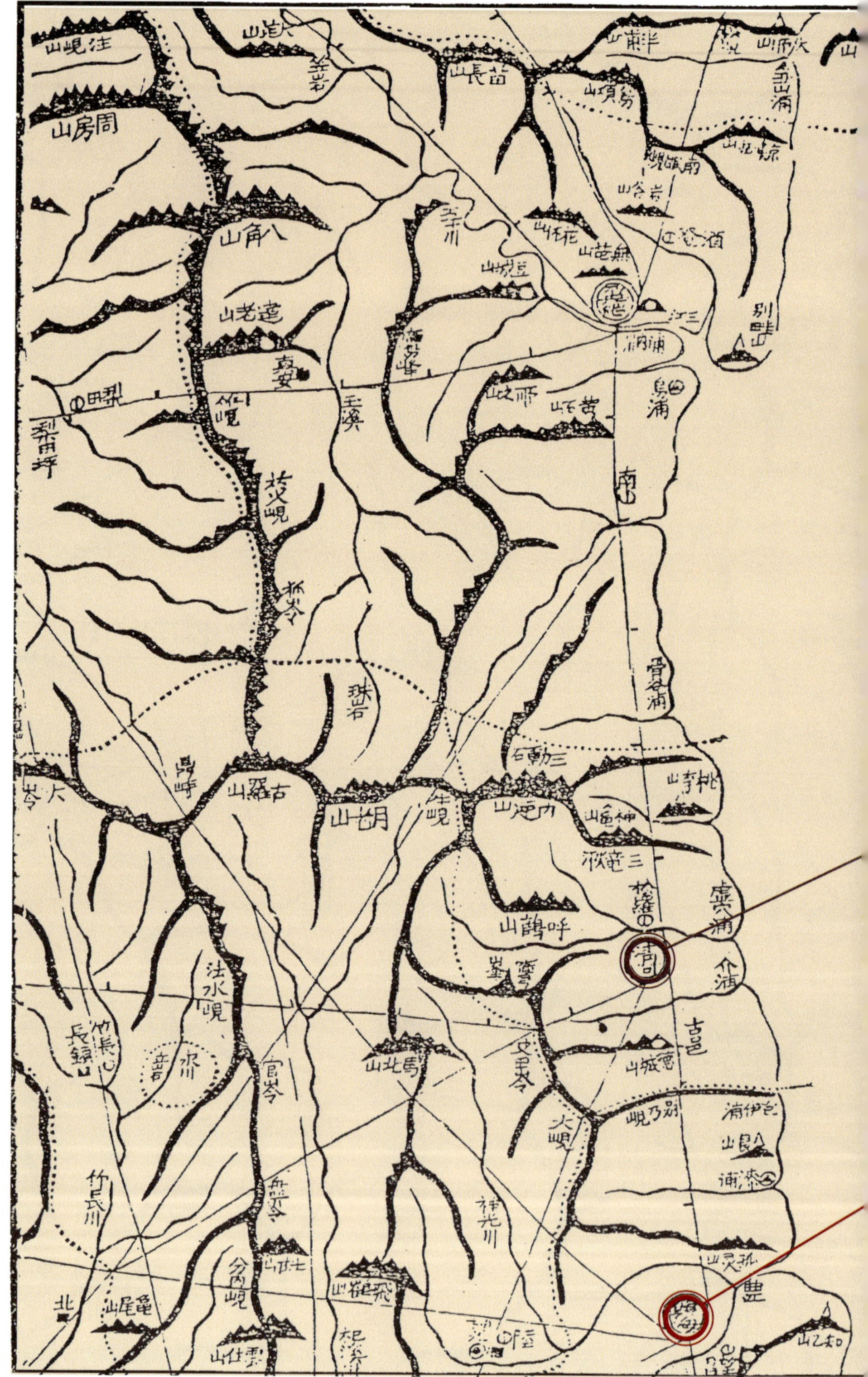

경북 포항 청하

경북 포항 흥해

경북 의성 비안

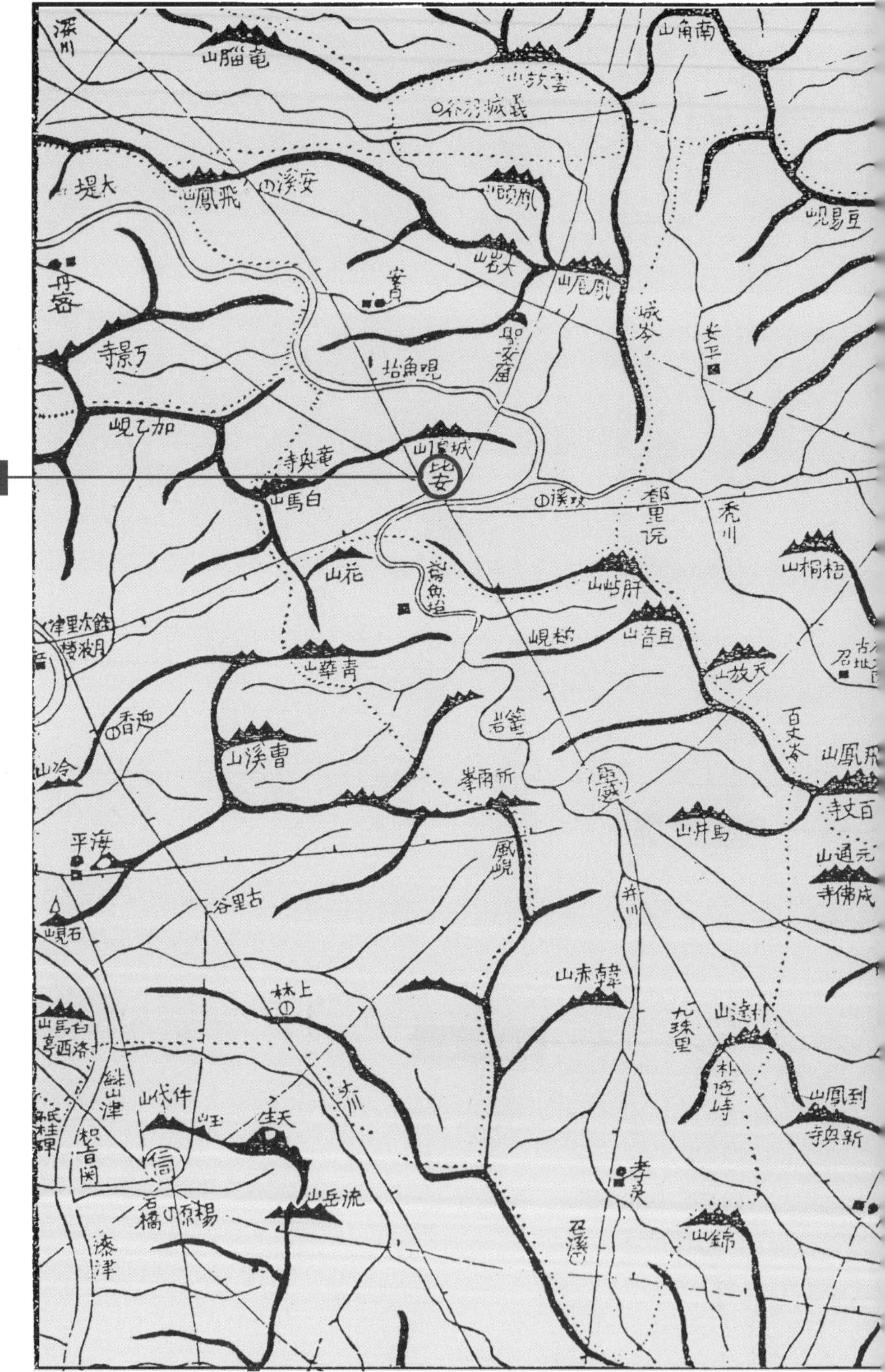

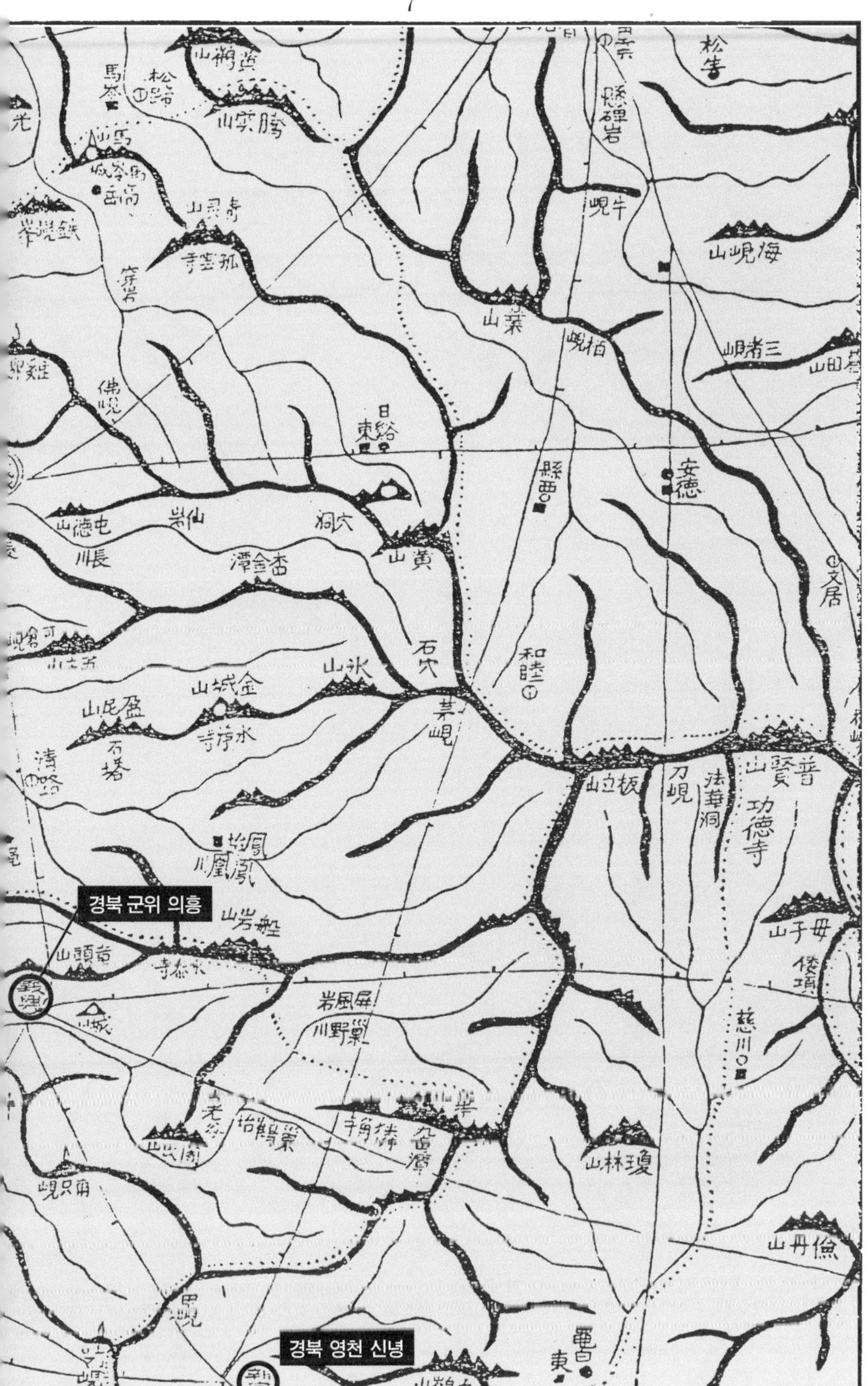
松等
懸碑岩
牛峴
山峴海
山寨
峴栢
三者峴
山田
縣西
安德
文居
黃山
石穴
和昌
茅峴
普賢山
功德寺
山立板
刀峴
法華洞
母子山
慈川
瓊林山
魚丹山
松路
馬岾
山鵲黃
山窄騰
城岾馬高
山照寺
孤雲寺
窄岩
佛峴
仙岩
山德屯長川
洞穴
杏金潭
氷山
金城山
盈尼山
石塔
淸路
鳳凰川
경북 군위 의흥
音頭山
山城
水春寺
船岩
屏風岩
柴野川
老鶴治
魚角撲
龜潭
白鶴山
東
경북 영천 신녕

충북 옥천 청산
충북 영동 황간

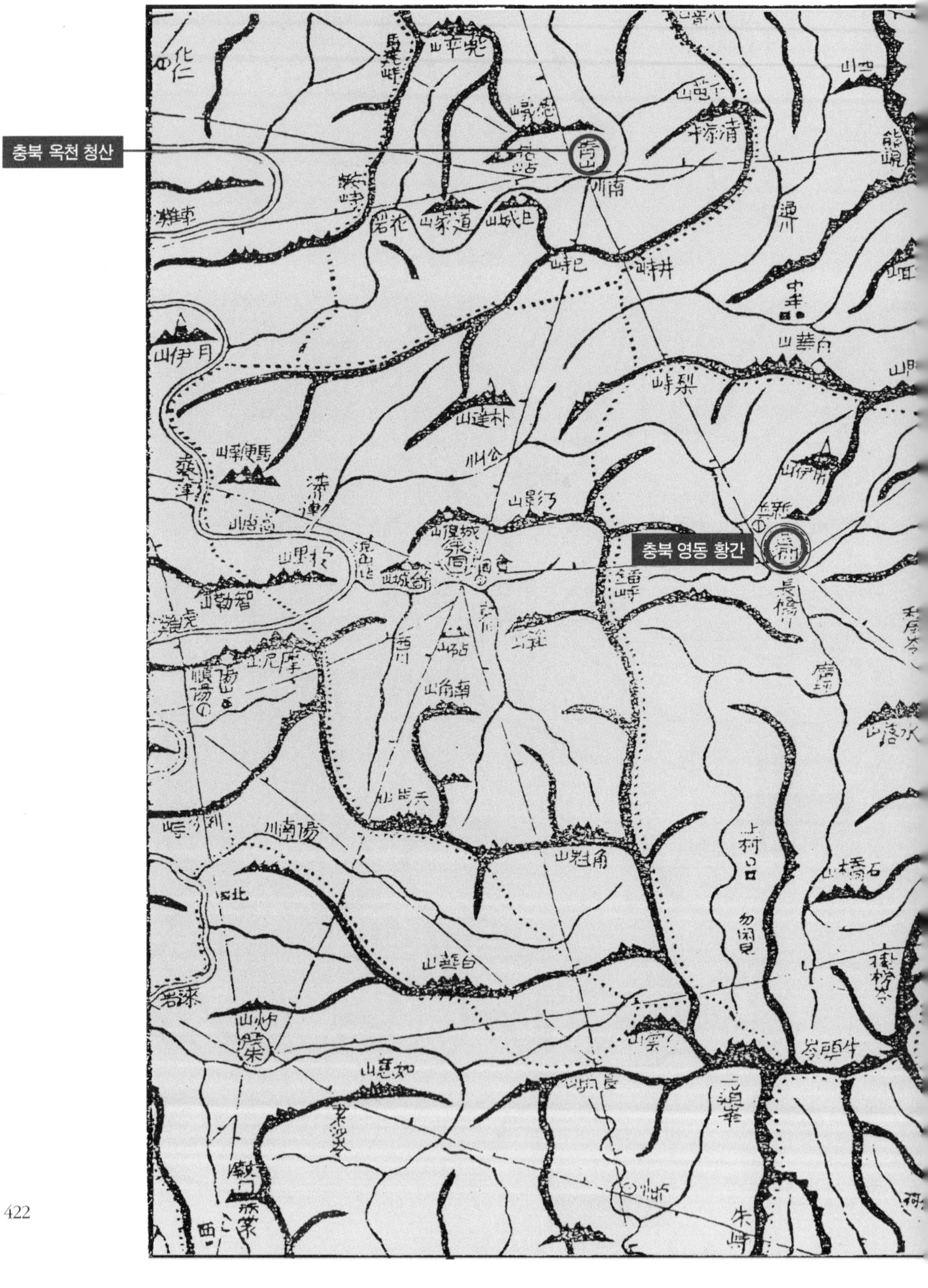

경북 김천 개령

충남 논산 노성
충남 부여 석성
충남 논산 연산
충남 논산 은진
전북 익산 용안
전북 익산 여산
전북 완주 고산

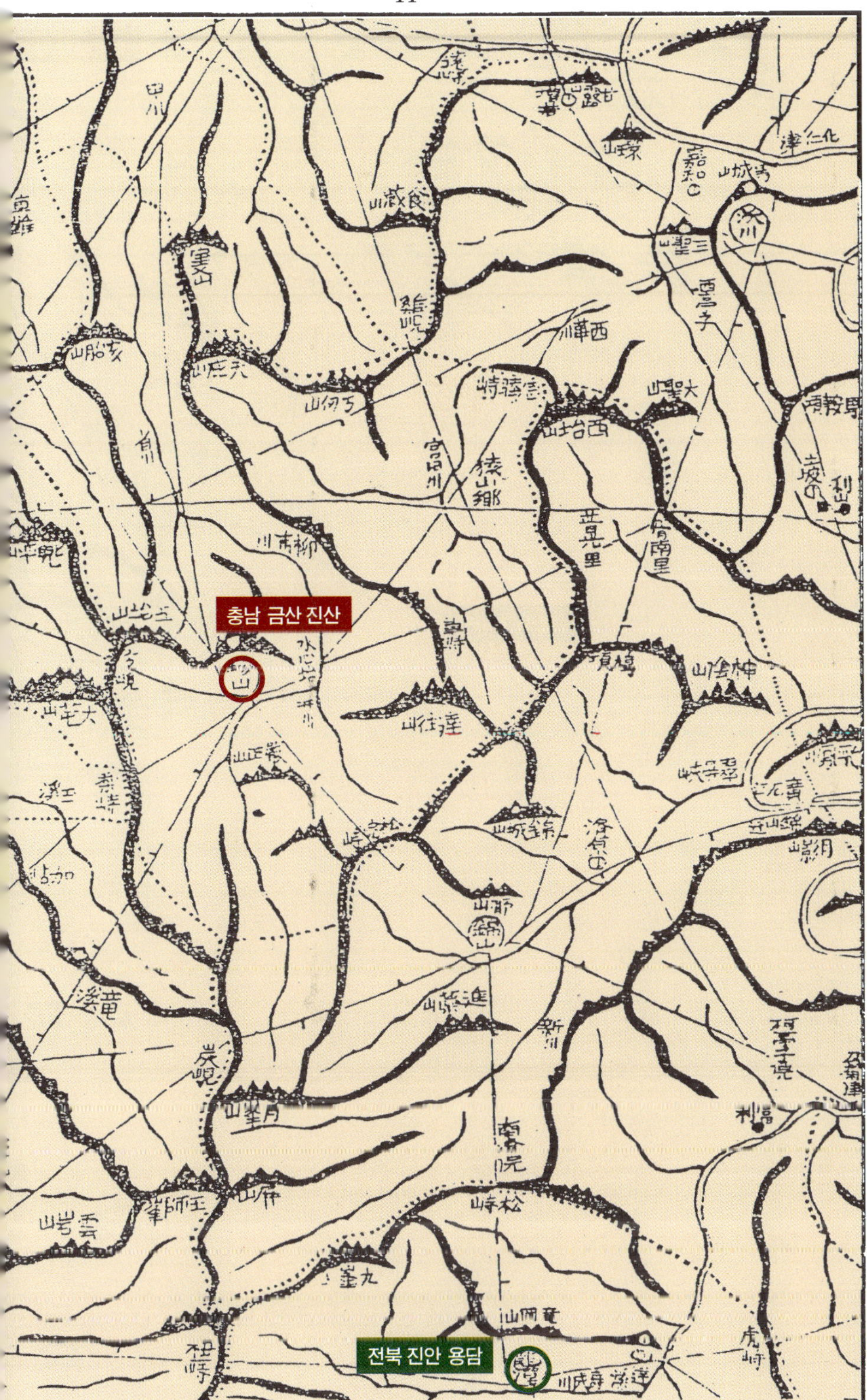

一六

충남 보령 남포
충남 서천 비인

충남 부여 홍산
충남 부여 임천
충남 서천 한산
전북 익산 함열
전북 군산 임피
一六

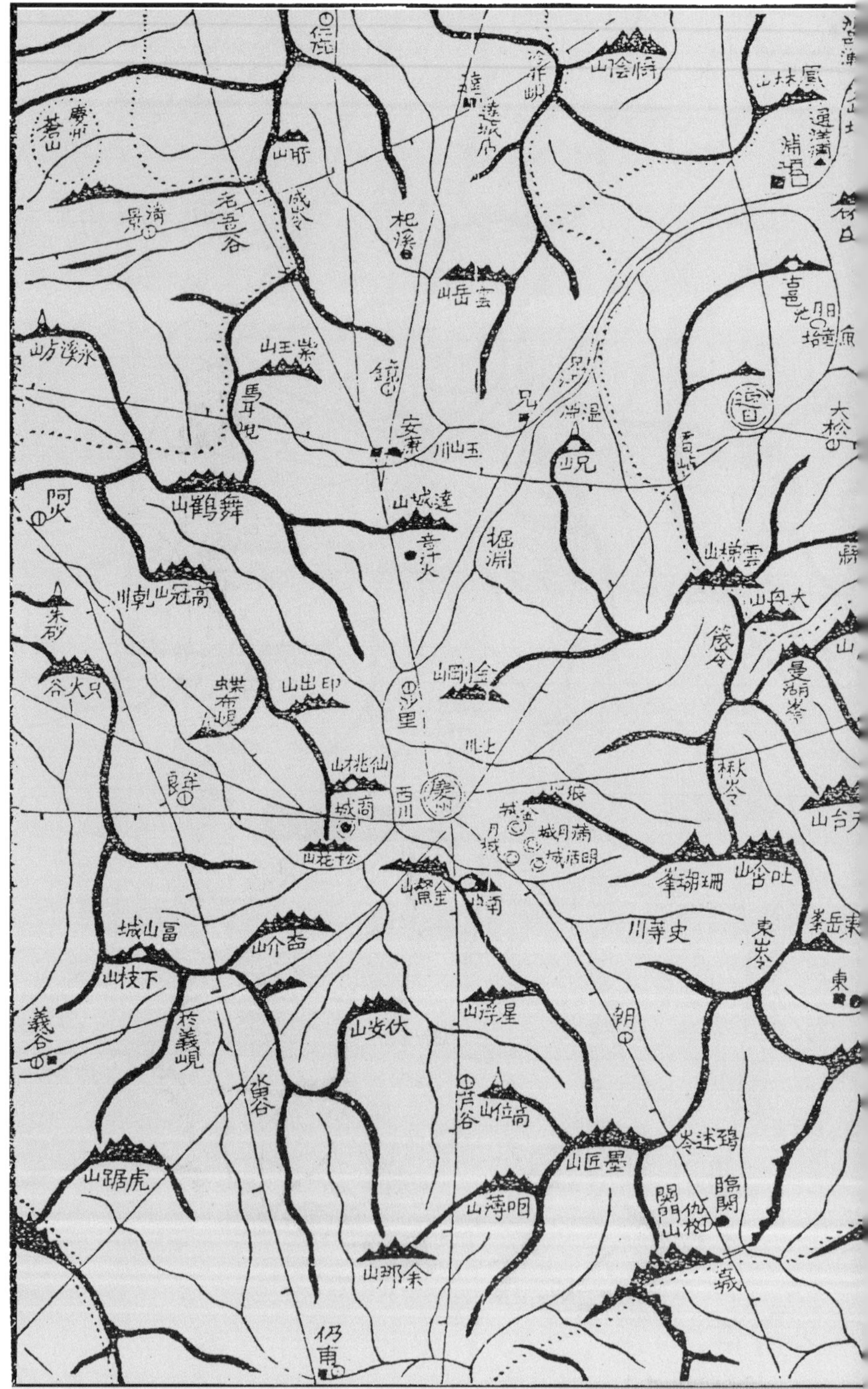

菩山
慶州
景濟
老音谷
山谷城
氷溪坊
馬耳山
紫玉山
杞溪
雲岳山
鏡
安東
川玉
城山
音汁火
堀淵
濕岘
大松
魚培
古邑
山陰
通津浦
竹白
阿火
鶴舞山
高冠山乾川
朱砂
只火谷
蝶布岘
印出山
陰回山
沙里
北
慶州
雲橡山
大舟山
笈令
曼阿岑
仙桃山
良牟
西川
尚城
十花山
張城
明活城
蒲月城
月城
南
秋岑
天台山
吐含谷
珊瑚峯
史等川
東岑
岳峯
公金山鐵
奇介山
富山城
下枝山
義谷
枝義岘
箕谷
伏安山
星浮山
高位山
谷岑
朝
述岑
關山
墨匠山
臨關
虎踞山
咽薄山
余郡山
仍桐

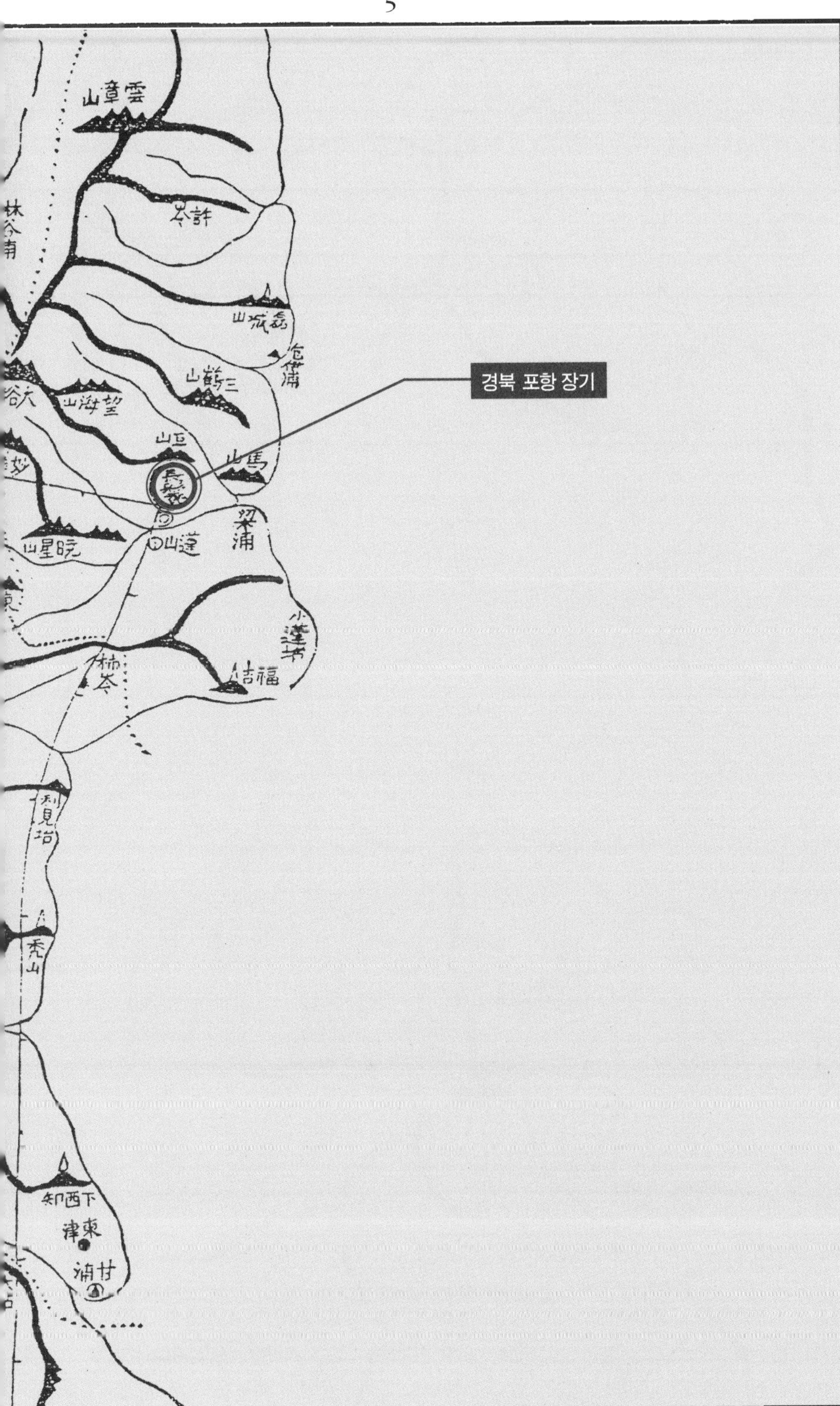
경북 포항 장기

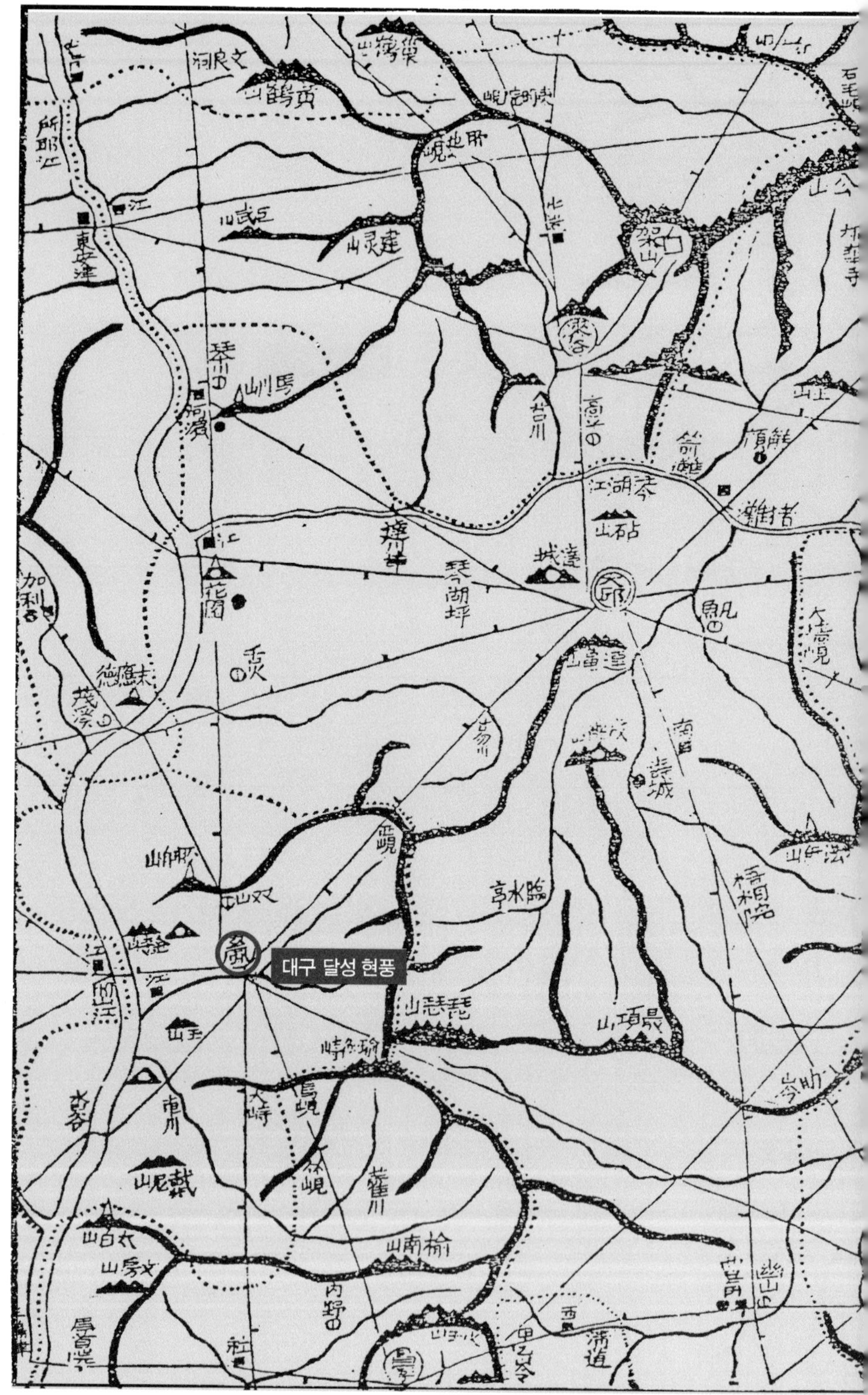
대구 달성 현풍

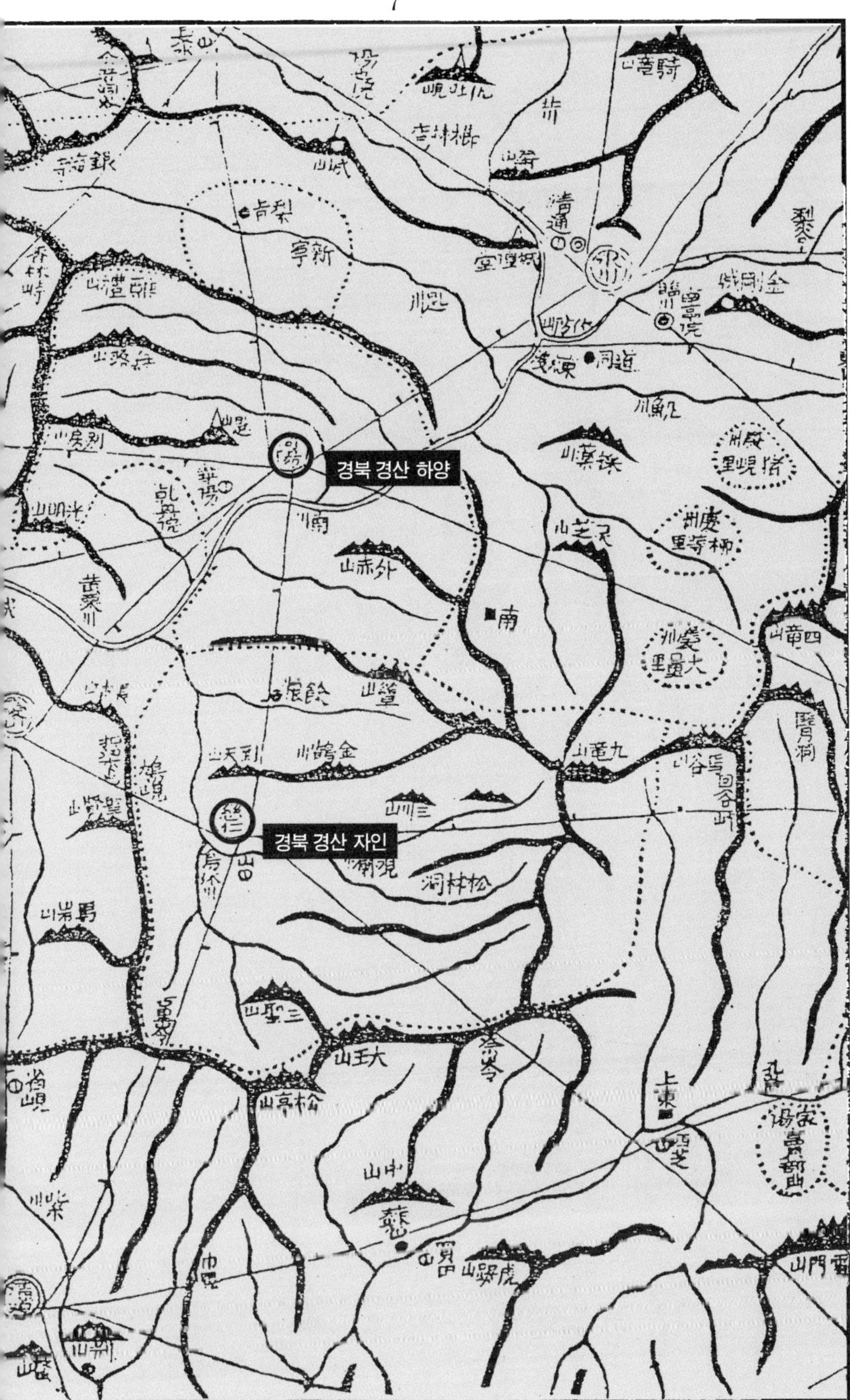
경북 경산 하양
경북 경산 자인

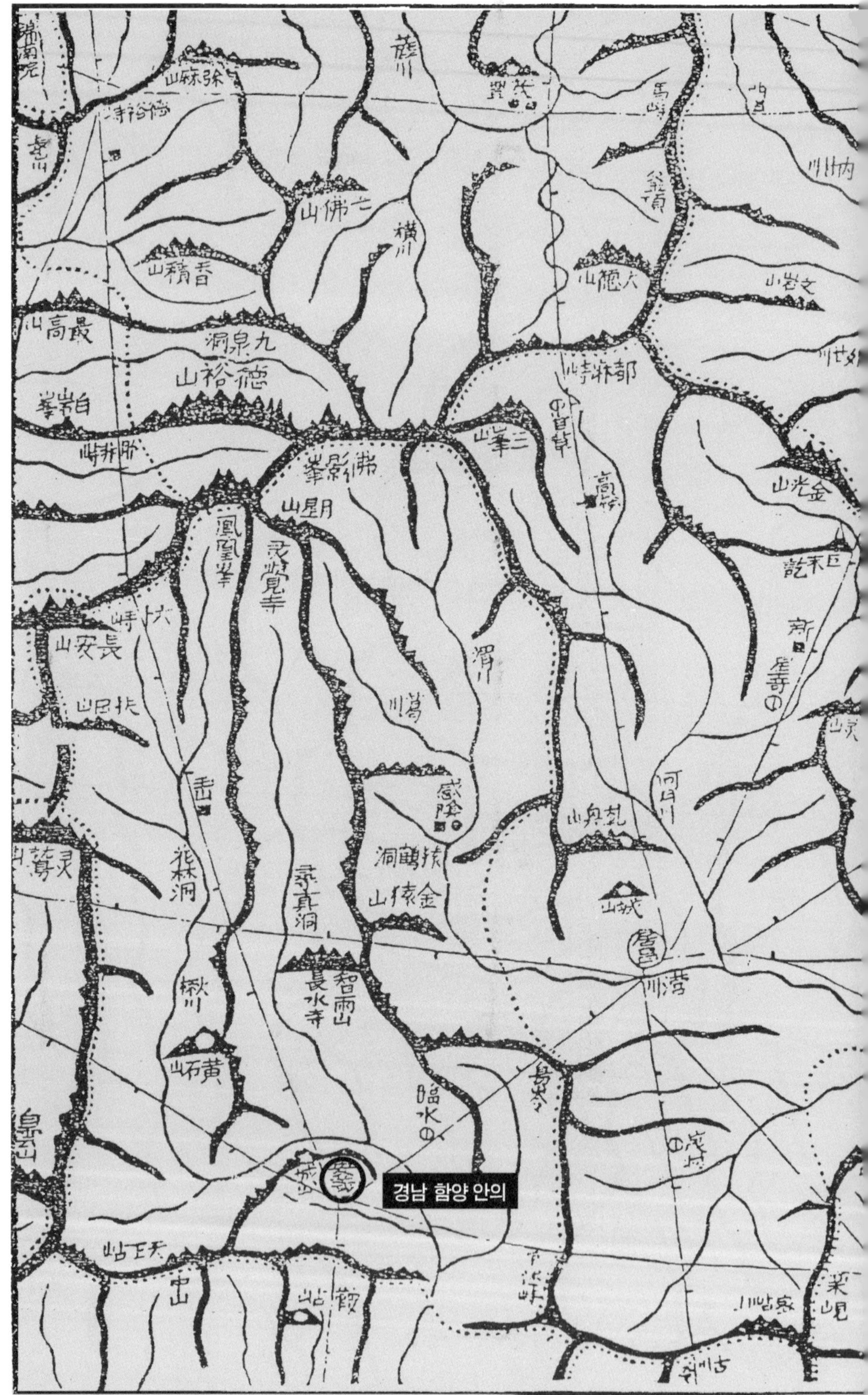
경남 함양 안의

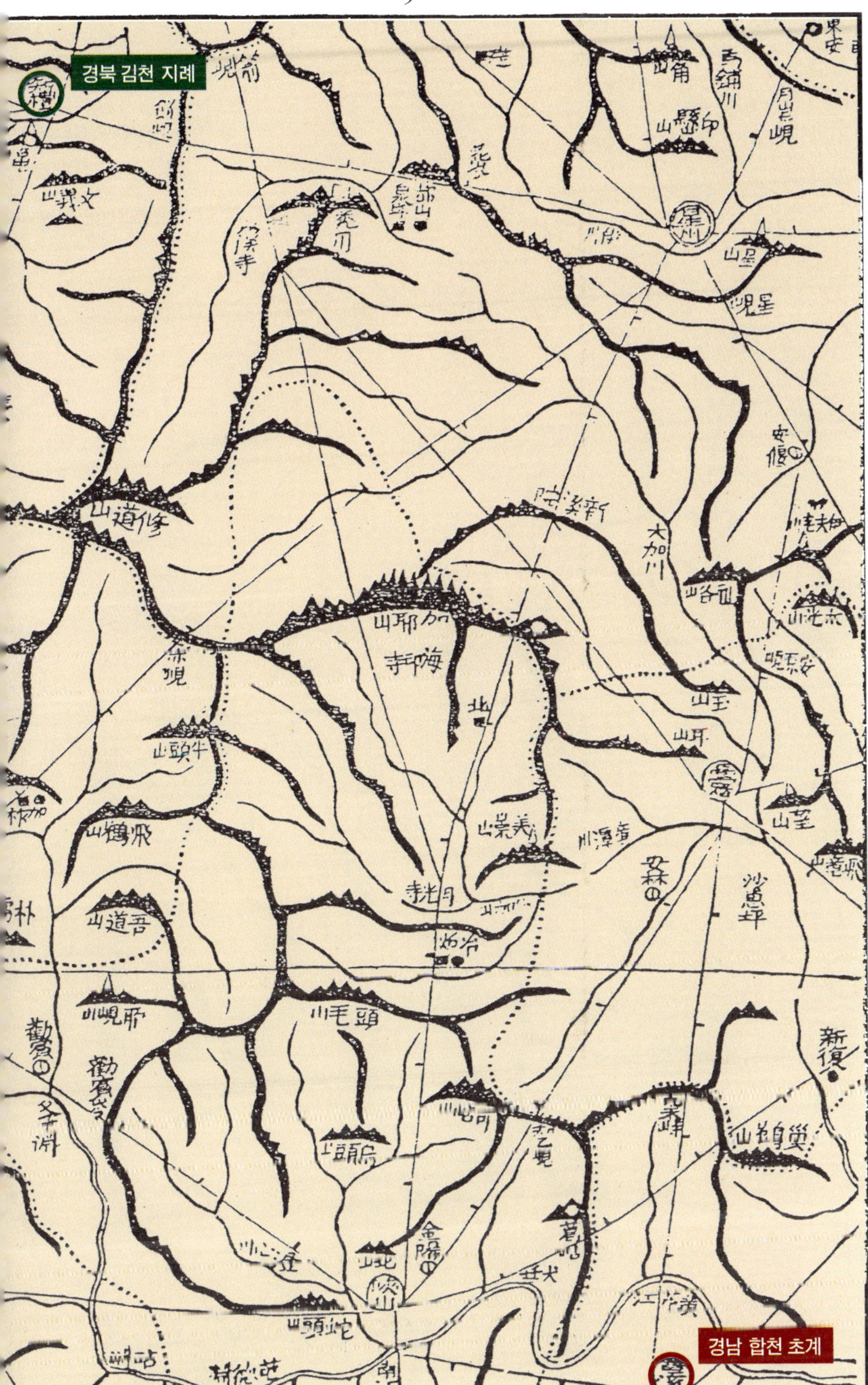

一七

전북 김제 금구

전북 정읍 태인

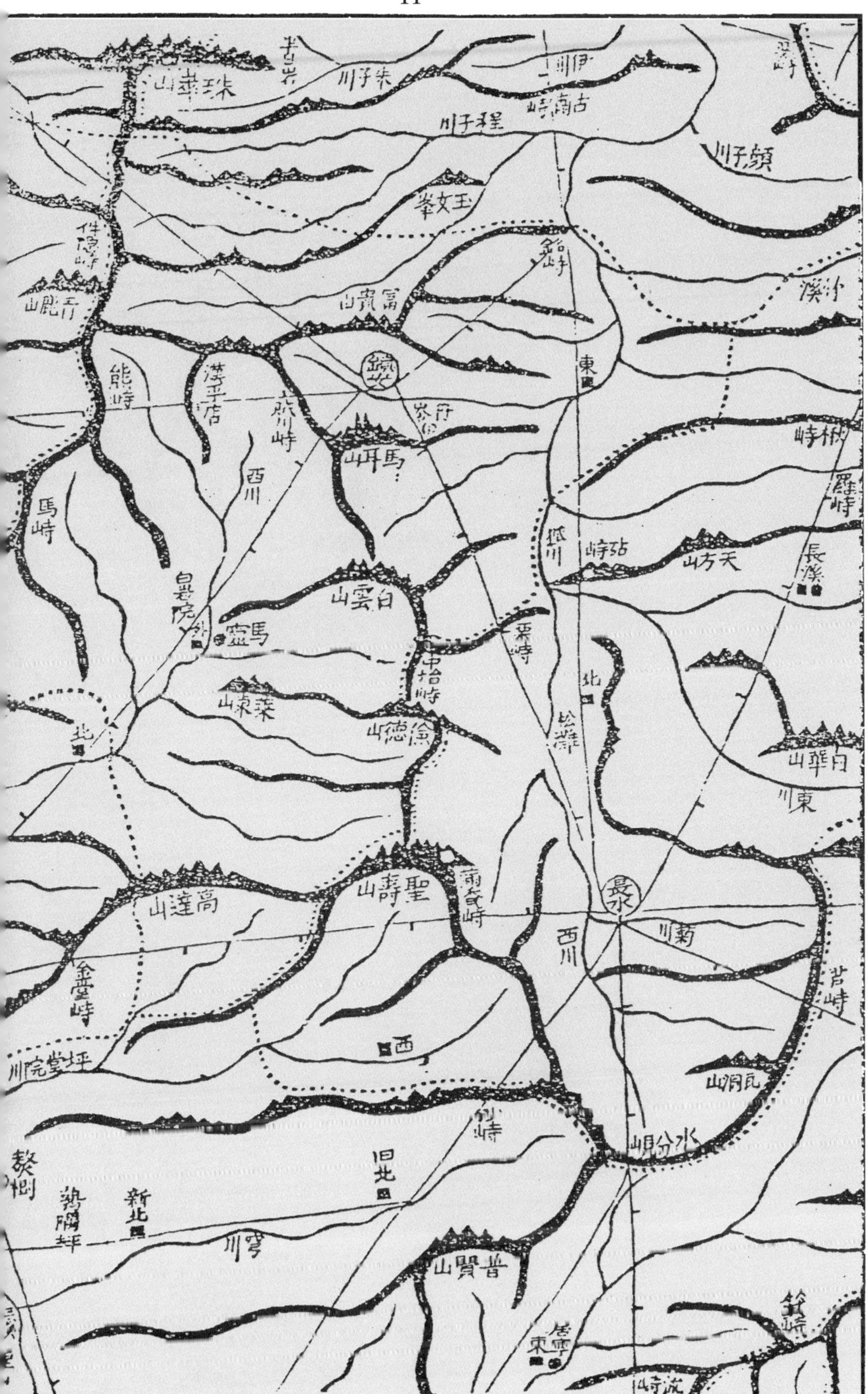

珠山
朱子川
程子川
古南伊峴
頴子川
半白興
王女峯
金峴
小溪
伴隱峴
三鹿山
白寅富
鑯女
羅峴
熊峴
薄平店
炭峴
西川
馬耳山
椒峴
馬峴
皐院外
馬窟
白雲山
狐川
站峴
天方山
長溪
北
中拾峴
栗峴
森東山
徐德山
松衝
月華山
東川
一七
高達山
金盞峴
坪堂院川
聖壽山
雨叟峴
西
長水
菊川
西川
芚峴
瓦洞山
水分峴
黎桐
勢隔坪
新北
舊北
雪川
刪峴
普賢山
東雲居
流峙川
錢峴

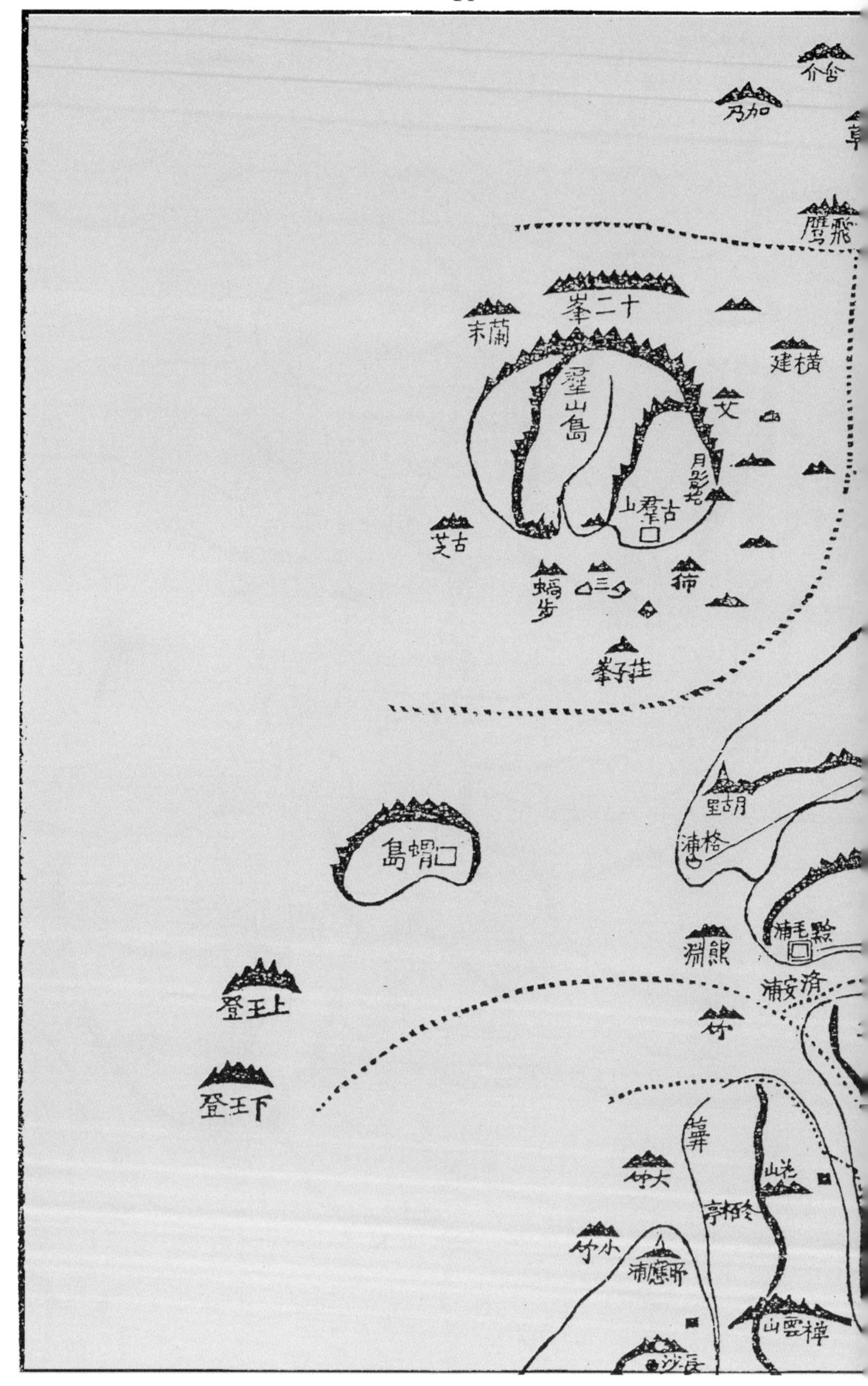
舍介
加乃
飛鴈
蘭末
十二峯
羣山島
橫建
文
月影花
古羣山口
古芝
蝸步
三
柿
莊子峯
胡月古里
格浦
毛浦黔
熊淵
濟安浦
竹
島蝟口
上王登
下王登
大竹
舜
花山
冬村亭
小竹
昕應浦
禪雲山
長沙

전북 김제 만경
전북 정읍 고부
선북 고창 흥덕

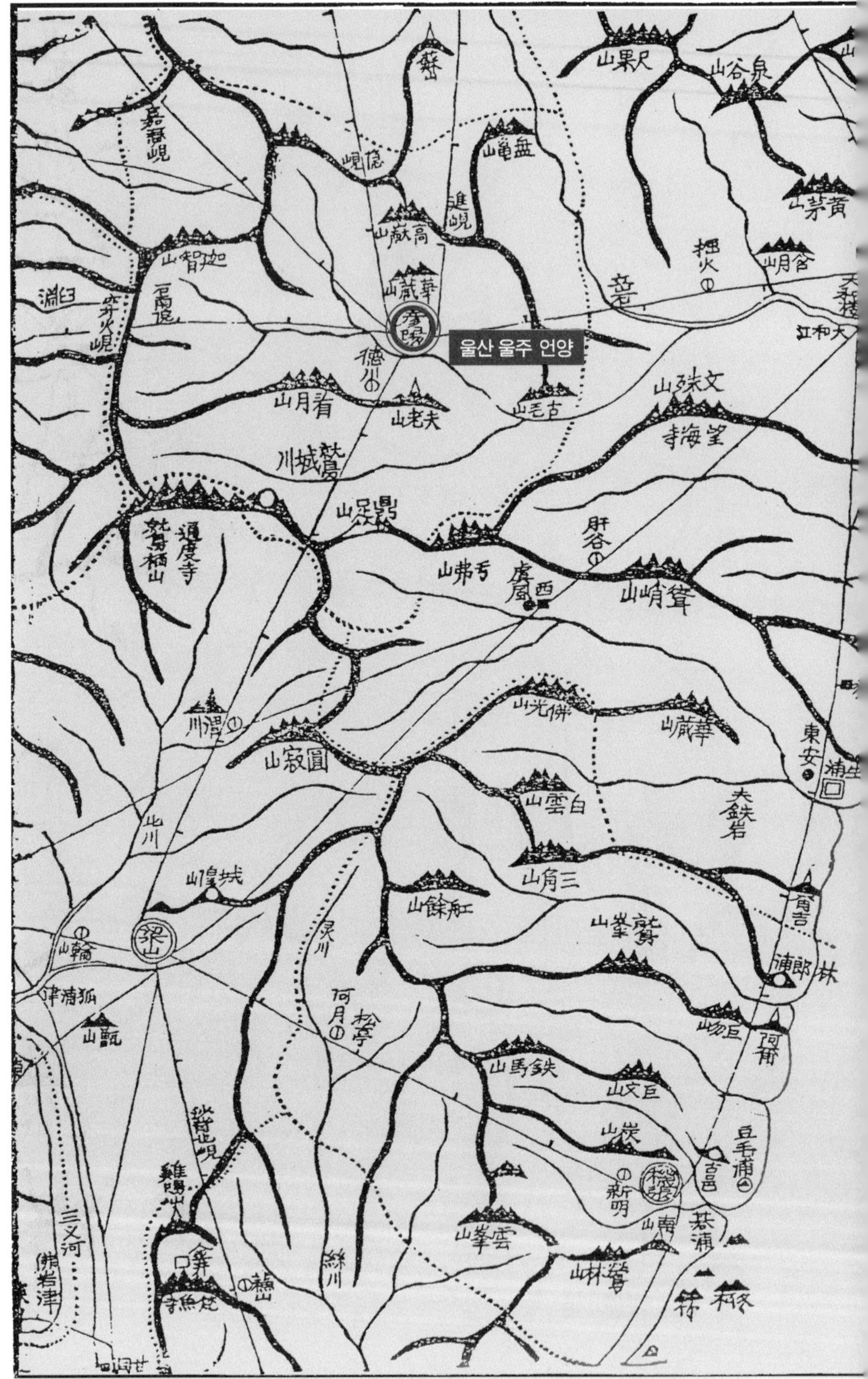
울산 울주 언양
泉谷山
尺果山
黃芽山
押火
月谷山
彥陽
龜盍山
進峴
億峴
高峴山
華藏山
嘉舜峴
智迦山
德川
文殊山
望海寺
山老夫
吉毛山
鼎足山
月肴山
肝谷
川城鷲
通度寺
鷲栖山
虎風西
弓弗山
箏峴山
佛光山
華藏山
東安浦生
渭川
圓寂山
白雲山
鐵岩夫
北川
城隍峴
三角山
紅餘山
鷲峰山
輪山
梁山
角言
狐溝津
灵川
郎浦林
甄山
松亭月阿
巨勿峴
阿甫
鐵馬山
巨文山
豆毛浦
炭山
機張新明
雞鳴山
猪此峴
鷲峰
雲峯山
南山
三叉河
鰲
魚比浦
甘浦
鷲林山
佛岩津
甘峴
海

無里簹山
南林川
連川諸
左
東大山
鰲山
御風垝
外
渚丙浦
鮎魚津
嘉瀆
內川
鳴山
柳浦
廘容弟
終栢

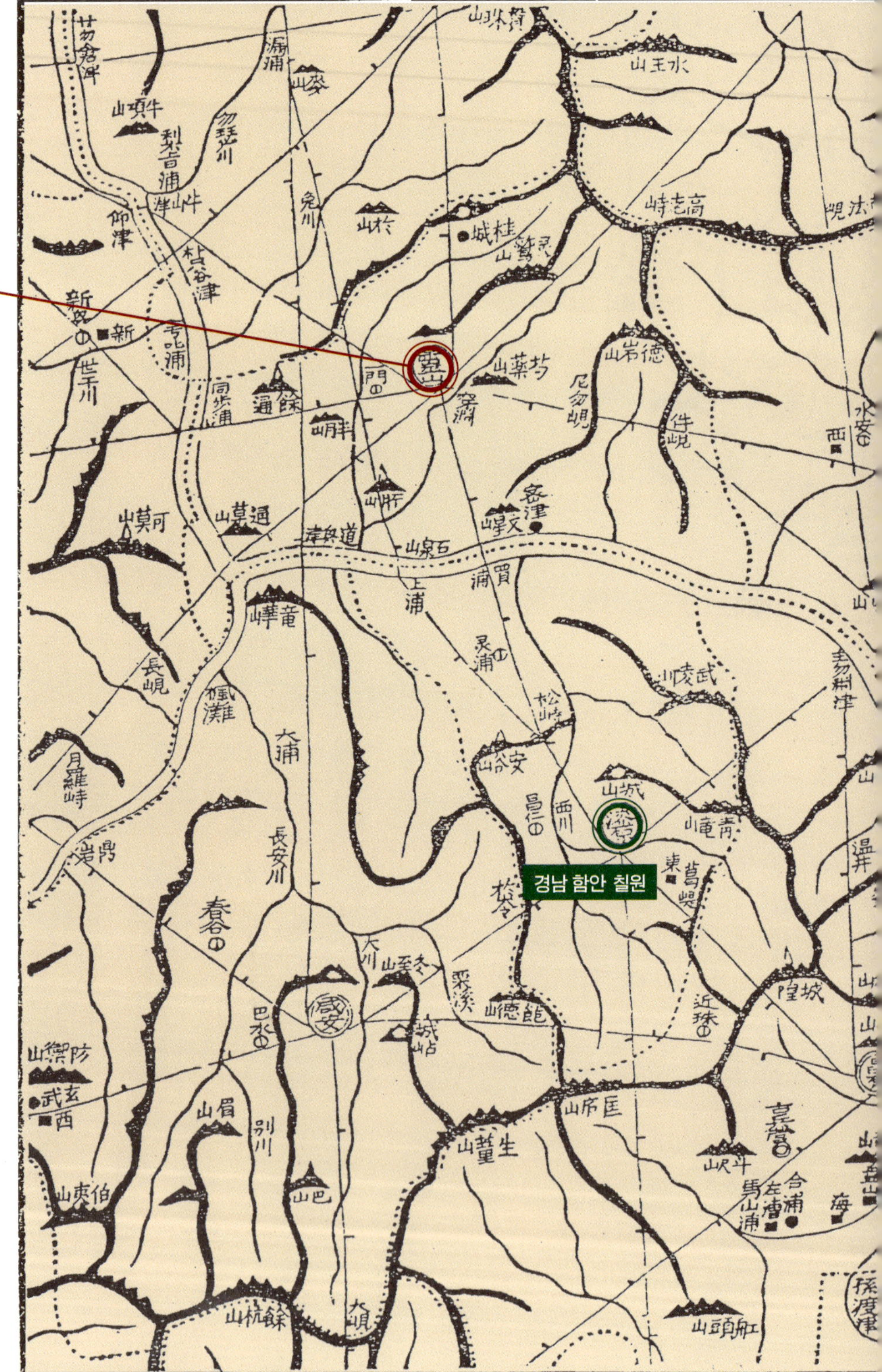

경남 창녕 영산
경남 함안 칠원

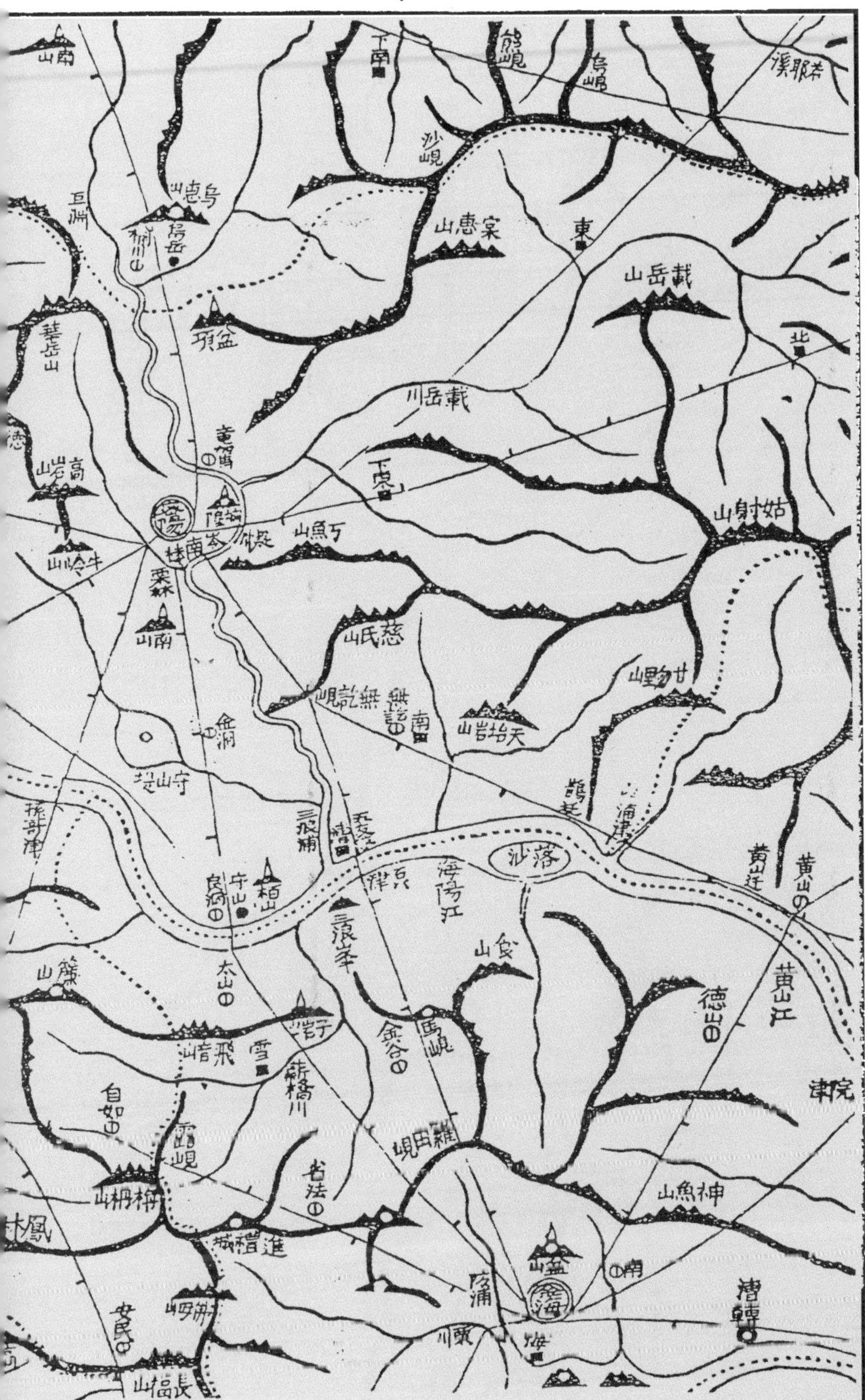
南山
羅耶溪
下南
臨瀛
烏嶺
沙峴
烏嶺
德陽岳山
東
案惠山
載岳山
互濟
楮州山
盆項
北
載岳川
竜淵
德
高岩山
下東
姑射山
鷺陽
陰峯
泰南
臨瀛
伏隱
互魚山
牛嶺山
栗林
慈氏山
南山
甘野山
無訖峴
南岩
天坮岩山
鷺陽
蘇浦津
黄迂山
守堤山
三飛浦
落沙
黄山
孫哥浦
良洞
栢山守山
兵津
海陽江
食山
黄山江
太山
三浪峯
德山
自如
飛山
雪
鳥峴
馬峴
金谷
完津
臨峴
新橋川
羅田峴
梅栖山
王子峴
神魚山
鳳木
安良
進稽城
法名
南
益山海津
長栖山
浦
順川
濟萬

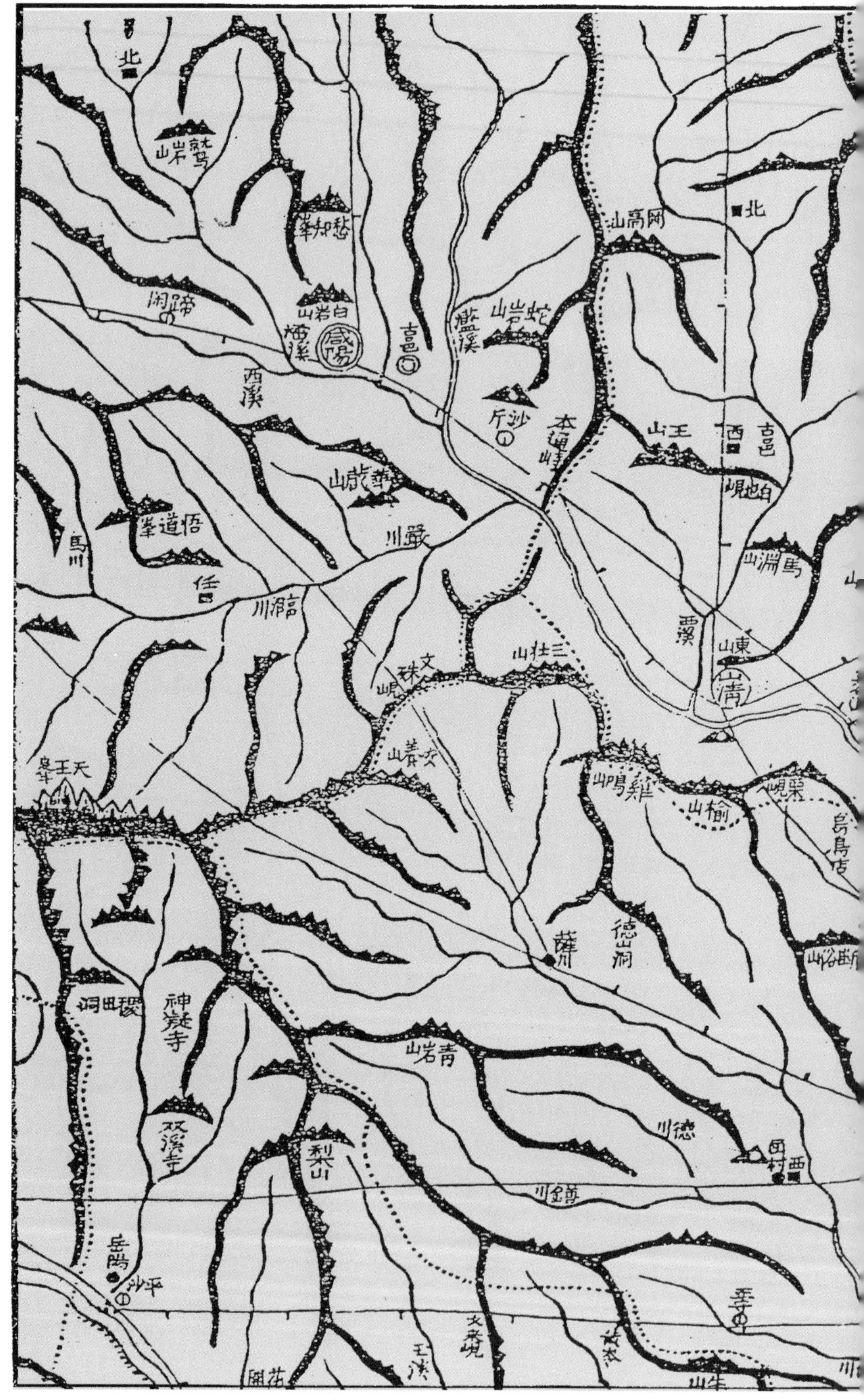
北
就烏山岩
憨知峯
閑帝
白岩山
咸陽
西溪
鹽溪
高
蛇岩山
高罔山
北
沙斤
本峰
王山
古邑
酉
白峴
馬淵山
蕚
東山
清
烏川
悟道峯
任
嚴川
高淵川
文珠峴
三壯山
玄養山
雞鳴峴
栗峴
榆山
店烏島
天王峯
薩川
德山洞
所谷山
璦田洞
神凝寺
青岩山
德川
西村
雙溪寺
梨山
錦川
岳陽
平沙

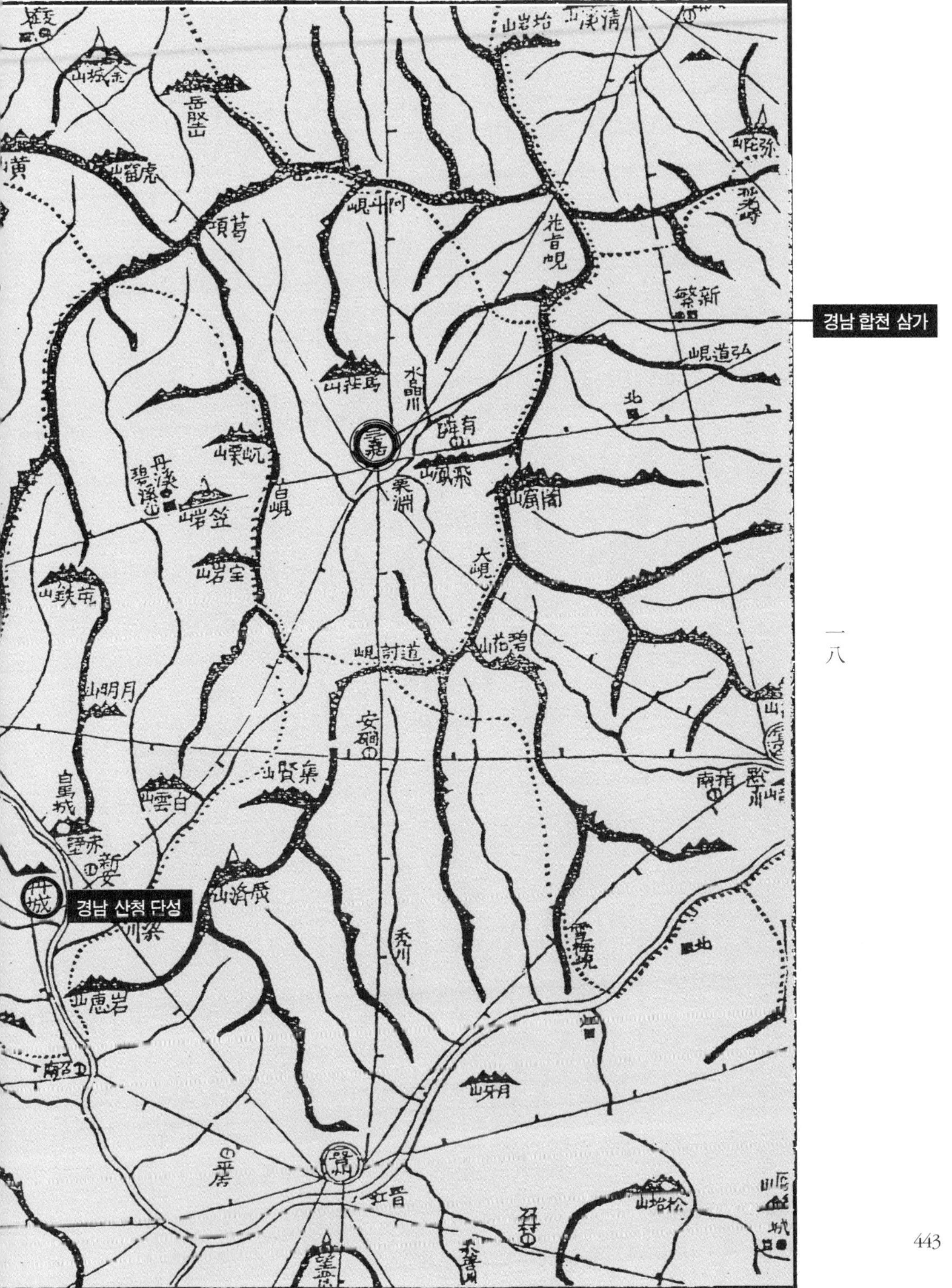
경남 합천 삼가
경남 산청 단성
嘉
丹城
晉州
一八

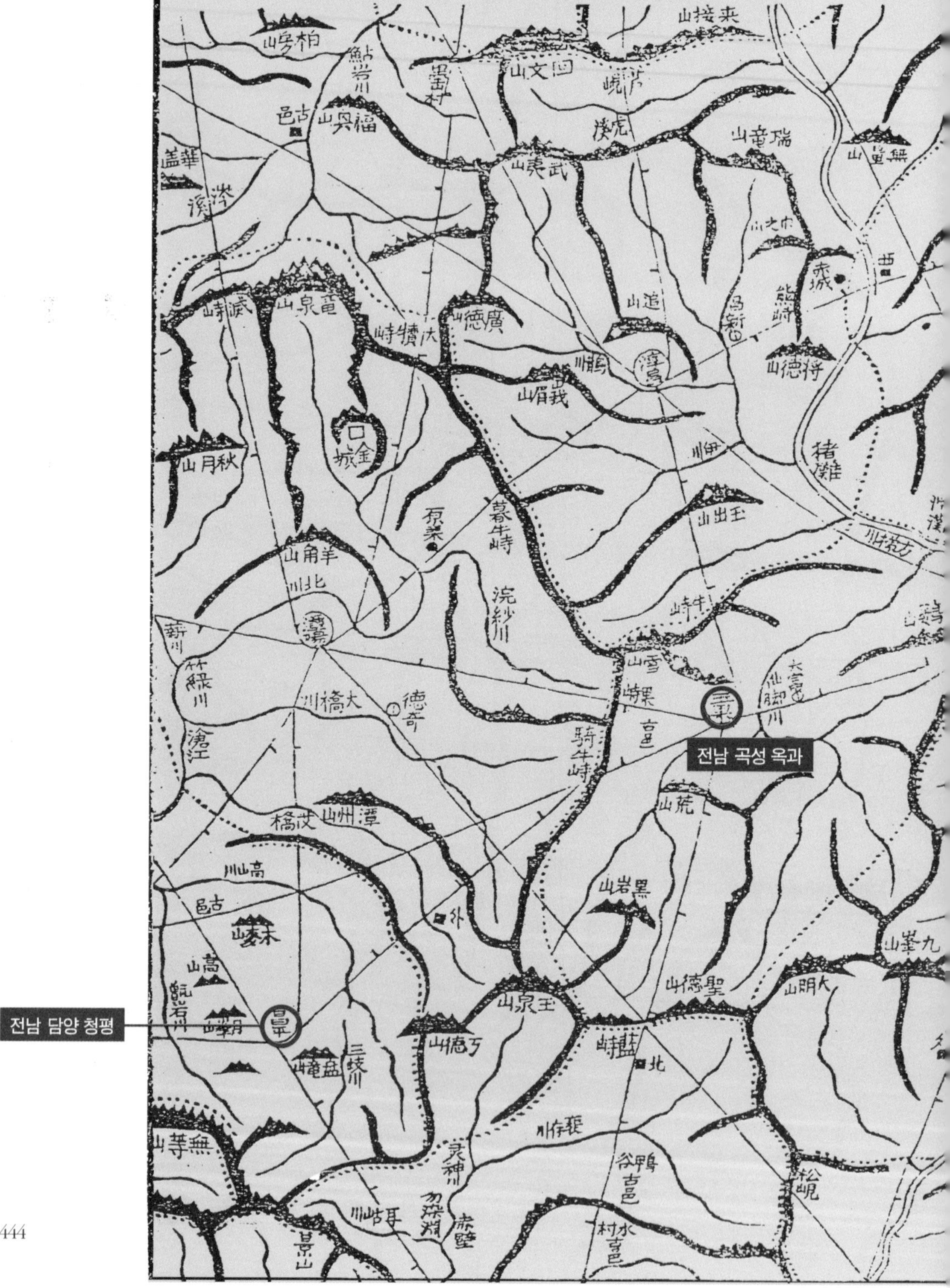

전남 곡성 옥과
전남 담양 청평

一八

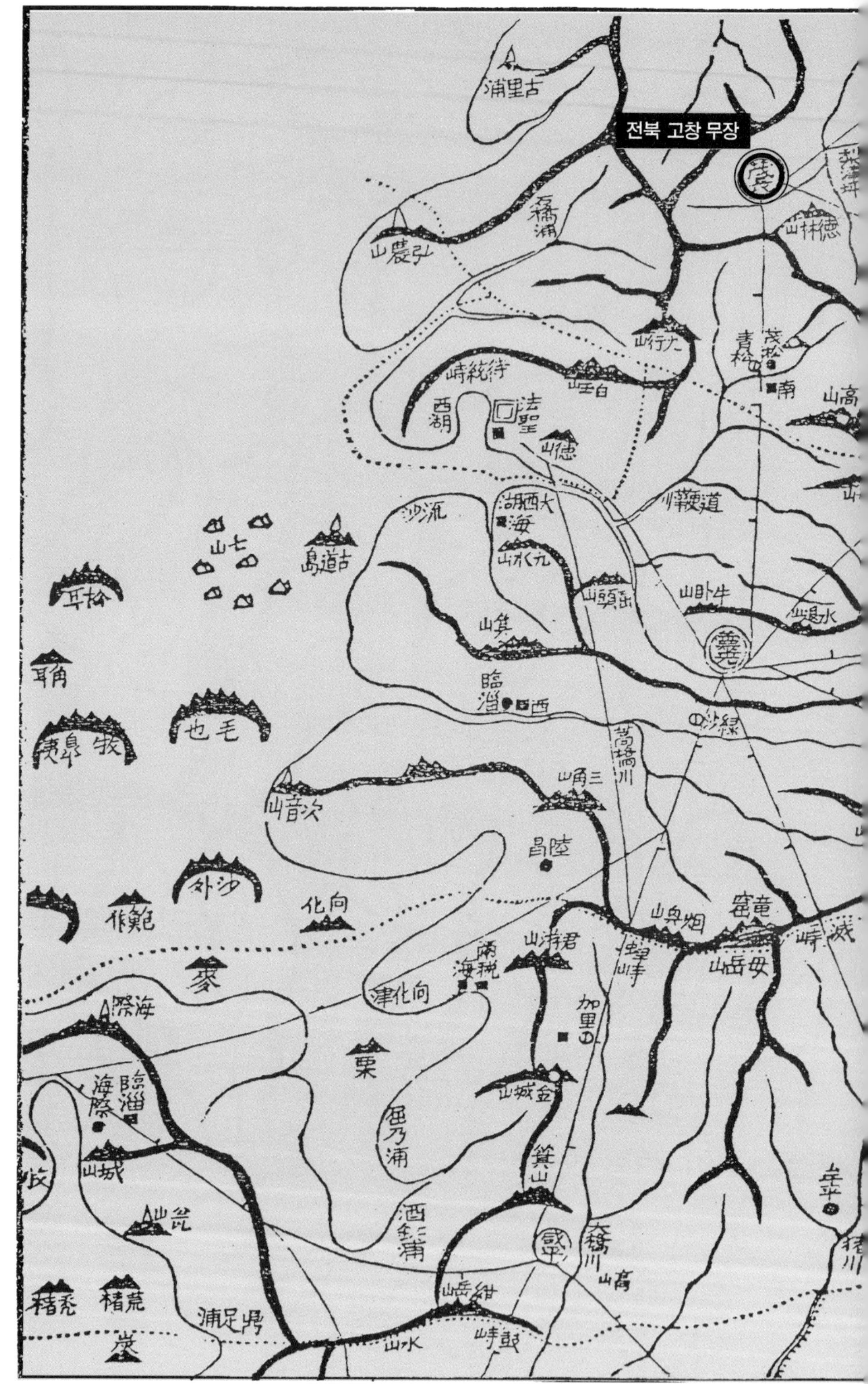

전북 고창 무장

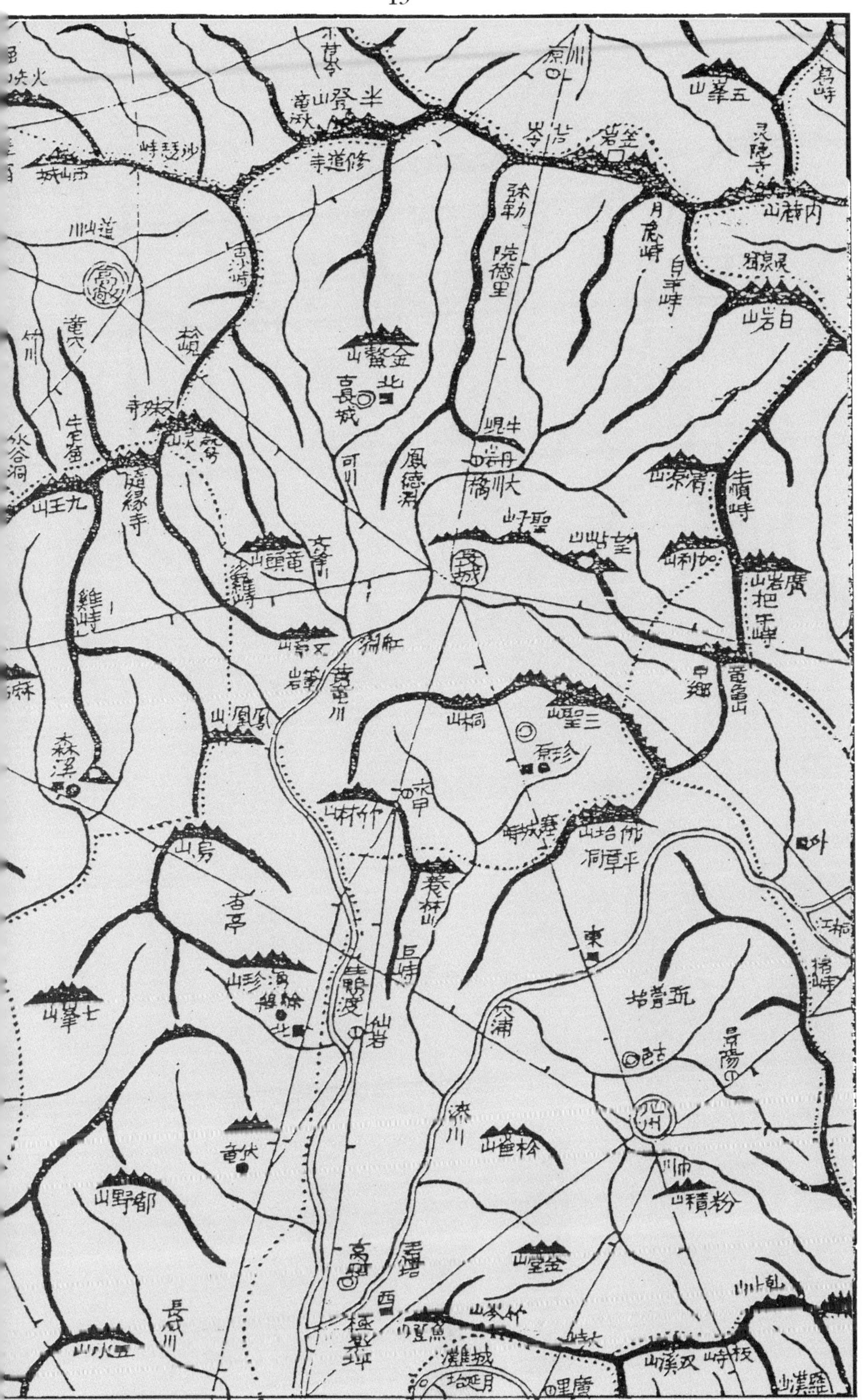

火峽
城山西
峙琶沙
道山川
竹川
龍穴
水谷洞
牛宅
山王九
雞峙
麻
森溪
山峯七
郡野山
竜伏
山火
長川
小草
半山發
竜山峽
修道寺
古沙峙
枌峙
文殊寺
始緣寺
竜頭山
文殊川
山巖
黃竜川
山鳳凰
杏亭
山珍
北楸
山林竹
房山
竜潭
西極星
烏夏里
城灘
延岩治
原川
苦岑
勒彌
院德里
牛岩峴
大橋川
聖子山
月虎峙
笠岩
金鰲山
高長城
風德洞
望岾山
東草
寒坡時
平草洞
佛塔山
養林山
東
鴨湶
仙岩
深川
山茸松
葛竹岾
雙溪峙
廣里
五峯山
鳥峙
靈陵寺
山藏內
靈泉獨
白岩山
白羊峙
清涼山
生項峙
加利山
把王巖山
廣
竜龜山
甲鄉
三聖山
竹岾
工岾
揷峙
瓦墓培
昇陽
古岾
九州
帥
粉積山
金聖山
乱北山
技峙
渡溪

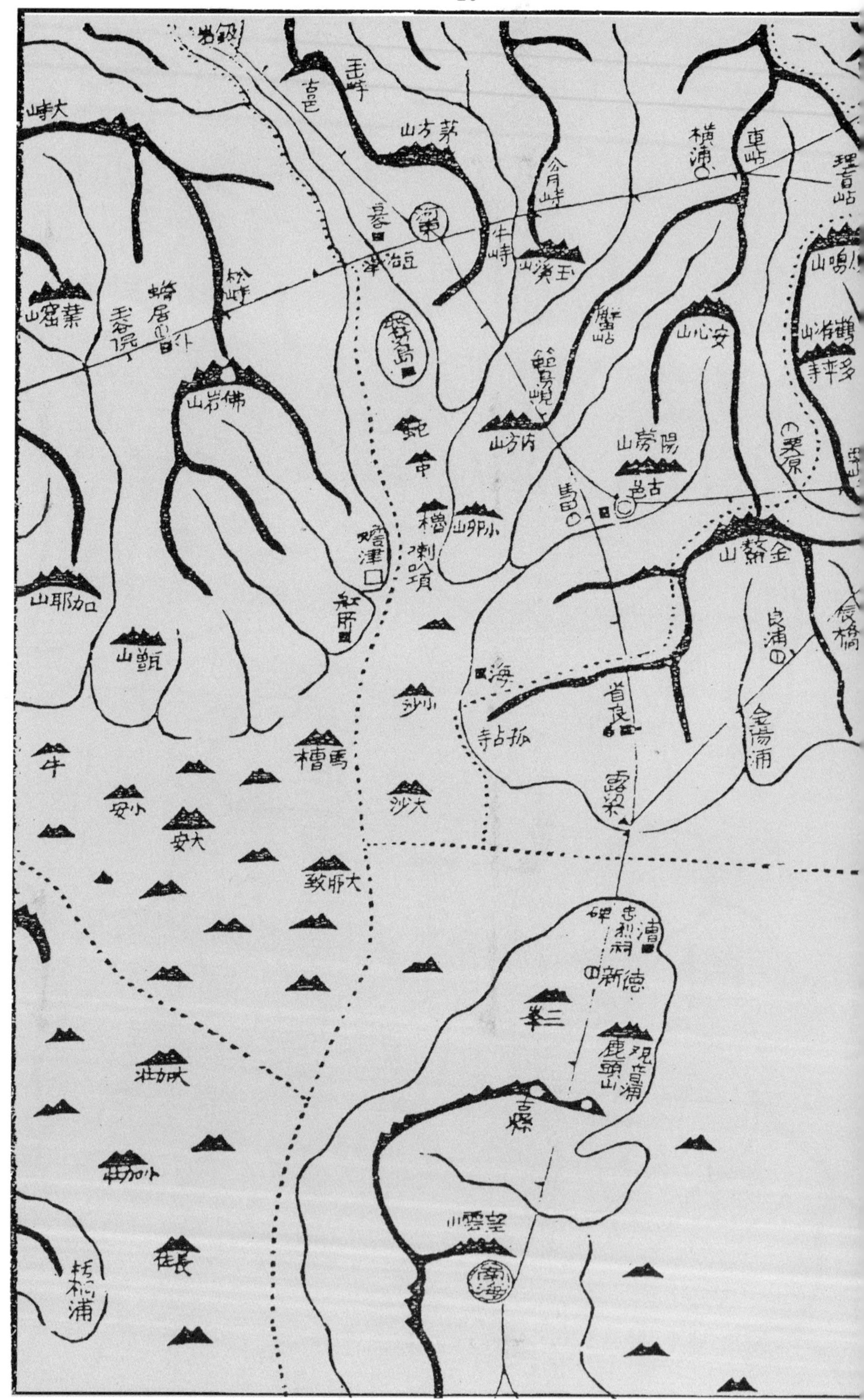

大峙
邑古
玉峙
茅方山
公月峙
橫浦
車峙
理言山
松峙
莘密山
蟾居山玉谷院
牛峙
玉溪山
蟹岾
鳴山
多平寺鶴游山
佛岩山
安谷島
鶴嶺
安心山
加耶山
鮀中
內方山
陽芳山
馬昌
古邑
甑山
樹嶺
紅所
津口
小卯山
金鰲山
良浦
金陽浦
檢橋
海占寺
省良
梭橋
牛
馬槽
小安
拯占寺
露梁
大安
大沙
致卯大
小沙
忠烈祠碑
漕
德新
觀音浦
鹿頭山
三峯
晟狀
加乙串
長徒
雲堂山
杻浦
小海

경남 사천 곤양

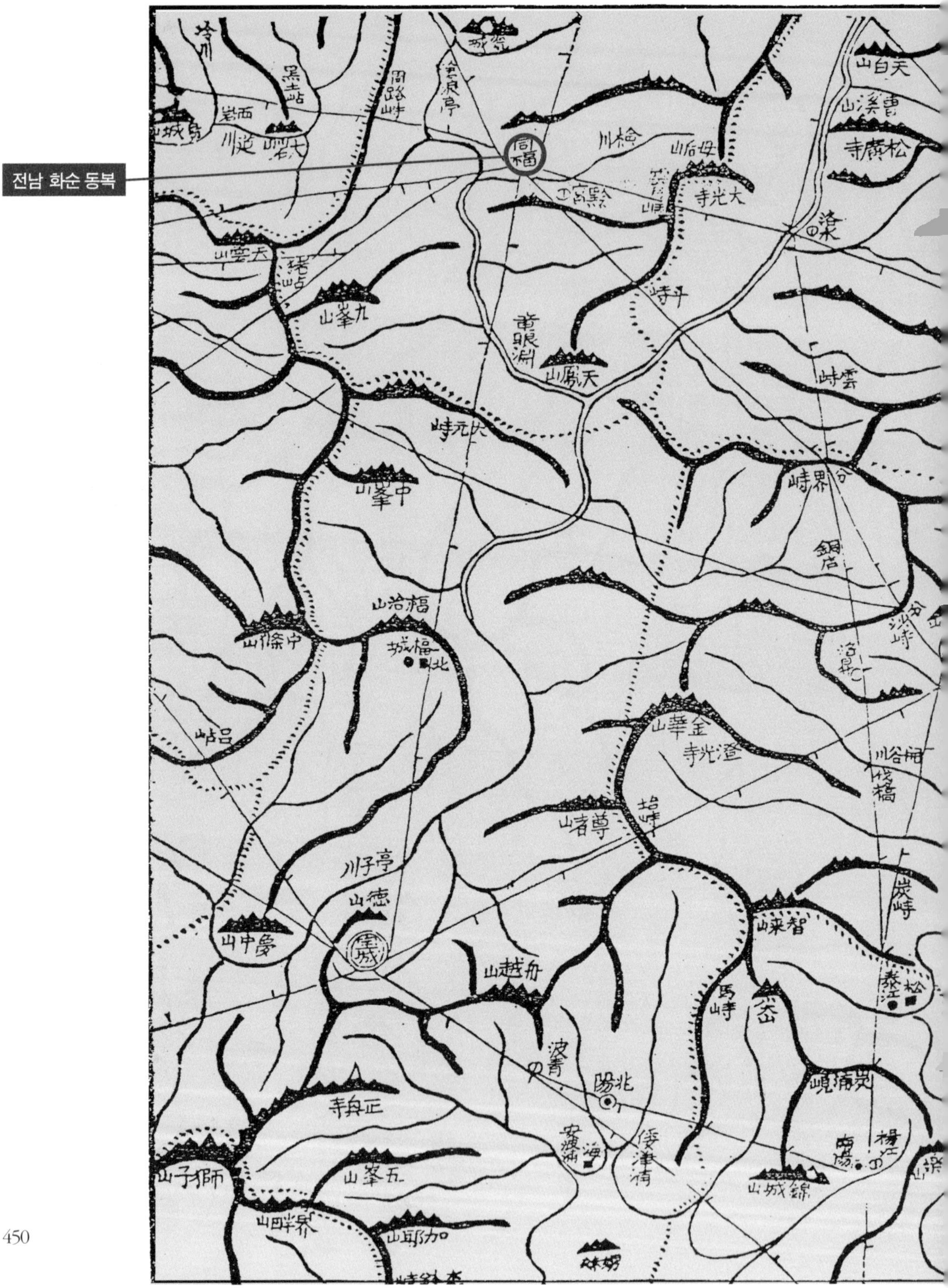

전남 화순 동복

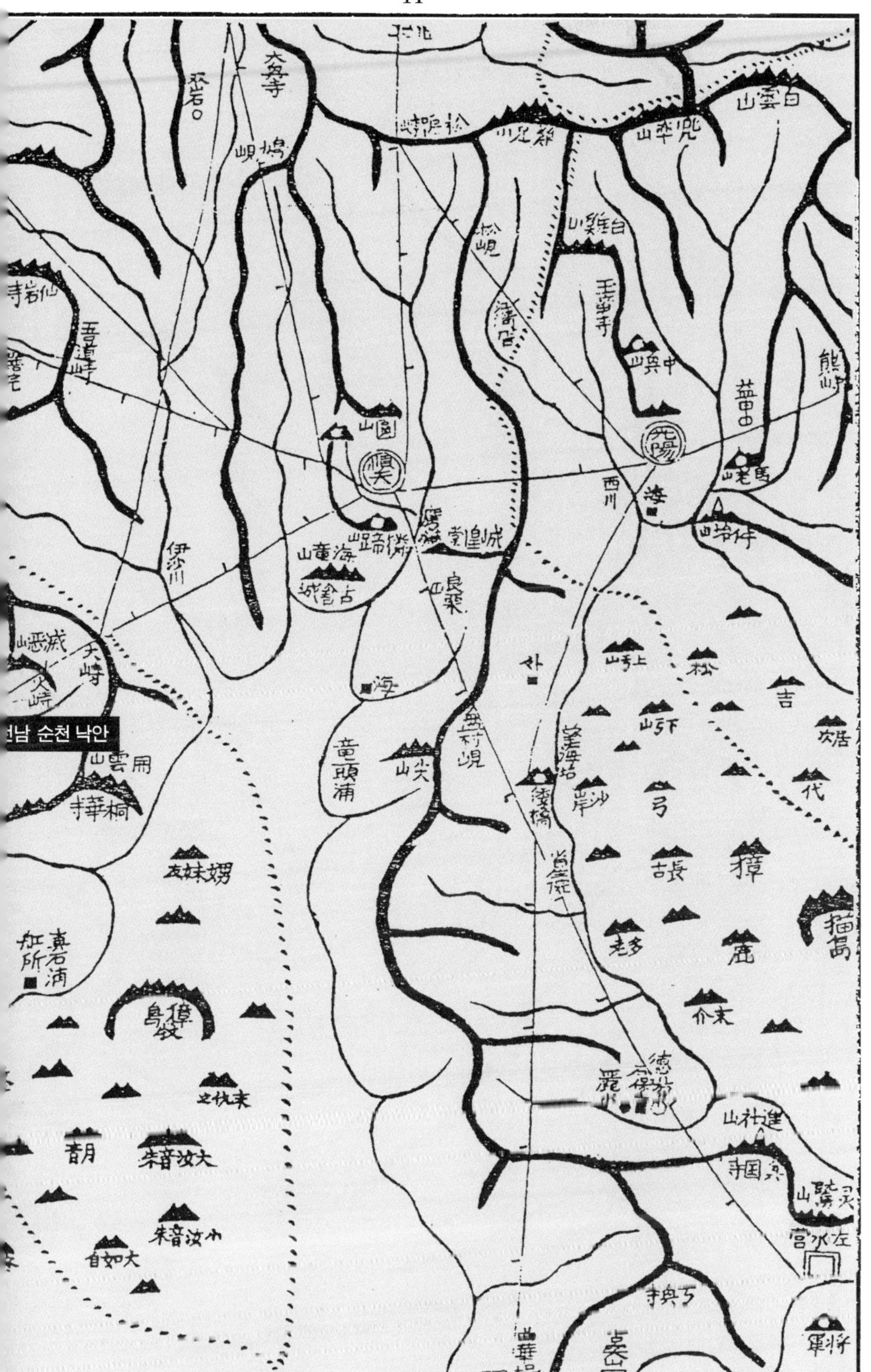
전남 순천 낙안
順天
光陽
大安寺
熊山
中興寺
西川
伊沙川
竹海
古倉城
良栗
海
仙岩寺
吾道峙
滅峙
天峙
火峙
桐華寺
用雲山
竜頭浦
尖山
吉
松
上手山
下手山
弓
古嶺
獐鹿
猫島
友妹娚
真石浦
加所
偉[illegible]
末伏之
大汝音朱
小汝音朱
大如自
德保水
麗水
進社山
左水營
曦陽山
華陽場

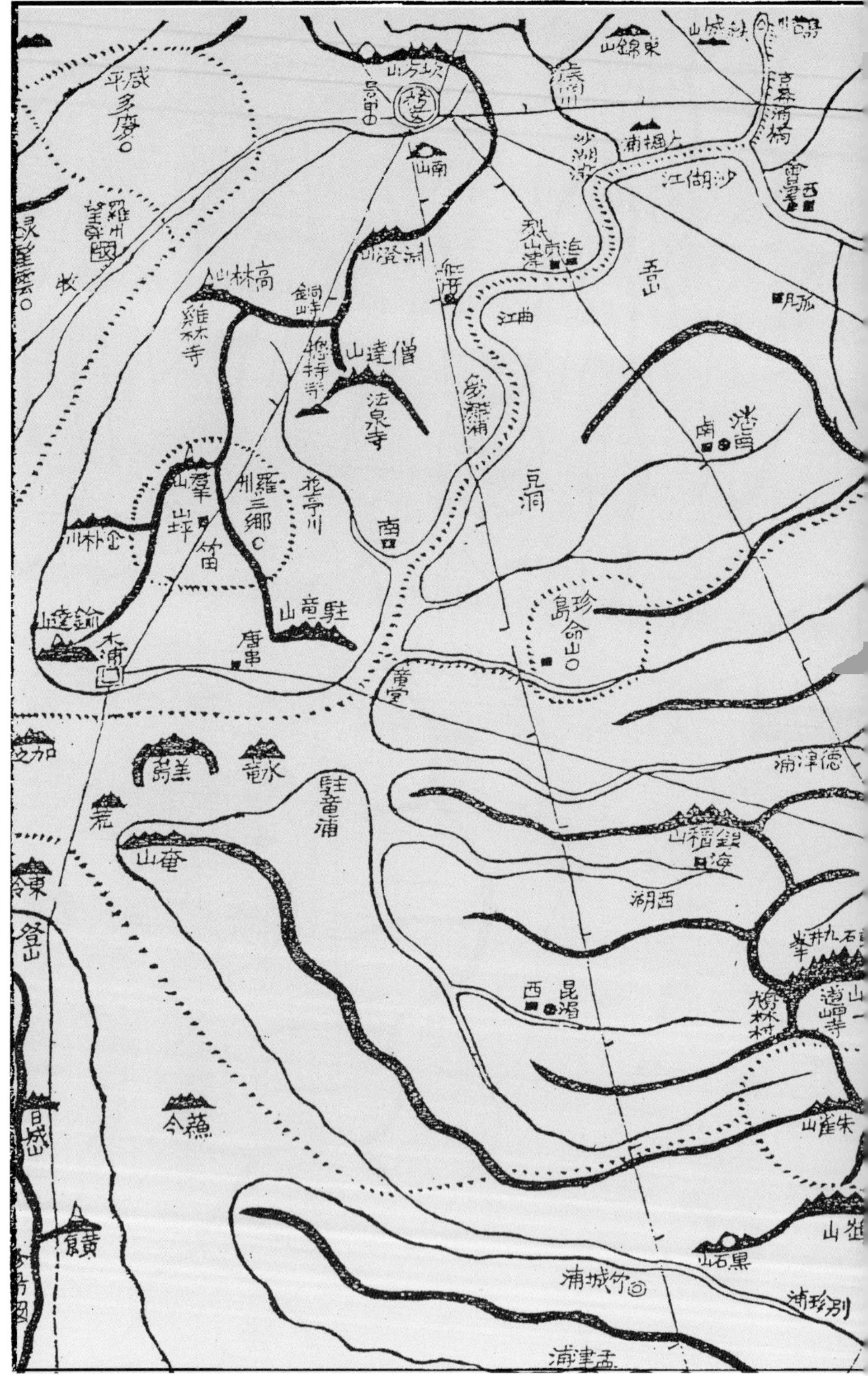
咸平
多摩○
靈光郡○
望雲亭
羅州牧
高林山
雜木寺
銅寺
澄洞山
摠持寺
僧遠山
法泉寺
南
南亭川
山坪
三鄉
羅川
笛
錦達山
木浦
唐串
駐龍山
龍堂
加之
荒
水竜
美蕗
奄山
駐龍浦
東登山
合蕉
黃
坎方山
南山
烈山津
沙湖津
沙胡江
吾山
江曲
參辨浦
昆洞
南港島
珍島
郡合山
德津浦
銀海福山
西湖
西昆湄
九峰
石井
旋林村
遠岬寺
朱崔山
雉山
黑石山
回竹城浦
別珍浦
孟津海
東錦山
浦梘上
孤月
辰浦橋
雪峯

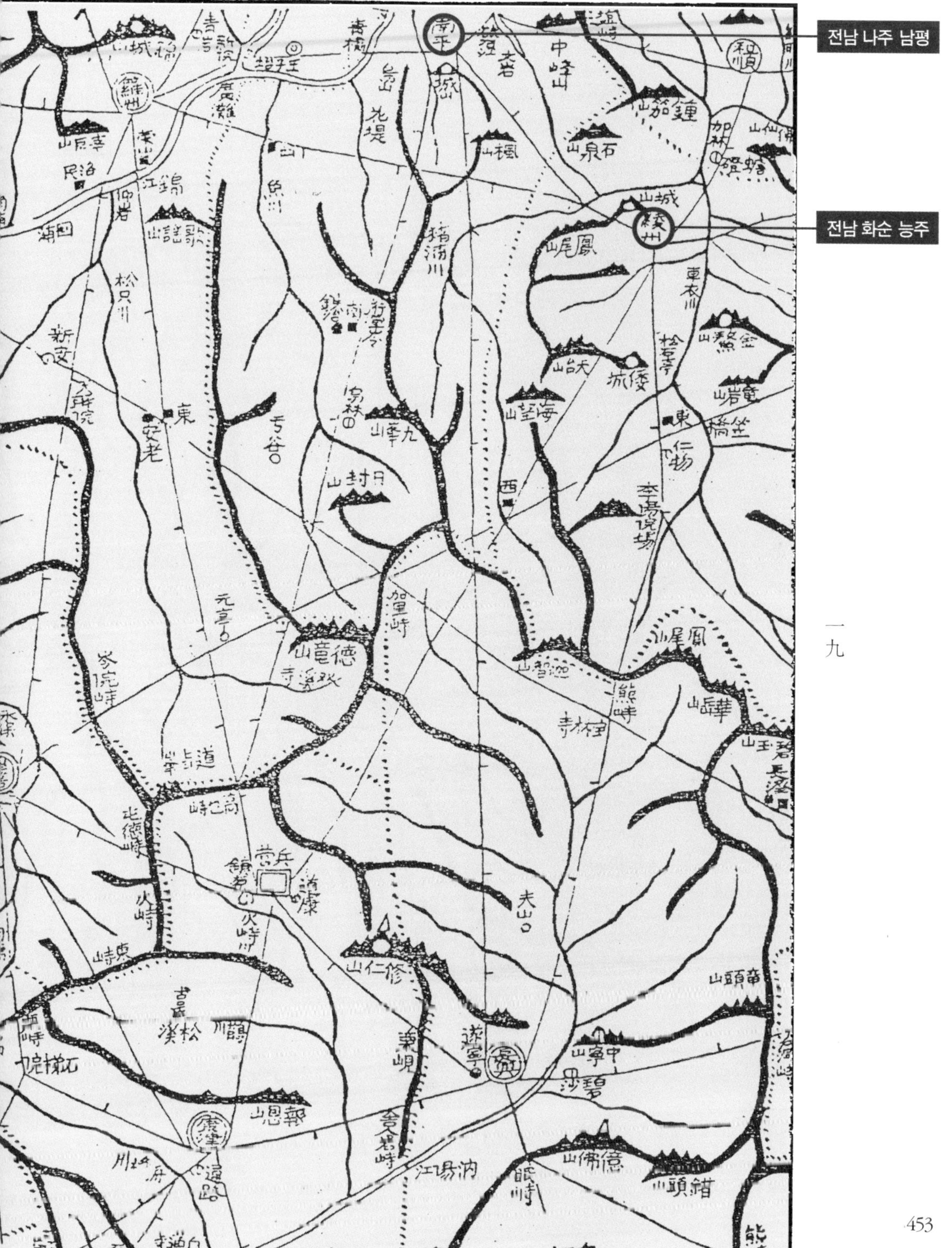
전남 나주 남평
전남 화순 능주
南平
綾州
羅州
一九

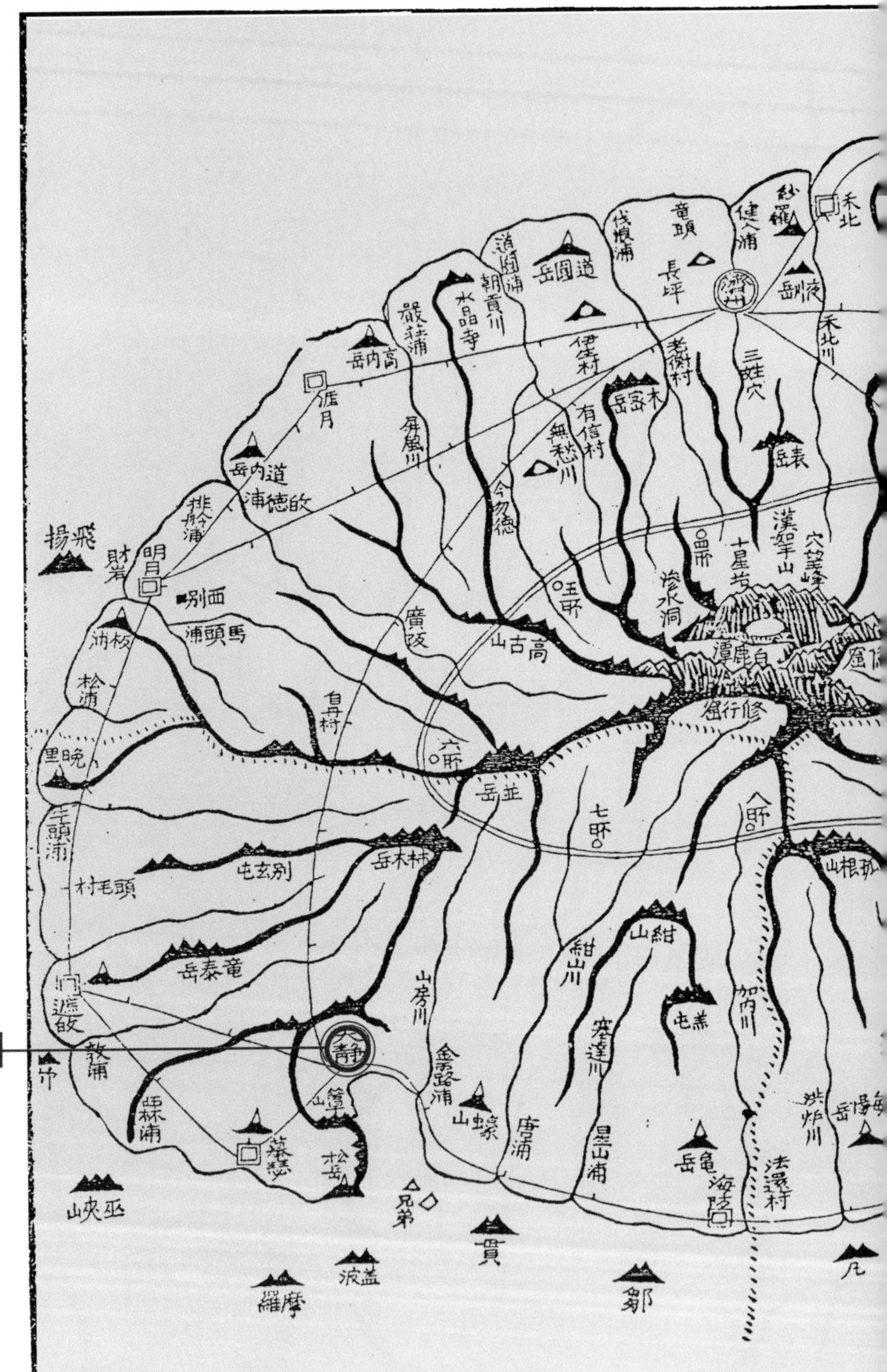

제주 남제주 대정

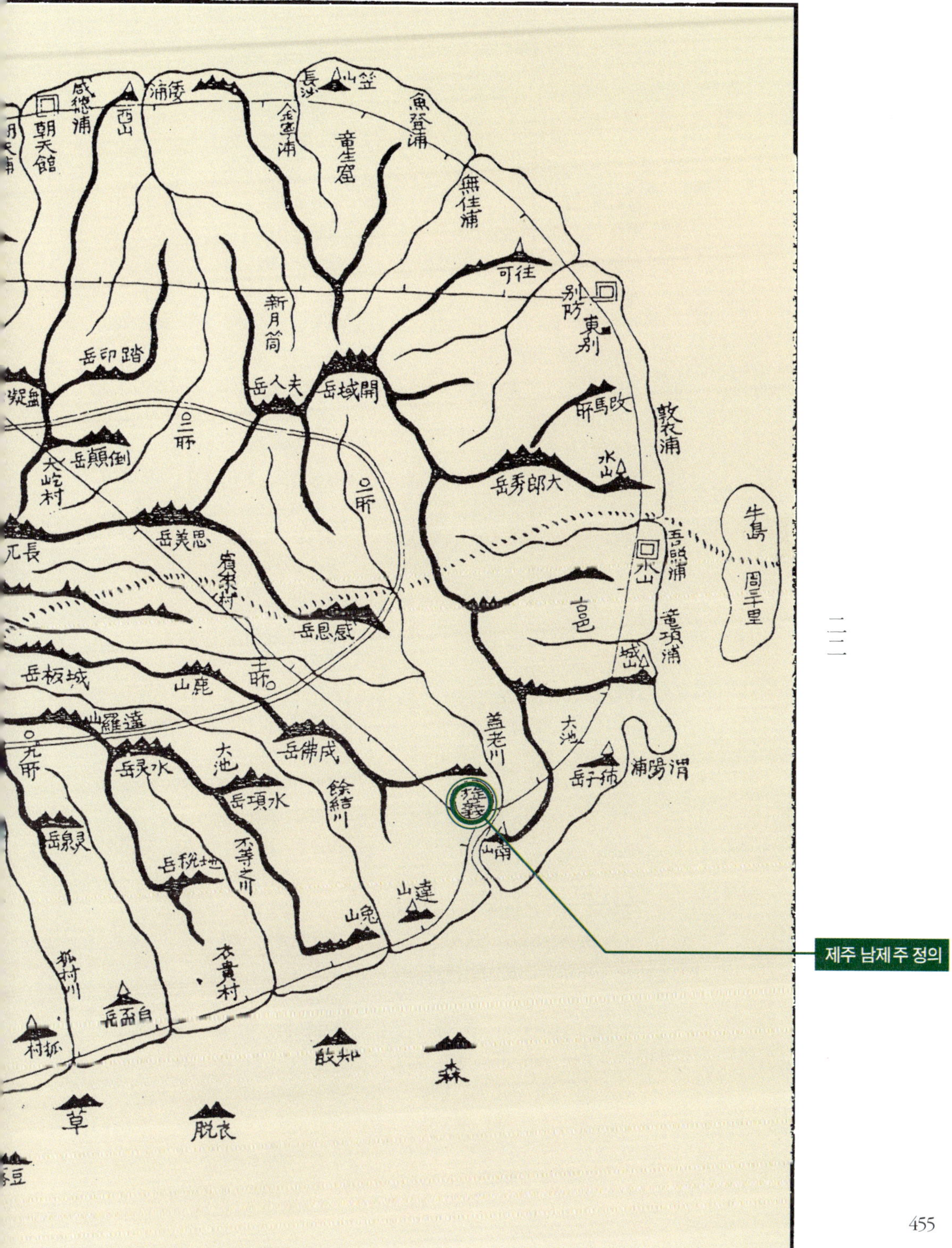

朝天館
感德浦
西山
使浦
長沙
金寧浦
童生窟
魚登浦
無佳浦
可往
別防
東別
敗馬
水山
敦衣浦
踏印岳
新月筒
夫人岳
開域岳
疑盤
倒顛岳
大岾村
三所
二所
大郎秀岳
吾照浦
水山
邑
思美岳
水山城
童項浦
寧來村
長兀
感恩岳
牛島 周三十里
城板岳
鹿山
遠羅山
蒜
元所
大池
成佛岳
渭陽浦
茄子岳
益老川
靈水岳
水項岳
餘結川
不等之川
南山
地稅岳
靈泉岳
遠山
兎山
衣貴村
狐川村
白盃岳
抓村
知敗
森
草
脫衣
豆

제주 남제주 정의

二二二

청군 191, 192
청나라 29, 191, 333
청도 286
청련동애 223
청령포 226
청말평 191
청미천 42
청송 229, 244, 245, 248, 249
청송군 243, 244, 248
청송부 244, 245
청연포 127
청일전쟁 191
청징연 89
청하 253
청하현 254
청한거사 288
첸탕 199
초계군 295, 297, 299, 301
초계향교 296
초암사 222, 223
초팔혜현 294
초포원 98
최명길 333
최박 77
최범술 266
최사로 49
최선복 276
최숙생 128, 139, 143
최숙정 69
최시형 209, 210
최영 180
최익현 371
최인곤 134
최종리 291

최천익 259
최충 189
최치원 131, 134, 366, 368
최태평 45
최항 54
최현우 159
추계천 63
추헐원 185
추현원 248, 251
축산도 211, 219
축산포영 219
춘천부 52
춘향전 318, 322
충렬사 274, 332, 333
충렬왕 224, 350
충숙왕 150, 224, 265, 294, 327
충장봉 101
충청남도 85, 93, 107, 108, 116,
    127, 129~131, 135, 141,
    169, 179, 183, 209, 314, 331
충청도 40, 61, 71, 77, 86, 112,
    120, 125, 162, 186, 209,
    234, 310, 329, 333, 338,
    347, 379
충청북도 47, 93, 193, 209
취령 287
취예루 34
취운스님 58
취읍정 161
취한대 223
치악산 55
칠장사 41, 42, 49
칠장산 41
칠파화현 243

칠포영 255
칠포진 254
칠현산 41, 42
침향 271

— ㅌ —

탄현 85
태고국사 92
태고사 92
태고사사적비 93
태백산 222, 224, 227, 229, 234,
    239
태봉 47
태봉국 48
태봉산 47, 206, 268
태산 365
태산군 364
태산군수 366
태산사 368
태인 333, 347, 363~366, 368,
    369, 371
태인동헌 364
태인초등학교 364
태인현감조규순영세불망비 368
태조 49, 58, 71, 72, 80, 85,
    97~99, 101, 104, 112, 118,
    128, 140, 150, 154, 174,
    185, 186, 210, 212, 234,
    244, 253, 259, 294, 350, 383
태조실록 78
태종 24, 40, 52, 61, 85, 118, 131,
    140, 150, 163, 174, 185,

『고려사』김종서 · 정인지 외, 조선시대

『국역고려사절요』민족문화추진회. 1968

『고려도경』서긍, 민족문화추진회, 중국 송

『대동여지도』제2경성제국대학법문학부, 서울대학교 규장각 소장, 소화 11년

『대동지지』 김정호. 아세아문화사. 1972

『대순전경』이상호 · 이정립 엮음, 증산교 본부 소장, 1929년

『동국여지비고』, 서울대학교 규장각 소장, 조선시대

『동국이상국집』이규보, 민족문화추진회. 1979

『동국지리지』한백겸, 영인본, 일조각, 1982

『대동야승』성현 외, 민족문화추진회, 1997

『목민심서』정약용, 서울대학교 규장각 소장, 조선시대

『국역목은집』이색, 민족문화추진회, 2000

『산림경제』홍만선, 민족문화추진회, 1983

『국역삼봉집』정도전, 민족문화추진회. 1977

『성호사설』이익, 민족문화추진회, 1977

『석남일기』이이, 서울대학교 규장각 소장, 조선시대

『송강집』정철, 송강 유적보존회 1988

『신증동국여지승람』이행 · 홍언필, 민족문화추진회, 1989

『여유당전서』정약용, 1936

『여지도서』, 한국교회사연구소, 조선시대

『연려실기술』이긍익, 민족문화추진회, 1967

『연암집』박지원, 김명호. 신호열 옮김 2005

『완당집』김정희, 민족문화추진회, 1989

『조선왕조실록』, 서울대학교 규장각 소장, 1413-1865

『증보산림경제』유중림, 조선시대

『택리지』이중환, 조선광문회, 1913

『국역 매월당집』김시습, 세종대왕기념사업회, 1978

『국역 성소부부고』허균, 민족문화추진회, 1986

『국역 순암집』안정복, 민족문화추진회, 1997

『국역 청장관전서』이덕무, 민족문화추진회, 1997-1981

『국역포은집』정봉주, 대양서적. 1982

『해동잡록』권별, 권영기 소장, 조선시대

『국역 미수기언』허목, 민족문화추진회. 1968
『국역 동문선』, 민족문화추진회. 1968
『국역 화담집』서경덕, 고려대학교 민족문화연구소, 1971
『조선시대사찬읍지朝鮮時代私撰邑誌』, 한국인문과학원. 1989
『한국근대읍지』한국인문과학원. 1989

출판 단행본

『삼국사기』김부식지음, 이병훈 역, 을유문화사, 1983
『삼국유사』일연지음, 이민수역, 을유문화사.1983
『갑오동학혁명사』최현식, 향토문화사, 1983
『객주』김주영, 창작과비평사, 1981-1984
『국토와 민족생활사』최영준, 한길사, 1997
『금강 401km』신정일, 가람기획, 2001
『나를 찾아가는 하루 산행 2』신정일, 사람과산, 2001
『나를 찾아가는 하루 산행』신정일, 푸른숲, 2000
『나의 아버지 박지원』박종채, 박희병 옮김, 돌베개, 1998
『난중일기』이순신, 허경진 옮김, 한양출판, 1997
『님의 침묵』한용운, 청년사, 1986
『다시 쓰는 택리지 1 · 2 · 3 · 4 · 5』신정일, 휴머니스트, 2004-2006
『당쟁으로 보는 조선역사』이덕일, 석필, 2004
『동학과 농민봉기』한우근. 일조각. 1983
『동학의 산 그 산들을 가다』신정일, 산악문화, 1995
『민족문화백과대사전』, 한국정신문화연구원, 1991
『사상기행 1 · 2』김지하, 실천문학사, 1999
『산중일기』정시한, 신대현 옮김, 혜안, 2005
『선인들의 지리산 유람록』김일손 외, 최석기 외 옮김, 돌베개, 2000
『신한국풍수』최영주, 동학사, 1992
『신정일의 낙동강 역사문화 탐사』신정일, 생각의나무, 2003
『아리랑』조정래, 해냄, 1995
『역주 매천야록』황현, 임형택 외 옮김, 문학과지성사, 2005
『오하기문』황현, 김종익 옮김, 역사비평사, 1994
『정도전을 위한 변명』조우식. 푸른역사. 1997,

『울고 싶지? 그래, 울고 싶다』신정일, 김영사, 2005
『이곳이 한국 최고의 명당』최명우, 수문출판사, 1997
『전봉준과 갑오농민전쟁』우윤, 창작과비평사, 1993
『젊은 날의 초상』이문열, 민음사, 1981
『조선불교통사』이능화. 혜안, 2003
『백범일지』김구. 범우사, 1984
『정감록』김수산 엮음, 명문당, 1981
『조선해어화사』이능화, 이재곤 옮김, 동문선, 1992.
『지봉유설 상·하』이수광, 남민성 옮김, 을유문화사, 1994
『지워진 이름 정여립』신정일, 가람기획, 2000
『전봉준전기』김의환, 박영문고. 1974
『천도교서』천도교, 1920
『탁류』채만식, 성공문화사, 1993
『태백산맥은 없다』조석필, 산악문화, 1997
『택리지』이중환, 이익성 옮김, 을유문화사, 1993
『한강 역사문화 탐사』신정일, 생각의나무, 2002
『한국과 그 이웃 나라들』이사벨라 버드 비숍, 이인화 옮김, 살림, 1994
『한국사 그 변혁을 꿈꾼 사람들』신정일, 이학사, 2002
『한국사의 천재들』신정일·이덕일·김병기 공저, 생각의나무, 2006
『한국의 풍수지리』최창조, 민음사, 1993
『한국지명총람』허웅 외, 한글학회, 1979
『국토와 민중』박태순. 한길사, 1983

지방 간행물

『고창군지』
『괴산군 읍지』
『낙안읍성지』
『부여읍지』
『양병군지』
『전남의 전설』
『직산현지』
『파수군사』
『완주군지』

대동여지도로 사라진 옛고을을 가다 1

1판 1쇄 인쇄 2006년 7월 31일
1판 1쇄 발행 2006년 8월 4일

지은이 ㅣ 신정일
발행인 ㅣ 박근섭
펴낸곳 ㅣ 민음사출판그룹 (주) 황금나침반

출판등록 ㅣ 2005. 6. 7. (제16-1336호)
주소 ㅣ 135-887 서울 강남구 신사동 506 강남출판문화센터 4층
전화 ㅣ 영업부 (02)515-2000 / 편집부 (02)514-2642 / 팩시밀리 (02)514-2643
홈페이지 ㅣ www.gdcompass.co.kr

값 16,000원

ⓒ 신정일, 2006. Printed in Seoul, Korea

ISBN 89-91949-85-1 03100
      89-91949-88-6 (세트)